国内外经典教材辅导系列·新闻类

《新闻学概论》
笔记和考研真题详解
【适用李良荣第8版教材】

主编：圣才考研网
www.100xuexi.com

中国石化出版社

内 容 提 要

本书是“新闻与传播学系列教材·新世纪版”《新闻学概论》(第8版，李良荣著)的学习辅导书。本书遵循该教材第8版的章目编排，共分为21章(含绪论)，每章由三部分组成：第一部分为复习笔记(含知识框架)，提示本章的重难点内容，勾勒本章的结构脉络；第二部分为考研真题与典型题，按概念题、简答题、论述题等形式对考研真题与典型题进行了整理；第三部分为考研真题与典型题详解，对第二部分的所有考研真题与典型题进行了详细的解答。

圣才考研网(www.100xuexi.com)提供李良荣《新闻学概论》网授精讲班【教材精讲+考研真题串讲】、电子书、题库。购书即可享受大礼包增值服务【本书电子书(手机版、电脑版)+全国名校新闻传播史论考研真题详解(含视频讲解)电子书+ 考研专业课咨询服务】。手机扫码(本书封底)领取本书大礼包。

图书在版编目(CIP)数据

《新闻学概论》笔记和考研真题详解/圣才考研网主编．—北京:中国石化出版社,2023.9
(国内外经典教材辅导系列·新闻类)
ISBN 978-7-5114-7246-5

①新… Ⅱ.①圣… Ⅲ.①新闻学-研究生-入学考试-自学参考资料 Ⅳ.①G210

中国国家版本馆CIP数据核字(2023)第185600号

中国石化出版社出版发行
地址:北京市东城区安定门外大街58号
邮编:100011 电话:(010)57512500
发行部电话:(010)57512575
http://www.sinopec-press.com
E-mail:press@sinopec.com
武汉市盛宏源印务有限公司印刷
全国各地新华书店经销
*
787×1092毫米 16开本 19.75印张 499千字
2023年11月第1版 2023年11月第1次印刷
定价:68.00元

序　言

我国各大院校一般都把国内外通用的权威教科书作为本科生和研究生学习专业课程的参考教材，这些教材甚至被很多考试(特别是硕士和博士研究生入学考试)和培训项目作为指定参考书。为了帮助读者更好地学习专业课，我们有针对性地编著了一套与国内外教材配套的复习资料，并提供配套的名师讲堂和题库。

李良荣所著的《新闻学概论》(第8版)是我国高校采用较多的新闻学权威教材之一。作为该教材的学习辅导书，本书具有以下几个方面的特点：

1. 框架图表体系，通俗易懂易记

本书每章的知识梳理框图，在全方位把握重要考点的同时，提纲挈领地以知识框架思维导图形式，呈现重要的考点、难点，脉络清晰，一目了然，更容易记忆。

2. 下划线＋星级标记，透彻剖析核心考点

本书每章的复习笔记均对该章的考点难点进行了整理，全书考点均按重要程度分为一星(一般了解)至五星(熟练掌握)，并对关键词用下划线进行了标记，方便考生更有针对性地复习。

3. 精选考研真题，补充典型习题

本书精选了部分名校近年的新闻学考研真题，并补充了典型习题。所选习题涵盖的知识点全面，特别注重理论联系实际，凸显当前热点。

要深深牢记：考研不同一般考试，概念题(名词解释)要当作简答题来回答，简答题要当作论述题来解答，而论述题的答案要像是论文，多答不扣分。有的论述题的答案简直就是一份优秀的论文(其实很多考研真题就是选自一篇专题论文，完全需要当作论文来回答)！

购书即可享受大礼包增值服务！手机扫码(本书封底)领取本书大礼包。具体包括：①本书电子书(手机版、电脑版)；②全国名校新闻传播史论考研真题详解(含视频讲解)电子书；③考研专业课咨询服务。

圣才考研网(www.100xuexi.com)是圣才学习网旗下的考研考博专业网站，提供全国各高校新闻传播学专业考研辅导班【一对一辅导(面授/网授)、网授精讲班等】、电子书、题库、全套资料(历年真题及答案、笔记讲义等)、国内外经典教材名师讲堂、考研教辅图书等。

考研辅导： kaoyan.100xuexi.com(圣才考研网)
资格考试： www.100xuexi.com(圣才学习网)

圣才考研网编辑部

目　录

绪　论

0.1　复习笔记

【知识框架(庖丁解牛)】

- 绪论
  - 新闻学
    - 定义
    - 内容：新闻理论、新闻史、新闻业务、媒介管理与经营
    - 历史
  - 新闻学和新闻工作
  - 世界各国新闻学主导性理论
    - 自由主义报刊理论
    - 社会责任论
    - 发展新闻学(或称发展传播学)
    - 党报理论
  - 学习新闻理论的意义

【本章概要(提纲挈领)】

本章主要论述了新闻学和西方新闻理论的相关知识。本章考点以概念题、简答题为主，在学习时，需要着重把握新闻学的定义、新闻学的研究对象与重点、西方经典新闻理论等内容，并大致了解中国新闻学的历史沿革以及世界新闻学发展史等内容。

【考点难点归纳(厚积薄发)】

考点一：新闻学的要点(见表0－1)　★★★

表0－1　新闻学的要点

要点	具体内容	
定义	新闻学是研究新闻传播活动、新闻事业及新闻工作规律的一门学科，新闻事业发展到一定规模之后，新闻学才得以产生	
研究对象与重点	研究对象	人类社会中客观存在的新闻现象
	研究重点	新闻事业和人类社会的关系，探索新闻事业的产生、发展的特殊规律和新闻工作的基本要求
内容	新闻理论、新闻业务、新闻史、媒介经营管理	

【考点拓展】中外新闻学发展史

(1)世界新闻学发展史(见图0－1)

- 世界新闻学发展史
  - 萌芽阶段
    - 母体/基础——政治学(弥尔顿《论出版自由》)
    - 早期：重“术”轻“学”；被称为“报学”
    - 德国普尔兹《德国新闻事业史》(1845)：新闻学超越单纯的业务研究
  - 成熟阶段
    - 新闻学突破重“术”轻“学”的局限
    - 资产阶级新闻学的经典著作：李普曼《舆论学》、约斯特《新闻学原理》
  - 发展阶段
    - 形成于20世纪40年代，迈入大众传播学时期
    - 传播学的“四大先驱”及集大成者
    - 传播学的传统学派与批判学派

图0－1　世界新闻学发展史

(2)中国新闻学发展史(见表0－2)

表0－2　中国新闻学发展史

要点	具体内容
发端	①洪仁玕的《资政新篇》，论述了报纸“通上下、昭法律、别善恶”等作用。 ②王韬的《循环日报》、论文《论日报渐行于中土》等，主张报纸议论时政、沟通上下，倡导言论自由。 ③维新变法的领导者康有为、梁启超是19世纪中国新闻思想的集大成者，康有为明确提出政党报刊思想，梁启超则认为报刊是国君和臣民的耳目喉舌。 ④以孙中山为代表的资产阶级革命派，把鼓吹民族民主革命看作报纸的首要任务，他们极力强调报刊在政治斗争中的巨大作用，认为报纸不仅要反映舆论，还要影响舆论和制造舆论
诞生	在五四新文化运动时期，1919年出版的徐宝璜的《新闻学》是中国人自撰的第一部理论新闻学著作。这一时期出版的新闻学著作还有：邵飘萍的《实际应用新闻学》(1923年，中国第一部论述新闻采访的学术专著)；戈公振的《中国报学史》(1927年，中国历史新闻学奠基之作，第一部全面而系统地研究中国新闻事业史的开创性学术专著)；任白涛的《应用新闻学》等
勃兴	20世纪20至40年代，中国新闻学流派纷呈，学术繁荣。美英新闻思潮影响巨大；马克思主义新闻学形成；共产党的党报理论体系基本建立
建国后的发展	①改革开放前，计划经济下的党报理论一统天下，新闻学以政党学说为核心，而非以新闻事业内在规律为核心。 ②改革开放后，新闻学研究进入一个突飞猛进的新时代，经历了拨乱反正、实质性研究、学术研究全面繁荣三个阶段

考点二：世界各国新闻学主导性理论　★★★★

1. 自由主义报刊理论(见表0－3)

表0－3　自由主义报刊理论

要点	具体内容
概述	自由主义报刊理论的首倡者是约翰·弥尔顿[英国政治家]，随后托马斯·杰弗逊[美国政治家]、约翰·密尔[英国政治家]丰富并发展了该理论。自由主义报刊理论诞生于资产阶级反对封建统治的斗争之中，在资本主义自由竞争时期发展到顶峰，反映了资产阶级争取言论自由、建立资本主义生产关系和政治制度的要求

续表

要点	具体内容
主要观点	①自由主义报刊理论落点于人的“人性”“理性”，认为新闻报道的目的在于客观地反映社会现实，而非将观点、标准灌输给公众，公众应有独立的见解。 ②应鼓励私人自由办报，且不受政府的干预，这样才能发挥报刊对政府的监督作用，从而实现新闻自由。 ③自由主义报刊理论提倡“观点的自由市场”，即真理是通过各种意见、观点之间自由辩论和竞争获得的，而非权力赐予的。必须允许各种思想、言论、价值观在社会上自由的流行，如同一个自由市场一样，才能让人们在比较和鉴别中认识真理。 ④对事实的信念。自由主义报刊理论认为新闻报道的目的应是客观地反映社会现实，使公众有对外部世界的独立见解
评价	①该理论提倡的抽象的“人性”“理性”是含糊且不确定的，未能对媒介提供严格的标准。 ②办刊是一种经济行为，但报刊同时又作为社会工具，不可避免地产生了金钱与公正的矛盾。报刊的社会职能与私人占用之间的矛盾，导致报刊的言论有可能损坏公众利益和社会利益，从而损害公众和社会自由。 ③鼓励报刊之间自由竞争，必然导致垄断，薄弱的小报无法与大报抗衡，必然被兼并或淘汰。现实中，报业的自由发展导致了“观点的自由市场”的消失

2. 社会责任理论(见表0－4)

表0－4 社会责任理论

要点	具体内容
概述	社会责任理论最早在美国新闻学者施拉姆的《报刊的四种理论》得到详尽的阐述，在世界范围内有重要影响。社会责任理论在自由主义报刊理论的基础上作了修补
主要观点	①社会责任理论强调自由应伴随着责任和义务，否认绝对自由。言论自由应以责任为前提，并不是一项绝对的权利，“一个人的言论自由权利必须与别人的个人权利以及主要的社会利益相平衡”。 ②报刊自由涉及报刊所有者、公众和社会三者之间的利益。报刊作为媒介，其自由并不代表公众的自由，主张的是媒介创办报刊、发表言论、进行新闻报道的自由，而社会应当保护公众自由。 ③社会责任理论认为，自由有“消极”和“积极”两种状态。自由主义报刊理论强调消极的自由，认为自由不应受外界限制；而社会责任理论强调积极的自由，即“具有行动所必需的手段和设备”。 ④社会责任理论认为政府应该干预媒介的传播活动，政府不能成为报刊自由的旁观者。政府应利用权力强制媒介改正其不负责的传播行为
评价	某种程度来说，社会责任理论适应了西方社会的发展变化，适合西方国家的现实需要。但该理论的提出只能在一定程度上缓和媒介和公众、政府的矛盾，并未能解决实际问题

3. 发展传播学(发展新闻学，见表0－5)

表0－5 发展传播学

要点	具体内容	
概述	发展传播学诞生于西方，其理论视野从某种程度上来说是建立在现代化理论基础之上的。发展传播学的中心议题是：大众媒介在国家实现现代化过程中的作用	
主要观点	丹尼斯·麦奎尔	①媒介必须把国家的发展目标放在最重要的位置上。 ②追求国家文化和信息的自主。 ③支持国家的民主化继承

续表

要点	具体内容	
主要观点	威廉·哈森	①所有的媒介应由政府来调动，以支援国家建设。 ②媒介不应挑战政府，而应全力支持，因此政府可以根据社会发展的需要来限制新闻自由。 ③信息是一种国家财产和稀有的国有资源，需用来为进一步深化国家目标服务
评价	西方学者提出的发展传播学为发展中国家设计了理想蓝图，许多发展中国家将此定位为自己传播政策的指导思想。但西方学者提出的发展传播学是以西方国家的发展实际设计出来的，与发展中国家的国情不相适应，且其理论存在过分夸大媒介的社会作用的倾向，忽视了发展中国家自身的社会条件和民族文化特点，发展中国家若盲目照搬这一理论，可能会面临新的社会问题	

4. 党报理论

无产阶级党报理论认为，媒介是社会舆论的机关，事实是新闻工作的第一要素，媒介的重要职责是遵循党的纲领和策略，对社会活动进行社会监督、批评和揭露，重视群众工作。

【考点拓展】其他新闻理论

(1)集权主义理论(见表0-6)

表0-6 集权主义理论

要点	具体内容
概述	集权主义概括了16至17世纪欧洲封建专制主义的新闻思想，理论来源是古希腊哲学家柏拉图、意大利政治家马基雅维利和英国哲学家霍布士等人的思想和学说。二战期间，法西斯国家继承并发展了这种封建集权主义新闻理论
主要观点	①封建君主及特权阶级拥有对报刊的绝对统治权。 ②报刊是封建统治阶层维护其专制统治的重要工具，严禁批评政府。 ③封建统治阶层拥有限制或批准报刊出版的特权，有权监督其报刊活动，并审查报刊内容
发展	随着资本主义的发展及资产阶级反封建斗争的兴起，自由主义报刊理论逐步替代了集权主义理论

(2)民主参与理论(见表0-7)

表0-7 民主参与理论

要点	具体内容
概述	又称受众参与理论，是20世纪70年代后出现于美国、欧洲和日本等发达国家的媒介规范理论，此时期社会信息化发展及媒介垄断达到新高
主要观点	①呼吁受众应有知情权、传播权、接近和使用媒介权、接受媒介服务的权力。 ②媒介主要应为受众存在。 ③倡议社区、组织、群体媒介。 ④提倡更具参与性的媒介
评价	民主参与理论的诞生符合媒介规范理论的发展规律与现实需要，在当时的社会背景下，体现了其自身的进步性与现实性。民主参与理论是一种体制外的规范，在各个媒介领域产生了广泛的影响。但在资本主义的排他性私人占有制下，民主参与理论无法从根本上保证受众拥有传播权和媒介接近权

(3)马克思主义新闻观

①要根据事实来描写事实，不能根据希望来描写事实。

②报纸是社会舆论的纸币，具有流通和中介作用。

③报纸是社会的耳目和社会的捍卫者。

④报纸是对当权者的孜孜不倦的揭露者。

⑤报纸是人民日常思想和情感的表达者，是人民千呼万应的喉舌。

⑥报纸具有连植物也具有的内在规律性。

⑦报纸作为一个整体，处在一种有机的运动过程之中。

⑧出版自由是一种基本的自由，是实现其他自由的保证。

考点三：学习新闻学的意义 ★★

(1)有助于新闻工作者深刻认识社会的政治、经济对新闻事业的影响，从而自觉坚守正确的政治方向和舆论导向，提高自身的政治素质。

(2)有助于全面、真实、深刻地报道新闻，熟练掌握并运用新闻传播规律，依照新闻规律做好舆论引导，提高自身的理论素养。

(3)有助于新闻工作者获得规律性的认识，打好理论根基，掌握业务技能，正确高效地开展新闻舆论工作。

0.2 考研真题与典型题

一、概念题

1. 新闻学(中南财大2010年研；上海财大2009年研)

2. 新闻理论

3. 自由主义报刊理论(华中农大2011年研；上海财大2010年研)

4. 意见的自由市场(湘潭大学2009年研)、观点(意见)自由市场(浙大2016年研；华南理工2014年研)

5. 社会责任论(中央财大2022年研；广西大学2021年研；湖南大学2017年研；中国青年政治学院2014年研；暨大2010年研)

相关试题：

(1)社会责任理论(中传2016年研；华中师大2014年研)

(2)传媒社会责任理论(清华大学2018年研)

6. 发展新闻学(湖南师大2021年研；华南理工2018年研)

7. 党报理论(电子科大2016年研)

8. 民主参与理论(电子科大2021年研)

9. 跨学科新闻学

二、简答题

1. 简述当前世界各国新闻学的几个主导性理论。(华南理工2013年研；电子科大2011年研)

2. 简要评述“观点的自由市场”理论。(暨大2011年研)

相关试题：

(1)怎样理解“报刊是意见的自由市场”？(复旦大学2008年研)

(2)意见自由市场的要义。(安徽大学2017年研)

3. 简述“社会责任论”对报刊的基本要求。(南开大学2009年研)

相关试题：社会责任论的代表作《一个自由而负责的报刊》中提出了“对每日的事件给予真实的、全面的和理智的报道”的要求，试析这一要求所包含的内容。(湘潭大学2009年研)

4. 简述《报刊的四种理论》的主要内容。(暨大2015年研；江西师大2014年研)

相关试题：

(1)简述关于报刊的四种经典理论，并进行简要述评。(中山大学2015年研)

(2)简述《传媒的四种理论》。(北大2021年研；复旦大学2014年研)

5. 发展新闻学的理论主张和评析。(中传2018年研)

相关试题：

(1)简述发展新闻学的基本思想。(电子科大2013年研)

(2)简述发展传播学理论的主要观点。(暨大2017年研)

6. 简论新闻理论对当代新闻工作的意义。(湘潭大学2009年研)

三、论述题

1. 《报刊的四种理论》中对于传播制度的分类标准和依据是什么？其中是怎样论述新闻传播体制与国家体制的关系的？对此你有何评价？(清华大学2015年研)

2. 试述自由主义报刊理论和社会责任论的基本观点以及二者存在的问题。(西南大学2008年研)

3. 试论社会责任理论的内涵及其现实意义。(暨大2011年研)

相关试题：

(1)简析社会责任理论的含义和原则。(简答题，华南理工2016年研)

(2)论述社会责任论的背景与核心内容。(南大2016年研)

(3)简述媒介的社会责任理论。(简答题，复旦大学2017年研)

(4)简述社会责任理论。(简答题，上海理工2017年研)

(5)简述社会责任理论对自由主义报刊理论的改进。(简答题，中国地大2017年研)

4. 1993年，纽约州的《夏洛特观察者》日报在报道一场当地居民间与种族分裂相关的冲突时，没有着力去抓取那些很有刺激性的冲突场景和故事，而是对这个地区的居民进行了全面细致的调查，包括对冲突双方当事人、目击者、白人家庭、少数民族居民，还有与这个地区相邻地带的居民们进行访问，请他们就事件发表自己的意见。报社为此进行了大规模的专题报道，所有群体的观点都在报纸上得到了客观的反映。在报社的努力下，居民们开始选派代表组成代理机构，专门讨论解决问题的对策，并拿出了一系列具体措施，最终使这场冲突没有进一步激化，社会生活重新回到正常轨道。

请问以上案例是哪种新闻学主导性理论的具体实践？如何界定这种理论？试结合案例对这种理论进行评价。(西南大学2010年研)

5. 请你结合所掌握的新闻传播学相关知识，谈谈对下面这段话的理解。

“报纸要结合实际，结合当时当地的中心任务……领导同志和办报同志的主要精力要放在当地新闻上，要大量刊登本区人民的工作和生活情况。报社要时时和领导取得联系，根据本地当前任务的变化，随时调整自己的报道方针。”（邓小平：《在西南区新闻工作会议上的报告》）

0.3 考研真题与典型题详解

一、概念题

1. 新闻学（中南财大2010年研；上海财大2009年研）

答：新闻学是指研究人类历史上特别是近现代的新闻事业和新闻传播活动的特征、本质和规律的科学。新闻学以新闻和它的载体——由报社、广播电台、电视台、通讯社等新闻媒体所组成的新闻事业——为研究对象，研究整个新闻传播活动的规律。新闻学有广义和狭义之分。广义的新闻学是指新闻学这个独立学科的完整的知识体系，包括历史新闻学、理论新闻学、应用新闻学等；狭义的新闻学专指理论新闻学，即通常所说的新闻理论。

2. 新闻理论

答：新闻理论是指总结、阐明人类新闻活动主要是新闻事业的基本规律。它从新闻实践中抽象出来，又指导新闻实践，是新闻、新闻事业活动规律的一般原理，是新闻学科的重要组成部分。其主要研究内容包括：①新闻事业的性质、任务、作用及其产生和发展的一般规律；②新闻事业和实际的关系、和政治的关系、和群众的关系；③新闻事业的指导思想和基本的工作原则；④新闻道德和新闻工作者的修养；⑤新闻媒介经营管理的原理和运行机制。

3. 自由主义报刊理论（华中农大2011年研；上海财大2010年研）

答：自由主义报刊理论起源于欧洲，盛行于美国。其主要内涵是探讨新闻自由和政府、社会、个人的关系。其主要观点是：①报刊不受政府的干涉。政府不得采取任何措施干涉、收买或控制报刊。政府的唯一职责是保护新闻自由。②报刊拥有对政府的监督权。报刊是行政、立法、司法以外的国家第四势力。③“意见自由市场”和“自我修正”理论。让人民群众和各党派都利用报刊充分自由地表达各自的意见，前提是给予人民各项事务的充分信息。④对事实的信念。报道的最终目的是客观地反映现实，让人们对外部世界形成独立的见解。该理论把客观地向公众提供事实作为新闻报道的最高标准和新闻人的职业道德标准。客观性报道是自由主义报刊理论在新闻实践中的具体体现。

4. 意见的自由市场（湘潭大学2009年研）、**观点（意见）自由市场**（浙大2016年研；华南理工2014年研）

答：“意见的自由市场”是自由主义报刊理论的主要观点之一，其要义是指让人民群众、让各党各派都利用报刊充分自由地表达各自的意见。而充分表达意见的前提是给予人民有关各项事物的充分信息。“意见的自由市场”最早是从英国政论家、文学家约翰·弥尔顿的《论出版自由》一书中引申出来的。弥尔顿认为，真理是通过各种意见、观点之间自由辩论和竞争获得的，而非权力赐予的；必须允许各种思想、言论、价值观在社会上自由的流行，如同一个自由市场一样，这样才能让人们在比较和鉴别中认识真理。

5. 社会责任论（中央财大 2022 年研；广西大学 2021 年研；湖南大学 2017 年研；中国青年政治学院 2014 年研；暨大 2010 年研）

相关试题：

（1）社会责任理论（中传 2016 年研；华中师大 2014 年研）

（2）传媒社会责任理论（清华大学 2018 年研）

答：社会责任论是 20 世纪 40 年代由美国一批学者正式构建，50 年代被西方大多数国家所接受，并逐渐取代自由主义报刊理论成为西方大多数国家的主导性理论。它来源于自由主义报刊理论，但又超出、发展了自由主义理论，故有人将其称为新自由主义理论。它强调自由须以责任为前提，新闻媒介在享有自由权利时，要恪尽对于社会、公众的义务和责任。政府不仅要允许自由，还要促进自由。某种程度来说，社会责任理论适应了西方社会的发展变化，适合西方国家的现实需要。但该理论的提出只能在一定程度上缓和媒介和公众、政府的矛盾，并未能解决实际问题。

6. 发展新闻学（湖南师大 2021 年研；华南理工 2018 年研）

答：参见本章考点难点归纳相关内容。

7. 党报理论（电子科大 2016 年研）

答：参见本章考点难点归纳相关内容。

8. 民主参与理论（电子科大 2021 年研）

答：参见本章考点难点归纳相关内容。

9. 跨学科新闻学

答：跨学科新闻学，又称交叉新闻学，是新闻学的一个学科分支，它是以新闻传播与其他社会活动行为形成的交叉地带为对象的新闻学。运用的主要研究工具是新闻学和其他学科的知识与方法。多学科交叉研究是这些年来新闻学研究的一种新方法，开辟了新闻学研究的新领域。交叉研究打破了就新闻论新闻的局面，开阔了人们充分认识新闻传播的视野，产生了诸多与众不同的研究成果。

二、简答题

1. 简述当前世界各国新闻学的几个主导性理论。（华南理工 2013 年研；电子科大 2011 年研）

答：参见本章考点难点归纳相关内容。

2. 简要评述“观点的自由市场”理论。（暨大 2011 年研）

相关试题：

（1）怎样理解“报刊是意见的自由市场”？（复旦大学 2008 年研）

（2）意见自由市场的要义。（安徽大学 2017 年研）

答：（1）观点的自由市场是自由主义媒介规范理论的核心观点。自由主义媒介规范理论又称报刊的自由主义理论，是17至18世纪资产阶级革命时期，在同集权主义制度及其规范理论的斗争中形成的。其核心反映了资产阶级自由主义的观点，即认为报刊应该是“观点的自由市场”，是实行自律的自由企业。

(2)“观点的自由市场”理论的主要观点。

①任何人都拥有出版自由而不必经过政府当局的特别许可。

②除人身攻击以外，报刊有权批评政府和官吏，这种批评是正当合法的。

③新闻出版不应接受第三者的事先检查，出版内容不能受到任何强制。

④在涉及观点、意见和信念的问题上，真理和“谬误”的传播必须同样得到保证。

(3)自由主义传播理论的真正内涵。

①报刊不受政府的干涉。政府不得采取任何措施来干涉、收买或控制报刊。政府的唯一职责就是保护新闻自由。

②报刊拥有对政府的监督权。报刊是除司法、立法、行政之外的第四权力。

③任何言论不应该被压制。

④对事实的信念。新闻报道的最终目的不是向公众灌输某种标准的观点，而是客观地反映现实，让人们对外部世界形成独立的见解，客观地向公众提供事实作为依据。

(4)“观点的自由市场”理论的评价。

它促进了现代新闻传播事业的发展，但并不能得到真正的实现，随着资本主义发展到垄断阶段，自由主义理论本身也发生了蜕变，成为维护垄断资本利益的理论。资本取代政府控制了报刊。带来的后果是煽情新闻泛滥，垄断扼杀了意见的自由市场，报刊种数下降，办报成本增长，严重威胁到报业的多样化，而报业多样化的动摇意味着自由市场的解体。

这一理论的缺陷在于：将新闻自由的主体片面强调为媒介，认为新闻自由主要是传播媒介的活动自由；过分强调自由和权利，而没有意识到世上没有绝对的自由，而权利是伴随着义务产生的；片面强调媒介对政府的监督权，而没有指出由谁来监督媒介。

3. 简述“社会责任论”对报刊的基本要求。（南开大学2009年研）

相关试题：社会责任论的代表作《一个自由而负责的报刊》中提出了“对每日的事件给予真实的、全面的和理智的报道”的要求，试析这一要求所包含的内容。（湘潭大学2009年研）

答：“社会责任论”对报刊的基本要求有：

(1)新闻报道的真实、全面、理智。

(2)报刊要成为“交换评论和批评的论坛”。

(3)报刊要反映出社会各个集团的典型画面。

(4)报刊要澄清和提出社会的目标和价值观。

(5)报刊要“完全接近每日的(现实)信息”。

4. 简述《报刊的四种理论》的主要内容。（暨大2015年研；江西师大2014年研）

相关试题：

(1)简述关于报刊的四种经典理论，并进行简要述评。（中山大学2015年研）

(2)简述《传媒的四种理论》。（北大2021年研；复旦大学2014年研）

答：1956年，威尔伯·施拉姆与弗雷德里克·赛伯特、西奥多·彼得森三人合著的《报刊的四种理论》(现译为《传媒的四种理论》)，被学界公认为开了比较新闻学之先河，以其鲜明夺目的标题填补了大众传播文献的空白，揭示了新闻媒介与社会的关联，具有指导意义。该书所用"报刊"一词，是指一切大众传播媒介。书的著者认为，世界各国的新闻传播制度与其社会政治制度是一脉相承的，基本上可以分为以下四种：

(1)集权主义理论。集权主义理论是对16至17世纪欧洲封建专制主义的新闻思想所作的理论概括。这一理论认为封建君主和特权阶级对报刊拥有绝对的统治权；报刊是封建统治阶级发号施令、维护专制政权的重要政治工具，严禁报刊批评政府；封建统治者拥有批准或限制报刊出版的特权，并有权监督报刊的活动和审查报刊的内容。集权主义理论渊源于古希腊哲学家柏拉图、意大利政治家马基雅维利和英国哲学家霍布斯等人的思想和学说。他们认为政治权力只有控制在少数有智慧、有经验的优秀人物手里，才能对国家实现强有力的和合法的统治；认为国家的权力应当是绝对的、永恒的、至高无上的，对涉及社会的意见和讨论应当严加控制，个人的自由权利必须服从国家的权力。显然，这种集权主义理论完全是为维护封建专制统治服务的。随着资本主义的兴起和资产阶级反封建斗争的开展，集权主义理论逐渐被自由主义理论所代替。

(2)自由主义理论。自由主义理论是在资产阶级反对封建统治的斗争中产生的，在资本主义自由竞争时期发展并达到顶点。它反映了资产阶级争取言论自由、建立资本主义生产关系和政治制度的要求。这一理论是17世纪英国诗人、政治家约翰·弥尔顿首先提出来的，由18世纪美国政治家托马斯·杰弗逊以及19世纪英国哲学家、政治家约翰·密尔等人进一步丰富和发展。"观点的公开市场"和"真理的自我修正过程"成为自由主义新闻理论的基本原则。自由主义的新闻理论与资本主义自由竞争的经济是相适应的，它反映了一种物质的社会关系，代表新兴资产阶级的经济利益并为资产阶级争取政治权利，舆论上的自由竞争正是经济上自由竞争的反映。但是报业的自由竞争后来发展为报业的垄断，报业的垄断取消了观点的自由市场，自由主义新闻理论陷入了困境。20世纪以来，随着资本主义经济上和政治上垄断的加剧，自由主义新闻理论逐渐被社会责任理论所代替。

(3)社会责任理论。这一理论是对自由主义理论的修正，也是"在传统理论上一个新思想的接枝"。社会责任理论否认绝对自由的存在，强调自由是伴随着义务和责任的。它认为，报刊自由涉及三者的利益，即报刊拥有者的利益、公众利益和社会利益，报刊作为一种媒介，它的自由并不等同于公众的自由，而社会应当保护的是公众的自由。社会责任理论认为应当明确提出公众的自由高于媒介的自由，社会必须保护公众"获知的权利"以及个人隐私不受侵犯、名誉不受损害的权利。社会责任理论提出了"消极的自由"和"积极的自由"两个不同的概念，主张政府应对传播媒介进行干预。社会责任理论提出的一些思想观点与具体措施，在调节政府、媒介和公众三者之间的关系、缓解社会矛盾方面，产生了一些效果，因而在西方各国甚至在世界范围普遍受到重视。

(4)苏维埃理论。威尔伯·施拉姆认为，这一理论既是集权主义的变体，也可以从马克思主义那里找到它的根，在列宁和斯大林的花园中看到它的茎。在施拉姆的笔下，苏维埃国家的大众传播媒介被描述为：大众传播媒介与组织传播媒介不可分割；大众传播媒介是作为国家和党的工具来使用的，并作为党实现统一、发布"指示"的工具；它们几乎是专用于宣传和鼓动；传播者被强制性地要求承担严格的宣传责任；它们由国家经营和控制；传播者的自由和责任也不可分地连在一起。

5．发展新闻学的理论主张和评析。（中传2018年研）

相关试题：

（1）简述发展新闻学的基本思想。（电子科大2013年研）

（2）简述发展传播学理论的主要观点。（暨大2017年研）

答：发展新闻学是一种主张着重报道第三世界国家在经济、科学、技术、文化等各项事业方面发展状况的新型新闻理论。这一理论是一个非常复杂的混合体，由西方一批学者和发展中国家一批学者共同探讨而得出，在第三世界国家的国际新闻报道中被广泛运用。

（1）发展新闻学的理论主张。

参见本章考点难点归纳相关内容。

（2）对发展新闻学的评析。

在发展新闻学的演变过程中，出现了若干理论流派，主要形成了以下三种发展模式：主导模式（现代化模式）、依赖模式（依赖性批判）以及交互模式（参与性模式）。这些理论极大地丰富了现代新闻学的内涵和外延。发展新闻学的积极作用主要有：

①迎合社会政治发展。发展新闻学理论将大众传播视为世界经济与社会发展中有力的工具，认为媒介能有效地传播关于现代性的信息，并有助于将民主政治制度、市场经济及实践传送到世界上经济落后的国家，尤其是第三世界国家。和发展经济学一样，发展传播学理论的出现也是应决策人的需要，因为他们要建议政府如何行事，以使自己的国家摆脱长期的贫困。

②促进社会结构转型。现代化理论认为，通过引进新思维和新做法，可以加速现代化社会的进程，而现代化代表了进步。有影响的现代化学者如丹尼尔·雷纳、威尔伯·施拉姆和罗杰斯都强调了传播在发展进程中的重要性，而大众媒介特别是广播则被看作是加速行为和结构变革的重要手段。

③推动学科建设。宏观上，发展新闻学研究有助于在我国经济、社会信息化过程中把握新闻传播活动的过程、机理和效果等方面的基本规律，从新的学术角度，用新的研究方法探讨、开拓传统学术领域；微观上，发展新闻学研究有助于我国传播业尤其是广播电视业的实践，以实现正确的舆论导向，为我国改革开放建构良好的舆论与传播环境，促进两个文明建设。

但发展新闻学也有其局限性。依赖性批判理论家们指出，现有的国际经济关系模式即由工业化所主导的模式造成了发展中国家经济不发达的局面，而发展中国家内部用来推动现代化的广播和其他大众媒介系统实际上又破坏了建立平等发展格局的可能性。

当今，发展新闻学的研究范围逐渐扩大，出现了一些新策略，包括提高大众意识、普及知识、社区动员、利用民间媒体、社会营销、娱乐教育以及倡议等，被一些社区团体、国家政府、地区性和国际性组织以及非政府组织所采用，以解决世界所面临的各种发展问题。但在实践中，许多项目被认定是失败的。然而，这些失败的实证提供了经验与教训，为发展中国家在现代化进程中避免新闻政策与传播行为的失误带来了启示。

6. 简论新闻理论对当代新闻工作的意义。（湘潭大学2009年研）

答：参见本章考点难点归纳相关内容。

三、论述题

1.《报刊的四种理论》中对于传播制度的分类标准和依据是什么？其中是怎样论述新闻传播体制与国家体制的关系的？对此你有何评价？（清华大学2015年研）

答：报刊的四种理论是在美国伊利诺伊大学教授威尔伯·施拉姆、弗雷德·西伯特和西奥多·彼得森于1956年出版的《报刊的四种理论》中提出来的。

(1)《报刊的四种理论》的分类标准和依据。

《报刊的四种理论》的著者认为，世界各国的新闻传播制度与其社会政治制度是一脉相承的，其分类标准是依据不同的社会政治制度，具体如下：

①集权主义理论：封建主义。

②自由主义理论：资本主义政治制度(社会革命时期)。

③社会责任理论：资本主义政治制度。

④苏联的共产主义理论：社会主义政治制度。

(2)新闻传播体制与国家体制的关系。

《报刊的四种理论》一书认为，报刊总是带有它所属社会和政治结构的形式和色彩，特别是报刊反映一种调节个人与社会关系的社会控制方式，即媒介往往是具有阶级性的。比如社会主义制度下的媒介为共产党所控制，为人民群众服务；资本主义制度下的媒介为大资本家、政治家所控制，为资本主义服务。新闻传播体制与国家体制应该是对应关系，国家体制决定了一国采用怎样的新闻传播体制，而新闻传播体制也在一定程度上反映着国家体制。

(3)评价。

《报刊的四种理论》作为美国新闻学理论的代表作，集中阐释了不同政治体制下的新闻传播制度，为后人了解新闻传播体制与国家体制的关系提供了参考。但由于该书在冷战时期出版，政治色彩浓厚，冷战式思维衍生出将世界视为分别以美、苏为首的两大阵营的概念，使美国社会对事物的评判都带有浓厚的意识形态的色彩。该书过分强调政治环境对新闻传播制度的主导作用，而忽视了经济制度、社会文化背景等对新闻传播体制的影响，对两者的关系缺乏更宏观、全面的了解和把握。

2. 试述自由主义报刊理论和社会责任论的基本观点以及二者存在的问题。（西南大学2008年研）

答：参见本章考点难点归纳相关内容。

3. 试论社会责任理论的内涵及其现实意义。（暨大2011年研）

相关试题：

(1)简析社会责任理论的含义和原则。（简答题，华南理工2016年研）

(2)论述社会责任论的背景与核心内容。（南大2016年研）

(3)简述媒介的社会责任理论。（简答题，复旦大学2017年研）

(4)简述社会责任理论。(简答题，上海理工2017年研)

(5)简述社会责任理论对自由主义报刊理论的改进。(简答题，中国地大2017年研)

答：社会责任理论强调大众传播媒介对社会和公众应该承担一定责任和义务，是继自由主义理论之后出现的又一种媒介规范理论。它由美国"新闻自由委员会"在20世纪40年代提出，其代表性著作是1947年出版的《一个自由与负责的报刊》一书。

(1)社会责任理论的内涵。

社会责任理论是对自由主义理论的一种修正，包括以下几个原则：

①大众传播具有很强的公共性，因而媒介机构必须对社会和公众承担和履行一定的责任和义务。

②媒介的新闻报道和信息传播应该符合真实性、正确性、客观性、公正性等专业标准。

③媒介必须在现存法律和制度的范围内进行自我约束，不能煽动社会犯罪，不能传播宗教或种族歧视的内容。

④受众有权要求媒介从事高品位的传播活动，这种干预是正当的。

(2)社会责任理论的具体要求。

①对每日的事件给予真实、全面和理智的报道，并将它们置于能显示其意义的特定的前后联系之中。新闻报道必须真实、全面、理智，且做出合乎真实的解释。

②报刊要成为交换评论和批判的论坛。

③报刊要反映出社会各个集团的典型画面。报刊应对社会各集团、各种族、各阶层、各区域做出合乎实际的正确描述。

④报刊要澄清和提出社会的目标和价值观。大众传播是最有力的教育工具。

⑤报刊要完全接近每日的信息。保证每个公民能平等地共同分享信息。

(3)社会责任理论的现实意义。

①社会责任理论认为，自由是伴随着义务的，报刊应对社会承担责任，并以社会责任作为报刊业务政策的基础。它为人们对媒介的评价提供了一个参考标准，也为媒介组织的自律提供了道德准则，在一定程度上防止了由于传媒内容的浅薄化、煽情化、刺激化而引起的社会道德和文化的堕落。

②社会责任理论对自由主义理论作了重大修正。它修正了关于"自由"的观点，认为负有"责任"的自由才是有实效的"积极的自由"。它还修正了自由主义理论关于报刊的性质和职能的某些观点，强调报刊要为政治制度和经济制度服务，对社会负责，实行"有控制的新闻自由"，政府可以"干预和控制"新闻活动。

③新闻的社会责任理论是随着资本主义从自由竞争发展到垄断，特别是国家垄断资本主义的发展而盛行于西方国家的。它鼓励推行报业自律制度，促进了报业的真实和公正程度，在一定的程度上反映了西方公众对现在新闻秩序的不满和革除弊端、改变现状的愿望。

4. 1993年，纽约州的《夏洛特观察者》日报在报道一场当地居民间与种族分裂相关的冲突时，没有着力去抓取那些很有刺激性的冲突场景和故事，而是对这个地区的居民进行了全面细致的调查，包括对冲突双方当事人、目击者、白人家庭、少数民族居民，还有与这个地区相邻地带的居民们进行访问，请他们就事件发表自己的意见。报社为此进行了大规模的专题报道，所有群体的观点都在报纸上得到了客观的反映。在报社的努力下，居民们开始选派代表组成代理机构，专门讨论解决问题的对策，并拿出了一系列具体措施，最终使这场冲突没有进一步激化，社会生活重新回到正常轨道。

请问以上案例是哪种新闻学主导性理论的具体实践？如何界定这种理论？试结合案例对这种理论进行评价。（西南大学2010年研）

答：（1）上述案例是公共新闻学理论的具体实践。

（2）公共新闻学的界定。“公共新闻学”（Public Journalism），兴起于20世纪80年代后期的美国新闻界，而后波及西方其他国家，但主要的理论和实践展开还是在美国。一直致力于倡导公共新闻学的菲利浦·迈耶提出公共新闻学可以从六个方面进行界定：

①对重新树立公共意识的一种期望。公共意识是一个社会存在的基础，公共意识的消减与报纸读者的减少是有因果关系的。报纸和读者都是社会体系中的一部分，对公共生活的不关心，使得读者不再需要报纸。

②更长时间的注意力的保持。新闻媒介不能总是从报道一个事件迅速地转向另一个事件，而应该对那些重要的公共问题保持更长时间的关注，直到这些问题的所有方面都为公众了解，并且使他们能够认真地思考和做出决策。

③深刻地解析引导我们生活的社会系统的愿望。仅仅关注事件本身的报道，不但在时间跨度上是受限制的，而且在内容挖掘上也是肤浅的，不能帮助读者看到事实背后潜在的社会问题的根源。

④对中间部分的更多关注和少走极端。从概率统计学角度说，绝大多数的人，以及他们的行动，是处于中间部分的，而不是处于两个极端的少数。但传统的新闻报道往往只是关注处于“极端”的反常情况。

⑤有关政治争论的报道应重视内容，而不是技巧。如总统大选类的报道，应该更多关注的是这类选举对公众利益和社会发展的影响，而不是竞选活动本身及竞选者的表演。

⑥培养公众思考能力的一种愿望。因为表述自己的观点固然重要，但了解他人的看法也同样重要。新闻媒介应该帮助社会的每一个成员去了解他人，促进人与人之间的相互理解，这是“公共新闻”的一个重要方面。

（3）评价。公共新闻学赋予媒体全新的功能，它要求媒体不仅仅提供信息，也不仅仅设置议题，而且还要进一步引导或发起社区公众来讨论问题，达成共识，解决社区面临的问题。

《夏洛特观察者》作为纽约州的一份地方日报，在报道这场当地居民间与种族分裂相关的冲突时，没有着力去抓取那些很有刺激性的冲突场景和故事，而是对这个地区的居民进行了全面细致的调查和访问，广泛征集意见，进行大规模的专题报道。使居民们以理性的方式讨论解决问题的对策，并拿出了一系列具体措施，最终避免了冲突进一步激化，使问题得到妥善解决。

从整个过程来看，《夏洛特观察者》在这场报道中的表现完全符合菲利浦·迈耶对公共新闻学的界定：唤起了公众的公民意识；凭借长时间的关注来引导公民认真地思考并做出理性决策；通过专题报道深刻解析，帮助读者看到冲突背后潜在的社会问题的根源；在整个报道过程中，努力培养公众思考能力。

但同时也应该看到，公共新闻学的实践还存在一些局限：

①公共新闻学的实践大都在美国县一级的小城镇范围内，参与的媒体也都是《夏洛特观察者》这样的地方报纸，像《纽约时报》《华盛顿邮报》等大报不但不支持，而且成为公共新闻学的最强烈的反对者。

②公共新闻学实践的议题基本上围绕着民生问题诸如社区安全、邻里关系、吸毒犯罪、环境保护等展开，也有地方选举案例。但很少涉及美国体制性问题，如反恐问题。

③公共新闻学陷入无法解决的两大盲区，即动摇了客观性原则和低估了社区共识的复杂性。

5. 请你结合所掌握的新闻传播学相关知识，谈谈对下面这段话的理解。

“报纸要结合实际，结合当时当地的中心任务……领导同志和办报同志的主要精力要放在当地新闻上，要大量刊登本区人民的工作和生活情况。报社要时时和领导取得联系，根据本地当前任务的变化，随时调整自己的报道方针。”(邓小平：《在西南区新闻工作会议上的报告》)

答：中国特色社会主义新闻理论是马克思主义新闻观的最新成果，是中国革命和建设的历史进程中，以马克思主义为指导，以中国共产党领导的新闻工作和实践为基础，吸收和借鉴国内外有益的新闻思想和经验教训，不断丰富和发展而逐步形成的。其中，邓小平同志的新闻观占据着重要地位，他的一些论述和观点，对于我们改进当前的新闻工作也有着重大意义。

(1)“报纸要结合实际”是新闻的真实性的必然要求。新闻的本源是事实，新闻是对事实的报道，事实是第一性的，新闻是第二性的，事实在前，新闻在后。因此，新闻的真实性是新闻的生命，真实性是指新闻报道忠实于客观实际的性质和程度，指新闻报道必须以事实为基础，符合客观实际。这使得我们必须一切从实际出发，尊重客观事实，深入实际、深入生活、深入群众、积极调查研究，使得报纸的新闻报道贴近实际、贴近生活、贴近群众。

(2)“结合当时当地的中心任务……领导同志和办报同志的主要精力要放在当地新闻上，要大量刊登本区人民的工作和生活情况”是尊重新闻价值的体现。新闻价值是指新近发生的事实在传播过程中所履行的能满足知晓、认识、教育、审美等诸多需要的功能。新闻价值一般包括时新性、接近性、显著性、重要性和趣味性五大要素。强调当代新闻、坚持围绕当下的中心任务，就是对于接近性的重视，这样贴合百姓日常生活的新闻才更有吸引力和感染力。

(3)将“当地中心任务”作为重要结合点，是我国报刊党性原则的重要体现。社会主义新闻宣传的党性，概括来说，就是无产阶级的阶级性和马克思主义的革命性、科学性的集中表现。这是区别于资产阶级新闻宣传的最显著的标志。我们说报纸是党、政府和人民的耳目喉舌，就是对新闻工作党性的一种鲜明的、形象的和科学的表达。它的主要内容是：公开声明自己站在党和人民的立场上说话，在政治上同党中央保持一致；坚持实事求是，说真话，不说假话；密切联系人民群众，真诚地和人民同呼吸，共甘苦，齐爱憎，正确地反映他们的愿望、呼声和要求；服从党的领导，遵守宣传纪律。

坚持新闻宣传的党性，就是要旗帜鲜明地宣传真理，宣传现实生活中进步的、光明的、先进的、积极的东西，揭露和批评反动的、黑暗的、落后的、消极的东西。必须准确地、坚持不懈地向广大群众宣传党的基本路线，宣传建设有中国特色的社会主义理论，宣传党和政府的方针、政策和法规。新闻报道必须注重社会效果，以社会效益为最高准则。在报刊、广播、电视的宣传中，决不允许发表违反宪法和法律的主张，决不允许发表诋毁、否定党的领导和社会主义制度的报道和言论，决不允许散布错误舆论、动摇人们对社会主义的信念，决不允许利用精神鸦片毒害人们的灵魂。不能因为新闻报道的失误影响社会的稳定。

我们的新闻事业是党的新闻事业，是社会主义国家的新闻事业，新闻的党性同新闻的人民性，两者是统一的。我们党的宗旨是全心全意为人民服务，除了人民的利益以外，党没有自己的私利。党是人民利益的最集中的代表者。因此，党的耳目喉舌当然是人民的耳目喉舌，新闻工作对党负责与对人民负责是完全一致的。

(4)“报社要时时和领导取得联系，根据本地当前任务的变化，随时调整自己的报道方针”肯定了新闻工作是党联系群众的重要方法，这也要求报纸要及时根据党的政策和社情民意调整策略，坚持正确的舆论引导方向，提高舆论引导能力。

新闻舆论对人们的思想和行动具有迅速、广泛而深刻的导向作用。人们常说，报纸是“射程最远的大炮”。特别是在今天，随着科学技术的进步、人民群众物质生活条件的改善和文化水平的提高，看电视，听广播，读报纸，已经成为人们日常生活的重要组成部分。新闻舆论随时随地都在影响着人们的思想和行动。正确发挥新闻舆论在当代社会生活中的导向作用，既是正确引导人民群众的需要，也是稳定社会大局的需要。舆论引导正确，利党利国利民。舆论引导错误，误党误国误民。对此我们必须有新的足够的认识。

新闻报道只有坚持以正面为主的方针，才能正确地、充分地发挥引导社会舆论的作用，才能有助于大局的稳定和各种社会问题的解决。党的方针政策是人民群众眼前利益与长远利益、局部利益与整体利益相结合的集中体现，新闻引导社会舆论，要坚持用党的政策主张引导群众，把党的政策化为群众的自觉行动。党的十一届三中全会以来的路线方针政策，实践证明是正确的，全面地准确地宣传“一个中心，两个基本点”，做到不偏颇倾斜，始终是新闻舆论工作的一个重大问题。有关党和国家方针政策的宣传要保持稳定性和连续性，防止由于宣传不当影响经济稳定和社会稳定。对于在小范围内进行的试验，宣传上要取谨慎态度，不允许公开宣传与现行政策相抵触的东西，防止造成干部、群众的思想混乱。

新闻引导社会舆论，要注意防止片面性。新闻宣传提倡什么、反对什么，旗帜要鲜明；在具体掌握上要防止“刮风”。当我们宣传某项工作时，要讲清具体情况、政策界限；当我们表扬先进人物、先进经验时，要讲清不同的条件，留有余地；当提倡某种做法、形式时，不要贬低另一种可行的做法、形式；在强调宣传这一面时，对允许存在的另一面也要作适当报道；当社会舆论过分集中在某些“热点”问题时，要注意适当分流。解决好这个问题，要靠记者有高度的责任心和政治敏感，更要靠总编辑掌握全局，统筹安排。

第一章　新闻活动

1.1　复习笔记

【知识框架(庖丁解牛)】

- 新闻活动
  - 新闻活动是一种普遍的社会现象
  - 新闻活动是人类求生存图发展的需要
    - 原始社会的新闻活动
    - 奴隶社会的新闻活动
    - 封建社会的新闻活动
  - 变动产生新闻，关系决定需要
    - 新闻的本质是报道世界的最新变动
    - 人们关注的新闻是与人们相关的变动事物
  - 新闻活动的渠道
    - 亲身传播：方法、特点、好处、不足
    - 大众传播：种类、特点、长处、不足
    - 群体传播：种类、特点

【本章概要(提纲挈领)】

本章主要论述了新闻活动的相关知识。本章考点以概念题、简答题为主，在学习时，需要着重把握新闻活动的产生、人际传播、组织传播以及大众传播等内容，并大致了解新闻活动的历史进程、新闻活动的特点、互联网中的新闻活动过程等内容。

【考点难点归纳(厚积薄发)】

考点一：新闻活动的产生(见表1－1)　★★

表1－1　新闻活动的产生

要点	具体内容
新闻活动的内涵	指一种关于新近或正在发生的事实的传受活动，是一种普遍的社会现象
新闻活动的特点	①新闻活动是人际间的信息交流活动，有其社会性，受所有社会因素的影响。 ②这种传受活动需要由新闻传播者和收受者共同完成。 ③新闻活动交流的是新近或正在发生的真实、新鲜的信息。 ④新闻活动在传递给大众时是及时、公开且透明的
产生的原因	环境的变动产生新闻，变动的关系决定需要，即人们了解事物变动的需要与该变动同人们的影响度紧密联系

【考点拓展】新闻活动的历史进程(见表1－2)

表1－2　新闻活动的历史进程

要点		具体内容
口语传播时代	内涵	指以口头语言为标志的传播时代，语言使传播真正地成为了人的传播，具备直接性和互动性。时至今日，口语媒介仍是新闻活动中使用的重要的信息传播媒介，使新闻活动得以规模化、持续化
	特点	①口语传播具有亲和力，能够打动人。 ②口语传播具有互动性，使得传播者可以随时掌握受众对其传播内容的态度，根据需要进行调整。 ③口语传播具有民主性。对于每个人来说，他们使用口语进行传播的机会是平等的。 ④口语传播具有区域性，也导致了其传播的空间狭小。 ⑤口语传播的延续性不强，无法实现跨时间传播。 ⑥口语传播的失真性较大。信息在口语传播的过程中，由于个人的倾向性因素，信息可能被加工或改造，逐渐失去其“真面目”
文字传播时代		指人们利用文字来进行新闻活动的时代，又称手抄新闻时代。文字的出现，使得人类在进行新闻活动时，从原来单纯的口语传播的方式，逐渐使信息可以以独立的方式永久保存，一定程度上超越了时空的限制，开启了间接传播的新时代。但文字传播也有其局限性，其传播速度慢，信息容量及规模较小，无法成为新闻活动中的高效媒介
印刷传播时代		印刷传播时代的到来以印刷术的诞生为前提。印刷媒介的出现使得人们可以对精神产品(或信息)进行大规模的、快速的、批量的复制，这在根本上预示了近现代新闻传播时代的到来
电子传播时代		电子传播时代的到来彻底突破了时空限制，使信息可以在瞬间传遍万里，且摆脱了载体的束缚，开辟了更为便捷、省力的新闻传播渠道，使得新闻传播活动更进一步地成为真正的大众化、全球化传播
网络传播时代		互联网的到来开启了网络传播时代，新闻活动展现了其全新的面貌，网络媒介以综合性、交互性、快捷性和方便性成为了一种立体且高效的新闻传播媒介，深刻地影响了传统的新闻传播观念和新闻传受方式

考点二：新闻活动的渠道(见表1－3)　★★★

表1－3　新闻活动的渠道

要点	具体内容
亲身传播	亲身传播是指以人体自身为媒介，尤以语言为主要手段，以表情和动作作为辅助手段的传播方式。亲身传播是一种定向传播，对象明确，传递的信息针对性强，可以快速地进行反馈或互动，并迅速对所传递的内容进行调整。亲身传播也存在一定的缺陷，如传播速度慢、受众面较窄、信息易失真等。亲身传播的手段包括语言传播、文字传播、体态语言传播、信号传播等
大众传播	大众传播是媒介组织利用大众媒介进行信息交流的过程，是新闻活动的主要方式。大众传播包括报纸、广播、电视、杂志、书籍、电影、网络等媒体，使人们的生活发生了翻天覆地的变化，不仅超越了时空，还弥合了文化差异，将信息高速传递给受传者。但大众传播也存在其局限性，如针对性差、反馈差，是一种单向性的传播等

续表

要点	具体内容
群体传播	群体传播是指群体与成员、成员与成员间的传播互动机制。群体传播是群体生存和发展的一条基本的生命线。这个过程形成群体意识和群体结构。其常见的媒体形式包括群众集会、座谈会、报告会、新闻发布会等

1.2 考研真题与典型题

一、概念题

1. 自我传播(人大2015年研)、内向传播(西南大学2016年研；中国政法2013年研)、人内传播(华中农大2011年研；湖南大学2010年研；武汉理工2010年研)

2. 人际传播(湖北大学2017年研；西南大学2014年研；同济大学2014年研；河北大学2014年研；北师2013年研；兰州大学2013年研；山西大学2013年研；上海交大2012年研；华科2011年研；武汉理工2009年研)

3. 亲身传播(上海交大2007年研；江西师大2007年研)

4. 大众传播(复旦大学2017年研；同济大学2014年研；西南大学2014年研；温州大学2014年研；南大2012年研；华科2011年研；上海交大2010年研；南京理工2010年研；武汉理工2009年研)

5. 公共传播(复旦大学2013年研)

6. 组织传播(南京财经2021年研；浙大2017年研；西北大学2016年研；北邮2015年研；华南理工2014年研；上海理工2014年研；广西大学2014年研；西南政法2013年研；吉林大学2012年研；华科2011年研；南京理工2011年研)

二、简答题

1. 简述人们获取新闻、交流信息的不同渠道。(中南财大2008年研)

相关试题：简述人们如何参与新闻活动。(华南理工2018年研)

2. 简述人际传播的定义及其特点。(北师2013年研)

相关试题：什么是人际传播？请简述人际传播的特点。(首师2013年研)

三、论述题

“新闻的生产方式、接收方式随时代变化而改变，而人们对新闻的需求是永恒的。”请解释这句话。(人大2015年研)

1.3 考研真题与典型题详解

一、概念题

1. 自我传播(人大2015年研)、**内向传播**(西南大学2016年研；中国政法2013年研)、**人内传播**(华中农大2011年研；湖南大学2010年研；武汉理工2010年研)

答：自我传播，又称内向传播、内在传播或人内传播，是指个人接受外部信息并在人体内部进行信息处理的活动。自我传播一般是由感受刺激、神经传导、大脑活动和肌体反应等若干环节和要素构成的，而这些环节和要素同时也是人的身体所固有的功能。自我传播的特点有：①自我传播不是孤立的，它的两端都与外部过程保持着衔接关系；它的输入源泉是外部环境，输出的对象也是外部环境。②自我传播在本质上是对社会实践活动的反映，具有鲜明的社会性和实践性。③自我传播不是对外部世界的消极、被动的反应，而是积极能动的反映。④自我传播是其他一切传播活动的基础，任何一种其他类型的传播，都必然伴随着自我传播的环节，自我传播的性质和结果，也必然会对其他类型的传播产生重要的影响。

2. 人际传播(湖北大学2017年研；西南大学2014年研；同济大学2014年研；河北大学2014年研；北师2013年研；兰州大学2013年研；山西大学2013年研；上海交大2012年研；华科2011年研；武汉理工2009年研)

答：人际传播是指个人与个人之间的信息传播活动，也是由两个个体系统相互连接组成的新的信息传播系统。人际传播是最典型、最直观、最常见、最丰富的社会传播活动，也是人与人的社会关系的直接体现。其特点有：①人际传播传递和接收信息的渠道多，方法灵活；②人际传播的信息的意义更为丰富和复杂；③人际传播双向性强，反馈及时，互动频度高；④与组织传播和大众传播相比，人际传播属于一种非制度化的传播。

3. 亲身传播(上海交大2007年研；江西师大2007年研)

答：参见本章考点难点归纳相关内容。

4. 大众传播(复旦大学2017年研；同济大学2014年研；西南大学2014年研；温州大学2014年研；南大2012年研；华科2011年研；上海交大2010年研；南京理工2010年研；武汉理工2009年研)

答：大众传播是指专业化的媒介组织运用先进的传播技术和产业化手段，以社会上一般大众为对象而进行的大规模的信息生产和传播活动。其特点包括：①大众传播是专业传播机构从事的有组织的传播活动；②传播对象是广泛而分散的、不定量多数的一般社会成员；③采用现代化技术手段大量生产、复制和传播信息；④传播内容是公开的，有别于私下或内部传播活动；⑤大众传播也有反馈机制，但这种反馈一般是滞后的，受众对传播过程缺乏即时的干预能力。

5. 公共传播(复旦大学2013年研)

答：公共传播是指政府、企业及其他各类组织，通过各种方式与公众进行信息传输和意见交流的过程。公共传播是信息在当代社会的一种传递方式，包括新闻传播(广播、电视、报纸、杂志等)和舆论传播(口头议论、道德评议等)，也包括多媒体视频音频和网络媒体等最新传播形式。公共传播可以分为以下几个层面：①人际层面的公共传播，如政府部门的相关负责人或工作人员、专家与公众进行的面对面交流。②群体层面的公共传播，如在学校、商场、某个社区或组织内召开的小范围的座谈会。③组织层面的公共传播，如在某个单位、公司或组织内传递信息。④大众层面的公共传播，如通过广播电视、报纸、因特网等大众传媒传递信息。在公共传播中，新闻或信息发布机制和新闻发言人都起到了相当重要的作用。

6. 组织传播(南京财经2021年研；浙大2017年研；西北大学2016年研；北邮2015年研；华南理工2014年研；上海理工2014年研；广西大学2014年研；西南政法2013年研；吉林大学2012年研；华科2011年研；南京理工2011年研)

答：组织传播是指组织所从事的信息传播活动。它包括两个方面，一是组织内传播，二是组织外传播，这两个方面都是组织生存和发展必不可少的保障。组织传播的总体功能，就是通过信息传递将组织的各部分联结成一个有机整体，以保障组织目标的实现和组织的生存与发展。具体而言，组织传播的功能包括：①内部协调；②指挥管理；③决策应变；④形成共识。

二、简答题

1. 简述人们获取新闻、交流信息的不同渠道。(中南财大2008年研)

相关试题：简述人们如何参与新闻活动。(华南理工2018年研)

答：参见本章考点难点归纳相关内容。

2. 简述人际传播的定义及其特点。(北师2013年研)

相关试题：什么是人际传播？请简述人际传播的特点。(首师2013年研)

答：人际传播是指个人与个人之间的信息传播活动，也是由两个个体系统相互连接组成的新的信息传播系统。其特点表现为以下方面：

(1)人际传播传递和接收信息的渠道多，方法灵活。传播者不仅可以使用语言，而且能够运用表情、眼神、动作等多种渠道或手段来传递信息；同样，受传者也可以通过多种渠道来接收信息。

(2)人际传播的信息的意义更为丰富和复杂。在面对面的情况下，多种渠道和多种手段的配合，会形成特殊的传播情境，这种特殊的情境会产生新的意义。

(3)人际传播双向性强，反馈及时，互动频度高。双方的信息授受以一来一往的形式进行，传播者与受传者不断相互交换角色，每一方都可以随时根据对方的反应把握自己的传播效果，并相应地修改、补充传播内容或改变传播方法。

(4)与组织传播和大众传播相比，人际传播属于一种非制度化的传播。这是指人际传播在传播关系的成立上具有自发性、自主性和非强制性，人际传播主要是建立在自愿和合意基础上的活动，这意味着人际传播是一种相对自由和平等的传播活动。

三、论述题

“新闻的生产方式、接收方式随时代变化而改变，而人们对新闻的需求是永恒的。”请解释这句话。(人大2015年研)

答：(1)“新闻的生产方式、接收方式随时代变化而改变，而人们对新闻的需求是永恒的。”这句话揭示了人类从事新闻活动的原因及新闻的本质。

①变动产生新闻。世界无时无刻不处在变动之中，因此人们必须获知世界的变动并采取一定的行动，以应对变化并有效地生存下去。新闻的本质是报告世界的最新变动，消除

人们的不确定性。变动产生新闻，不变动就没有新闻。

②关系决定需要。相关性是人们选取新闻的重要标准，即新闻与自身的相关程度决定了人们需要何种新闻。而人与人、人与自然的关系密切程度与经济社会发展水平相关。比如，在自给自足的封建社会，人与外界的关联度很低，不需要太多的新闻；在工业化时代，生产分工、社会分工迫使人们必须关心与之相关的市场动向；在当今全球化的时代，人们关注的视野会更开阔，因为地球上一个小小的角落所发生的变动，就可能会直接或间接影响到我们。

(2)人们对新闻的需求永恒，这并不意味着新闻一成不变，其生产、接收方式必然随时代变化而改变。唯有适应时代、受众、技术的要求，才能保持长久的发展活力。如随着移动互联网、智能手机的普及，碎片化阅读成为受众喜闻乐见的接收方式，新闻业需调整生产方式，新闻 App、微信公共账号推送新闻成为重要的新闻传播方式。另外，随着读图时代的到来，受众倾向于图片、视频的阅听，文字新闻配大图片、视频成为基本的生产形式。

综上所述，人们对新闻的需求是永恒的。只要新闻存在，传统媒体和新媒体就能存在。随着社会经济的发展以及社会财富的增加，人们对新闻资讯的需求会越来越大，解决好用户的新闻需求问题，媒体就有存在价值，而这需要媒体随时代变化创新生产、接收方式。

第二章　新　闻

2.1　复习笔记

【知识框架(庖丁解牛)】

- 新闻
  - 新闻的基本特点
    - 新闻的基本特点——真实、新鲜
    - 新闻真实、迅速的意义
  - 两种新闻定义（共同点、区别）
    - 新闻是新近发生事实的报道
    - 新闻是新近事实变动的信息
  - 新闻本源
    - 新闻本源的含义：新闻的本源是事实，先有事实，后有新闻
    - 新闻来源
      - 含义：新闻从何处获得，又称新闻出处
      - 目的：增加权威性、揭示意图
      - 途径：采访、亲眼目睹、查阅资料或信函
  - 新闻要素
    - 新闻五要素：who(谁)、what(什么)、when(时间)、where(地点)、why(原因)
    - 新闻五要素对新闻工作的作用
  - 新闻类别
    - 以新闻内容来分类
    - 以新闻发生地来分类
    - 以新闻的时间性来分类
    - 以新闻与读者关系来分类：硬新闻、软新闻

【本章概要(提纲挈领)】

本章主要论述了新闻的相关知识。本章考点以概念题、简答题为主，在学习时，需要着重把握新闻的定义、新闻的基本特征、新闻本源和新闻来源、新闻的五大要素、新闻的类别等内容，并大致了解新闻含义的演化过程、新媒体的主要新闻类别及其基本特征等内容。

【考点难点归纳(厚积薄发)】

考点一：新闻的基本特点(见表2-1)　★★★★

表 2－1　新闻的基本特点

<table>
<tr><th>要点</th><th colspan="3">具体内容</th></tr>
<tr><td rowspan="4">真实性</td><td>地位</td><td colspan="2">真实性是新闻的第一特性，是新闻的生命</td></tr>
<tr><td rowspan="3">内涵</td><td>新闻应真实准确</td><td>“新闻真实”应成为新闻从业者心中的一面旗，在追求真实性的过程中形成自觉的一致，使新闻真正还原事实本身。一个富有责任感的新闻工作者必须尊重事实，站在公众的立场上，坚持新闻的真实性</td></tr>
<tr><td>真实准确的内涵</td><td>①新闻必须报道客观存在的事实，要具备“五个 W”。
②新闻报道应客观全面地展现事实的整体和内在联系，与实际相符，尽量客观真实地反映社会全貌。
③新闻报道必须做到真实、可信、准确</td></tr>
<tr><td>新闻区别于文学的显著标志</td><td>新闻区别于文学的显著标志在于新闻真实准确地反映事实</td></tr>
<tr><td rowspan="3">新鲜性</td><td>含义</td><td colspan="2">①新闻所反映的事实应是新近发生和发现的。
②新闻反映事实的新变动</td></tr>
<tr><td>必要性</td><td colspan="2">新闻的核心在于“新”，这也是受众在接受信息时的普遍期待。媒体必须要不断出新，才能取得良好的社会效益，才能在更大程度上吸引受众。因此，创新是新闻事业的永恒要求，要在内容和形式上不断地创新、求变，向受众传递变动的新情况、新信息和新问题</td></tr>
<tr><td>新闻和历史的区别</td><td colspan="2">新闻和历史的区别在于内容新鲜与否。新闻着眼于当下，越是为人们所关注并越新鲜的事实，越有新闻价值；而历史则着眼于过去，知史以明鉴</td></tr>
<tr><td rowspan="2">及时性</td><td>含义</td><td colspan="2">及时性是新闻存在的基本要素。受众接收新闻信息的目的在于随时想知道外界发生的变化，并使自己的行为适应这种变化。因此，新闻工作者应当以最快的速度来展示新闻事件，使得新闻更加生动、新鲜</td></tr>
<tr><td>要求</td><td colspan="2">新闻的第一时间是新闻时效性的最重要标志。但是，对新闻的及时性要求并不是盲目求快。在报道新闻时，新闻工作者必须遵循一定的标准，要有先后缓急之分，从人民利益和大局出发将“快”与社会效果相结合，反对无原则的盲目抢快，也反对过于轻率地“压”新闻</td></tr>
</table>

【考点拓展】公开性

新闻是新近或正在发生的事实的报道，但事实只有被公开传播后才能算得上真正的新闻，否则会失去其价值。受众获取新闻的目的在于更好地把握世界的运动及变化，因此新闻必须要最大程度地让全社会知晓，其价值才能更好地体现。然而，新闻的公开性并非自由、不受限制的，其公开透明必须与有效管理统一起来，要充分考虑传播新闻后的社会效果，以人民利益为核心。

考点二：新闻的定义（见表 2－2）★★★★

表 2－2　新闻的定义

要点	具体内容
内涵	1943 年，在《我们对于新闻学的基本观点》中，陆定一提出了新闻的定义：新闻是指新近发生的事实的报道，此定义的关键词有三个：事实、报道、新近发生

续表

要点	具体内容
优点	①精练地大致概括了新闻的内涵，揭示了新闻的基本属性。 ②指出事实成为新闻的关键在于“报道”。 ③还提到新闻报道的事实必须是新近或正在发生的，唯有事实的新变动，才能称其为新闻

【考点拓展】“新闻”含义的演化(见表2－3)

表2－3 “新闻”含义的演化

要点	具体内容		
“新闻”一词的由来	中国	唐代	《新唐书》：“尝恨天下无书以广新闻。”这里的“新闻”指生活中的奇闻怪事
		宋朝	封疆大臣向朝廷奏报边塞要情时，常在奏文的封皮上写明“新闻”以说明情况重要。这里的“新闻”指“情报”，反映客观情况的变动
		清朝	《桃花扇》：“晚生在朝房里藏着，打听新闻来。”这里的“新闻”同现代含义接近，指最近朝中发生的人事变动、权力分配的消息
	西方	在英语中，新闻为“news”。美国学者约斯特认为新闻一词是由新“new”字引申而来。西方早期的新闻一般指商人或旅行者传播的趣闻轶事	
“新闻”一词的含义	①新近发生的新鲜事情、现象和奇闻轶事。 ②“新闻纸”。 ③“新闻业”。 ④新闻机构每天发布的消息。 ⑤新闻报道体裁		

【考点拓展】对“新闻”的其他定义

(1)原美国密苏里新闻学院院长莫特：新闻是新近报道的事实。

(2)徐宝璜：新闻者，乃多数阅者所注意之最近事实也。

(3)胡乔木：新闻是一种新的、重要的事实。

(4)范长江：新闻，就是广大群众欲知、应知而未知的重要的事实。

(5)美国新闻学专家约斯特：新闻是已经发生或正在发生的事情的报道。

(6)日本新闻研究所原所长小野秀雄：新闻是根据自己的使命对具有现实性的事实的报道和批判，是用最短的时间有规律地、连续地出现来进行广泛传播的经济范畴内的东西。

(7)德国柏林大学道比法特：新闻就是把最新的事实现象在最短的时间内连续地介绍给最广泛的公众。

(8)功能说：“新闻是报道或评述最新的重要事实以影响舆论的特殊手段。”这一类定义关注新闻的传播效果、社会功能。

(9)报道说：“新闻是新近变动的事实的传布。”这种观点认为事实是新闻的依据，只有经过传播、报道的新闻，才能成为新闻。

(10)事实说：“新闻就是广大群众欲知应知而未知的重要事实。”这种定义指出新闻是事实，作为新闻的事实必须是重要的、人们关注的。

从以上含义可看出，新闻的要点主要集中于：新闻是事实；新闻是新近发生的事实；新闻为群众所关心。

【考点拓展】事象、事态与新闻

(1)事实的事象：构成事实的最小元素，使新闻呈现出复合性、运动性和可感性。

(2)新闻的事态：指新闻中事象总和的动态，表现为事实各种联系的趋向，囊括了多种事象间的动向，形成以人物和事象为核心的事态链。

(3)事实的类型：一般事实与新闻事实，短促事实与连续性事实，硬事实与软事实。

考点三：新闻本源(见表2-4) ★★★

表2-4 新闻本源

要点	具体内容	
含义	新闻的本源，是指新闻的基本来源，即新闻是从哪里来的，人们传播与收受的新闻与信息产自哪里，来自何方。长久以来的新闻传播行为表明，新闻的本源乃是物质的东西，是事实，即人类在同自然的斗争中和在社会的生活中所发生的种种事实	
新闻来源	内涵	指新闻所依据的事实来源和新闻转发来源，又称新闻出处
	分类	①直接来源，由新闻工作人员采访所得。 ②间接来源，包括通讯社采写的电闻、公众投稿或其他单位提供的稿件等
	交代新闻来源的目的	①使受众判别该新闻的权威性和可靠性。 ②有助于揭示发出新闻的目的

考点四：新闻要素(见表2-5) ★★★★

表2-5 新闻要素

要点	具体内容	
定义	指构成新闻事实的构件，即可以证实事实存在的基本因素。构成新闻的基准因素是新闻五要素	
新闻五要素	概念	指一则新闻报道中必须具备的五个基本因素，即发生新闻的主角(Who)、发生的事情(What)、发生的时间(When)、发生的地点(Where)、发生的原因(Why)
	作用	①明确了新闻五要素，新闻工作者便可以在采访中理清事实的基本要点。 ②明确了新闻五要素，新闻工作者便能更快地抓住新闻的重点，可以在新闻写作尤其是导语写作时做到全面、清晰、有条理。 ③明确了新闻五要素，新闻工作者在撰写不同体裁的新闻时，可以更好地把握新闻的侧重点。如动态新闻侧重于发生了什么事情，深度报道侧重于揭示事件发生的原因等

考点五：新闻的类别(见表2-6) ★★★

表2-6 新闻的类别

要点	具体内容
以新闻内容来分类	包括：时政新闻、经济新闻、文教新闻、社会新闻等
以新闻发生地来分类	包括：国际新闻、全国新闻和地方新闻

续表

<table>
<tr><th>要点</th><th colspan="3">具体内容</th></tr>
<tr><td rowspan="2">以新闻的时间性来分类</td><td>事件性新闻</td><td colspan="2">即突发性新闻，指报道突发事件的新闻，如自然灾害、突发性社会事件等，其新闻价值突出地表现为新鲜性、显著性与对受众的震动力、吸引力</td></tr>
<tr><td>非事件性新闻</td><td colspan="2">即延缓性新闻，指本身具有新闻价值，可以缓发的新闻。</td></tr>
<tr><td rowspan="6">以新闻与读者关系来分类</td><td rowspan="3">硬新闻</td><td>定义</td><td>指关心到国计民生及大众切身利益的具有较强思想性和指导性的新闻，直接或间接地影响着政治、经济、文化和人们的日常生活，是人们了解世界、做出决策的重要依据</td></tr>
<tr><td>内容</td><td>包括党和国家重大方针政策的制订、实施和修改，重大的党务、国务、政务活动，重大科技发明，时局变化，各地的新情况、新经验、新成就、新问题以及市场行情、流行性疾病、自然灾害等</td></tr>
<tr><td>特点</td><td>①时效性强，报道要求迅速及时。
②文笔庄重，格式较为固定，内容比较严肃，需尽可能准确。
③阅读时要更加集中注意力</td></tr>
<tr><td rowspan="2">软新闻</td><td>定义</td><td>指人情味较浓的社会性新闻，如娱乐新闻、体育新闻、服务性新闻等</td></tr>
<tr><td>特点</td><td>①形式上通俗，注重趣味性。
②没有明确的时间界定，多为延缓性新闻，无时间的紧迫性。
③与人们的切身利益关系不大，作用是向人们提供娱乐、开阔眼界、增长知识、陶冶情操等。
④写作时需注意写作方法和技巧，以趣味性为主</td></tr>
<tr><td>二者区别</td><td colspan="2">①一般来说，受众在硬新闻得到满足后才需要软新闻。
②硬新闻多出现在严肃的高级报纸上，如党报；而软新闻则出现在大众化通俗报纸上，如晚报、都市报等</td></tr>
</table>

【考点拓展】新闻的类别——以写作特点分类

(1)动态新闻：短、快、及时。

(2)经验新闻：典型报道。

(3)述评新闻：夹叙夹议，解释事件。

(4)其他分类：综合新闻、人物新闻、新闻特写等。

【考点拓展】硬新闻软包装

硬新闻与软新闻在分类上是严格区分的，但在新闻实际工作中，硬新闻与软新闻是可以转换的。同一个题材，不同的重点、不同的视角，形成两类不同的新闻，这就是所谓的“硬新闻软包装”，以娱乐化的视角来报道硬新闻。如央视新闻发布的《150 秒回顾中国航天》的科普短视频，将硬核科技与中国古诗句结合，将科普视频变得生动有趣，实现硬新闻“软着陆”。硬新闻“软包装”的意义不仅局限于语态的“软”、多元化的形式和新闻可读性的增强，更能加强受众之间的沟通交流。随着竞争加剧，新闻的娱乐化取向加剧，“硬新闻软包装”的使用越来越普遍。需要注意的是，“硬新闻软包装”要慎重对待，并不是所有硬新闻都可以软包装的。

2.2 考研真题与典型题

一、概念题

1. 新闻(中南财大2018年研；中山大学2016年研；上海大学2015年研；上外2014年研；中传2011年研；湖南大学2009年研)

2. 新闻本源(西北大学2021年研；北大2019年研；上海大学2019年研；厦大2018年研；北大2017年研；中传2015年研；湖南大学2014年研；复旦大学2007年研)

3. 新闻来源(复旦大学2023年研；四川大学2022年研；华科2021年研；湖南大学2021年研；山东大学2014年研；北工商2012年研；深圳大学2012年研；上海财大2009年研；复旦大学2008年研)

相关试题：消息来源(复旦大学2021年研)

4. 新闻要素(中央民大2021～2022年研；西安工程2021年研；四川大学2020年研；华东师大2018年研；华中农大2017年研；华中师大2016年研；复旦大学2014年研；暨大2013年研)、新闻五要素(华南理工2013年研)

5. 硬新闻与软新闻(南开大学2010年研；华中农大2010年研)

相关试题：

(1)软新闻(北印2022年研；华南理工2018年研；暨大2017年研；华东师大2016年研；上海交大2014年研；电子科大2013年研；华中农大2011年研；中南财大2010年研)

(2)硬新闻(中山大学2022年研；北邮2021年研；山西大学2017年研；西南大学2016年研；北师2014年研；湖南大学2014年研；暨大2011年研；上海财大2010年研)、Hard News(上海大学2015年研)

6. 事件性消息(南宁师大2021年研)

二、简答题

1. 辨析：新闻本源即是新闻来源。(西南大学2010年研)

2. 简述新闻的分类。(贵州大学2008年研)

3. 简述硬新闻与软新闻的区别，及其在新环境下的发展。(复旦大学2017年研)

4. 简述新闻的定义及认识新闻定义的意义。

三、论述题

论作为社会现象的新闻。(复旦大学2005年研)

2.3 考研真题与典型题详解

一、概念题

1. 新闻(中南财大2018年研；中山大学2016年研；上海大学2015年研；上外2014年研；中传2011年研；湖南大学2009年研)

答：新闻是指新近发生或正在发生的事实的报道。新闻与生俱来的基本特点有两个：一是真实，二是新鲜。由此而延伸出新闻报道上迅速及时的要求。这两点是新闻最为基本、最为核心的规律。新闻的基本职能是告知人们所需要的信息。新闻的五要素包括发生新闻的主角(Who)、发生的事情(What)、发生的时间(When)、发生的地点(Where)、发生的原因(Why)。

2. 新闻本源(西北大学2021年研；北大2019年研；上海大学2019年研；厦大2018年研；北大2017年研；中传2015年研；湖南大学2014年研；复旦大学2007年研)

答：参见本章考点难点归纳相关内容。

3. 新闻来源(复旦大学2023年研；四川大学2022年研；华科2021年研；湖南大学2021年研；山东大学2014年研；北工商2012年研；深圳大学2012年研；上海财大2009年研；复旦大学2008年研)

相关试题：消息来源(复旦大学2021年研)

答：参见本章考点难点归纳相关内容。

4. 新闻要素(中央民大2021～2022年研；西安工程2021年研；四川大学2020年研；华东师大2018年研；华中农大2017年研；华中师大2016年研；复旦大学2014年研；暨大2013年研)、**新闻五要素**(华南理工2013年研)

答：参见本章考点难点归纳相关内容。

5. 硬新闻与软新闻(南开大学2010年研；华中农大2010年研)

相关试题：

(1)软新闻(北印2022年研；华南理工2018年研；暨大2017年研；华东师大2016年研；上海交大2014年研；电子科大2013年研；华中农大2011年研；中南财大2010年研)

(2)硬新闻(中山大学2022年研；北邮2021年研；山西大学2017年研；西南大学2016年研；北师2014年研；湖南大学2014年研；暨大2011年研；上海财大2010年研)、**Hard News**(上海大学2015年研)

答：参见本章考点难点归纳相关内容。

6. 事件性消息(南宁师大2021年研)

答：参见本章考点难点归纳相关内容。

二、简答题

1. 辨析：新闻本源即是新闻来源。(西南大学2010年研)

答：这种观点是错误的。新闻本源和新闻来源是两个不同的概念，前者侧重于新闻的实质，而后者侧重于新闻的出处。

(1)新闻本源是指新闻的根本来源。唯物主义认为，新闻的本源乃是物质的东西，乃是事实，就是人类在与自然斗争中和在社会斗争中所发生的事实。新闻是对客观事物的反映，在新闻和事实的关系中，事实是第一性的，新闻是第二性的；先有事实，后有新闻。新闻工作者应该坚持唯物论的新闻本源观，尊重事实，坚持每一条新闻都以可靠、准确的事实为依据，在采访、写作、编辑中，都要力求符合客观事物的本来面目。

(2)新闻来源，又称消息来源或信息来源，有狭义和广义之分。狭义的新闻来源是指一则新闻中所涉及的事实和观点材料的出处，它表明事实、观点和背景材料从何而来，由谁提供。广义的新闻来源既指新闻事实的提供者，又泛指构成新闻根据的全部新闻事实。交代新闻来源的目的是：①让受众了解该新闻的权威性、可靠程度；②揭示提供或散布新闻的意图。

新闻本源必须区别于新闻来源，二者是不同的两个概念，前者侧重于新闻的实质，是事实，而后者侧重于新闻的出处。因此，题中“新闻本源即是新闻来源”的观点是错误的，两者是不同的概念。

2. 简述新闻的分类。（贵州大学2008年研）

答：参见本章考点难点归纳相关内容。

3. 简述硬新闻与软新闻的区别，及其在新环境下的发展。（复旦大学2017年研）

答：(1)硬新闻与软新闻的区别。

参见本章考点难点归纳相关内容。

(2)硬新闻与软新闻在新环境下的发展。

①硬新闻在新环境下的发展。

a. 硬新闻的“软化”。随着我国改革的不断深入和市场经济的发展，人们的生产、生活方式发生了较大变化，对信息的需求也随之改变，形式多样、写作灵活的新闻报道越来越得到读者的喜爱。在这种新环境下，用来报道政治、经济、军事等方面的硬新闻开始“软着陆”。硬新闻的“软化”，就是在保持新闻内容基本不变的基础上，通过优化新闻结构、改变传播模式和方法，以提高新闻的可读性，实现良好的传播效果。具体表现在软策划、软包装和语言平实化三个方面。

b. 硬新闻的文本特征发展。随着媒介生态环境变化的加剧，硬新闻的文本特征在精炼和开放性两个方面有大的发展。精炼是求简，理念上是标题即新闻、导语即新闻。精炼属于文本优化，其主要手段是一遍化写作——记者制作的硬新闻，受众只需要接收一次就可以领会其意思。文本开放性的涵义更为广泛，包括表达意见、利用各种编辑手段等，突出表现在硬新闻对深度的追求。

②软新闻在新环境下的发展。

a. 软新闻的“硬化”。当下新环境中，在保持服务性特色的同时，软新闻在优化信息结构、提高新闻质量方面正着力提高信息的品位。

b. 软新闻的报道形式更加平民化。在内容选择上表现为：抛开时事政治而关注百姓生活；注意力集中在新闻事件本身，偏爱暴力、灾害类新闻，多揭露阴暗；不注重问题的解决，满足于揭示和展示等；在报道方式上语言多轻松幽默，主观色彩浓厚，加强新闻的故事性，注重情节，放大细节；传播方式上加强与观众的互动，积极调动观众的参与热情。

4. 简述新闻的定义及认识新闻定义的意义。

答：“定义”是对于一种事物的本质特征或一个概念的内涵和外延所作的确切而简要的说明，内涵是概念即事物的内容，外延是概念所涉对象的范围，也即该事物的范围。

(1)新闻的定义。国内目前较为认同的还是陆定一先生提出的“新闻是新近发生事实的报道”。“新闻的定义”，是对新闻的本质特征给以确切而简要的说明，对新闻的内涵和外延给以明确的划定和限制。但是这样一个“新闻定义”，却为难新闻传播界与新闻学术界长达百年，国人曾经收集到三百多个新闻定义，无法选出一个可以为人们普遍接受的令人满意的新闻定义。

(2)认识新闻定义的意义。“新闻定义难”反映出在新闻起源与本源问题上坚持唯物论、反对唯心论的艰巨性和长期性，也反映出人们对于新闻传播特征还缺乏足够的共识。

①分类认识新闻的定义，加深对新闻本质的认识。众多的新闻定义可分为两大类：理论学派与务实学派。

a. 理论学派，主要由在新闻院校执教的教授们，或在新闻传播研究机构工作的学者们，他们通过自己的理论研究与学术探讨，得出“什么是新闻”或“新闻是什么”的结论。比如德国学者埃米尔·多维法特认为，新闻是把最新现实介绍给广泛公众。又如日本学者小野秀雄十分简洁地指出，新闻就是事实的报道。这类新闻定义是理论的智慧。

b. 务实学派，由一批在新闻传播业执事的资深编辑、记者甚至报业老板与报业高层管理人士，凭借他们多年的业务经验，提出一批新闻定义。比如《纽约太阳报》的一位新闻部主管认为：狗咬人不是新闻，人咬狗才是新闻。这反映了在西方的社会价值观念下，新闻业者对新闻运作的把握。在那个社会里，奇特、怪诞才是新闻。如果撇开这种价值观念，仅取“新闻应该有点不一般的成分”即奇异出新闻的这一层意思，也有借鉴作用。

②新闻科学在不断的发展之中，不同的新闻定义相互之间有借鉴意义，纵观这些新闻定义，也让人们更加认同陆定一先生提出的新闻定义，“新闻是新近发生事实的报道”。

该定义用极其简约的语言，概括了新闻的四个特点：陈述事实、具有新意、报道及时、公开传播。从内涵上看，这个定义是新闻这一特定事物的特点总和的确切、简洁的说明，内涵是明确的。从外延上看，这个定义可以说明古今中外一切新闻，所指对象的范围是清晰的。

三、论述题

论作为社会现象的新闻。(复旦大学 2005 年研)

答：作为社会现象的新闻是就新闻的性质而言的。理解作为社会现象的新闻首先要从理解新闻的定义入手。

(1)关于新闻的定义历来说法不一。新闻的本质是关于事物的某种信息，这种信息反映社会新近变动，它是自在之物，没有经过新闻媒介报道之前就存在着，这是广义的新闻，是潜新闻；它经过新闻传媒报道之后就是显新闻，狭义的新闻就是指显新闻传播。例如，新闻是社会新近变动的信息(广义的定义)；新闻是社会新近变动的信息的传播(狭义的定义)。广义和狭义的新闻定义又分为以下三种情况：

①泛指社会上普遍存在的一切新闻事物、现象。这是一种对“新闻”的广义的理解。

②新闻媒体对新闻事实、实践的报道这种现象和行为本身。这是对“新闻”的一种狭义的理解。

③特指新闻媒体上所报道的那些属于消息类体裁的东西。这种“新闻”实际上指的就是消息。这是对“新闻”的一种最狭义的理解。

(2)作为社会现象的新闻的表现。由以上广义的新闻定义可知，新闻活动是一种普遍的社会现象。作为社会现象的新闻，主要体现在两个方面：

①表现在人际间的新闻信息的沟通和传播。在人们相互之间的交往中，相互传递新闻的活动在普遍地持续地进行着。这些信息传播的形式除了一般的街谈巷议，还包括信件、电报、电话、会议等形式。在数字媒体发达的今天，还包括影响大众的手机的信息传播。

②作为社会现象的新闻主要还是表现为正规的新闻传播事业，这包括广播、电视、报纸、杂志、互联网等。这些信息传播形式形成了庞大的新闻传播业，对当今社会的方方面面产生了巨大的影响。

(3)了解新闻和传播新闻是一种普遍的社会现象。所有的人，无论其阶级、职业、性别、宗教、民族的差异，都离不开新闻信息的获取，否则就无法生存和发展。从广义上说，新闻活动不局限于和大众媒体的直接接触，还包括人们为沟通客观世界新近变动的情况所进行的一切活动。

(4)了解到新闻作为一种社会现象的普遍性，对社会的信息调控具有极其重要的现实意义。

①应当充分认识到新闻信息对人们的日常生活和社会发展的重要性，充分尊重受众的知情权，不断促进信息透明化，为社会发展塑造良好的信息流通环境。

②充分注意大众传播与非大众传播之间的互动关系。新闻信息的传播是弥散于日常生活中的，新闻的存在不仅可以通过大众媒体得到传播，同样可以通过口耳相传和其他人际传播手段，如电话、手机等形式得到传播。

第三章　真实性是新闻的本质规定

3.1　复习笔记

【知识框架（庖丁解牛）】

- 真实性是新闻的本质规定
  - 新闻真实性的基本要求
    - 真实性与客观性
    - 真实与现实
    - 真实与真相
  - 真实性是新闻的生命
    - 真实性是新闻工作的职业要求
    - 在我国坚持新闻真实的极端重要性
  - 新闻失实的主要表现及性质
    - 新闻失实的主要表现
      - 无中生有，捏造事实
      - 似是而非，歪曲事实
      - 隐瞒、掩盖重大事件、重大事故
    - 故意性失实和非故意性失实
      - 故意性失实
      - 非故意性失实
  - “后真相时代”与新闻失实

【本章概要（提纲挈领）】

本章主要论述了新闻真实性的相关知识。本章考点以概念题以及简答题为主，在学习时，需要着重把握新闻真实性的含义和要求、新闻真实性的标准、新闻失实等内容，并大致了解坚持新闻真实性对新闻受众及媒体的现实意义、互联网环境下的新闻失实现象等内容。

【考点难点归纳（厚积薄发）】

考点一：新闻真实性　★★★★

新闻真实性是指以事实为基础和依据来报道新闻，用辩证唯物主义和历史唯物主义的方法如实地反映客观事物的本来面目，即新闻五要素必须经得起核对。真实性是新闻的灵魂和生命。新闻真实性包括：(1)新闻事实真实准确；(2)新闻媒体对客观事实的正确认识和评价。

> **【考点拓展】新闻的个体真实**
>
> 个体真实又称事实真实、具体真实，是指对某个事实所报道的五要素完全符合实际，即发生在某个时空中的人物、情节、数字、细节和事件发展同客观具体事实相符。具体见表3－1。

表3－1　新闻的个体真实

要点	具体内容
个体真实的标准	①新闻是关于事实的报道，该事实是否发生过，是确证新闻事实的第一个准则。 ②个体真实的第二个标准是指对事物发展的过程和细节陈述得完全符合实际。 ③第三个标准是指对新闻背景的介绍、数字和文献资料的引用必须真实。 ④第四个标准是指新闻中人物的心理活动、思想变化等隐性事实的介绍必须真实，不能渲染夸大，以想象代替事实
个体真实的特点	①个体真实是感性真实，对它的准确反映包括感觉材料的真实与知觉材料的真实。 ②个体真实是表象真实。新闻真实是由媒体工作者复写事实的结果，而复写是媒体工作者对事实的直接反映，依赖于记忆把头脑的表象编委语言或图像。 ③个体真实是在单一时空中可证实的真实。无论事实多复杂，只要发生过，便可以在一个时空中确证它的存在。 ④个体真实之间有度的差别。个体事实的细目陈述得精确与否，使新闻的真实程度不一，让人对事实的认识有深浅、详略的不同

【考点拓展】新闻的整体真实

整体真实是指同时追求如实地反映客观世界的整体，不把追求新闻的个体真实作为唯一目标。新闻整体真实的类型有：

(1)连续报道的整体真实，即若干条报道准确地组合，如实反映事物的整体面貌。

(2)反映事实量比的整体真实，即按照不同类型的客观事实的比例，真实地报道这些事实的量比。

(3)反映真象与假象的整体真实，即对客观事件的报道要符合该事物固有的真相。

考点二：坚持新闻真实性的意义 ★★★★

(1)新闻真实是新闻成立的基础。坚持新闻真实是报道的首要原则，追求和守护真实这道生命线，是新闻工作者全部新闻职业操守的集中体现。

(2)新闻真实是媒介生存的土壤。媒介的真实报道既能赢得受众，又能维护媒体的权威和尊严，离开新闻真实，媒介将无生存的土壤。

(3)新闻真实是认识真理的途径。真实的新闻是人类认识世界的途径，可以产生教育和启迪的力量，使人们正确把握世界的发展。坚持新闻真实，有助于党和人民正确认识并更好地改造客观世界。

(4)在我国，坚持新闻真实可以让世界更好地了解中国，也能让中国更好地了解世界，有助于营造利于中国发展的国际氛围。

考点三：新闻失实 ★★★

1. 新闻失实的内涵

新闻失实是指新闻内容包含主客观分离的因素，部分内容或全部内容同客观实际不符。新闻失实包括杜撰的失实和采访不周而出现的过错失实。

2. 新闻失实的类型

(1)怀有不良动机，故意捏造事实，达到歪曲事实的目的。如由于政治需要，大举攻击对方，进行自我美化；或一些媒体、记者出于私利，受到金钱和物质的诱惑，制造出假新闻。

(2)非故意制造假新闻而出现的失实。一些记者由于主客观原因，未能亲临事件现场，只能通过第二手甚至第三手资料来了解事件过程，缺乏直接新闻来源而造成新闻失实。

【考点拓展】新闻失实的其他类型

(1)记者在采访时首先接触的事实的现象同事实的真相不一致，如果盲目追求时效性，也可能导致新闻失实。

(2)记者采写新闻不及时，容易忘记或忽略一些细节，造成由时间延迟导致的新闻失实。

(3)新闻记者为追求新闻的意义，刻意夸大事件的思想性，任意拔高事实，或削弱事实原有的倾向，从而导致新闻失实。

(4)新闻语言表述不得体，大加渲染或贬低事实，也可能导致新闻失实。

3. 新闻失实的特点

(1)如今的假新闻越来越多，新闻失实愈发严重，威胁着新闻的真实性原则。

(2)假新闻在互联网环境中呈现出高度的媒介融合倾向。

(3)虚假新闻开始向公众领域延伸，威胁着大众的切身利益，社会敏感问题是假新闻的高发区。

(4)假新闻的生存周期短，在较短的时间内就能被揭露。

4. 网络新闻失实的特点

(1)以假乱真，可以用很低的成本制造出欺骗性很强的新闻。

(2)内容识别难度大、成本高。

(3)传播速度快，传播范围广。

【考点拓展】网络新闻失实的表现(见表3-2)

表3-2　网络新闻失实的表现

要点	具体内容
标题与内容不符	网络新闻标题对于受众选择新闻是非常重要的，是受众阅读网络新闻的导航标。因此有些网站在制作标题时不择手段，危言耸听，夸大其词。受众受到标题的吸引点击进入，却发现其内容往往与标题大相径庭
图片与事实不符	目前，网络新闻发布时，常会出现图文不符的情况，有的是网络新闻编辑人员在对素材的后期制作汇总，运用技术篡改与新闻相配的图片，使之看起来更全面、系统、艺术，以达到图文“匹配”的目的
流言与事实部分	网络媒体的开放、匿名、实时性等特征，使得大众可以相对自由地发表言论，因此网络也可能成为流言滋生和“传播”的沃土。部分媒体对网络流言不加以辨别、求证，一味求新求快，将“疑似事实”的信息刊登出来，给网络流言披上了“真实”的外衣，具有极大的危害性
网络新闻与网络广告难以辨别	如今网络新闻广告化的现象日趋严重，如出现电邮、图片视频广告或将广告嵌入文章内部建立链接的网络广告形式，网络新闻与广告呈现出难以辨别的趋势，严重损害了受众对网络新闻的信赖感，也不利于网络新闻自身的发展

【考点拓展】新闻失实的影响

新闻失实对于社会和受众是严重的伤害，对于新闻界自身，则是致命的毒瘤，主要表现在：

(1)新闻媒体的公信力降低。新闻媒介应是专业的、职业的传播机构，能够给公众提供宣传真实、权威、准确的公共信息，让大众在短时间内了解国家政策及身边发生的大事小情。然而如果新闻失实，就会影响大众在公共信息上的判断，甚至影响对国家政策的正确理解，成为被“欺骗”利用的受害者。

(2)危及新闻媒体的生存与发展。在评价新闻报道时，真实、准确、及时是衡量的重要标准。如果出现失实报道，对新闻媒体自身也会产生极恶劣的影响。因此，真实永远是新闻媒体的生命。

(3)对公众造成严重的精神损害。新闻媒体如果出现失实报道，对大众来说必然是一种精神损害，会误导大众做出错误的行为。

【考点拓展】新闻失实的防范(见表3-3)

表3-3　新闻失实的防范

要点	具体内容
强化监管，肘制不实新闻泛滥	加强监督管理，利用制度管理、法制管理重申管理的重要性，以物质处置与行政处理为手段，对当事人进行责任追究，强化新闻从业人员的职业素养，形成制度管理，健全管理机制
职业教育，提升新闻队伍建设	抓好职业道德教育，通过业务培训、思想政治教育对从业人员进行业务教育、提高政治理论水平，让他们意识到虚假新闻对社会的危害性，同时让他们意识到新闻工作者无上荣光的职业使命，提升新闻工作者队伍建设的质量
加强法治，提升新闻整体质量	新闻媒介及相关工作者应当增强法治观念，掌握好“法”与“非法”的界限，自觉遵守国家的各项法规，严防在新闻报道中出现违法和侵权、毁誉的现象
优化环境，促进新闻和谐有序	新闻报道在竞争中必须做到有序、遵守新闻自身发展的客观需要，才能营造良好的新闻环境。优化环境意味着要为新闻工作者提供可靠的生活和工作条件，在制度管理上提倡以人为本，促进和谐新闻环境的生成

3.2　考研真题与典型题

一、概念题

1. 新闻真实(北邮2021年研；山西大学2020年研；北师2018年研；厦大2018年研；华南理工2017年研)

2. 新闻真实性(华东师大2022年研；广州大学2021年研；华南理工2017年研；北师2016年研；上海财大2014年研；中国地大2014年研；武大2013年研；华中农大2013年研；华科2011年研；上海大学2010年研；山东大学2010年研)

3. 事实真实(北大2016年研)

4. 新闻客观性(厦门大学2023年研；华南理工2020年研；中山大学2019年研；上海大学2015、2013年研；湖南大学2010年研)

5. 新闻失实(西南大学2007年研)

6. 标题党(海南大学2021年研；暨大2018年研)

7. 后真相时代(河海大学2023年研；厦门大学2021年研)

相关试题：

(1)后真相时代下对新闻工作产生了什么影响？(简答题，陕西师大2021年研)

(2)后真相时代传统媒体如何坚守新闻真实？(论述题，西南交大2021年研)

8. 新闻透明性(郑州大学2023年研)

二、简答题

1. 简述新闻真实性及其重要意义。(西南大学2018年研)

相关试题：

(1)新闻真实性的含义是什么？(江西师大2009年研)

(2)简述新闻真实性原则。(电子科大2013年研)

(3)简述新闻传播真实性以及新闻传播真实性的科学含义。(上海大学2018年研)

2. 怎样保障新闻的整体真实？(山东大学2015年研)

相关试题：什么是总体真实？(武大2015年研)

3. 谈谈你对“新闻真实有限性”的理解。(人大2014年研)

4. 简述新闻的客观性。(人大2011年研；湖南大学2010年研；中央民大2009年研)

5. 简述新闻客观性原则的内涵及其在操作层面的要求。(人大2014年研)

相关试题：

(1)请阐释新闻客观性的基本理论及其实践要求。(武大2013年研)

(2)何为新闻客观原则？它是怎样确立的？如何保证新闻的客观性？(陕西师大2018年研)

6. 新闻客观性的要求是什么？新闻工作能够做到客观吗？为什么？(中山大学2017年研)

相关试题：新闻透明性与新闻客观性的不同之处，新媒体技术下新闻透明性的形成与发展。(复旦大学2021年研)

7. 简述客观报道原则的内涵及优势。(中传2012年研)

相关试题：简述客观性报道原则的内涵。(西南交大2018年研)

8. 请简述“标题党”现象。(清华大学2016年研)

相关试题：简述网络中“标题党”的危害。(黑龙江大学2014年研)

三、论述题

1. 结合当前我国新闻传播的现状，试述坚持新闻真实性的极端重要性。(中南财大2009年研)

2. 我国每年年终都会出炉“年度十大假新闻”之类的盘点文章，令本应“真实的新闻”反而成为了一种期待，请根据实际，论述如何防止和克服新闻报道出现失实的情况。(西南大学2009年研)

3. 论述新闻失实的表现有哪些？造成新闻失实的原因是什么？(湘潭大学2017年研)

相关试题：

(1)简述新闻失实的主要表现及其防范。(简答题，中传2010年研)

(2)论述虚假新闻的表现形式，以及治理新闻失实的有效手段。(人大2011年研)

(3)联系实际谈谈造成新闻失实的原因及危害，并说明应如何防止新闻失实。(电子科大2012年研)

(4)简述新闻失实的表现。(简答题，中南财大2018年研)

4. 后真相时代，新闻真实性遇到了哪些挑战?(华中农大2023年研)

3.3 考研真题与典型题详解

一、概念题

1. 新闻真实(北邮2021年研；山西大学2020年研；北师2018年研；厦大2018年研；华南理工2017年研)

答: 新闻真实是指新闻与其反映对象是否符合：符合，就是真实的；不符合，就是不真实的。新闻真实既有真实性的问题，也有真实度的问题：真实性是好把握的，但真实度是难计量的。就具体的或单一的新闻报道而言，新闻真实包含两个层面的意思：一是，新闻报道的对象是实际存在的、实有其事；二是，新闻对新闻事实的反映是全面的、正确的。就整个新闻传播界来说，面对的是具体真实和整体真实两个方面。但要实现整体真实非常困难，对新闻传播来说具有理想性的色彩，是一个长期争论的话题。此外，新闻真实具有以下特性：①新闻真实是事实性真实；②新闻真实是过程性真实；③新闻真实是有限度的真实；④新闻真实是即时性真实；⑤新闻真实是公开的真实。

2. 新闻真实性(华东师大2022年研；广州大学2021年研；华南理工2017年研；北师2016年研；上海财大2014年研；中国地大2014年研；武大2013年研；华中农大2013年研；华科2011年研；上海大学2010年研；山东大学2010年研)

答: 新闻真实性是指新闻报道忠实于客观实际的性质和程度。真实是新闻的生命，是衡量一切新闻价值的首要标准。真实性含义的基本要点就是新闻所报道的事实必须同客观事实相符合，具体有三个方面的要求：①细节准确真实；②新闻报道的事实和客观的事实总体要一致；③揭示事物的本质。坚持新闻真实性是新闻工作的起码要求，也是最高要求。新闻必须真实，是新闻工作的第一信条。

3. 事实真实(北大2016年研)

答: 事实真实是新闻真实性的科学含义之一，即每一个具体新闻报道中的每一项事实，都要做到完全准确无误，持之有据。换言之，新闻报道中的主要新闻要素，均要引之有据、确凿可信，而且对这些要素的细节描述，不容许有丝毫的“合理想象”；另外，新闻报道中引用的一切资料，也要求有可靠的来源，必要时要有明确的交待。事实真实是最基本的新闻真实，是新闻工作者在实践操作过程中的基本规范。

4. 新闻客观性(厦门大学2023年研；华南理工2020年研；中山大学2019年研；上海大学2015、2013年研；湖南大学2010年研)

答: 新闻客观性是新闻报道的基本特征之一，是指新闻报道必须以客观实际为本源，按照事物的本来面貌来反映事物。它是新闻传播关系赖以建立的基本条件，也是影响新闻媒介信誉的重要因素。它有两层意思：①内容必须真实，即新闻报道所描述的对象必须具有客观实在性，不能无中生有、凭空捏造；②表述必须客观，报道者一般不宜直接在新闻中站出来发言，而主要是“用事实说话”，即寓情寓理于事实的筛选、内容的编排、版(画)

面的处理之中。客观性不是客观主义，它对于新闻事实的见解，主要通过客观的叙述形式，凭借事实本身的逻辑表现出来。

5. 新闻失实（西南大学 2007 年研）

答：新闻失实是指在新闻报道中事实不准确和不真实，或将带有偏见的解释编入新闻报道之中。以实际情况看，新闻失实最突出表现在五个方面：①无中生有，凭空捏造；②添枝加叶，层层拔高；③要件残缺，隐瞒事实；④偷梁换柱，移花接木；⑤因果不符。就其性质来说，新闻失实可分为故意性失实和非故意性失实。故意性失实是指明知道自己所写的新闻与实际情况不符，却明知故犯，造成新闻失实；非故意性失实是指在采写编新闻过程中，作者并没有觉察到自己报道的事实与实际情况不符，这种失实多半是由于作者在采访中获得的原始材料失实造成的。

6. 标题党（海南大学 2021 年研；暨大 2018 年研）

答："标题党"是指网络中通过鲜明标题来吸引读者的人群党派。这是对在以互联网为代表的媒体上通过制作幽默、新奇、耸人听闻或者媚俗、低俗、庸俗等的标题来吸引网友注意力，以达到增加点击量、知名度或者谋取经济利益等各种目的的网站编辑、记者、管理者和网民的总称。"标题党"现象伴随着传媒开始追求经济利润而生，在互联网时代表现得尤为突出，是一种利用受众的猎奇心理、感性情绪等追逐商业利益的做法。

7. 后真相时代（河海大学 2023 年研；厦门大学 2021 年研）

相关试题：

（1）后真相时代下对新闻工作产生了什么影响？（简答题，陕西师大 2021 年研）

（2）后真相时代传统媒体如何坚守新闻真实？（论述题，西南交大 2021 年研）

答："后真相时代"（post-truth era）是指我们现在所处的社交媒体时代的特点，"真相没有被篡改，也没有被质疑，只是变得很次要了"，见于英国杂志《经济学人》在 2016 年 9 月发表的文章《Art of the lie》。在后真相时代，社交媒体逐渐成为新闻的发源地和传播者，主流媒体提供的信息不再是新闻的主要来源，人们更关注事实背后所包裹的情感因素或者涉及到个人的主张。后真相时代的基本特征是：情绪在前，真相在后；认知在前，真相在后；成见在前，客观在后。社交媒体的迅速壮大，中间阶层和网络新生代的成长，让"后真相时代"的舆论常常一轰而起，一唱百和。情绪化的观点言论经常呈现病毒式的传播方式，在短时间内迅速扩大，凌驾于新闻事实之上，占据舆论的中心。后真相时代社交媒体的快速发展让公众拥有更多的话语空间，但是不可忽视的是过度自由带来的问题。后真相时代，坚持正确的舆论引导必不可少。

8. 新闻透明性（郑州大学 2023 年研）

答：新闻透明性是指新闻流程的采集、组织和传播对外部公众公开，允许新闻业内部和外部人士进行监督、检查、批评及建议，甚至介入到新闻生产的过程中。透明性一般来说包括"公开的透明性"和"参与的透明性"。前者强调新闻机构对公众公开新闻生产过程，向公众展示事实的来源，提示新闻报道中囊括的各方利益团体；后者允许公众参与到新闻生产中，对内容进行创作和贡献，即"用户生成内容"。新闻透明性作为新闻客观性的新发展，并非对客观性的否认，而是通过公众的介入，与传播者主观存在的偏见对抗，为客观性提供了新的实现方法，为客观性增添对话性和参与感，让新闻报道成为公众集体分享参与的内容。当然过度介入到新闻生产过程中也会产生一系列的问题，如削弱新闻对边界的控制，记者作为“把关人”的弱化等等。因此，新闻的透明性也需要把握好适度原则。

二、简答题

1．简述新闻真实性及其重要意义。（西南大学2018年研）

相关试题：

(1)新闻真实性的含义是什么？（江西师大2009年研）

(2)简述新闻真实性原则。（电子科大2013年研）

(3)简述新闻传播真实性以及新闻传播真实性的科学含义。（上海大学2018年研）

答：参见本章考点难点归纳相关内容。

2．怎样保障新闻的整体真实？（山东大学2015年研）

相关试题：什么是总体真实？（武大2015年研）

答：新闻的整体真实又称总体真实、宏观真实，指不但要求每篇新闻都真实，而且通过连续不断的新闻报道反映出整个现实的真实。整体真实不再把新闻的个体真实作为追求的唯一目标，而是同时追求如实地反映客观世界的整体，要求在报道复杂或具有漫长过程的事件时要反映各个事实的联系与事物的全貌，揭示全部的事实真相。保障新闻的整体真实要求：

(1)连续报道的整体真实。指若干条报道准确地组合，如实反映事物的整体面貌。社会和自然界的许多事件都有广阔的时空延续，媒体对它们的报道需要持续一定的时间，才能反映整个事件的真实情形。大的事件一般都有持续的发展过程和多种因果关系，媒体需要通过多层次、多侧面的报道，揭示它的各方面的联系。从理论上看，个体事实的报道只能体现局部真实，只有随着事件发展进行多次报道，体现的才是对整个事件或全局的真实。

(2)反映事实量比的整体真实。指按照不同类型的客观事实的比例，真实地报道这些事实的量比。即坏事与好事、消极现象与积极现象、成绩与挫折、优点与缺点、顺利与困难等这些对立事物在社会中出现的比例不同，有的具有普遍性，是大量的；有的不具有普遍性，是个别的、少量的。记者从事实的联系中观察、分析不同类别的事实的量比，按照不同比例再现这些事实，达到对立事物分布的整体真实。把整体真实视为选择不同类别事实比例的真实，是记者从宏观角度认识生活的重要理念。

(3)反映真象与假象的整体真实。指对客观事件的报道要符合该事物固有的真相，分清假象与真象，在真象事实与假象事实的联系上，反映事物的真实面貌。事物的假象与真象都是实际发生的，被反映后都具有表象真实。事物的真象是和事物自身的本质一致的，而假象则恰好与事物的本质相分离。误以假象为真象或误以真象为假象，都蒙蔽了事实的真相，常常造成新闻报道的整体失实。

3．谈谈你对“新闻真实有限性”的理解。（人大2014年研）

答：(1)新闻真实的含义。

参见本章概念题第 1 题答案。

(2)新闻真实的有限性。

新闻活动是一种在价值观指导下的认识活动，离不开意识形态的束缚，因此新闻真实是有限度的真实。作为一种新闻理想的新闻真实在现实中难以完全实现。新闻真实的有限性包括以下几个方面：

①新闻真实是传播者认知限度内的真实。传播主体受时间、精力、经济的限制，个人并不能做到万事全知。文化和意识形态为传播主体打上深深的烙印，个人的认知是明显的意识形态和文化价值取向下的认知，新闻传播活动是精神活动，必然受传播主体认识的影响。因此新闻真实是传播者认知限度内的真实。

②新闻认识活动的特性限制新闻真实。新闻认识必须及时、迅速地反映。快，就容易看“走眼”。在追求时新性时，往往很容易忽视事实的真实性。新闻真实的发掘需要过程，它是个有机的运动过程，因此新闻真实并不能保证一次无限制的真实。

③新闻真实是环境因素影响下的真实。构成新闻传受环境的政治、经济、文化、技术等因素，都会以各种方式影响新闻真实的范围和程度。新闻真实是传受双方相互承认的过程，新闻传播符号的有限、传播文化中的刻板印象、传播工具的限制、传播体制的控制等因素，决定了新闻真实不可能达到绝对真实。

综上所述，新闻真实并不是绝对值，而是受到各种因素的限制，其范围和程度有限，因此新闻工作者在日常的新闻传播活动中要注意新闻真实受限的因素，避免新闻失实和假新闻的出现。

4. 简述新闻的客观性。(人大 2011 年研；湖南大学 2010 年研；中央民大 2009 年研)

答：(1)新闻客观性的内涵。

参见本章概念题第 4 题答案。

(2)新闻客观性的要求。

①新闻传播的客观性，不仅仅指向主体对客观事实的符合，还意味着新闻传播主体的理性互动，即超越对事实的单面符合和个体理性能力的片面限制而达到“综合理性”。新闻客观性包含着动态地呈现客观事实的理性过程，除了准确、公正、多面地报道之外，还深入事实，通过理性的解说道出真相。

②就内容而言，新闻传播的事实，必须是客观存在或客观上正在发生与发展的事实。这种事实是一种实在物，是经过变动后出现的相对稳定的产物，或是正在变动过程中的事物，以及变化中呈现的各种状态，还可以是即将要出现变动的事物。在新闻传播实践中，为了显示所报道事实的客观性，常常采用交代新闻来源、说明陈述事实的出处、忠实地叙述事实发生演变的经过、详尽地描述相关事件的细节、不厌其烦地引证大量资料以及提供多种第一手材料等方法。

③就形式而言，新闻的客观性要求通过新闻事实的客观叙述等手段，运用事实自身的逻辑力量显现新闻传播的倾向性，即作者的立场观点不是通过作者自己的直接讲话，而是依靠事实的客观陈述表达出来的。报道者应善于寓褒贬于客观叙述之中，而不随意加以主观的解释。在新闻实践中，客观性的形式要求，常令报道者置身于事实的背后，隐匿自己的观点，更不能直接出面讲话，而是通过对能够表明自己看法的事实的精心选择，让事实

自己“诉说”观点与见解，间接表达报道者的倾向性。

(3)新闻客观性的意义。

①客观性是新闻传播真理的基本方式，因为真理都是客观的。新闻报道的客观性和主观倾向是绝然对立的，怀疑或反对客观性必然导致对事实的歪曲。

②人们获取正确认识的源泉是客观世界，新闻的客观性是受众认识生活的最有效的途径。新闻的表达虽然是主观的，但它的内容来自客观，客观报道能够促进人们对客观事实的正确认识。报道是对客观事实的反映，媒体能坚持新闻的客观性，就基本能够反映客观世界的面貌。

③新闻的客观性能够保证新闻的真实性，是新闻真理性的基本标志。客观性是新闻报道做到真实、全面、准确的前提条件，只有客观，才能接近事实，只有不断接近并揭示事实，才能得到真实。在这个过程中，全面和准确才得以存在，新闻的价值和意义才得以体现。

5. 简述新闻客观性原则的内涵及其在操作层面的要求。(人大2014年研)

相关试题：

(1)请阐释新闻客观性的基本理论及其实践要求。(武大2013年研)

(2)何为新闻客观原则？它是怎样确立的？如何保证新闻的客观性？(陕西师大2018年研)

答：(1)新闻客观性原则的内涵。

参见本章概念题第4题答案。

(2)新闻客观性原则在操作层面的要求。

①完整(又称全面)。西方新闻学有“多维的背景材料”一说，即要把构成该事件的主要事实和盘托出，给读者完整的印象，不能有意隐瞒某些材料。

②平衡(又称对等)。当社会上对某一事件有多种不同的意见，或双方当事人发生争执时，报道应让各种见解有同等的表达机会，不能在版面(篇幅、播放时间)上偏袒一方。

③使用不带感情色彩的中性语言。在进行客观性报道时，要剔除感情色彩，尽量使用中性语言。

④引语的运用。引语能使报道具有真实性，使读者觉得记者在新闻现场聆听了原话或接触了消息来源，掌握了第一手材料。大量引用原文可以避免记者对某一事件的性质、意义、影响直接作出评判，避免由于判断失误造成的麻烦。

⑤避免记者直接发表意见。在纯信息的新闻报道中，客观性报道是主要的报道方法。

6. 新闻客观性的要求是什么？新闻工作能够做到客观吗？为什么？(中山大学2017年研)

相关试题：新闻透明性与新闻客观性的不同之处，新媒体技术下新闻透明性的形成与发展。(复旦大学2021年研)

答：(1)新闻客观性的内涵。

参见本章概念题第4题答案。

(2)新闻客观性的具体要求。

①诚实。在报道事实之前，没有故意隐瞒和突出某方面的念头，不能随便添加个人的好恶在其中。

②超脱、平衡、公正地对待事物。对一件事总有不同的解释，其中有不同的利益所在，因而新闻记者要十分小心地面对事实，尽可能全面展示，给当事的各方以表达、表现的空间。平衡，应成为职业新闻工作的一种本能表现。

③不抱成见或持偏见，不固执己见。在报道的时候，记者不能按照个人的观点倾向和偏好来报道。要克制个人既定的看法，尽可能按照事实的本来面目来报道。

④不牵扯个人利益。有些事实如果涉及个人利益，也要尽可能跳出个人利益的圈子，从职业角度去衡量和报道这个事实。

⑤只相信事实，怀疑出于价值观的别人的判断，努力将二者分开。以理性和冷静的态度看待事实、报道事实，以便于读者从客观的叙述中发现真相。

(3)新闻工作中很难做到客观。

①新闻客观性原则长期生存于悖论之中，因为客观性理念指导下的新闻报道并不能保证新闻都是客观的，即使真诚地采取客观的态度，也可能会无形中受到环境和历史传统的影响，造成报道不真实。作为一种可望但不完全可即的目标理念，客观性原则应当成为一种新闻职业的追求、一种评判新闻工作的原则。将客观性原则作为职业理念，是一种对新闻职业的保护策略。

②影响客观性实现的障碍因素包括：a. 政治事件中的价值观；b. 新闻人物的欺骗行为；c. 很难做到观点的完全中立；d. 新闻时效性的要求等。

③新闻主观操控。客观报道是新闻工作的基本原则，但在实际的操作中，新闻的客观性原则常常为“道德”所绑架，除了正面拔高典型人物外，反面的情形便是较常见的“媒介审判”等。

④要求新闻旗帜鲜明与要求客观公正的矛盾。“有立场的客观性”是政治家对所控制的新闻传播的要求，这是一种较为开明的政治要求，但不是新闻职业的要求。这种情况下，如果事实与原有立场不冲突或冲突不大，客观可以做到；如果事实本身在根本上不利于报道者所代表的利益集团，客观难以坚持，隐瞒和歪曲不可避免。

⑤影响新闻客观传播的自然而无形的因素包括：

a. 记者在报道事实之前，其认识问题的方式和思维习惯已经存在了。

b. 不少事实本身体现了一定的立场观点。

c. 记者对事实的感觉和知觉具有相对性。

d. 即使真诚地以客观的理念来报道，仍然难以让每位信息接收者都感到“客观”。

7. 简述客观报道原则的内涵及优势。(中传2012年研)

相关试题：简述客观性报道原则的内涵。(西南交大2018年研)

答：(1)客观报道原则的内涵。

①报道内容的客观。指新闻报道者所报道的事实必须是客观存在的事物、人物、事件和现象，必须是现实生活中确确实实发生的事情，新闻报道者不能虚构、夸张，更不能无中生有，任意编造。客观报道原则对报道内容的客观要求是由新闻事实本身的客观性所决定的，因为凡是新闻事实都应当是客观实在的、可以感知和认识的东西，否则，新闻将无法存在。

②报道形式的客观。指新闻报道者在报道新闻时，不宜直接在新闻中表达自己的观点

和倾向性意见，而是采用客观叙述的方式，将自己对新闻事实的立场观点和倾向意见寓于所报道的事实之中，通过所报道的事实的内在逻辑力量来对读者产生潜移默化的影响。客观报道原则对报道形式的客观要求是这一原则能够发挥作用、取得效果的前提和条件。

(2)客观报道的优势。

从实践看，客观报道原则之所以被新闻界广泛认同和普遍应用，是由于它有许多独特的优势，主要表现在以下几点：

①采用客观报道方式传播的新闻，强调以客观叙述事实的形式报道新闻，新闻提供的都是客观实在的事实本身，因而更加真实可信，具有说服力。

②采用客观报道方式传播的新闻，传播者对所报道的新闻事实不随意作主观上的解释，而是将自己的观点和意见寓于对新闻事实的客观报道之中，靠客观叙述的新闻事实的逻辑力量说话，因而更易于为受众所接受。

③客观报道方式是一种报道艺术，它是报道者熟练驾驭新闻体裁，巧妙表达立场倾向的智慧和能力的体现。一个成熟的、有经验的报道者往往善于运用这种报道方式报道新闻，善于通过客观的报道形式去追求主观的传播效果。

客观报道原则的这些特点，使它具有其他报道方式所不具备的优势。因而，这一报道原则和报道方式一直为西方新闻界所推崇，也为世界新闻界所接受。

8. 请简述“标题党”现象。(清华大学2016年研)

相关试题：简述网络中“标题党”的危害。(黑龙江大学2014年研)

答：(1)“标题党”现象。

参见本章概念题第6题答案。

(2)“标题党”泛滥的原因。

在当下的信息环境中，“标题党”现象泛滥且屡禁不止，其原因是多方面的，包括：

①媒体及其编辑，尤其是新媒体编辑，作为新闻生产者，为了追逐商业利益而摒弃新闻专业主义，不遵守新闻道德规范。

②新闻传播的相关法律法规仍不完善，“标题党”们缺乏相应的法律法规监管，或即使有明确的规范，因其违规成本非常低，并没有充分的约束力。

③公众的媒介素养仍有待提高，“标题党”现象主要是信息的生产者迎合受众的某些窥私、猎奇、感性、偏见等社会心理而产生的，受众的媒介素养仍不够高，缺乏对信息真伪的甄别能力以及价值判断能力，这是“标题党”泛滥的重要原因之一。

④新媒体时代的传播渠道过于丰富，信息爆炸使得公众注意力成为稀缺资源，部分新闻生产者迫于生存压力铤而走险，采用低俗恶搞的手法争取公众注意力。

(3)“标题党”现象的危害。

①“标题党”的出现违背了新闻的真实客观公正原则，违背了马克思列宁主义新闻观的原则，使新闻报道脱离实际，失去了新闻的价值，是对新闻事业的破坏。

②“标题党”误导事实、扭曲真相，严重损害新闻媒体的公信力和社会形象。

③“标题党”对新闻当事者的声誉造成极大的伤害，损害了新闻当事人的合法权益，甚至可能在国内国际造成恶劣的政治影响。

④“标题党”对社会造成不利影响。“标题党”刻意突出新闻事件中的不和谐音符，从新

闻事件本身或新闻当事人的言论中挖掘敏感话题大肆渲染，以掀起社会舆论的浪潮。由于“标题党”涉及的报道领域往往与当下最敏感的政治改革、社会矛盾冲突、关系群众切身利益的民生新闻等有关，与新闻事实不相符的标题很容易激化社会矛盾、挑起公众情绪，甚至诱导错误行为，带来难以估量的后果，对于化解矛盾、保持社会稳定发展极为不利。

(4)“标题党”现象的治理。

“标题党”现象产生、泛滥的原因是多方面的，治理“标题党”也需要多主体联动来共同净化网络空间。

①各类媒体应当加强自律，履行“把关人”职责，为自身发展争取空间；同时相关部门要落实可操作、可监督的具体职业规范，使政府管理部门的他律和新闻媒体的自律相结合，切实营造健康有利的新闻传播环境。

②有关单位应当通过宣传教育等方式提高公众的媒介素养，不仅信息生产者要加强媒介素养，也要引导信息消费者增强对信息的辨别、分析和批判能力。

③专业的新闻从业者更应当践行新闻专业主义，恪守客观性、公正性等原则，通过专业的操作赢得受众的认可，培养媒体的权威性和公信力，做到专业自信，并为其他非专业媒体的传播者树立典范。

④受众应主动提高自身媒介素养。“标题党”泛滥的主要原因在于迎合受众猎奇、窥私的心理，受众应该主动提高媒介素养，拒绝“标题党”新闻，为网络环境的净化作出贡献。

三、论述题

1. 结合当前我国新闻传播的现状，试述坚持新闻真实性的极端重要性。（中南财大2009年研）

答：参见本章考点难点归纳相关内容。

2. 我国每年年终都会出炉“年度十大假新闻”之类的盘点文章，令本应“真实的新闻”反而成为了一种期待，请根据实际，论述如何防止和克服新闻报道出现失实的情况。（西南大学2009年研）

答：捍卫新闻的真实、防止和克服新闻报道失实，应该成为新闻界的常规动作。消除新闻失实是一个系统工程，涉及到社会背景、认识和操作的各个层面。

(1)树立职业意识，明确职业规范。从职业的标准进行考察，新闻工作因具备“提供公共服务”和“专门的知识和长期的集中准备”等诸多职业要求而成为一项职业。基于我国传媒业发展的特殊环境和历史传统，我国新闻从业者的职业规范意识较为淡薄。任何一个行业在发展到一定阶段后都会形成一套较为成熟的职业操作规范，它是行业发展水平的一个标志。从业人员依靠这套规范明确自己的角色地位，并把它作为自身行为的底线。从职业规范的层面应对新闻失实，是一种较为长远的做法。

(2)在保障新闻从业者基本利益的前提下创新传媒体制。市场机制引发了利益、生存、发展之争，引发记者行为的多种选择，外部的诱惑越来越多，追求传媒自身利益和记者个人利益的动力也越来越大。这种利益驱动对新闻的真实形成很大冲击。在新闻传播体制方面保障从业者的基本生存条件，建立系统的职业培训制度，健全职业规范，形成职业意识，这是传媒制度创新必须要走的几步。没有这些，“真实是新闻的生命”就可能成为一句没有实在意义的套话。

(3)提升公众的媒介素养。公众是媒体运作环境中各方利益的集结点，来自社会的监督对减少假新闻具有根本意义。从长远看，面向公众开展媒介素养教育，使公众熟悉媒体运作的特点和流程，就能对传媒形成一种无形的受众监督的压力。展开公众的媒介素养教育，涉及各方利益和安排，因而需要依赖文化、宣传方面的力量共同来推动。传媒一方则应健全“更正与答辩”制度，主动接受公众的监督。

3. 论述新闻失实的表现有哪些？造成新闻失实的原因是什么？(湘潭大学2017年研)

相关试题：

(1)简述新闻失实的主要表现及其防范。(简答题，中传2010年研)

(2)论述虚假新闻的表现形式，以及治理新闻失实的有效手段。(人大2011年研)

(3)联系实际谈谈造成新闻失实的原因及危害，并说明应如何防止新闻失实。(电子科大2012年研)

(4)简述新闻失实的表现。(简答题，中南财大2018年研)

答：新闻真实性是指在新闻报道中的每一个具体事实必须合乎客观实际。即表现在新闻报道中的时间、地点、人物、事情、原因和经过都经得起核对。新闻失实即是在这些环节上的真实性缺失。

(1)新闻失实的表现。

参见本章考点难点归纳相关内容。

(2)造成新闻失实的原因。

参见本章考点难点归纳相关内容。

(3)治理新闻失实的有效手段。

①从思想上看，要深刻认识新闻失实的危害性和严重性，懂得真实是新闻生命的意义，把新闻失实现象提到重要位置加以重视和切实克服，全面形成治理虚假新闻的舆论压力。新闻行业要形成广大从业者认同的伦理规范，并将其内化为发自内心深处的道德律令。

②从制度上看，要建立健全严格的防止失实报道和严惩造假的规章制度。要经常开展新闻自律，有错必究，发生新闻失实要公开道歉，立即更正，接受社会监督。新闻失实发生侵权，给国家和社会造成严重损失和后果的，要依法处罚相关责任人。

③从新闻行业、组织队伍方面看，要做好新闻报道队伍的组织整顿工作，把品质不良、弄虚作假者清除出去。要切实加强新闻行业的职业伦理建设，大力加强新闻专业主义理念的培育与养成，促使新闻从业者恪守真实、客观、公正等新闻专业准则，逐步加强新闻职业道德准则制定与修正过程的共同协商机制，让新闻从业者更加自觉地参与并认同新闻伦理准则。虚假新闻问题主要属于新闻职业伦理的范畴，主要依靠道德伦理来规范。在此意义上，治理虚假新闻的约束机制主要还是要靠新闻单位的自律与新闻行业的自律，特别是新闻行业的自律。

④在法律方面，推动新闻立法，运用法律武器，同通过假新闻谋私的不良现象做斗争，制裁造假者。建立健全治理虚假新闻的约束机制。一般而言，约束机制是指为规范组织成员行为而经法定程序制定和颁布执行的具有规范性要求、标准的规章制度和手段的总称。尽快建构起制度化的、来自传媒外部的新闻监管体系，包括主管机关的行政监督、新闻行

业协会的行业监督、新闻评议会等对新闻媒体的社会监督。

⑤在媒介批评方面，整顿党风，淳化民风，领导机关和主要领导人带头，提倡真实新闻，反对虚假报道。开展媒介批评，对虚假新闻进行公开的批评。媒介批评是对媒介产品、媒介行为、媒介现象乃至媒介体制、媒介文化的是非、善恶、美丑、得失的分析评判，抨击虚假新闻是媒介批评义不容辞的使命。通过对虚假新闻的曝光与批评，可以充分发挥媒介批评惩恶扬善、祛邪扶正的作用，让新闻界对虚假新闻始终保持警醒，防微杜渐，自觉地抵制虚假新闻。

4. 后真相时代，新闻真实性遇到了哪些挑战？（华中农大2023年研）

答：后真相(Post Truth)时代使新闻真实遭遇了前所未有的挑战。后真相时代的内涵是"人们不顾客观的事实标准，根据情感和自我的观念进行价值判断"。《牛津词典》将其解释为"诉诸情感及个人信念，较陈述客观事实更能影响舆论的情况"。"后真相"代表的更多是对"真相"的态度，而不倾向于真相本身，它是一种对情绪的反映。"后真相"在叙事中更多的是强调情感和个人信念方面的话语，通过开放式文本提供社会共识、社会情绪和社会舆论，而不限于通过描述事实的语言给出"真相"。

真实性是新闻五要素的基本原则，随着技术的变革，信息浪潮席卷而来，新闻真实性再度成为传播领域的焦点。新闻真实性指的是在新闻报道中的每一个具体事实必须合乎客观实际，即表现在新闻报道中的时间、地点、人物、事情、原因和经过都经得起核对。真实性是新闻的生命，离开了新闻真实性，新闻就失去了其本身的意义。

但是，随着"后真相"的不断强化"情感优于事实"的真相建构逻辑，削弱了传统客观真相主导社会共识的力量，为新闻真实性带来了一系列挑战。

(1)传播主体多元化诱发的挑战。新媒体技术的出现及发展，使社会个体拥有了更大的话语权，自媒体的涌现，网民对自我发声权的重视，以及商业媒体的出现，使得新闻信息的生产与传播愈发多元。而这种社会媒体环境的改变，也导致大量虚假、伪造、不实信息大量传播、转载，甚至部分信息成为专业媒体的信息来源，若新闻媒体不加强信息监管、核实，仅仅是参与加工、转型，将会导致不实新闻信息大范围传播的恶果。

(2)追求时效与信任异化并存的挑战。在后真相时代，公众更多地停留在对于新闻本身的情感消费上，更多关注的是情感表达，而非新闻真实与否。在市场经济环境中，媒体行业既需要保证信息的权威性，又要追求信息的曝光度，加之复杂信息对行业的干扰，使部分专业媒体面临两难的境地，并且受众面对海量的信息，无形之中增加了信息甄别的难度，难以对每一条信息都进行核实，因此给假新闻的滋生提供了温床。

(3)碎片化传播，新闻真实难以保证。在后真相时代，信息迭代的速度不断加快，受众对于一个问题的持续关注周期变短，信息传播呈现碎片化，事实大多来自于拼凑与转发，新闻真实成谜，谣言流言四起。在传统新闻生产过程中，新闻真实性往往是一个呈现过程。而在后真相时代，受众对新闻热点事件往往呈现"刺激—反应"的模式，这破坏了新闻真实性的呈现过程，使得信息成为"消费快餐"。

(4)传播范围圈层化，真相难以破圈。互联网赋权使得网络话语权下沉，基于各种社会关系形成了多个舆论场域的圈内传播。在以情感牵连的圈子中，真相往往被遮蔽，新闻的真实性被受众的圈层化情感所代替，同时容易形成信息茧房，导致受众更愿意相信与自身情感立场相符合的信息，与情感相悖的新闻真相难以进入圈内传递，并且群体极化现象也容易对新闻真实性造成破坏。

(5)反转新闻影响社会信任。后真相时代，真相和情感之间的争议、情感和观点之间的矛盾一直都客观存在，其所传播的内容大多数情况下都融入了主观情感。随着后真相时代的到来，真实性让位于情感性，新闻真实性不断在反转新闻、虚假新闻中被解构，真相变得飘忽不定。新闻反转是后真相时代的一个特点，它体现了真相的不确定性、事实的模糊性以及冲突的戏剧性。似乎每一条新闻都能够成为“潜在反转”的温床。

第四章　新闻与信息、宣传、舆论

4.1　复习笔记

【知识框架（庖丁解牛）】

- 新闻与信息、宣传、舆论
  - 新闻与信息
    - 信息的定义及特点
    - 新闻与信息的关系
  - 新闻与宣传
    - 宣传的定义
    - 新闻与宣传的关系
    - 宣传效益的决定因素
  - 新闻与舆论
    - 舆论的定义、特点、功能及决定因素
    - 新闻媒介与舆论导向

【本章概要（提纲挈领）】

本章主要论述了新闻与信息、新闻与宣传以及新闻与舆论这三组概念之间的辩证关系及相关知识。本章考点以概念题以及简答题为主，在学习时，需要重点把握新闻、信息、宣传、舆论的概念，四个概念之间的区别与联系，并大致了解信息对新闻工作的要求、决定宣传效益的因素、舆论监督与舆论引导等内容。

【考点难点归纳（厚积薄发）】

考点一：新闻与信息　★★★★

1. 信息的定义与特点（见表4－1）

表4－1　信息的定义与特点

要点	具体内容	
定义	狭义概念	信息是指用以减少或者消除不确定性的任何事物，信息的作用在于表述它所在的物质系统，从而减少或消除人们对该物质系统的不确定性。这是狭义信息概念，在新闻学中信息一般指狭义信息
	广义概念	信息是一切物质的普遍属性，是客观存在的事物运动的表达形式
	通讯概念	信息的概念最早出现在通信领域，申农和维纳从信息论和系统论的角度提出了信息的概念
特点	可分享性（共享性）	信息无论如何传递都不会减少，它一旦被传播出去，就可为众多的人所接收和占有，其本身的质量和效用不受影响，传播者也未失去对原有信息的占有和享用

续表

要点		具体内容
特点	可扩缩性	事物不断运动，信息也处在不断的扩充之中。人们对信息进行加工、整理、概括，可以使信息精炼、浓缩
	可组合性	若干信息被人有意无意地组合起来，就会形成与原来不同的新信息

【考点拓展】信息的其他特点

(1)普遍性：信息是宇宙间的普遍现象，是一种不以人的意志为转移的客观存在。

(2)抽象性：不同于物质，信息是一个既没有大小也没有重量的非实体的抽象物。

(3)表达性：信息是事物运动变化的反映，具有表达性，因此人类才可以通过信息的接收和处理来认识世界。

(4)流动性：信息的流动性使其能够为人类所获知和处理，扮演了主客观之间桥梁的角色。

(5)载体性：信息必须由符号作为载体，附着在载体之上。

(6)可识别性：信息是能够通过人的感官被接收与识别的，其感知的方式与识别的手段因信息载体不同而各异。

(7)可贮存性：可以通过人脑记忆功用加以贮存，也可以用机器贮存，如计算机、录像机、录音机。

2. 信息对新闻工作的要求

(1)提供信息是新闻的第一功能，媒体必须满足人们的信息需求。媒体的宣传活动也需要以提供信息为前提条件，信息是主导人们行为的基础。

(2)新闻需要解答人们的问题疑虑，消除人们对未知的不确定性。新闻至少不能给人们带来新的困惑。

(3)信息对新闻工作的更高要求：

①进行连续报道。做到事前预测、事中动态追踪、事后反馈总结，以符合信息的时效性要求。

②进行深度报道。需要对不断扩充的信息进行深度挖掘，针对一个特定社会问题，挖掘其深层原因。

③进行综合评述。新闻不能局限于某一特定方面，要把新闻相关各个方面综合起来考虑，从而揭露事件全貌、背景及影响，并探索发展趋势。

④进行全方位报道。借助信息的多角度特征，在新闻中对报道对象进行全方位、多角度的报道，即“全息”报道。

【考点拓展】信息与客观性报道(见表4－2)

表4－2　信息与客观性报道

要点	具体内容
客观报道与客观性报道的区别	①客观报道要求“用事实说话”，在新闻报道中只向受众提供事实，记者和编辑的个人观点和意图隐含在事实中。 ②客观性报道要点是：完整、平衡、非感情色彩的中性语言(或称全面)、引语的运用、避免记者直接发表意见。报道中，记者需给读者提供完整的印象，当社会对某一事件有不同观点时，报道者应该给予各种意见同等的表达机会，剔除感情色彩，尽量使用中性语言，不直接对事件发表个人意见。除此之外，为了确保读者信服，注重引语的使用，使读者更加身临其境，感受事件始末

续表

要点		具体内容
客观性报道的操作方法	完整	西方新闻学称为“多维的背景材料”，即要把构成该事件的主要事实和盘托出，给读者完整的印象，不能有意隐瞒某些材料
	平衡	当社会上对某一事件有多种不同的意见，或双方当事人发生争执时，报道应让各种见解有同等的表达机会，不能在版面上(篇幅、播放时间)偏袒一方
	非感情色彩的中性语言	在进行客观性报道时，要剔除感情色彩，尽量使用中性语言
	运用引语	引语能使报道具有真实性，使读者觉得记者就在新闻现场聆听了原话或接触了消息来源，掌握了第一手材料。大量引用原文可以避免记者对某一事件的性质、意义、影响直接作出评判，避免由于判断失误造成的麻烦
	避免直接发表意见	在纯信息的新闻报道中，客观性报道是主要的报道方法

考点二：新闻与宣传(见表4-3) ★★★★★

表4-3 新闻与宣传

要点		具体内容
宣传的定义		宣传是要传播观点，目的是要影响和引导人们的态度、控制人们的行为。宣传行为的中心不是接受者，而是传播者，它的归宿是“传者扬其理”，是宣传者把想说的话说出来
新闻与宣传的联系		①都是一种常见的社会现象。 ②都是从人类社会初始时便存在了。 ③新闻和宣传都是一种传播行为，可以相互渗透，而且有交叉的地方。宣传有很多种形式，通过传播新闻达到宣传的目的是其中一种，即使是最客观的新闻报道，也可以夹杂宣传的成分
宣传效益的决定因素	宣传者	指某一个体或某一个团体机构。宣传者负责组织宣传活动，并承担信源的角色
	宣传对象	宣传对象是宣传活动的主要参与者，是宣传效果的反应者和鉴定者，对宣传过程起着重要影响
	宣传内容	宣传内容对宣传效益起到决定性作用
	宣传场合	分封闭环境和开放环境。不同场合宣传氛围也不同，从而对宣传对象造成不同的心理影响，导致宣传效果不同
	宣传时机	宣传需要针对各个个体在不同时机的不同心理状态，才取得预期效益。在局势动荡期，宣传效果通常较好，而在局势平稳期，公众会对强化性宣传产生逆反心理，但容易接受改革性宣传
	宣传动机	动机纯正的宣传才能获得良好的宣传效果
	宣传方法	包括各种宣传途径、媒介和方式。宣传方法多元且各具特点，关键在于宣传者的使用技巧

【考点拓展】新闻与宣传的区别

(1)新闻重信息，宣传重形式。

(2)新闻重新异，宣传重反复。

(3)新闻重事实，宣传重观点。

(4)新闻重实效，宣传重时机。

(5)新闻重沟通，宣传重操纵。

(6)新闻重平衡，宣传重倾斜。

考点三：新闻与舆论(见表4－4) ★★★★★

表4－4　新闻与舆论

要点	具体内容		
舆论	定义		舆论是社会评价的一种，是社会心理的反映，至今没有一个广泛认同的定义，一般是指社会中相当数量的人对于一个特定话题所表达的个人观点、态度和信念的集合体，主要包括人主体、事件客体、舆论本体三个要素
	特点	公开性	舆论是在社会公开范围内，经过公开讨论和公开表达形成并发挥功能的
		公共性	舆论作为一种公众的意见，其指向和作用目标都是公共性的
		急迫性	舆论总是涉及社会安宁与幸福的问题，都是需要尽快解决的急迫问题
		广泛性	舆论不仅存在范围广，其影响范围也很广
		评价性	舆论一般不是政府的意见，是广大民众的呼声，代表民众对某一社会现象的意见和评价，具有主观性
	功能		舆论最主要的功能是进行舆论监督，全称为社会舆论监督，是我国监督体系中社会监督(外部监督)的一种，其实质是公众的监督。是社会公众运用各种传播媒介对社会运行过程中出现的现象表达信念、意见和态度的活动。主要表现在两个方面： ①对国家、政府的监督。主要包括对国家、政府决策过程、决策执行以及决策执行人的监督。 ②对公众行为的监督或鼓励。监督和制约有损道德和违背职业操守的行为，鼓励符合道德和合乎职业操守的行为
新闻媒介与舆论导向	反映舆论		新闻可以反映舆论，特别是在报道某些群体性事件的时候
	代表舆论		媒体是舆论的生成地、讨论地，也是舆论公开表达的载体
	引发舆论		媒体通过“议程设置”进行筛选与过滤，凸显某些信息并隐藏某些信息，从而使得某些内容受到公众重视、成为讨论焦点，由此引发舆论
	引导舆论		媒体通过对有关信息的组织、选择、解释、加工和制作来影响公众舆论的耗散状态，促使其向着自己希望的方向发展变化，进而引导舆论

【考点拓展】舆论质量的决定因素

(1)公众受教育水平、品德涵养、认知素养等主观性因素。

(2)媒介提供信息的全面、充分和可靠程度。

(3)社会给予的公众意见表达空间的有无和大小。

4.2　考研真题与典型题

一、概念题

1. 信息(中南财大2018年研；中传2016年研；华南理工2016年研；湖南大学2016年研；上海大学2013年研；华中农大2013年研；北师2012年研)

相关试题：狭义信息(江西师大2009年研)

2. 宣传(南京师大2021年研；吉林大学2018年研；青岛大学2017年研；复旦大学2016年研；华东师大2016年研；华南理工2015年研)

3. 宣传三要素

4. 舆论(兰州大学2023年研；南京师大2017年研；华东师大2017年研；厦大2016年研；中传2015年研；复旦大学2015年研；华中农大2014年研；华中师大2014年研；华南理工2013年研；电子科大2012年研；中南财大2010年研)

5. 舆论的特征(中山大学2017年研)

6. 舆论的公共性(华南理工2018年研)

7. 舆论导向(复旦大学2014年研)

二、简答题

1. 简述信息的特点。(中南财大2010年研；江西师大2009年研)

2. 简述新闻工作与信息的关系。(电子科大2010年研)

3. 决定宣传效益的因素是什么？(中南财大2010年研)

4. 舆论的定义及其特点。(中南财大2009年研)

相关试题：简述舆论及其特点。(兰州大学2018年研)

5. 简述决定舆论质量的因素。(中南财大2010年研)

6. 新闻与舆论有何区别与联系？在新媒体环境下，“新闻舆论工作”有何新的要求？(中山大学2018年研)

相关试题：

(1)简述新闻与舆论的异同。(暨大2017年研)

(2)简述新闻与舆论的关系。(湖南大学2018年研；复旦大学2017年研；武大2015年研；中传2011年研)

7. 简述新闻媒介与舆论的关系。(西南大学2017年研；湘潭大学2017年研；复旦大学2007年研)

相关试题：

(1)结合实际论述新闻媒介与舆论导向的关系。(论述题，西安交大2007年研)

(2)新闻媒介与舆论导向之间的关系是什么？(河北大学2011年研)

8. 简述新闻舆论的内涵与特征。(同济大学2017年研)

相关试题：新闻舆论(名词解释，海南大学2023年研)

三、论述题

1. 试述新闻与宣传的区别和联系。(中传2014年研；清华大学2012年研)

相关试题：简析新闻与宣传的区别。（简答题，北邮2021年研；安徽师大2017年研；厦大2016年研；湖南大学2016年研；陕西师大2016年研；华中师大2015年研；华南理工2014年研）

2.“新闻宣传”和“新闻舆论”的联系和区别。（人大2017年研）

3. 如何理解新闻媒介对舆论的导向作用？（电子科大2013年研）

4. 结合“沉默的螺旋”理论论述舆论的社会功能。（电子科大2011年研）

相关试题：舆论的社会控制作用表现在哪些方面？（简答题，中国青年政治学院2011年研）

4.3 考研真题与典型题详解

一、概念题

1. 信息（中南财大2018年研；中传2016年研；华南理工2016年研；湖南大学2016年研；上海大学2013年研；华中农大2013年研；北师2012年研）

相关试题：狭义信息（江西师大2009年研）

答：信息是指用以减少或者消除不确定性的任何事物，这是狭义信息概念，在新闻学中信息一般指狭义信息。信息的概念最早出现在通信领域，申农和维纳从信息论和系统论的角度提出了信息的概念。信息是一切物质的普遍属性，是客观存在的事物运动的表达形式。信息的作用在于表述它所在的物质系统，从而减少或消除人们对该物质系统的不确定性。信息还具备以下特点：①普遍性；②抽象性；③表达性；④流动性；⑤载体性；⑥可识别性；⑦可分享性；⑧可组合性；⑨可贮存性；⑩可扩缩性。

2. 宣传（南京师大2021年研；吉林大学2018年研；青岛大学2017年研；复旦大学2016年研；华东师大2016年研；华南理工2015年研）

答：宣传是要传播观点，目的是要影响和引导人们的态度、控制人们的行为。宣传行为的中心不是接受者，而是传播者，它的归宿是“传者扬其理”，是宣传者把想说的话说出来。现代意义上的“宣传”一词，源于1622年罗马天主教皇格列高利十五世创立的“信仰宣传委员会”宣传一词的广泛运用，我国在《尚书》《三国志》已有记载，戊戌维新和辛亥革命时期，“宣传”一词已广为人知。按宣传的内容分，宣传可以分为政治宣传、宗教宣传、军事宣传、商业宣传、科技宣传等。宣传包含七个环节（6W1H）：①宣传者（Who）；②宣传对象（Whom）；③宣传内容（What）；④宣传场合（Where）；⑤宣传时机（When）；⑥宣传动机（Why）；⑦宣传方法（How）。这七个环节决定着宣传的效果。

3. 宣传三要素

答：宣传三要素是指事实、道理、感情三个方面。宣传要讲事实，事实是形成一定思想、支撑一定观点的基础，事实胜于雄辩。宣传要讲道理，指要使用逻辑推理、引证、比较、喻证、反证等方法，寓理于事地进行分析阐述。宣传要动之以情，要用形象化的手法、表达真情实感，使接受对象受到感染，产生感情共鸣。

4. 舆论（兰州大学2023年研；南京师大2017年研；华东师大2017年研；厦大2016年研；中传2015年研；复旦大学2015年研；华中农大2014年研；华中师大2014年研；华南理工2013年研；电子科大2012年研；中南财大2010年研）

答：舆论是社会评价的一种，是社会心理的反映，至今没有一个广泛认同的定义，一般是指社会中相当数量的人对于一个特定话题所表达的个人观点、态度和信念的集合体，主要包括人主体、事件客体、舆论本体三个要素。舆论作为一种公众的意见，当然是为多数人赞成和支持的。舆论总是涉及社会安宁与幸福的问题。舆论本身含有合理性，是有效的，能推动或阻碍社会上的意见就是舆论。舆论一般不是政府的意见，是广大民众的呼声。舆论过程一般包含爆发期、高涨期和消退期三个阶段，其形成机制包括事件发生、意见交互、优势意见、舆论扩散。

5. 舆论的特征（中山大学2017年研）

答：舆论一般是指社会中相当数量的人对于一个特定话题所表达的个人观点、态度和信念的集合体，主要包括人主体、事件客体、舆论本体三个要素。舆论的特征有：①公开性。舆论是在社会公开范围内，经过公开讨论和公开表达形成并发挥功能的。②公共性。舆论作为一种公众的意见，其指向和作用目标都是公共性的。③急迫性。舆论总是涉及社会安宁与幸福的问题，都是需要尽快解决的急迫问题。④广泛性。舆论不仅存在范围广，其影响范围也很广。⑤评价性。舆论一般不是政府的意见，是广大民众的呼声，代表民众对某一社会现象的意见和评价，具有主观性。

6. 舆论的公共性（华南理工2018年研）

答：公共性是舆论的重要特征和必要条件之一。舆论的公共性强调个人理性、权利本位和公共利益，具有道德规范、社会控制和政治赋权功能，起源于启蒙运动时期，在法国大革命后式微。社会公众以社会公共事务为主题，在社会与国家之间这个广大空间——公共领域内进行意见的自由交流而形成舆论，因此公共性是它的重要特性。没有公共性，舆论就只是人们私下的议论，是一般的舆论。舆论的公共性价值意味着舆论关乎公共利益和公共福祉、关乎道德的是非对错判断、关乎公共政策的支持与反对。

7. 舆论导向（复旦大学2014年研）

答：舆论导向是指舆论的倾向，即社会公众的意见形态通过对群体中各种意见的碰撞、中和，表现为特定群体对特定问题的特定意见。舆论导向是衡量舆论引导正确与否的根本标志。舆论导向具有两种性质：①积极的舆论导向，即对社会稳定、进步起推动作用的舆论导向；②消极的舆论导向，即有可能导致社会的混乱、阻碍社会发展的舆论导向。

二、简答题

1. 简述信息的特点。（中南财大2010年研；江西师大2009年研）

答：参见本章考点难点归纳相关内容。

2. 简述新闻工作与信息的关系。（电子科大2010年研）

答：参见本章考点难点归纳相关内容。

3. 决定宣传效益的因素是什么？（中南财大2010年研）

答：宣传效益的决定因素包括以下七个环节：

(1)宣传者，即谁来宣传(Who)。指某一个体或某一个团体机构。宣传者负责组织宣传活动，并承担信源的角色。公众对宣传者的信任程度决定了宣传效益的高低。

(2)宣传对象，即向谁做宣传(Whom)。宣传对象是宣传活动的主要参与者，是宣传效果的反应者和鉴定者，对宣传过程起着重要影响。

(3)宣传内容，即宣传什么(What)。宣传内容对宣传效益起到决定性作用。这包括：宣传的是真相还是谎话、是真理还是妄言、是为了人民还是损害人民权益。

(4)宣传场合，即在什么样的社会环境、什么地方做宣传(Where)。分封闭环境和开放环境。不同场合宣传氛围也不同，从而对宣传对象造成不同的心理影响，导致宣传效果不同。

(5)宣传时机，即在什么样的时机做宣传(When)。宣传需要针对各个个体在不同时机的不同心理状态，才取得预期效益。在局势动荡期，宣传效果通常较好，而在局势平稳期，公众会对强化性宣传产生逆反心理，但容易接受改革性宣传。

(6)宣传动机，即为什么要宣传、要达到什么样的预期目的(Why)。动机纯正的宣传才能获得良好的宣传效果。为了保护个人私利或损害公众利益的宣传，必然无法取得良好的宣传效果。

(7)宣传方法，即怎样宣传(How)。包括各种宣传途径、媒介和方式。宣传方法多元且各具特点，关键在于宣传者的使用技巧。

宣传效果的好坏主要取决于上述七种因素的相互作用结果。

4. 舆论的定义及其特点。（中南财大2009年研）

相关试题：简述舆论及其特点。（兰州大学2018年研）

答：舆论是社会评价的一种，是社会心理的反映，至今没有一个广泛认同的定义，一般是指社会中相当数量的人对于一个特定话题所表达的个人观点、态度和信念的集合体，主要包括人主体、事件客体、舆论本体三个要素。舆论作为一种公众的意见，当然是为多数人赞成和支持的。舆论总是涉及社会安宁与幸福的问题。舆论本身含有合理性，是有效的，能推动或阻碍社会上的意见就是舆论。舆论一般不是政府的意见，是广大民众的呼声。舆论过程一般包含爆发期、高涨期和消退期三个阶段，其形成机制包括事件发生、意见交互、优势意见、舆论扩散。具有公开性、公共性、急迫性、广泛性和评价性五个特征，参见本章考点难点归纳相关内容。

5. 简述决定舆论质量的因素。（中南财大2010年研）

答：决定舆论质量的因素主要包括：

(1)公众受教育水平、品德涵养、认知素养等主观性因素。这决定着人们对信息的感知、处理、分析、判断的能力大小，并由此决定着舆论的质量。

(2)媒介提供信息的全面、充分和可靠程度。媒介是否提供了充足、及时、准确、可靠的信息，很大程度上决定着人们对一件事情的判断是否公正、客观、冷静、理性、正确，并最终影响着舆论的质量。因此，确保信息公开和透明，保障公众的知情权，是提高舆论质量的关键。

(3)社会给予的公众意见表达空间的有无和大小。质量高的舆论，必须经过广泛、深刻、充分的社会讨论，这意味着公众需要获得充足、自由的意见表达空间。

总之，舆论作为普遍的、强大的社会制约力量，虽有正、负两面作用，但从历史长期性和社会发展整体进程出发，舆论毕竟是代表了人民的意愿，具有潜在的、永恒的正义性。而对处于不同历史阶段的社会而言，要使舆论尽可能沿着正确的方向发挥其强大的监督、促进功能，就要努力提高舆论质量，同时还要强化正确舆论引导，培育良好舆论环境。也正是在这个意义上，现代新闻媒介起到了越来越重要的作用。

6. 新闻与舆论有何区别与联系？在新媒体环境下，“新闻舆论工作”有何新的要求？(中山大学2018年研)

相关试题：

(1)简述新闻与舆论的异同。(暨大2017年研)

(2)简述新闻与舆论的关系。(湖南大学2018年研；复旦大学2017年研；武大2015年研；中传2011年研)

答：(1)新闻与舆论的区别。新闻是指对新近或正在发生的事实的报道，其基本职能是告知人们所需要的信息。舆论是社会评价的一种，是社会心理的反映，至今没有一个广泛认同的定义，一般是指社会中相当数量的人对于一个特定话题所表达的个人观点、态度和信念的集合体。新闻与舆论是有区别的，新闻不等于舆论。它们的区别如下：

①定义不同。新闻是新近发生或者正在发生的事实；舆论是公众的意见。

②传播特点不同。新闻传播是有组织的，是自为的；舆论传播具有无序性，是自发的。

③主体不同。新闻可以反映媒体或者记者的见解，是媒体倾向的反映；舆论必须具有群众性，是大多数人的看法。

(2)新闻与舆论的联系。新闻媒介与舆论的联系主要体现在以下四个方面：

①反映舆论。新闻可以反映舆论，特别是在报道某些群体性事件的时候。

②代表舆论。媒体是舆论的生成地讨论地，也是舆论公开表达的载体。

③引发舆论。媒体通过“议程设置”进行筛选与过滤，凸显某些信息并隐藏某些信息，从而使得某些内容受到公众重视、成为讨论焦点，由此引发舆论。

④引导舆论。媒体通过对有关信息的组织、选择、解释、加工和制作来影响公众舆论的耗散状态，促使其向着自己希望的方向发展变化，进而引导舆论。

(3)新媒体环境下对“新闻舆论工作”的新要求。

①增强使命担当，深刻认识新形势下改进创新新闻舆论工作的紧迫性。当前，信息化深入发展，互联网作为新兴媒体异军突起，日益成为信息传播的主要渠道和社会舆论的集散地，打破了传统媒体一统天下的格局，形成了传统媒体与新兴媒体二元媒体结构和二元舆论生态。信息化条件下的新闻舆论争夺战对党的执政地位和国家安全构成了现实挑战。在“人人都是媒体”的互联网时代，舆论环境、媒体格局和传播方式发生深刻变化，对传统宣传管理制度和传统媒体的生存发展构成了颠覆性挑战。

②创新媒体管理，牢牢掌握新闻舆论工作的领导权。新闻舆论工作必须适应新的形势，创新体制机制，全面落实党管媒体的原则，始终坚持正确政治方向，牢牢掌握新闻舆论工

作的领导权、管理权。党管媒体是党的新闻舆论工作的根本原则，无论时代如何发展、媒体格局如何变化，都必须始终坚持，任何时候、任何情况下都不能动摇或架空。

③创新媒体业态，着力打造有影响力的新型主流媒体。主动适应、积极引领网络传播新常态，大力推动媒体融合发展，借助新媒体传播优势，打造适应网络空间的、有影响的新型主流媒体。要把新闻舆论工作重点真正转移到互联网上来，把人财物资源集中到网络信息新产品的生产传播上来，努力探索出一条符合互联网时代传播特点的融合转型的媒体发展新路，着力打造以互联网为主要传播渠道、具有强大影响力和话语权的新型主流媒体。

④创新方法手段，着力提高主流新闻舆论的引导力。在互联网时代，不管是主题宣传、政策宣传、成就宣传、典型宣传，还是突发事件报道、热点问题的舆论引导，都要从时度效着力、体现时度效的要求，掌握时机、把握分寸、注重效果，做到适时、适度、适当。

⑤创新对外传播，切实增强新闻舆论的国际话语权。传播力决定影响力，话语权决定主动权。要适应中国崛起为世界强国的需要，切实加强国际传播能力建设，加快提升中国话语的国际影响力，着力增强国家软实力。

7. 简述新闻媒介与舆论的关系。（西南大学 2017 年研；湘潭大学 2017 年研；复旦大学 2007 年研）

相关试题：

（1）结合实际论述新闻媒介与舆论导向的关系。（论述题，西安交大 2007 年研）

（2）新闻媒介与舆论导向之间的关系是什么？（河北大学 2011 年研）

答：新闻媒介和舆论之间有一种自生的、紧密的相互联系。媒介可以介入舆论的各个环节之中，使得媒介与舆论产生密不可分的独特关系。新闻媒介与舆论的联系参见本章考点难点归纳相关内容。

8. 简述新闻舆论的内涵与特征。（同济大学 2017 年研）

相关试题：新闻舆论（名词解释，海南大学 2023 年研）

答：（1）新闻舆论的内涵。新闻舆论是以新闻传媒为载传工具的社会舆论，是舆论主体借助新闻传播方式所表达的共同意见。其中，新闻是新近发生的事实的报道，舆论是指社会生活中公众对某一事态所持的意见和看法；新闻舆论则是社会公众通过新闻传媒对最新事态的意见表达，是通过新闻手段反映公众意见而形成的舆论。

新闻舆论包括三个基本要素：①新闻舆论的主体——公众；②新闻舆论的客体——最新事态；③新闻舆论的表现形式——媒体表达。

（2）新闻舆论的产生和发展。新闻舆论产生和形成的过程需要具备三个基本条件：①具备诱发新闻舆论的新闻事件，这是新闻舆论发生的诱因；②具备有利于媒体表达舆情的社会环境，相对宽松和谐的社会环境往往更有利于新闻舆论的自由发展；③具备有助于舆论传播的新闻媒体，新闻媒体是新闻舆论发展所必需的载体和基本物质手段。

新闻舆论的发展一般包括三个阶段：①酝酿阶段，即新闻事件引起普遍关注，从而引发不同的意见讨论的阶段；②形成阶段，即思想交流讨论形成的意见通过媒体传播后形成新闻舆论的阶段；③产生效应阶段，即新闻舆论形成并通过媒体及时、充分、广泛地传播，从而产生广泛的社会效应的阶段。特别值得注意的是，在当下的新媒体环境下，这三个阶段所需的时间已经大大缩短。

(3)新闻舆论的基本特征。

①现实性，即新闻舆论反映对象的时新性和传播效果的现实指导作用。新闻舆论反映的对象通常都是最新事态，是当前社会生活中最受关注或是最为敏感的话题，有较强的时新性。

②导向性，即新闻舆论的引导作用。新闻舆论重点反映的只能是居于主流地位的意见和态度。它应当符合党的路线方针和政策，符合真实、全面、客观、公正的新闻工作原则，有利于人民群众的根本利益。

③影响力，即新闻舆论对公众精神和道义上的感染力与感召力。马克思曾把舆论看作是社会中一种“普遍的、隐蔽的和强制的力量”，而新闻舆论更是具有这方面的优势。新闻舆论的影响是潜移默化、循序渐进的，所以可以说是一种隐蔽的力量；同时它在一定程度上可以对人们产生道义上的压力，因此是道义上的一种强制力量。

三、论述题

1. 试述新闻与宣传的区别和联系。(中传2014年研；清华大学2012年研)

相关试题：简析新闻与宣传的区别。(简答题，北邮2021年研；安徽师大2017年研；厦大2016年研；湖南大学2016年研；陕西师大2016年研；华中师大2015年研；华南理工2014年研)

答：新闻是新近发生的事实的报道，其基本职能是告知人们所需要的信息。宣传是运用各种有意义的符号传播一定的观念，以影响人们的思想，引导人们的行动的一种社会行为，其基本职能是传播一种观念(理论、方针、政策、伦理道德、立场态度)。

(1)新闻与宣传的联系。宣传和新闻是两种不同的社会现象，他们之间在多方面存在着区别和差异，在学术界关系宣传和新闻的关系有如下几种不同的观点：

①同一论。即认为人们的一切行为都是有目的的，新闻传播就是通过对事实的报道和评述，有目的地去影响别人的一种传播活动，也就是说，宣传和新闻其实就是一回事，新闻等于宣传，一切新闻都是宣传。

②并行论。即认为新闻是报道事实，传递信息，是为了社会和公众提供信息服务，而宣传是传播思想，表达观点，是以一种思想去影响别人的思想，也就是说，宣传和新闻是并列平行而相互分离的。

③交叉论。即认为宣传和新闻既不是完全相同无异的，也不是完全平行相离的，它们既有区别，又有联系，既有交叉的独立部分，形成“纯新闻”和“纯宣传”部分，又有互相交叉结合的联系部分，这就是“新闻宣传”。

④包含论。即认为宣传和新闻是两个大小范围不同的概念。宣传是个大范围的概念，而新闻是个小范围的概念，“宣传”这个大概念包含了“新闻”这个小概念。这种观点实际上与第一种观点有相同之处，在第一观点基础上的区别是指出“一切宣传不都是新闻”。

(2)新闻与宣传的区别。新闻传播信息，宣传传播观念，这是两者最基本的区别，由此引出其他一系列区别。

①新闻是对客观发生的事实的叙述。新闻传播的目的是让对方了解一件事，只要对方

知道了这件事，新闻传播的任务就完成了。新闻传播的归宿是“受者晓其事”。

②宣传是运用各种符号传播一定的观点，以影响和引导人们的态度、控制人们行为的一种社会性传播活动。宣传是要传播观点，它的目的是要影响和引导人们的态度、控制人们的行为，所以宣传行为的中心不是接受者，而是传播者，它的归宿是“传者扬其理”，宣传者只要把想说的话说出来，任务就完成了。

2. “新闻宣传”和“新闻舆论”的联系和区别。（人大2017年研）

答：（1）“新闻宣传”和“新闻舆论”。

①“新闻宣传”。宣传是指运用各种符号传播一定的观点，以影响和引导人们的态度、控制人们行为的一种社会性传播活动。其特点是：宣传的本质是劝服；形式上总是一个人或一群人向特定的多数人传播观点，以单向传播为主等。“新闻宣传”是指以新闻的形式进行宣传性报道或者开展宣传活动，本质是宣传。

②“新闻舆论”。舆论是公众对于现实社会以及社会中的各种现象、问题所表达的信念、态度、意见和情绪的总和，具有相对的一致性、强烈程度和持续性，对社会发展及有关事态的进程产生影响。其中混杂着理智和非理智的成分。“新闻舆论”是指新闻引发的舆论，是公众对于某个新闻产生的一致性意见。

（2）两者的联系。

①新闻媒介既是“新闻宣传”的工具，也是“新闻舆论”的工具。“新闻宣传”和“新闻舆论”都依托新闻媒介产生，都是新闻媒介造成的一种传播现象。“新闻宣传”以新闻的形式出现，成为新闻的组成部分；“新闻舆论”是新闻传播后的影响和效果，基于新闻媒介才得以发生。

②舆论监督和正面宣传之间存在着辩证统一关系：

a. 舆论监督和正面宣传统一于正确认知人与事和真实报道事实的基础之上。负责任的舆论监督和合乎要求的正面宣传，两者有着共同的辩证唯物主义的认识论和反映论基础。

b. 正面宣传和舆论监督统一于正向的客观效果。正面宣传和舆论监督都不是做过即可、不须问客观效果的。

c. 舆论监督和正面宣传统一于对社会舆论的正确引导。通过开展舆论监督释放舆论的正向能量。舆论监督是一种比较特殊、无可取代的舆论引导，与正面宣传两者殊途同归。

（3）两者的区别。

①“新闻宣传”是有组织、有目的的新闻传播活动，是可控的。“新闻舆论”是新闻传播活动造成的影响，是无序的、自发形成的意见。

②“新闻宣传”代表的是特定利益个人和组织的立场和倾向，为宣传者服务，受众是被动的接受者。而“新闻舆论”必须具有群众性，通过人们对普遍关心的问题进行论辩、辩驳乃至争论，即众多个体意见的充分互动，最终达到某种为一般人普遍赞同、且能在心理上产生共鸣的一致性意见。

③“新闻宣传”是单向传播、线性传播。“新闻舆论”是多向传播，且传播过程和影响过程复杂，集人际传播、组织传播、大众传播为一体，常常产生沉默的螺旋、第三人效果等传播现象。

3. 如何理解新闻媒介对舆论的导向作用？（电子科大 2013 年研）

答：新闻是指对新近或正在发生的事实的报道。舆论是社会中相当数量的人对于一个特定话题所表达的个人观点、态度和信念的集合体，主要包括人主体、事件客体、舆论本体三个要素。新闻与舆论是有区别的，新闻不等于舆论。但新闻媒介与舆论之间有一种自生的、紧密的联系。

(1)新闻媒介对舆论的导向作用。新闻媒介和舆论之间有一种自生的、紧密的相互联系。媒介可以介入舆论的各个环节之中，使得媒介与舆论产生密不可分的独特关系。新闻媒介与舆论的联系主要体现在以下四个方面：

①反映舆论。新闻可以反映舆论，特别是在报道某些群体性事件的时候。

②代表舆论。媒体是舆论的生成地讨论地，也是舆论公开表达的载体。

③引发舆论。媒体通过“议程设置”进行筛选与过滤，凸显某些信息并隐藏某些信息，从而使得某些内容受到公众重视、成为讨论焦点，由此引发舆论。

④引导舆论。媒体通过对有关信息的组织、选择、解释、加工和制作来影响公众舆论的耗散状态，促使其向着自己希望的方向发展变化，进而引导舆论。

综上，新闻媒介与舆论关系密切，能够反映、代表、引发甚至引导舆论。因此，要正确看待新闻媒介对舆论的重要作用，善于利用，从而促进舆论的良性健康发展。同时，还要谨防新闻媒介在一些案件的报道中，利用公众情绪实施“舆论审判”的现象，不可影响司法公正。

(2)新闻舆论导向的重要性。导向性是新闻媒体的基本功能之一，新闻媒体通过将新闻事件加工处理，通过一定的宣传手段和表现形式进行宣传，突出新闻反映的积极面，来引导人们从正确的方向思考社会现状和政治格局，从而达到其引导群众思想的目的。舆论导向作用是新闻独具一格的特征，无论是在人们的生活中，还是国家建设中都起着至关重要的作用。

①正确的新闻舆论导向是促进社会和谐发展的前提。新闻媒体通过近几年来的飞速发展，传播形式和内容变得多样化和复杂化，但是新闻媒体依旧肩负着宣传者、监督者和引导者的重要使命。党将新闻媒体的舆论工作列入思想政治的范畴之中，充分利用新闻的舆论导向作用，宣传正确的指导思想、国家发展方针、政策、法律法规等，为社会人群树立正确的发展观念，与党的思想达成共识，从而促进社会的和谐发展。因此，可以说正确的新闻舆论导向是促进社会和谐发展的前提。

②新闻舆论导向能够引导人们的社会行为。新闻已经成为人们生活中不可或缺的一部分，尤其是电视的普及让人们在茶余饭后形成了关注新闻、关注时事的习惯。然而，新闻媒体并非只是传播社会积极面的信息，对社会存在的恶性事件也有相当一部分的报道，例如违法犯罪行为、贪污行贿事件等。如果新闻舆论导向出现偏差，这些恶性事件直接影响着人们的心理健康和社会行为作风，当某些人并没有意识到恶性事件的危险性，反而效仿违法乱纪分子的行为时，则会引起社会的不安和动荡，从而助长社会不良风气，诱发违法犯罪行为，对国家造成不可弥补的影响。因此，只有正确的舆论导向才能引导人们正常地生活，为社会带来福音。

(3)新闻媒介在引导舆论时的注意事项。

①新闻媒介在发挥舆论导向功能时要把握好度，抓住有利时机，并申明观点立场，正确引导舆论，并避免矫枉过正。

②新闻媒介的最主要职责是提供新闻信息，任何其他的功能都依附于此而产生，不可本末倒置。

③新闻媒介的观点与对新闻事实的报道要结合起来，只有来源于新闻事实，以新闻事实为支撑，最终又回到新闻事实，用新闻事实来说媒体和记者想说的话，这样才能保证取得良好的舆论引导效果。

4. 结合"沉默的螺旋"理论论述舆论的社会功能。(电子科大2011年研)

相关试题：舆论的社会控制作用表现在哪些方面？(简答题，中国青年政治学院2011年研)

答：(1)舆论的含义。舆论是社会评价的一种，是社会心理的反映，至今没有一个广泛认同的定义，一般是指社会中相当数量的人对于一个特定话题所表达的个人观点、态度和信念的集合体。这是一个极为复杂的概念，关于舆论，有以下四种主要的观点：

①政治哲学的观点，即把舆论看作"公意"，是"共同体"的最高意志，是民主政治的基础。

②社会学的"有机体"概念，即认为舆论不是个人意见的简单集合，而是社会互动的有机整体。

③行为科学的观点，它或多或少地把舆论看作个人意见的简单相加，其中的多数意见便被看作是"舆论"，这种观点较多地体现在现代"舆论调查"或"民意测验"之中。

④社会心理学的观点，这种观点把舆论看作社会控制的机制，认为舆论未必是事实上的"多数"意见，但至少是表面上的或人们感觉中的"多数"或"优势"意见，它通过人们的从众心理来制约个人的行为，因而起着社会控制作用。

(2)舆论的社会功能。舆论是一种公开的社会意见和判断，其社会功能主要是通过社会中相当数量的人对于一个特定话题表达观点、态度和信念，进而干预现实生活。舆论最主要的功能是进行舆论监督，全称为社会舆论监督，是我国监督体系中社会监督(外部监督)的一种，其实质是公众的监督。是社会公众运用各种传播媒介对社会运行过程中出现的现象表达信念、意见和态度的活动。主要表现在两个方面：

①对国家、政府的监督。这种控制又体现在以下三个方面：

a. 监督、制约决策过程。主要表现为监督决策过程是否科学、法治、民主、正确等，是否符合法律要求，是否维护最广大人民群众的根本利益。

b. 监督、制约决策执行过程和执行结果。监督、制约决策执行过程和执行结果是保证决策切实维护公众利益、保护人民权益的关键步骤。

c. 监督、制约决策执行人的行动。决策执行人包括决策制定者和决策执行者，也即制定、参与、实施、完善决策的行为主体，以国家公务人员为主。监督、制约决策执行人的行动，确保其在法律许可范围内行使权力和履行责任。

②对公众行为的监督或鼓励。

a. 监督和制约有损道德的行为，鼓励符合道德的行为。社会公德是指存在于社会群体中间的道德，是生活于社会中的人们为了我们群体的利益而约定俗成的我们应该做什么和不应该做什么的行为规范。符合道德的行为如果受到舆论肯定，会促进更广泛的模仿；违背道德的行为如果受到舆论谴责，也可以起到警示作用。

b. 监督和制约违背职业操守的行为，鼓励合乎职业操守的行为。职业操守是指从业人员在职业活动中应该遵循的行为准则，涵盖了从业人员与服务对象、职业与职工、职业与职业之间的关系。舆论对其的影响与对道德的影响相似，通过鼓励或谴责，促使公众遵从正确的职业道德和操守。

(3)“沉默的螺旋”理论与舆论的社会控制功能。

“沉默的螺旋”概念最早见于诺依曼 1974 年在《传播学刊》上发表的一篇论文，在 1980 出版的《沉默的螺旋：舆论——我们的社会皮肤》一书中对这一理论进行了全面概括。这个理论假说由以下三个命题构成：①个人意见的表明是一个社会心理过程；②意见的表明和“沉默”的扩散是一个螺旋式的社会传播过程；③大众传播通过营造“意见环境”来影响和制约舆论。

诺依曼的“沉默的螺旋”理论，正是从社会心理学视角来把握舆论现象的。在“沉默的螺旋”理论中，舆论与其说是“公共意见”或“公众意见”，倒不如说是“公开的意见”。诺依曼认为，只有那些“被认为是多数人共有的、能够在公开场合公开表明”的意见才能成为舆论。

“沉默的螺旋”理论强调的是舆论的社会控制功能。诺依曼本人在阐述“舆论——我们的社会皮肤”这个观点时说明，舆论在双重意义上是“我们的社会皮肤”：它是个人感知社会“意见气候”的变化、调整自己的环境适应行为的“皮肤”；不仅如此，它又在维持社会整合方面起着重要作用，就像作为“容器”的皮肤一样，防止由于意见过度分裂而引起社会解体。

第五章　新闻事业的产生

5.1　复习笔记

【知识框架(庖丁解牛)】

新闻事业的产生
- 中国古代社会的新闻传播工具
  - 常用的新闻传播工具
  - 其他传播方法
  - 古代社会新闻活动的共同特点
- 西方报纸的属性：资本主义商品经济的产物
- 报纸、广播、电视及新媒体的产生
- 近代中文报纸的产生
- 新媒体的特点

【本章概要(提纲挈领)】

本章主要论述了新闻事业产生的相关知识。本章考点以概念题以及简答题为主，在学习时，需掌握西方报纸的属性、近现代的新闻传播工具(报纸、广播、电视及新媒体)、新媒体的定义与基本特征等内容，并大致了解中国古代社会的新闻传播工具分类、古代社会新闻活动的特征、互联网对新闻传播的颠覆性影响等内容。

【考点难点归纳(厚积薄发)】

考点一：中国古代社会的新闻传播工具　★

1. 常用的新闻传播工具

中国古代社会的新闻传播工具主要有口头新闻、信号媒介、书信新闻、印刷媒介四大类。口头新闻和信号媒介在原始社会就已经存在，文字被创造后，书信新闻应运而生。印刷媒介在提升新闻生产力方面发挥了重要作用，具体见表5－1。

表5－1　中国古代社会的新闻传播工具

要点	口头新闻	信号媒介	书信新闻	印刷媒介
优点	简便；群众性广泛	迅速；意义确切	传递信息距离远；传递速度快	①生产量大； ②生产速度快； ③保存时间长

续表

要点	口头新闻	信号媒介	书信新闻	印刷媒介
缺点	①保真性差； ②传递速度慢； ③传播内容少； ④传播范围有限	不易传递复杂信息	产量低；传播覆盖面有限	由中央集权控制
使用场景	普通群众在茶馆、市场、田头等处获取信息，这些新闻集散地被称为新闻市场	常见于战场传递紧急情况，如烽火台等	借助邮寄、驿站、信鸽等方式进行信息传递，广泛应用于官场、战场、民间	用于统治阶级内部的信息传递，由朝廷向地方发布

2. 其他传播方法

除了上述四种传播媒介外，中国古代还有其他新闻传播工具：

(1)露布。此种传播方式为在帛制的旗子上书写文字。始于战国，专用来传布战争捷报。汉魏后，露布成为广达四方、极有影响的新闻媒介。是我国早期官府向公众发布新闻的形式之一。

(2)牌报、旗报。执旗报信和持牌传报也是官府常用的传递信息形式，牌报为木制，旗报为帛制。其传递方式类似露布，由专人持写有战报的布旗或木牌，供沿途广大百姓阅读，向人民传递军事及其他重要情况。

(3)悬书、揭帖。悬书是一种民众参与的传播形式，始于战国时期，百姓把对朝廷的意见和要求写在缣帛上悬挂出来。悬书后来发展到“揭帖”，写在纸上并公开张贴在墙上，过往民众皆可观看。其多为匿名，目的是传递信息或扩大信息影响范围。内容有些是简洁的标语、口号，有些则是在新闻基础上加以评论。

3. 古代社会新闻活动的共同特点

(1)古代社会始终存在新闻活动，但没有专门的新闻机构进行新闻采、写、编、发行等业务活动，不符合现代新闻事业的概念。因此古代社会只有新闻活动，没有新闻事业。

(2)因为古代社会变革缓慢，对于信息的需求较少，所以其新闻活动规模小，基本上是人对人的定向传播，以口头、书信为主要手段。这也使得新闻活动和情报活动难以区分。

(3)古代社会的新闻活动基本以维护封建统治阶级的利益为目的，官方色彩浓厚。

考点二：西方报纸的属性：资本主义商品经济的产物(见表5-2) ★★★

表5-2 西方报纸的属性：资本主义商品经济的产物

原因	详细内容
社会规模扩大	社会规模的扩大，打破了几千年不变的社会秩序，自给自足的自然经济开始发生变革，人们不能仅满足于获取本地信息，关心世界各地事件成为大势所趋
社会变动剧烈	社会变动大大增加，各阶级之间矛盾不断激化，使得社会时时刻刻涌现出大量新闻，新闻及时性的特性凸显，受到众人追捧
社会分工精细化	社会分工的精细化加强了各行业、地区之间的联系，社会生产受到多方因素的影响。在这样的时代背景下，人们对政治、军事、经济、文化等方面信息的需求源源不断

续表

原因	详细内容
读者群	工业化的发展带动了学校的兴办，公民的文化水平随之提升，这为报纸创造了读者群
城镇化	在资产阶级工业革命的作用下，逐渐涌现出一些新兴城镇，城市人口大大增多，为报刊的采集和发行提供了便利
传播渠道	交通业和通讯技术的发展升级了传播者采集和发布新闻的速度
科技	印刷术的发明和机器造纸的出现，提升了生产力水平，提供了足够的物质资料
资本	资本的积累使资本家有经济能力创办报刊。同时资本家为推销商品，需要大量地刊登广告，报纸借此获得大量利润，逐渐向商业化发展，成为有利可图的企业

考点三：报纸、广播、电视、新媒体的产生 ★★★

1. 报纸

世界最早的报纸是诞生于古罗马时期的《每日纪文》。而报纸事业的产生以现代报纸的出现为标志，现代报纸是西方的产物。报纸是以刊登新闻为主要内容的定期连续向大众发行的印刷品。16~18世纪，报纸事业的诞生大致经历了三个阶段：

(1)第一阶段：手抄新闻出现及其盛行时期。

①手抄新闻兴起于意大利威尼斯。

a. 14~15世纪，资本主义开始在地中海沿岸的某些城市萌芽，资本主义生产发展推动造纸、印刷、造船等技术的进步。意大利地处地中海沿岸，地理条件得天独厚，资本主义发展得最早。同时随着欧洲文艺复兴运动的洗礼，其在文化上也具有优势。

b. 威尼斯是意大利东北部的一座城市，濒临爱琴海，是欧洲和东方的交通枢纽。它几乎垄断了欧洲和近东的贸易，成为东西方贸易中心，因此与其相关的新闻成为各国各界的关注焦点。

c. 世界各地的政客、商人云集威尼斯，他们十分需要了解威尼斯的政治、经济、文化情况，这就促使威尼斯逐步产生出一批专门收集各种信息的“职业新闻工作者”。他们集新闻的采、写、编、发行于一身。这样，在16世纪，适应资本主义早期需求的手抄新闻应运而生，因为发源于威尼斯，手抄新闻也被称为《威尼斯公报》。

②手抄新闻面向社会公开发行。发行的办法包括：

a. 张贴在公共场所，用绳或栏杆围起来，阅读者付一枚小铜元后方可进入。

b. 贴在屋内的墙上，阅读者需花费一个铜元进屋浏览，这种房子称新闻房。

c. 新闻打听者将收集到的新闻手抄多份，并在街上进行叫卖、出售。

d. 接受定制新闻，谁需要什么新闻，这批人就专门去打听，收费也较高。

e. 可以订阅手抄新闻，定期会进行邮寄。

③内容上偏向于商业与金融消息，还有政治、军事动态。

(2)第二阶段：新闻书出现。

①新闻书采用铅字印刷技术，支持大量地发行。

②有刊名，发行周期长且不定期，所以没有固定的订户，只能像市场上其他书一样公开出售。

③出版者多为印刷商，他们以印刷书籍为主，出版的新闻性质的印刷品数量微不足道。最早的新闻书在德国法兰克福发行。

(3)第三阶段：周刊(周报)、日报的兴起。

①1609 年，在德国出版了《德国观察周刊》，这是世界上目前发现的最早的、定期出版的印刷周刊。周刊由邮局发行，既可零售也可订阅。这种周刊基本上还保留书本形式，以刊登政治、经济、军事等动态为主。

②1660 年，德国莱比锡出版了《莱比锡新闻》，最初为周刊，随着德国邮政制度的发展，在 1663 年改为日刊。这是新闻史学家普遍公认的世界上最早的日报。但它仍是书本形式。

③1665 年英国的《牛津公报》(周报)问世，完全改变了书本形式，采用单页、两面印刷。《牛津公报》全是新闻，没有言论。

④1702 年，伦敦出版的《英国每日新闻》被认为是现代日报的鼻祖，因为它每天连续出版，四开纸，两面印刷，符合现代日报的形态。

报纸产生的三个阶段在时间上并非线性，而是交叉发展的。随着社会的变革和信息需求的增加，报纸朝着迅速(出版周期越来越短)、广泛(发行范围越来越大)的方向发展。

2. 广播(见表 5 –3)

表 5 –3 广播

要点	详细内容
含义	广播是以无线电波(或导线)所传送的声音为媒介的大众传播工具
产生与发展	①1906 年广播诞生，加拿大人范斯顿在美国马萨诸塞州试验无线电广播成功。从广播工程的技术标准上看，广播从此诞生。 ②1920 年，美国底特律 8MK 实验电台广播发布的一条关于密执安州州长的新闻，被认为是最早的广播新闻。 ③1920 年，美国匹兹堡的 KDKA 电台获得营业执照，这是具有合法经营权的第一家电台。1920 年 11 月 2 日，KDKA 广播电台借助总统选举报道揭开了广播事业的序幕，这是无线电事业的开端。1923 年初，美国记者奥斯汀在上海开设中国第一家广播电台——“中国无线电公司”，呼号为 ECO，播送音乐和新闻。 ④1940 年，中国共产党创办的第一个广播电台——新华广播电台在延安开始播音，呼号为 XNCR。这一天也被设定为中国人民广播事业创建纪念日。 在第二次世界大战中，无线电广播发挥了强大的舆论宣传作用

3. 电视(见表 5 –4)

表 5 –4 电视

要点	详细内容
含义	电视是通过电子技术及设备传送动态图像画面和音频信号的大众传播媒体
产生与发展	①1930 年，贝尔德发明的机械电视成功将电视画面从英国伦敦传到美国纽约。从此，电视作为一种全新的传播媒介进入人们的生活。 ②1936 年，BBC 广播公司在伦敦建立了世界上第一个公共电视发射台，开始进行电视节目的播出。

续表

要点	详细内容
产生与发展	③1940年，美国无线电公司发明成功彩色电视，经过改进，于1946年成功试验“点描法彩色电视技术标准”，1953年美国国家电视标准委员会指定此标准为NTSC制。1954年，美国全国广播公司(NBC)首先正式播出彩色电视节目。 ④中国的第一家电视台——北京电视台(中央电视台的前身)于1958年5月1日建立。1973年推出彩色电视节目。 目前，全球彩色电视机的三大制式为：美国的NTSC制、德国的PAL制和法国的SECAM制

4. 新媒体：以互联网为基石的融合媒体

互联网起源于20世纪60年代冷战时期的美国，崛起于90年代，兴旺于新世纪。以互联网为基础，一批新媒体如电脑、手机、平板电脑等陆续诞生。新闻传播形式和渠道逐渐多样化，传媒界呈现“多媒体融合并存”的局面。

互联网对新闻传播的影响是颠覆性的，它改变了传播者、接收者、传播渠道、传播形式等。互联网以及新媒体以其不同于报纸、广播、电视三大传统媒体的种种特征和优越性迅猛发展，引发了传播领域一场深刻的革命。

【考点拓展】通讯社

近代报纸在工业革命后快速发展，数量剧增。廉价报纸的出现，使得报纸对新闻的需求大为增加。1838年美国人莫尔斯发明电报后，世界各国开始创立通讯社。通讯社的出现，使得全球新闻垄断的格局形成。

考点四：近代中文报纸的产生 ★★

(1)我国近代报纸诞生于19世纪初，由英国传教士创办。主要有：《察世俗每月统记传》《特选撮要每月统记传》和《东西洋考每月统记传》。

(2)鸦片战争后，一些外国人开始了他们向中国的文化扩张，创办中文报纸就是手段之一。这些刊物逐步取代传教士创办的宗教报刊，成为外国人在华报刊的主干。

(3)中国人自己创办近代报刊，是同资产阶级的改良活动和民主运动相联系的。甲午战争后，推翻旧制度的浪潮推动了改良派的变法维新运动。随着维新运动的兴起，出现了一批改良派、革命派的报刊，由此形成了我国历史上第一次国人办报高潮，中国人自办报纸成为中文报刊的主干。

【考点拓展】中国古代报纸的基本特征

(1)内容：中央机关公告材料，没有专门采写的新闻，无广告，有官文书色彩。

(2)形式：只是材料堆砌，无分栏，无标题，无体裁之分，无版式和固定用纸规范。

(3)印刷：除宋代外均主要为手抄。

(4)官方发布，水路驿站传递，不由报馆发行，不是独立的行业。

考点五：新媒体的特点(见表5-5) ★★★★

表5-5 新媒体的特点

要点	详细内容
概述	新媒体是利用数字技术，通过计算机网络、无线通信网、卫星等渠道，以及电脑、手机、数字电视机等终端，向用户提供信息和服务的传播形态，随着互联网的发展而发展

续表

要点		详细内容
特点	数字化	数字化是新媒体最为显著的特点。科学技术的不断进步，必然带来数字化传播方式。新媒体通过全方位的数字化过程，将所有的文本缩减成二进制元编码，并且可以采用同样的生产、分配与储存的过程
	交互性	新媒体突破了传统媒体的单向传播方式，增强了传播者与接收者之间的互动性
	超时空	新媒体打破了原先传统媒体需受时间、地域限制的局限，具有时间上的自由性及传播上的快捷性，能够做到即时传播；也拥有空间上的无限性与传播上的全球性，模糊当下的国家、地区界限，成为全球性的媒介
	个性化	新媒体实现了信息传播与收阅的个人化。以网络环境为基础，基于信息用户的信息使用习惯、偏好和特点向用户提供满足其各种个性化需求的服务。这种新媒体提供的个性化信息服务，使信息的传播者针对不同的受众提供个性化服务

5.2 考研真题与典型题

一、概念题

1. 露布(厦大 2016 年研；电子科大 2011 年研)
2. 邸报(人大 2017 年研；北外 2015 年研；西安交大 2008 年研)
3. 悬书(电子科大 2015 年研)
4. 威尼斯手抄小报(川大 2018 年研)
5. “新闻书”(暨大 2016 年研)
6. KDKA(川大 2018 年研)
7. 《察世俗每月统记传》(湘潭大学 2017 年研；清华大学 2016 年研)
8. 报纸(中南财大 2009 年研)
9. 《新莱茵报》(华东师大 2020 年研；重庆大学 2020 年研；西南大学 2020 年研)

二、简答题

1. 结合中国新闻史和西方新闻史知识，简析“全球性市场经济的发展是推动近代新闻传播业发展之基本动力。如果没有现代世界市场和世界交往，近代新闻传播业是不可想象的”。(人大 2018 年研)

相关试题：为什么说新闻媒介的产生是历史发展的必然？(复旦大学 2010 年研)

2. 简述报纸产生发展的三个阶段。(西南大学 2009 年研)
3. 简述近代报纸的诞生。(中传 2018 年研)
4. 中国新闻事业的基本性质和特点。(湖南师大 2019 年研)
5. 新闻事业作为上层建筑，区别于其他上层建筑的特点是什么？

三、论述题

1. 16 世纪资本主义商品经济出现后，引起了整个世界的深刻变化，马克思在《共产党宣言》中是怎样描绘这种变化的？这种变化对报纸的产生和发展有什么影响？(南京师大

2009 年研)

2. 资产阶级新闻学只承认新闻是事实的客观报道，新闻事业是传播消息的公共媒介，不承认新闻事业有阶级性。你怎么看待这个问题？请结合实例进行分析。

5.3 考研真题与典型题详解

一、概念题

1. 露布(厦大 2016 年研；电子科大 2011 年研)

答：露布是古代的一种传播媒介，早期专用来传播战争捷报。始于战国，南北朝时，“后魏每征战克捷，欲天下闻知，乃书帛建于漆之上，名为露布”。此种传播方式为在帛制的旗子上书写捷报，悬挂在竹竿上，由将士们高举，快马送往京城，沿路百姓皆可看到，是我国早期官府向公众发布新闻的形式之一。如此公开地发布军事捷报，其目的在于让全天下的人都知晓，起到鼓舞士气、民气，威慑敌军的作用。

2. 邸报(人大 2017 年研；北外 2015 年研；西安交大 2008 年研)

答：邸报又名进奏院状报、朝报、邸状、邸吏状、邸吏状报等，邸报是其通称，是指在政府中枢部门统一管理下统一发布的正式官报。它发源于唐代的进奏院状报，在宋代开始被称为“邸报”，并有了进一步的发展。邸报是实行高度中央集权制度的封建社会的产物，是维护和巩固封建统治的工具，内容受到当局严格的控制，主要涉及皇帝的诏旨、皇帝的起居、官员的任免、臣僚的章奏、战报及刑罚等，没有专门采写的新闻。宋代邸报的读者主要是政府官员和一般士大夫知识分子，普通百姓没有机会阅读。用现代的媒介形态来判断，邸报不是报纸。

3. 悬书(电子科大 2015 年研)

答：悬书是一种古代传播方式，出现于战国时代的郑国，多为民众参与，百姓把对朝廷的意见和要求写在缣帛上悬挂出来，其内容多是对当局者的批评和指责，这种传播方式对中央集权的影响很大，而后受到朝廷的明令禁止。悬书后来发展成为“揭帖”，即用毛笔写在纸上，并张贴在墙上，供过往乡人观看，多为匿名。揭帖的内容有些是简洁的标语、口号，有些则是新闻基础上加以评论，是一种夹叙夹议的写法。

4. 威尼斯手抄小报(川大 2018 年研)

答：威尼斯手抄小报是发源于意大利境内的威尼斯的一种早期新闻形态。1536 年威尼斯已有专门采集消息的机构和贩卖手抄小报的人，1566 年又出现定名的小报，称为“手抄新闻”。小报的内容主要是商品行情、船期和交通信息，也报道政局变化、战争消息和灾祸事件。小报不定期，沿街兜售，每份一个铜元。当时的铜币叫作“格塞塔”(Gazzetta)，后来这种小报流传到罗马以及欧洲各国，就称为“威尼斯小报”(Venice Gazzetta)。

5. “新闻书”(暨大 2016 年研)

答：“新闻书”(Newsbook)是指在 16 世纪末西欧等地以书本形式出现的不定期新闻印刷品，主要报道一些比较重要的事件。这种印刷品与记事性小册子相比，新闻性明显增强。

新闻书是近代报刊的雏形，16 世纪后期，逐渐出现了定期的新闻印刷品，并且有了固定的名称。在德意志境内有一种半年一期的大事汇编之类的出版物，最早的是 1588 年奥地利人迈克尔・冯・艾津(Michael Aitzing)出版的《博览会编年表》，在法兰克福一年两度的博览会上出售。另外在科伦有一种拉丁文出版物，名为《法比信使》，每年一期，发行于 1594 ~ 1635 年，曾行销到英国等地。此后在奥格斯堡、安特卫普等地又有过一些编年表式的月刊、半月刊，但都不大稳定。与报刊相比，新闻书在形式上，虽有刊名，但出版日期不固定、出版间隔很长；在内容上，新闻迟缓，时效性不高；在受众方面，没有固定订户，只在市场上像其他书一样公开出售；在发行方面，出版者多为印刷商，以印刷其他书籍为主，附带出版自己编写的新闻书。

6. KDKA(川大 2018 年研)

答：KDKA 广播电台被公认为是世界上第一个真正的无线广播电台，也是第一个获得联邦政府实验执照的广播电台。它位于美国匹兹堡，于 1920 年 11 月由西屋电器公司创办，开办当天就播报了哈定和考克斯竞选总统的新闻，被认为是美国和世界广播事业的开端，从此广播开始成为人们生活中不可缺少的一部分，该台至今仍在播音。但后来纽约的大广播网已经使得 KDKA 及其他早期电台的影响越来越小了。

7. 《察世俗每月统记传》(湘潭大学 2017 年研；清华大学 2016 年研)

答：《察世俗每月统记传》是历史上第一份近代中文报刊，由英国传教士米怜和马礼逊 1815 年在马六甲创办，它的创办揭开了近代中国新闻史的第一页。该报是一份宗教性质的期刊，绝大部分内容是阐述基督教教义和介绍《圣经》，是西方传教士在华人聚集区传教的工具。该报在传播方式上采用中国本土化策略：一是依附儒学，创造了“孔孟加耶稣”的宣传模式；二是采用中国书本式雕版印刷，符合中国人阅读习惯。

8. 报纸(中南财大 2009 年研)

答：报纸是以刊登新闻为主的定期连续向大众发行的印刷品，是以版面空间的形式向读者展示新闻内容的一种传统的视觉媒介，是最早的新闻媒体。其传播手段包括：版面部分(包括标题、栏页等)、图片部分和文字部分(包括各种文体)。报纸具有保存性强、选择性强、适合传达深度信息等优点，同时又有一定的局限性，比如，报纸的时效性差，且文字传播要求读者有文化，限制了读者范围，同时报纸的感染力也较弱。

9. 《新莱茵报》(华东师大 2020 年研；重庆大学 2020 年研；西南大学 2020 年研)

答：《新莱茵报》创办于 1848 年，马克思担任主编，恩格斯是他的助手。它是共产主义者同盟的机关报，也是一份真正的无产阶级最早的报纸。《新莱茵报》是适应德国革命的需要创办的，它始终宣传《共产党在德国的要求》中规定的革命纲领和路线：对内彻底推翻封建制度，建立统一的、不可分割的民主德意志共和国；对外推进反对沙皇俄国的战争。报纸阐明资产阶级民主革命对于无产阶级解放运动的意义，指出无产阶级一定要积极参加资产阶级民主革命，争取革命的领导权。马克思和恩格斯在这家报刊的工作经验奠定了无产阶级报刊的一些传统和原则：①把敌对斗争的原则性和策略性结合起来。②联系群众，代表人民，指导斗争。③报道内容主题广泛深刻，具备鲜明的战斗风格。

二、简答题

1．结合中国新闻史和西方新闻史知识，简析"全球性市场经济的发展是推动近代新闻传播业发展之基本动力。如果没有现代世界市场和世界交往，近代新闻传播业是不可想象的"。（人大2018年研）

相关试题：为什么说新闻媒介的产生是历史发展的必然？（复旦大学2010年研）

答：上述观点是合理的。全球性的市场经济的发展，是推动现代新闻传播业发展的基本动力。如果没有现代世界市场和世界交往，现代新闻传播业不可想象。

（1）近代新闻事业起源于现代世界市场和世界交往。

现代报刊的起源与其说是一个具体的"点"，不如说是一个全球性的历史发展过程。因为现代报刊从欧洲传播到全球，历经数百年，直至全世界主要国家都出现现代报刊，这个起源的过程才结束。现代报刊的起源表现为四个发展环节：

①15世纪中叶德国印刷术的发明和印刷新闻纸的出现。就传播内容和简陋的程度而言，印刷新闻纸应看作是中世纪的新闻传播类型。但是，由于恰好赶上了不久后世界新航路的发现和开通，于是原本属于中世纪的新闻传播与未来的现代报刊直接联系了起来，成为现代报刊起源的第一个环节。

②整个16世纪，西班牙、葡萄牙、荷兰等商业民族在全球的经商中，无意中传播了欧式印刷术和简单的公报式的报纸，构成了现代报刊起源的第二个环节。

③从17世纪开始，英国作为工业民族逐步替代了西、葡、荷等国，有目的地在世界各地建立殖民地，发展工商业，传播西方文化，将报刊移植到世界各地。正是在这个时候，新闻传播才具有一定的影响力，正如哈贝马斯所说，"直到17世纪末社会才具备让大众知晓信息的条件，才有真正意义上的新闻。"

④18～19世纪，现代报刊遍及世界各个角落，完成了起源的全过程。

可见，德国中世纪的印刷新闻纸是最初的源头，16世纪三个欧洲商业民族在全球的贸易是一个不可超越的历史过渡，最后才发生以英国为主的国家将现代新闻传播业移植到世界各个角落的文化传播过程。

（2）近现代新闻事业的发展与世界市场的力量息息相关。

①市场经济是现代新闻传播事业发展的动力。无论是出现现代新闻传播的萌芽，还是从欧洲封建社会末期的王权报刊转变到政党报刊、从资产阶级取得政权后的政党报刊转变到大众化的商业报刊，以及通讯社的建立、广播电视业的普及、因特网传播的推进，其基本的动力始终是市场经济的发展，它顽强地为现代新闻传播业的发展开辟着道路。

②对新闻信息的需求来自于世界市场经济。政治斗争的需要会造就社会对于政治信息的需求，但是不会持久地拥有最广泛的社会性市场。英、法、德、日等国新闻传播业发展历经波折，都是在新闻业全面进入市场经济以后才最终稳定发展起来。对新闻传播的社会化需求，只能来自市场经济，而不可能来自其他经济形态。

（3）西方报纸是资本主义商品经济的产物。

①社会规模的扩大，打破了几千年不变的社会秩序，自给自足的自然经济开始发生变革，人们不能仅满足于获取本地信息，关心世界各地事件成为大势所趋。

②社会变动大大增加，各阶级之间矛盾不断激化，使得社会时时刻刻涌现出大量新闻，

新闻及时性的特性凸显，受到众人追捧。

③社会分工的精细化加强了各行业、地区之间的联系，社会生产受到多方因素的影响。在这样的时代背景下，人们对政治、军事、经济、文化等方面信息的需求源源不断。

④读者群：工业化的发展带动了学校的兴办，公民的文化水平随之提升，这为报纸创造了读者群。

⑤城镇化：在资产阶级工业革命的作用下，逐渐涌现出一些新兴城镇，城市人口大大增多，为报刊的采集和发行提供了便利。

⑥传播渠道：交通业和通讯技术的发展升级了传播者采集和发布新闻的速度。

⑦科技：印刷术的发明和机器造纸的出现，提升了生产力水平，提供了足够的物质资料。

⑧资本：资本的积累使资本家有经济能力创办报刊。同时资本家为推销商品，需要大量地刊登广告，报纸借此获得大量利润，逐渐向商业化发展，成为有利可图的企业。

(4)中国现代新闻事业也产生于被迫加入世界交往体系的过程中。

现代新闻事业产生于15世纪世界交往体系的形成过程中。商品经济要求“用时间去消灭空间”的本性，大大刺激了中国新闻事业的迅速崛起和新闻学的诞生。与西欧国家不同，中国是在大炮的威胁下被迫纳入世界交往体系的，中国现代新闻事业并不植根于自身商品经济的发展中，而是在这个被迫的过程中，借助新文化运动造就的人的内心自由和个性发展的环境而诞生的。

事实上，亚太、非洲、拉美这些曾经成为西欧国家殖民地或半殖民地地区的现代新闻传播业，都是在市场经济向全球推进的过程中产生的。

2. 简述报纸产生发展的三个阶段。(西南大学2009年研)

答：参见本章考点难点归纳相关内容。

3. 简述近代报纸的诞生。(中传2018年研)

答：(1)近代报纸诞生的条件。

①世界地理大发现使得欧洲的商业和工业从地中海贸易转向全球贸易，因此造成对新闻传播的规模化需求。

②欧洲地理上正在形成连成一片的文明地区，地理上进行贸易的关卡减少，传递信息的障碍也随之减少。

③六个主要的欧洲民族(意、西、葡、德、法、英)经过文艺复兴运动，自然形成了各自的标准语言和文字，奠定了规模化新闻传播的语言文字基础。

④古登堡印刷术的发明，提供了规模化新闻传播的新技术条件。

⑤文艺复兴后，文化从僧侣阶层的垄断下逐步解放出来，转向世俗社会，为规模化新闻传播提供了一定的读者群。

(2)近代报纸首先出现在德国的原因。

①德国是最早发明和采用活字印刷技术的国家。新的印刷手段的运用，使信息的大量复制成为可能，为定期报刊的出现奠定了技术基础。

②德意志地区的邮政系统比其他国家发达，许多城市可以每日递送邮件，为报刊的定

期发行提供了保障。

③由于国家分裂、长期战争和黑暗的专制统治，到16世纪末期，德国已经成为欧洲封建统治势力最薄弱的国家，报纸首先是在那些中央权力薄弱或统治者比较宽容的地方兴盛起来的。

(3)世界近代报纸诞生的过程。

①近代报刊产生的标志是定期刊物(至少每周出版一次)的出现。世界上最早的定期刊物诞生于德国。1609年，德意志地区出现了两种周报：沃尔芬比特尔的《通告—报道或新闻报》和斯特拉斯堡的《报道》，被认为是世界上最早的定期报刊。

②1663年，德国莱比锡出版了《莱比锡新闻》，最初为周刊，后改为日刊，通常被认为是世界上最早的日报。

③定期报刊在德国出现之后，1610年到1661年间，瑞士、奥地利、英国、法国、丹麦、意大利、西班牙、瑞典、波兰等国也陆续出现了定期报刊。在定期报刊逐渐增加的基础上，欧洲以至世界各国先后出现了日报。从17世纪初定期报刊的问世到17、18世纪日报的陆续创办，是近代新闻事业的初创时期。

(4)中国近代报纸诞生的过程。

①中国早在唐朝就开始有古代报纸，明朝出现民办报房，选录内阁发布的官文报，公开出版，称为“京报”，但没有自己采写的新闻、评论、广告、副刊，不同于近代的报刊。

②中国近代形式的报刊诞生于鸦片战争前夕。最先用中文出版的近代报纸和最先在中国境内出版的近代报纸，都是外国人首先办起来的。19世纪，外国人在中国一共出版了一百多种中外文报刊，占当时中国报刊总数的一半以上。

③外国人创办的第一份中文报纸是1815年在马六甲创刊的《察世俗每月统记传》，创办人是英国伦敦布道会传教士马礼逊和米怜，月出一册。

④此后，一些外国人相继在中国办报。1827年英商马地臣和美商伍德创办《广州纪录报》，1833年郭士立创办《东西洋考每月统记传》。前者是中国境内出版的第一份英文报纸，后者是中国境内出版的第一份中文报纸，均在广州出版。

4. 中国新闻事业的基本性质和特点。(湖南师大2019年研)

答：中国的新闻媒体除少数由各民主党派所办的报纸外，绝大多数是由共产党领导的。我国新闻媒体的宗旨、格局、宏观管理模式和运行模式，已形成了具有中国特色的社会主义新闻体系。

(1)中国新闻事业的基本性质。我国社会主义新闻事业是中国共产党领导下的社会主义事业的重要组成部分，是动员群众、组织群众的重要舆论工具。

①社会主义事业的重要组成部分。我国新闻机构实行的是全民所有制，其资产归全体人民利益的代表者国家所有。人民是国家的主人，也是新闻事业的主人。新闻机构通常由国家或地方有关单位和部门创办，是人民的事业。这是社会主义新闻事业与资本主义新闻事业的根本区别之一。

我国新闻事业历来都是党和国家整个事业的重要组成部分，是中国特色社会主义事业的重要组成部分。中国共产党的历代领导人都十分强调新闻事业是社会主义整个事业的重要组成部分，新闻战线是党领导的各条战线中的一条十分重要的战线，新闻工作者队伍是党的干部队伍中的一支十分重要的力量；强调要将新闻工作置于中国共产党的领导和监督之下，严格按照党的政治原则和组织原则办事；强调要坚持党管媒体的原则，并把增强舆论引导能力作为党的执政能力建设的重要内容；强调党的组织要关心和重视新闻事业，加强和改善对新闻事业的领导；等等。

②党、政府和人民的耳目喉舌。马克思主义认为，新闻事业是一定阶级、政党等特定群体的舆论工具，反映他们的主张和观点，维护他们的立场和利益。在社会主义国家，人民是国家的主人，国家的一切事业都是人民自己的事业，为人民服务是它的唯一宗旨。在我国，新闻事业坚持以马克思主义为指导思想，充分反映党的主张、国家意志和人民利益。新闻事业既是党和政府了解基层情况和社情民意的重要手段，也是党和政府宣传贯彻其纲领路线、方针政策，进行思想政治教育、组织经济建设和服务社会的重要手段。它通过传播新闻、引导舆论和提供多方面的社会服务等形式，为全面建成小康社会、实现社会主义现代化的宏伟目标发挥舆论宣传作用。

当然，各种不同类型的新闻媒体在接受党的领导、坚持四项基本原则、遵守法律的前提下，有权自主刊登不同的报道内容，采用不同的报道方式，也可以根据不同的受众及新闻产品市场的定位，办出特色，形成独特风格。这是党和政府所鼓励和支持的。

③动员和组织群众的重要舆论工具。社会主义新闻事业是动员和组织群众投身社会主义建设的舆论工具，是党和政府开展新闻宣传的主阵地，是舆论引导的中坚力量。新闻媒体是思想文化传播的重要载体，是弘扬社会主义核心价值体系的重要渠道。我国的新闻事业一方面要积极、准确、生动地向群众宣传党的路线方针政策，并且最迅速、最广泛地将其贯彻到群众中去，变为群众的自觉行动。另一方面，又要及时反映党的路线方针政策在人民群众中贯彻执行的情况和问题，反映群众的感受、情绪和愿望，表达他们的呼声、意见和要求，以使党的路线方针政策能够进一步丰富、发展和完善。通过这种自上而下、自下而上的交流、沟通和协调，社会主义新闻事业就能引导、激励、动员群众为实现自己的根本利益而奋斗。

(2)中国新闻事业的特点。

①新闻事业的最高宗旨是：在党的基本路线指导下，始终把社会效益放在第一位，全心全意服务于人民群众，促进现代化建设。

②自觉地接受共产党领导，无条件地宣传党的方针政策、国家的法律法令。

③新闻媒体实行"全党办报、群众办报"的工作路线。

④新闻事业是以党报为核心的多品种、多层次媒介并存的格局。

⑤新闻事业属于国有资产，为全民所有。

⑥新闻事业基本上实行"事业性质，企业管理"的运行方式；在宣传报道上严格按党性原则进行；而在经营上，各新闻媒介是独立法人，自主经营，自负盈亏，依法纳税。

5. 新闻事业作为上层建筑，区别于其他上层建筑的特点是什么？

答：上层建筑可以分为政治上层建筑和思想上层建筑，新闻事业属于思想上层建筑，新闻事业区别于其他上层建筑的特点，应从以下两个方面来阐述：

(1)新闻事业作为上层建筑，与政治上层建筑的区别。

新闻事业以报道新闻、反映和引导舆论为己任。同政治制度、法律制度及其国家、军队、法庭、监狱等政治上层建筑相比较，新闻事业属于思想上层建筑(或称观念上层建筑)意识形态范畴。

政治上层建筑是统治阶级为维护一定的社会制度自觉建立起来，并用来规范人们的行动的。它具有强制性，而国家、法庭、监狱更是暴力机关，行使的是镇压职能。新闻事业属于思想上层建筑意识形态范畴，它只能通过自身所具有的特殊手段，宣传某种意识形态，论证所属社会的经济制度和政治制度的合理性，通过说服教育，引导人们自觉拥护社会制度，遵守社会法令，维护社会的稳定。它对人们的思想和行动没有强制作用。

(2)新闻事业区别于思想上层建筑中的其他意识形态的特点。

思想上层建筑有着众多的社会意识形态，新闻事业只是其中的一种。新闻事业与其他意识形态相比较，有以下特点：

①新闻事业具有强烈的政治性，同经济基础的联系更直接。

a. 新闻事业作为一定阶级或社会集团手中的舆论工具，更接近政治，更会受到政治、法律思想的制约。新闻事业通过新闻报道和新闻评论，宣传和贯彻所属阶级的政治路线和政策法令，并为这个阶级在不同的历史发展阶段的中心任务服务。和文学、艺术、哲学、宗教等社会意识形态相比较，新闻事业的政治性显得更为直接和强烈。

b. 新闻事业在努力促进经济基础的建立、巩固和发展的同时，还要对有害于自己基础的旧经济基础和旧上层建筑的残余作斗争，与威胁自己基础生存的新经济基础和新上层建筑的萌芽作斗争。经济基础一旦发生根本性变化，作为上层建筑的新闻事业也会随之发生变化。

②新闻事业反映社会生活，报道面最广、时效最迅速，影响极大。

a. 新闻事业面对的是整个世界，客观世界发生的一切新的重大变动，都在它的视线之内，以报道事实为主的新闻事业，它的触角可以延伸到一切领域，因此具有反映面广的特点。

b. 以先进技术装备起来的新闻事业，在反映客观世界变动的时效上也最为迅速。

c. 由于新闻事业反映生活面宽，接触群众面广，施加思想影响采取的是一种潜移默化的方式，因此影响力极大。

③新闻事业通过特有的新闻手段为经济基础服务。

新闻事业特有的新闻手段是指消息、通讯、评论、新闻图片、标题、版面及节目编排等传播形式的总称，它们是报纸、通讯社、广播电台、电视台和新闻纪录电影进行新闻报道时普遍使用的手段。新闻手段最显著的特点是报道事实，就事实发表评论，并以此区别于其他社会意识形态。它不能强迫人们信奉或放弃某种思想、某种观点，只能通过摆事实、讲道理来影响或说服受众。

三、论述题

1. 16世纪资本主义商品经济出现后，引起了整个世界的深刻变化，马克思在《共产党宣言》中是怎样描绘这种变化的？这种变化对报纸的产生和发展有什么影响？（南京师大2009年研）

答：资本主义商品经济出现以后，引起了整个社会的改变，几千年来凝固不变的社会秩序一下子被打破了。

(1)《共产党宣言》描绘出一幅世界发生翻天覆地变化的生动情景：资本主义在它不到一百年的阶级统治中所创造的生产力，比过去一切时代创造的全部生产力还要多，还要大。资本主义生产方式的建立，对生产力的发展起到了极大的推动作用，它继承了以往社会所创造的所有生产力。资本主义生产方式使原来分散的小规模个体生产转变为由分工和协作联系起来的机器大工业。这一变革推翻了几百年的自给自足经济模式，使社会生产关系发生了巨大的变革，生产过程越来越具有社会性。

(2)资本主义商品经济不但使新闻事业的产生有了社会必要，而且为新闻事业的产生准备了全部物质手段。

①读者群：工业化的发展带动了学校的兴办，公民的文化水平随之提升，这为报纸创造了读者群。

②城镇化：在资产阶级工业革命的作用下，逐渐涌现出一些新兴城镇，城市人口大大增多，为报刊的采集和发行提供了便利。

③传播渠道：交通业和通讯技术的发展升级了传播者采集和发布新闻的速度。

④科技：印刷术的发明和机器造纸的出现，提升了生产力水平，提供了足够的物质资料。

⑤资本：资本的积累使资本家有经济能力创办报刊。同时资本家为推销商品，需要大量地刊登广告，报纸借此获得大量利润，逐渐向商业化发展，成为有利可图的企业。

2. 资产阶级新闻学只承认新闻是事实的客观报道，新闻事业是传播消息的公共媒介，不承认新闻事业有阶级性。你怎么看待这个问题？请结合实例进行分析。

答：在阶级社会中，一切阶级都把新闻事业作为实现其政治和经济利益的舆论工具。而新闻事业也总是自觉或不自觉地成为一定阶级、政党或社会团体实现其政治和经济利益的舆论工具，在现实社会中，不为任何阶级、政党或社会团体所利用、完全与政治绝缘的新闻事业是不存在的。

(1)资产阶级新闻学只承认新闻是事实的客观报道，新闻事业是传播消息的公共媒介，不承认新闻事业有阶级性。其实，这不过是资产阶级采取的掩耳盗铃的宣传手法而已。

(2)以“自由亚洲电台”为解剖分析的对象。

①自我标榜其宗旨是“传播信息，而不是鼓吹宣传”的“自由亚洲电台”1996 年 9 月 30 日开播了。首先开播的是普通话节目，开始为半小时，以后增加到每天 5 小时，并计划 1997 年增加其他 6 种语言的广播，包括印地语、老挝语、高棉语、藏语、越南语和朝鲜语，还可能开办广东话节目。

“自由亚洲电台”台长在该台开播时称，这座电台将“着重于中国大陆的新闻报道，特别是有关西藏以及对中国大陆被查禁或看不到的书刊及文学著作的介绍”，其报道内容“无所不包”。这就把“自由亚洲电台”开办的目的说得昭然若揭了。

②长期以来，美国等西方国家一直把广播看成是最有效的宣传武器。柏林墙倒塌，苏联东欧国家集团的瓦解。都与美国当年建立“自由欧洲电台”密切相关。美国国会在一份官方文件中说：“广播是推行对外政策的最宝贵的工具”，“应当重新认识广播电台的战略作用”。

80年代末，美国等西方国家进一步提出要“打好一场没有硝烟的世界大战”。他们想使人看不到战争通常的恐怖和惨烈，听不到漫天的厮杀和激烈的枪战，甚至未曾出现过敌人的影子，就能“融化掉社会主义”，达到他们用西方文明称霸世界的目的。

③美国等西方国家利用广播专横地干预别国内政，早已使“美国之音”等电台臭名昭著，为世人所不齿。“自由亚洲电台”的构想数年前一提出，就遭到中国、朝鲜、越南、缅甸等亚洲国家的强烈抨击。越南《人民军队报》就曾一针见血地指出，该电台要用“自由欧洲电台”一样的方式，破坏亚洲的社会主义。在亚洲国家的一片反对声中，“自由亚洲电台”虽然开播了，但它自身的日子也并不好过。它一方面想把自己装扮得“尽可能客观”，一再声明它和美国之音不一样，不想给人留下通过广播进行思想颠覆或策动人民与政府搞对抗的印象，另一方面又要极力迎合美国国会一部分人的口味，否则将有可能中断其经费来源。

(3)从美国开播的针对亚洲社会主义中国和越南的“自由亚洲电台”中，可以看到：

①受美国政府拨款资助的这家电台，其宗旨十分鲜明，就是要发挥无线电广播在对社会主义国家推行“和平演变”战略的“破城锤”作用。

②为实现这一目的，美国总统竞选时，不惜许诺将开播此台作为获取选票的一个筹码。

③如果不能获取预期的效果，美国国会将以削减或停止财政经费相威胁。

④为了获取宣传的效果，该台极力将自己打扮成“客观、公正”，可是实际情况其实不然。曾在国会作证反对建这座电台的前美国驻中国大使李洁明，不相信“自由亚洲电台”的听众会对它的广播抱有多大的信任。李洁明说：“它声称它想成为民主中国之声，其实不然，它是美国政策之声。”

第六章　互联网造就传媒业新业态

6.1　复习笔记

【知识框架(庖丁解牛)】

互联网造就传媒业新业态
- 新媒体对大众传媒的冲击
- 媒体的新闻生产：传统媒体 & 新媒体
- 新闻制作：人工智能的发展
- 新闻接收——从受众到用户
  - 新闻生产
  - 新闻接收
  - 新闻反馈
- 媒体融合与融合新闻
- 我国新闻体制的变化

【本章概要(提纲挈领)】

本章主要论述了新闻生产、新闻接收、新闻机构、新闻体制的相关知识。本章考点以名词解释和简答题为主，在学习时，需要重点掌握新媒体对大众传媒的影响、媒体融合、传媒业所有制、人工智能等内容。

【考点难点归纳(厚积薄发)】

考点一：新媒体对大众传媒的冲击　★★

新媒体具备传统媒体(报纸、广播、电视)无法比拟的优势：实时、交互、海量与全媒体表达，严重冲击传统媒体传播格局。

(1)报纸的种类、印刷数和发行量整体滑坡，营收和利润进入负增长时代。

(2)网络节目蓬勃发展，大量抢夺电视媒体受众。

(3)受众转移带来了广告投放阵地的转移，传统媒体广告投放量明显缩水，导致很多媒体入不敷出，倒闭、裁员成为常态，“媒体转型”成为行业共识，“媒体融合”成为唯一出路。

考点二：媒体的新闻生产(见表6－1)　**★★★★**

表6－1　媒体的新闻生产

类别	具体内容
传统媒体的新闻生产	传统媒体的新闻生产是一群专业的、经过训练的职业记者、编辑或专门新闻传播机构(报刊、广播、电视)进行的新闻生产活动，并面向全社会发布新闻、传递讯息

续表

类别	具体内容
新媒体的新闻生产	新媒体的新闻生产开始从专业化转向社会化，其理念、模式等均产生重大变化。具体包括： ①在特大突发性事件中，第一时间在事件现场传送出消息的通常是事件目击者、参与者或当事人，而非职业记者或新闻机构。传统媒体在时效性方面已失去竞争优势，因而必须转变报道思路，在深度报道、连续报道、专栏报道等方面发力。 ②新媒体成为揭露事实与真相的重要角色。 ③逐步形成了一些新兴的新闻生产模式。主流的有： a. UGC(User-Generated Content，用户生成内容)。UGC的概念最早起源于互联网领域，即用户将自己原创的内容通过互联网平台进行展示或者提供给其他用户。UGC是伴随着以提倡个性化为主要特点的Web2.0概念而兴起的，它并不是某一种具体的业务，而是一种用户使用互联网的新方式，即由原来的以下载为主变成下载和上传并重。YouTube、微博、Facebook等网站都可以看作是UGC的成功案例，社区网络、视频分享、博客和播客等都是UGC的主要应用形式。 b. 众包新闻(Crowdsourcing Journalism)。是由“众包”和新闻相结合而出现的新闻生产方式，就是将原本由媒体内部工作人员完成的新闻任务通过在互联网上发布选题，吸引普通大众参与生产制作的一种新的新闻生产方式。众包新闻可以集思广益，充分发挥群众的力量，增加受众对新闻产品的关注度。维基百科是最著名的案例。 c. 迭代新闻(Iterative Journalism)。由美国学者保罗·布拉德肖针对以互联网为核心平台的新闻生产流程提出，在这样一种新闻生产过程中，新闻生产人员与用户进行广泛、灵活的互动，不断推动新闻走向的深入、变化和发展，从而逐渐逼近事件真相，抵达受众对新闻深度的要求。 ④自媒体迅速成长起来。自媒体(We Media)是指普通大众通过网络等途径向外发布他们本身的事实和新闻的传播方式。是普通大众经由数字科技与全球知识体系相连之后，一种提供与分享他们本身的事实和新闻的途径。是私人化、平民化、普泛化、自主化的传播者，以现代化、电子化的手段，向不特定的大多数或者特定的单个人传递规范性及非规范性信息的新媒体的总称

考点三：人工智能的发展(见表6－2) ★★★★★

表6－2 人工智能的发展

要点		具体内容
背景		新闻生产的全过程随着技术发展走向智能化
人工智能的发展		①人工智能(Artificial Intelligence)，简称AI，是拓展与延伸人类智能的一种新技术。 ②人工智能与新闻制作的全过程融合，加快新闻制作，提高新闻生产的效率
案例		①腾讯写作机器人“Dreamwriter”； ②新华社“快笔小新”； ③今日头条AI机器人“张小明”； ④美联社“Wordsmith”
新闻生产全过程	新闻采集	①搜集抓取海量数据和热点素材，掌握瞬时新闻，生成简报。 ②突发事件预警，分析预测事件热度。 ③传感器和无人机拓展新闻采集的边界：确保新闻工作能够深入第一现场，获取宏大画面和危险地带的新闻
	新闻生产	短视频生产智能化，AI主播新闻播报

续表

要点	具体内容	
新闻生产全过程	新闻推送	根据使用偏好，精准定位用户画像与兴趣偏好，推送个性化、定制化、分众化的新闻内容
	新闻反馈	追踪统计新闻数据，优化内容排序与展示
	新闻把关	自动辨别、拦截虚假及不良信息，配合人工审核，共同营造清朗网络空间
	媒体营销	精确定位广告投放，提升广告变现的能力和效率
ChatGPT 的崛起	ChatGPT 是 OpenAI 开发的一种大规模预训练语言生成模型，于 2022 年 11 月 30 日面世，基于人工智能大模型及训练大数据集合，ChatGPT 的最大亮点就在于其优秀的意图识别与语言理解能力，用户可以享受人机对话、翻译、生成文章、编写代码等多重功能，同时 ChatGPT 也对新闻生产的过程及用户的新闻阅读习惯产生极大影响	
人工智能运用存在的问题	①媒体力量失衡：头部平台兼具技术、资本与资源多重优势，其余中小媒体则力量薄弱。 ②存在伦理隐私等问题：数据来源存疑，存在隐私泄露问题，算法推送助推群体极化和"信息茧房"。 ③结构重塑：并非单纯的技术问题，需要重塑媒介组织、人员、知识体系及新闻体制	

【考点拓展】ChatGPT 热潮下的冷思考

(1)对学术伦理的挑战：部分高校出台相关规定，禁止学生使用 ChatGPT 进行论文写作；部分学术期刊也明令拒绝人工智能生成内容。

(2)内容创作的缺陷：ChatGPT 在内容生成中依然存在"答案错误""新闻捏造""版权侵犯"等诸多问题，同时基于逻辑演算的内容生成也缺乏人类的深度思考和学科领域的专业性。

(3)技术决定论对人类价值的"唱衰"："ChatGPT 取代新闻工作者"的质疑层出，忽视人的创作和主体价值，更关注效率和利益导向。

(4)数字鸿沟加剧不公：精英阶层和底层之间存在接入沟、使用沟和知识沟的多重差距，ChatGPT 进一步扩大两者之间的鸿沟。

考点四：新闻接收：从受众到用户 ★★★★★

1. 媒体与受众关系的变化

新媒体时代下，媒体受众转变为媒体用户，媒体与受众之间的关系发生根本性改变，具体内容见表 6－3。

表 6－3　媒体与受众关系的变化

变化	具体内容
新闻生产层面	受众从新闻消费者转变为新闻消费与生产者。受众开始生产新闻以及知识、娱乐等各类内容
新闻接收层面	从新闻统一发布转变为新闻个性定制。受众可以主动搜索自己需要或感兴趣的信息。个性化定制有三种主要途径： ①选择并关注与个人兴趣或需求相关的新媒体平台。 ②通过搜索引擎主动搜索信息内容。 ③借助协同过滤手段，获取个性化、针对化的信息
新闻反馈层面	从受众反馈转变为用户体验。用户体验是指"用户在使用产品过程中建立起来的一种纯主观感受"。受众对于传统媒体的反馈通常是被动延迟的，而新媒体借助其交互性特征，为用户提供了实时、充分的双向互动，从而可以依据用户体验反馈及时调整内容和传播模式，大大提升了传播效果

2. 新媒体带来的新挑战

(1)信息爆炸式增长与传播，低俗虚假信息泛滥。
(2)利益驱使三俗信息泛滥，法律法规存在漏洞。
(3)匿名环境滋生网络暴力，公民隐私难以维护。
(4)网络管理制度尚未完善，侵权抄袭现象频发。
(5)肤浅娱乐信息越来越多，“数字鸿沟”持续扩大。

考点五：媒体融合与融合新闻(见表6-4) ★★★★★

表6-4 媒体融合与融合新闻

要点	具体内容	
媒体融合	含义	“媒体融合”的概念，首先由麻省理工学院的I. 浦尔教授提出，原义指各种媒介呈现多功能一体化趋势。媒体融合是指报刊、广播电视、互联网所依赖的技术越来越趋同，以信息技术为中介，以卫星、电缆、计算机技术等为传输手段，数字技术改变了获得数据、现象和语言三种基本信息的时间、空间及成本，各种信息在同一个平台上得到了整合，不同形式的媒介彼此之间的互换性与互联性得到了加强，媒介一体化的趋势日趋明显
	手段	①最初的媒体融合是从“+互联网”开始的。“+互联网”是针对传统行业融合、产业变革所产生的概念，是传统行业借助互联网手段把线下的生意做到线上去，并将互联网技术融合到产品的生产、管理、销售、服务等环节中。“+互联网”强调顺势创新，是传统行业以既有业务为基础利用互联网技术和理念来提高为用户服务的效率和质量的一种进步。但“+互联网”产生的新闻信息量没有改变，只是手段的改变，并不是真正的融合新闻。 ②如今，媒体融合已经从“+互联网”转向“互联网+”。“互联网+”代表一种新的经济形态，即充分发挥互联网在新闻生产中的优化和集成作用，将互联网的创新成果深度融合于媒体传播的各领域之中，提升媒体的创新力和生产力，以互联网为介质统合文字、图片、音视频、H5等信息形式，达到扬长避短的效果
融合新闻	含义	融合新闻在西方又被称为“多样性新闻”，在21世纪初出现，是以媒介之间的合作以及媒介组织结构与工作流程的改变为前提的。“融合新闻”是指在应用新闻学层面对媒介融合的发展，主要指利用多媒体手段进行新闻传播的活动。如利用报纸、电台、电视台和网站及手机等新兴媒体，集中在一个信息操作平台上，统一策划、相互协调、取长补短，并根据各自媒体的传播优势和受众特点对信息进行分类加工，然后分层次、有针对性地传播给特定的受众
	问题	①“新瓶旧酒”，同质严重。 ②形式新颖，内容匮乏。 ③抢占流量，忽视深度。 ④技术革新，人才匮乏

考点六：我国新闻体制的变化 ★★★★★

我国新闻体制经历了从单一国企所有制到混合所有制的转变，并形成党媒、民媒、自媒三足鼎立的新格局，具体内容见表6-5。

表 6－5 我国新闻体制的变化

时期	具体内容		
过去	长期以来，我国新闻体制实行单一的国有体制，即传媒行业资本及生产资料为国家所有，进行企业化管理，允许少部分资本参与媒体经营，但必须遵守“国有资本控股”和“经营宣传分开”的总体原则		
现状	资本积极布局		①资本集团对传统媒体进行收购或持股。 ②媒体平台与传统媒体开展深入合作。 ③资本集团打造新的媒体平台，扶持自媒体发展
	混合所有制		混合所有制主要包含以下四种： ①纯国营体制，以传统主流媒体为主。 ②纯民营体制，以互联网媒体(腾讯、百度、新浪等)为主。 ③民营国营相结合体制，如四川日报报业集团与阿里合办“封面传媒”。 ④纯个体经营体制，以自媒体为主
	三足鼎立格局	党媒	党媒在“两微一抖”等新媒体平台仍拥有巨大影响力和号召力。党媒的主要特征是： ①与传统党媒一脉相承，受传统党媒领导，同样拥有传统党媒所有的社会资源、行政地位和良好口碑等。 ②依旧是党和政府的喉舌，坚持党性原则。 ③以发布时政新闻、严肃报道等为主要业务
		民媒	民媒在移动客户端中拥有强大的传播力优势。民媒的主要特征是： ①依托大型互联网公司兴起和发展，拥有互联网公司的技术和资金优势。 ②市场导向、商业化运作，赢得受众、提高利润是主要目标。 ③以发布民生新闻、娱乐新闻等为主要业务
		自媒	自媒覆盖面广，媒体基数庞大，发展势头强劲。自媒的主要特征是： ①大多具备专业化特征，通过在某一细分垂直领域发力，赢得受众和流量。 ②通常由个人创办，创办个体的价值观左右着自媒的发展方向、定位和目标。 ③中国自媒经济属性更强，政治属性较弱

6.2 考研真题与典型题

一、概念题

1. UGC(南大 2017 年研)

相关试题：UGC 模式(上海大学 2018 年研)

2. 众包新闻(川大 2017 年研)

3. 自媒体(北大 2016 年研；湖南大学 2016 年研)

4. 信息茧房(厦门大学 2023 年研；重庆交大 2021 年研；中传 2018 年研；人大 2018 年研；清华大学 2018 年研；复旦大学 2018 年研；南大 2018 年研)

5. 媒介融合(浙江工业大学 2022 年研；复旦大学 2021 年研；云南大学 2018 年研；华东师大 2016 年研；重庆大学 2016 年研；西北大学 2016 年研；华中农大 2016 年研；北大 2015 年研；华科 2015 年研；南大 2015 年研；华南理工 2015 年研；电子科大 2015 年研；

上海交大 2014 年研；清华大学 2013 年研；中传 2013 年研）

6. 融合新闻（南昌大学 2023 年研；扬州大学 2021 年研；地大 2021 年研；清华大学 2017 年研；上海大学 2015 年研）

7. “互联网 +”（中传 2016 年研；复旦大学 2016 年研；上海大学 2016 年研）

8. ChatGPT

二、简答题

1. 简述 UGC 模式具有哪些特点。（厦大 2017 年研）

2. 简述 UGC 对新闻生产的影响。（复旦大学 2017 年研）

3. 简述媒介融合对传播内容的影响。（厦大 2016 年研）

4. 简述融合新闻。（上海大学 2017 年研）

相关试题：简述融合新闻的特点。（清华大学 2018 年研）

5. “互联网 +”的概念和内涵。（武大 2016 年研）

三、论述题

1. 谈谈你对“新闻众包”的理解，并简要评析这种新闻生产方式在实际运用中的优势与可能存在的问题有哪些。（中山大学 2017 年研）

2. 论述自媒体发展的机遇和挑战。（复旦大学 2016 年研）

3. 试从新闻生产与受众的角度分析互联网与新媒体技术的发展给新闻业带来的影响。（中山大学 2017 年研）

4. 论述个性化推送新闻对受众获取信息的多重影响。（浙大 2018 年研）

相关试题：

（1）今天，新媒体技术中的个性化服务越来越普遍，例如“今日头条”等客户端会研究用户的阅读偏好，以此为依据向用户推送其感兴趣的内容。试分析个性化的信息服务带来的影响。（清华大学 2016 年研）

（2）论述新闻客户端“个性化服务”的兴起背景、推送特点和局限。（北大 2017 年研）

（3）个性化新闻推送的机制和利弊。（南大 2018 年研）

5. 当前中国媒介融合的内涵与意义。（清华大学 2014 年研）

相关试题：

（1）谈谈你对媒介融合的理解。（华科 2015 年研；厦大 2014 年研）

（2）结合实际分析论述媒介融合。（上海交大 2017 年研）

（3）简述媒体融合的含义。（简答题，浙大 2018 年研）

（4）媒介融合是什么？在我国的实践中遇到了什么障碍？（北大 2021 年研）

6. 媒介融合是这些年学界和业界关注的热点问题，请论述媒介融合体现的几个层面，结合实际回答媒介融合对传媒产业的影响。（华南理工 2016 年研）

7. 请分析媒介融合对媒介内容生产的影响。（黑龙江大学 2014 年研）

8. 论述“互联网 +”和“ + 互联网”的异同，并就媒体的“互联网 +”转型发展提出建议。（复旦大学 2016 年研）

相关试题：从“ + 互联网”到“互联网 +”，分析网络认知观念的变化。（南大 2016

年研）

9. 大数据和人工智能对新闻传播业的影响。（华科 2023 年研）

10. 无人机新闻生产的优劣与建议。（中山大学 2023 年研）

6.3　考研真题与典型题详解

一、概念题

1. UGC（南大 2017 年研）

相关试题：UGC 模式（上海大学 2018 年研）

答：参见本章考点难点归纳相关内容。

2. 众包新闻（川大 2017 年研）

答：众包新闻（Crowdsourcing）是一种通过在互联网上设置发布选题，组织化地从用户那里获取报道灵感、素材以及资金等要素的新闻生产模式，它是新闻机构和用户之间的一种通力合作。不同于原本由媒体内部的工作人员完成的新闻任务，众包新闻重视和利用的是群策群力，具有基于网络、面向非特定人群、公开、广泛的特征。众包新闻可以集思广益，充分发挥群众的力量，并能够增加受众对新闻产品的关注度。在新媒体时代，传统媒体应当借鉴这种新型新闻生产方式的长处，同时还要对参差不齐的内容进行严格把关，确保新闻品质。

3. 自媒体（北大 2016 年研；湖南大学 2016 年研）

答：参见本章考点难点归纳相关内容。

4. 信息茧房（厦门大学 2023 年研；重庆交大 2021 年研；中传 2018 年研；人大 2018 年研；清华大学 2018 年研；复旦大学 2018 年研；南大 2018 年研）

答：信息茧房（Information Cocoons）是指人们的信息领域会习惯性地被自己的兴趣所引导，从而将自己的生活桎梏于像蚕茧一般的“茧房”中的现象。这一概念由凯斯·桑斯坦在其 2006 年出版的著作《信息乌托邦——众人如何生产知识》中提出。通过对互联网的考察，桑斯坦指出，在信息传播中，因公众自身的信息需求并非是全方位的，公众只注意自己选择的东西和使自己愉悦的信息领域，久而久之，会将自身桎梏于像蚕茧一般的“茧房”中。由于信息技术提供了更自我的思想空间和任何领域的巨量知识，一些人还可能进一步逃避社会中的种种矛盾，成为与世隔绝的孤立者。在社群内的交流更加高效的同时，社群之间的沟通并不见得一定会比信息匮乏的时代来得顺畅和有效。

5. 媒介融合（浙江工业大学 2022 年研；复旦大学 2021 年研；云南大学 2018 年研；华东师大 2016 年研；重庆大学 2016 年研；西北大学 2016 年研；华中农大 2016 年研；北大 2015 年研；华科 2015 年研；南大 2015 年研；华南理工 2015 年研；电子科大 2015 年研；上海交大 2014 年研；清华大学 2013 年研；中传 2013 年研）

答：参见本章考点难点归纳相关内容。

6. 融合新闻（南昌大学 2023 年研；扬州大学 2021 年研；地大 2021 年研；清华大学

2017 年研；上海大学 2015 年研）

答：参见本章考点难点归纳相关内容。

7．“互联网 +”（中传 2016 年研；复旦大学 2016 年研；上海大学 2016 年研）

答：“互联网 +”是一种新的发展模式和业态，即充分发挥互联网在生产要素配置中的优化和集成作用，将互联网的创新成果深度融合于经济社会各领域之中，提升实体经济的创新力和生产力，形成更广泛的以互联网为基础设施和实现工具的经济发展新形态。“互联网 +”有六大特征：①跨界融合，“ +”就是跨界、变革、开放、重塑和融合；②创新驱动，这是互联网的特质，用互联网思维来求变、自我革命，也更能发挥创新的力量；③重塑结构，信息革命、全球化、互联网业已打破了原有的社会结构、经济结构、地缘结构、文化结构，权力、议事规则、话语权不断在发生变化；④尊重人性，例如 UGC、卷入式营销和分享经济等互联网新模式、新业态都充分具有人本精神；⑤开放生态，互联网生态本身就是开放的；⑥连接一切，连接是有层次的，可连接性是有差异的，连接的价值是相差很大的，但是连接一切是“互联网 +”的目标。

8．ChatGPT

答：参见本章考点难点归纳相关内容。

二、简答题

1．简述 UGC 模式具有哪些特点。（厦大 2017 年研）

答：（1）概述。UGC（User-Generated Content，用户生成内容）的概念最早起源于互联网领域，即用户将自己原创的内容通过互联网平台进行展示或者提供给其他用户。UGC 是伴随着以提倡个性化为主要特点的 Web2.0 概念而兴起的，它并不是某一种具体的业务，而是一种用户使用互联网的新方式，即由原来的以下载为主变成下载和上传并重。YouTube、微博、Facebook 等网站都可以看作是 UGC 的成功案例，社区网络、视频分享、博客和播客等都是 UGC 的主要应用形式。UGC 注重信息生产的个性化、即时性、互动性，注重信息平台的高度开放性，以公众的全面赋权、全民赋权为前提。UGC 时代已经不仅仅是一个“人人都是通讯社、个个都有麦克风”的时代，用户对信息生产与传播的参与不仅影响着传统媒体的信息生产方式、经营状况，也在深刻影响着中国的权力结构、社群组织方式、舆论生态、社会管理方式等若干层面。

（2）UGC 模式的特点。

①改变了传统的信息传受关系，用户既是受众又是信息源。传统新闻生产过程中，发挥主导作用的是具有高水平的专业知识和精湛的业务能力的新闻工作者。而在 UGC 生产模式下，进行信息整理收集与编纂传发的是普通大众，他们利用新媒体平台自由表达意见、互动交流。

②受众范围广，信息源丰富，传播力相对强。无论是互联网还是移动网络，越来越多的内容不再来自于传统媒体或互联网信息服务商，而是直接来自于用户：论坛、博客、社区、电子商务、视频分享，尤其是随着手机功能的不断强大，用户可以随时随地利用手机制作图片、视频，将自己的心情和所见所闻用手机记录下来，上传到网上分享给他人。

③拓宽了传播渠道，达到病毒式传播效果。新闻生产对于传统媒体而言，是一系列复杂的过程，中间需要多个部门协同合作方可完成。相比之下，凭借互联网数据化、信息化、精准化等特点，UGC 的生产方式则较为便捷——收集素材、制作信息、传至受众这一系列过程极为简便，同时也省去了财力物力等方面的消耗。来自社会化媒体的 UGC 信息借助互联网上宽广的传播渠道，往往有自我复制和传播的特点，可以像病毒一样进行传播。

④用户媒介素养参差不齐，信息鱼龙混杂，真伪难辨。由于 UGC 是用户自制，缺少专业的新闻训练，新闻报道内容专业性会有影响，可能会带来新闻报道内容质量滑坡等问题。

⑤媒介把关人容易缺位，信息传播的不安全性和不确定性增加。传统新闻媒体所发布的信息往往受到国家和政府的规制，媒体不能随意发布所采集到的新闻，需经过严格把关后才能刊发。而新媒体环境下把关功能削弱，以及相应法律法规的不完善，使得 UGC 也存在“三俗”信息、失实信息等，这是当前亟需解决的一大难题。

2. 简述 UGC 对新闻生产的影响。（复旦大学 2017 年研）

答：UGC（User-Generated Content，用户生成内容）的概念最早起源于互联网领域，即用户将自己原创的内容通过互联网平台进行展示或者提供给其他用户。UGC 是伴随着以提倡个性化为主要特点的 Web2.0 概念而兴起的，它并不是某一种具体的业务，而是一种用户使用互联网的新方式，即由原来的以下载为主变成下载和上传并重。依托具有强大信息资源的互联网平台，UGC 因其主体多元性、信息广泛性、成本低廉等特征，对新闻生产有较大的影响，主要表现为：

（1）新闻工作者：从专业工作者转向普通公民。传统新闻生产过程中，发挥主导作用的是具有高水平的专业知识和精湛的业务能力的新闻工作者。而在 UGC 生产模式下，进行信息整理收集与编纂传发的是普通大众，他们利用新媒体平台自由表达意见、互动交流。当前的微博上的很多内容都是 UGC，网民通过写博客、转帖、跟评等方式形成公民意见。如“鹿晗关晓彤公开恋情”这一事件中，众多网民纷纷写博客表达各自的意见，网友也点赞跟评，以至于一天之内该消息刷遍各个网站。

（2）新闻内容：由权威发布转向贴近民众生活。传统新闻媒体所发布的信息往往受到国家和政府的规制，媒体不能随意发布所采集到的新闻，需经过严格把关后才能刊发。UGC 的新闻内容因其发布者是普通公民，故大多契合民众日常生活。如微博、微信推送发布的信息多是身边新近发生的信息，论坛、贴吧等平台上发布的信息也以全国发生的贴近群众的时事为主。但因新媒体环境下把关功能的削弱，以及相应法律法规的不完善，UGC 也存在“三俗”信息、失实信息等，这是当前亟需解决的一大难题。

（3）新闻发布：由繁琐、高成本转向便捷廉价。新闻生产对于传统媒体而言，是一系列复杂的过程，中间需要多个部门协同合作方可完成。相比之下，凭借互联网数据化、信息化、精准化等特点，UGC 的生产方式则较为便捷——收集素材、制作信息、传至受众这一系列过程极为简便，同时也省去了财力物力等方面的消耗。UGC 因此成为现今媒介新闻生产领域的未来趋势之一。例如，在四川阿坝地震造谣事件中，在传统媒体发布辟谣信息之前，已有网友发布信息称“大楼中间横断的图片造假，源自于高雄地震图”，简洁快速的新闻发布为辟谣作出了很大的努力。

UGC 作为一种新的内容生产模式，对新闻生产无疑有着积极的影响。但除此之外，

UGC 带来的失实信息、“三俗”信息以及媒介暴力等不良后果也应引起关注。不应拒绝技术的发展或抵制传媒的进步，但必须适应传媒的发展，为提供良好的媒介生态环境而努力。

综上，随着互联网的发展，国内外媒体纷纷将 UGC 纳入新闻生产之中，丰富了新闻生产的形式与内容。但 UGC 成本低、传播快的特点，也给传统新闻生产带来了冲击。此外，由于 UGC 是用户自制，缺少专业的新闻训练，新闻报道内容的专业性会有影响，可能会带来新闻报道内容质量滑坡等问题，因此需要媒介“把关人”严格把关。

3. 简述媒介融合对传播内容的影响。（厦大 2016 年研）

答：媒介融合对传播内容的影响包括以下几方面：

(1)对内容生产、传播、服务模式的再造。在新一代信息技术的推动下，传统媒体行业内部以及媒体与电信等相关行业之间的技术壁垒被打破，国内外原创节目模式输出企业纷纷进入，通讯社、报业、民营影视机构、商业网站乃至用户都成为内容的生产者。传输方面，除了有线、卫星、地面电视网络外，固定通信网、移动通信网等都参与视听内容的传输。服务方面，广播电视在传统节目直播基础上，增加了电视游戏、智能搜索、网络社交、电子商务等新兴业务，增强了网络新媒体业务的服务融合，业务融合在不断拓展。

(2)对传播内容生产主体的影响。媒介融合使得专业机构和业余用户都成为了内容生产的主体。传统媒体借助新媒体平台突破自身时空局限，新媒体则是一个人人都有麦克风的平台，内容来源更为多元和丰富。对于传播者而言，面对这种情况，其社会责任更为多元，承担的角色从把关人、信息制作者向服务者、社区主持人、推销员等转变。对于专业媒体及其信息生产者而言，其信息采集能力、报道发布能力和材料控制能力变得更为重要。

(3)对传播内容形态和文化产业发展的影响。由于新兴技术、新服务不断涌现，视听节目内容获得更多业务载体，传播内容就能够以更多样的业务形式呈现给用户。媒介融合时代的信息产品在内容上表现出一些明显的特点——传播内容的交互性、内容形式的全媒体性、内容发布的跨平台性、内容生产的针对性、内容的个性化。此外，随着我国经济技术的飞速发展，新的信息传播渠道和文化娱乐方式不断涌现，文化娱乐和信息消费进入快速增长期。

4. 简述融合新闻。（上海大学 2017 年研）

相关试题：简述融合新闻的特点。（清华大学 2018 年研）

答：(1)融合新闻的含义。

参见本章考点难点归纳相关内容。

(2)融合新闻的主要特点。

①新闻业务整合化。“融合新闻”突破传统媒体间的限制，整合所有的媒介，统一规划，资源共享，建立新的新闻采编流程。其基本流程就是集中力量采集新闻素材，再根据各自受众的接受特点进行加工，制成不同的新闻产品，最后通过不同的传播渠道传播给受众。

②新闻载体数字化。数字技术和通讯技术的飞速发展，使得媒体的边界逐渐模糊，传播终端呈现数字化特点，电信服务商和互联网服务商纷纷介入到传播终端的领域中，与传统媒体融合在一起，推出各种数字移动终端作为新闻内容的载体，进入到人们的信息生活中。

③视觉传达多样化。融合新闻利用多媒体技术将文字、声音、图片、图像和 Flash 集于一体，因此在视觉传达上将更加丰富多样、形象生动。以电子报纸为例，它不仅是复制了印刷媒体的内容，还融入了多媒体的功能，令新闻不再是平面而是立体的了。人们可以采取看、听等多种方式接收信息，使得视觉传达方式更加人性化和便捷化，降低了人们接受新闻的费力程度，将人们从传统的报纸、电视等媒体的限制中解脱出来。融合新闻借助多媒体技术，使得新闻产品的视觉传达设计的表现手段更加多样，表现范围也得到了更大的扩展。

5. "互联网+"的概念和内涵。（武大 2016 年研）

答：（1）"互联网+"的概念。

"互联网+"代表一种新的经济形态，即充分发挥互联网在生产要素配置中的优化和集成作用，将互联网的创新成果深度融合于经济社会各领域之中，提升实体经济的创新力和生产力，形成更广泛的以互联网为基础设施和实现工具的经济发展新形态。"互联网+"利用互联网的平台、信息通信技术把包括互联网和传统行业在内的各行各业结合起来，从而在新领域创造一种新生态。

（2）"互联网+"的内涵。

①"互联网+"模式的内涵。

a. "互联网+"所有的传统行业。从现实看，每个互联网企业基本都是"互联网+"企业，门户网站是"互联网+传媒"，淘宝是"互联网+零售"，小米是"互联网+制造业"，QQ 是"互联网+通信"等。现在"互联网+"的行业主要有通信、零售、物流、餐饮、传媒、出版、制造、金融、教育等。从三大产业来看，互联网首先进军的领域以第三产业为主，现在已开始向第一产业和第二产业推进。即"互联网+"行动计划就是要全面实现"互联网+传统行业"。

b. 打通线上线下。用在线化形容"互联网+"并不准确。在线化只是互联网公司在发展过程中某个阶段的表现，现在互联网公司已开始向线下发展，注重线上线下同步协调，所以对传统企业来说，并不是只发展线下就能够避开互联网公司的竞争。在"互联网+"的发展大潮中，传统行业要把握好历史机遇，利用好有利时机，否则有可能被行业所淘汰。

c. 传统行业的意识革新和技术革新。从内容来看，工业 4.0 和工业互联网更偏重于对制造流程及技术的创新改革。而"互联网+"更注重对传统行业结构、行业规则的改革——剔除行业弊病，打破以往行业格局，用互联网理念对传统行业（包括制造、营销等环节）进行改革，建立新的行业秩序，着重提高服务品质。传统企业对行业内部规律了解更透彻，要主动吸收互联网理念，明确自身战略定位，充分考虑客户需求，提升用户体验，保持用户黏性。互联网并非颠覆传统行业，而是探求更为大众所需的行业产品，满足用户需求，更利于行业发展。

②"互联网+"的操作内涵。

a. 建立连接。先将互联网和传统行业连接起来，建立可以合作的通道，也就是探索传统行业中可实现互联网化的部分。

b. 取长补短。互联网和传统行业是协作关系，要充分利用好两方的优势，发挥各自的特长，互相学习，探索合理的共同发展模式。

c. 深度融合。互联网和传统行业全方位协作，建立完善的共同发展模式，进而带动全行业发展。传统行业中的制造技术、产品内容、商业营销模式、组织管理、用户服务体系都可以通过互联网进行调整。

d. 谨慎应对。要认识到互联网不是万能的，无论是互联网公司还是传统行业企业都要慎重对待"互联网+传统企业"，不能蜂拥而上盲目追捧，要根据实际需要，冷静思考，深刻理解两方的优劣势，合理推进"互联网+传统行业"。

三、论述题

1. 谈谈你对"新闻众包"的理解，并简要评析这种新闻生产方式在实际运用中的优势与可能存在的问题有哪些。（中山大学2017年研）

答：（1）"新闻众包"的含义。

"新闻众包"是新闻机构借助网络技术，组织化地从用户那里获取报道灵感、素材以及资金等帮助的一种新闻生产模式，它是新闻机构和用户之间的一种通力合作。"新闻众包"实际脱胎于美国20世纪90年代的"公民新闻"理念，根植于"把受众置于新闻报道核心地位"的报道理念，在当下人人都是发言人、新闻准入门槛逐步降低的自媒体时代大背景中逐步发展起来。

（2）"新闻众包"在实际运用中的优势。

①开创新闻内容生产的新领域、新思维。"众包"的重要理念就是：比起最具才华、最专业的员工，数量庞大而多样化的劳动力群体总是能提出更好的解决方案。大众的人力、智慧能够大大拓展新闻报道的领域与角度，这是对专业媒介机构的劳动力与报道思路的重要补充。从传播者独揽新闻传播活动，到受众能够参与传播活动，再到"新闻众包"中受众成为重要的内容生产者，新闻内容生产的方式从封闭走向越来越开放。不管是面对新媒体冲击的传统媒体，还是顺应新形势创办的各种公众平台，吸引受众参与、注重用户体验都是发展的不二路径。将注重受众的"众包"模式应用到新闻内容生产领域，直接好处是增强新闻内容的多样化与异质性，间接好处则是有助于新闻传播活动的公正与客观，从而构建平衡的传播关系与传播情境。

②成为受众实现"自我满足"的有力渠道。"新闻众包"项目的推出，使得有表达欲望的受众有机会参与到新闻传播活动中来，从而拓宽了受众的表达平台。他们一方面充当内容提供者，另一方面则扮演内容的消费者。当不同的表达需求结合在一起，便会产生巨大的能量，对于传者来说，承担的主要工作就是如何从满足大众的角度出发挑选有价值的信息，避免碎片化、过于专业化的信息。

③信息发布制作更加高效。"新闻众包"的信息生产搭载于网络平台，而网络传播突破传统人际关系网的基本特征又和"新闻众包"需求高度契合。把新闻生产过程放在和人们的切身利益密切相关或是人们感兴趣的网络平台上，借助于网络的便捷性、即时性和交互性等特征，可以使得信息发布和制作更加高效。

④反应迅速，有利于整合多元观点。"新闻众包"的生产模式极大地提高了新闻生产的反应速度。对于某个突发事件，"众包"的方式可以第一时间以最快速度进行报道。同时，可以将读者在社交媒体上对于这个新闻事件所有的观点和各种新闻资源融合在一起，进行

再加工，成为最终媒体报道的定版内容。

⑤比较优势明显。对于一些特定的新闻报道类型，利用"新闻众包"可以收到良好的效果。包括：a. 调查性新闻。可以通过网络，借助广大网民的力量协助调查，取得更丰富的调查资料。b. 突发性事件。可以迅速通过网民取得一手现场资料。同时能够有效避免在突发事件刚刚发生或情况不明的信息真空期容易出现的谣言散布现象，为正面引导舆论提供有力支撑。c. 国际性新闻。对于多数地方媒体而言，大部分国际新闻报道不可能全部由自己的记者前往当地获取线索进行报道。这种情况下，借助"新闻众包"可以更快更广地获取一手资料。

(3)"新闻众包"在实际运用中可能存在的问题。

①"新闻众包"项目选择的复杂性。"新闻众包"旨在吸引受众的参与，将受众当成新闻生产的主力，因此发起"众包"的项目能否引起受众的参与热情则成为"新闻众包"的首要问题。大部分的网络大众都是以业余爱好者的身份参与进来，他们没有太多的时间与精力去参与耗时或者耗费精力的项目，所以"新闻众包"的项目如果做不到既吸引读者目光，又方便读者参与，很容易曲高和寡。

②内容质量参差不齐。"新闻众包"一定程度上消解了新闻专业主义，"众包"生产出来的内容质量可能会参差不齐，尤其是在调查性报道的"众包"中，内容的真实性、细节的准确性、态度的客观公正性等方面可能会存在隐患。

③不利于有效管理。新闻生产者有剩余的时间、精力和兴趣是"新闻众包"实施的前提，而有效利用、管理群体的智慧，则是"新闻众包"顺利实施的重要保障。"新闻众包"的生产模式下过于繁杂的信息与内容，很容易导致管理和审查的纰漏。

2. 论述自媒体发展的机遇和挑战。(复旦大学 2016 年研)

答：(1)自媒体及其特征。

参见本章考点难点归纳相关内容。

(2)自媒体发展的机遇。

①科技水平不断提高，用户体验不断优化。互联网自 20 世纪中叶出现以来，不到百年时间，发展非常迅速。从技术的更新换代到国家对互联网建设的支持(如李克强总理要求三大运营商降低网络使用费用和国家开展实施"宽带中国"战略计划)，都为移动互联网的发展提供了坚实的基础。因此，自媒体的发展有着客观的外在基础，其用户体验也在不断优化，用户可以随时随地传播信息，甚至发布重要新闻。

②用户基数大，手机上网接近全覆盖。根据 CNNIC 发布的第 52 次《中国互联网络发展状况统计报告》，截至 2023 年 6 月，我国网民规模达 10.79 亿人，其中手机网民规模达 10.76 亿，互联网普及率达 76.4%，网民中使用手机上网的比例为 99.8%。可见中国使用自媒体的用户基础非常庞大。千禧一代的"数字原住民"的不断增长以及农村互联网的发展，将会使自媒体使用人数进一步扩大和增长。

③认知盈余进一步发展，内容创业时代到来。用户的多元化也要求内容的多元化。纽约大学教授克莱·舍基说，随着用户空余时间的增多和知识的分享，人们已经进入认知盈余的时代。2016 年被称为内容创业的元年，广大内容创业者的价值不可低估。如 Papi 酱以其自身独有的毒辣式点评和视频剪辑效果获得百万粉丝，获得了"罗辑思维"1200 万的投

资，广告拍卖也达到2200万。如今，越来越多的知识付费平台如喜马拉雅FM、分答、得到，以及以公众号为基础的各种大号也都做起了知识付费的生意，为广大自媒体创造了新的机遇和风口。

④用户媒介素养提高，参与度提高。媒介素养教育诞生自西方国家，中国大陆虽无正式的媒介素养教育，但媒介素养水平不断提高，用户自身的文化水平和社会参与意识不断增强。用户通过社交媒介进行社会监督，行使监督权，社交媒体在重大突发新闻事件中往往成为重要的信息传播使者。在许多灾难性突发事件中，很多新闻报道中的照片和视频都是由附近的网民拍摄的。

⑤社会文化环境多元化，亚文化诉求进一步发展。如今社会发展更加多元自由，除了主流文化以外，亚文化的诉求也日益增长，例如Papi酱便是青年亚文化的典型代表。各种亚文化的发展所产生的价值也不可低估，根据安德森的长尾理论，市场中那些不受重视的商品所产生的价值总和也可以达到市场中的主流商品所达到的价值。

(3)自媒体发展面临的挑战。

①信息爆炸，良莠不齐。如今互联网的发展已经从PC端走向移动端，移动互联的发展使信息发布和接收更加方便，信息呈现爆炸指数型增长。人们被埋没在信息的海洋之中，随之而来的是虚假信息和谣言。比如在天津爆炸事件中关于空气污染的谣言信息就让人惊恐。

②自媒体平台饱和，内容趋于一致化。随着千万行业都已进入自媒体的领域，自媒体发展进一步饱和，如今自媒体平台内容趋于一致化，随着用户的要求和品位不断上升，用户很容易产生审美疲劳。再者，自媒体平台中，横向流通的监管不严，自媒体转载和抄袭现象严重，内容往往是换汤不换药，也严重阻碍自媒体内容创新。

③内容创新出现分水岭，引爆用户越来越难。自媒体创作是一个集“创意、搜集、组织、提炼和融合”于一体的过程，在这个过程中需要花费大量的精力，想要在众多文字中脱颖而出，除了对文字的热爱，更需要灵感。自媒体越来越多，想要寻找好的引爆点越来越难。

④信息迭代加速，内容质量难以稳定。如今的移动互联网时代，信息更新加速，好的内容也会在瞬间被湮灭，这就要求内容创业者不断生产优质的内容，使用户产生黏性。在时间和精力有限的情况下，创作优质内容越来越难。

3. 试从新闻生产与受众的角度分析互联网与新媒体技术的发展给新闻业带来的影响。(中山大学2017年研)

答：传媒发展历史表明，传播技术的每一次革命都引起传媒业在传播观念、传播手段、传播渠道上的深刻变化。“网络时代”实现了技术创新媒介的伟大飞跃，人类步入一个全新的信息时代；新媒体应运而生，极大地繁荣和活跃了传统的媒介形式。互联网与新媒体技术的发展给新闻业带来了颠覆式的变化，从生产和受众的角度分析如下：

(1)互联网与新媒体技术对新闻生产的影响。

从新闻生产的角度来看，互联网与新媒体技术的发展模糊了原来传受双方截然分明的角色，改变了新闻传播媒介的传统格局和新闻的采制方式。

①公民记者和公民新闻的兴起。随着互联网、手机等新媒体的发展，微博、播客、晒

客等网民分享平台和众多社会化网络发展壮大，为“公民记者”的出现提供了平台。公民记者往往身处新闻现场，他们能够将新闻第一线的真实情况及时地通过新媒体设备告知公众，因而在传播新闻的过程中具有明显的优势。公民新闻打破了传统的新闻生产流程，通过多渠道的新闻信息报道满足公民日益多元化的知情权需求。

②职业新闻工作者需要提高新媒体适应能力。在新媒体发展背景下，职业新闻工作者仍然是一定社会新闻图景或新闻符号主要的、直接的建构者。但面对公民记者崛起的挑战，职业新闻工作者必须提高自己适应新媒体工作环境的能力，在媒介融合的背景下，不断提高自身素养，成为精通文字、图片、视频、新媒体技术等各方面新闻工作的全能型、复合型新闻记者。

③新闻生产频率从周期型转变为循环型。传统的新闻生产周期往往是一天，存在报道时间的限制与延滞。但在互联网语境下，传统的截稿时间不复存在，24 小时滚动循环成为常态。比如，传统媒体在报道地震等突发性事件时，利用微博等平台 24 小时不断滚动发布地震救灾进展，并对已经刊发的纸质报道内容进行补充修订，突破了截稿时间的限制。

④新闻生产的信息源结构日益多元化。传统的新闻生产只能依靠记者的人脉或者线人的爆料来获取新闻线索。但随着互联网的普及，信息源结构呈现多元化特征。互联网上的海量信息都可能作为信息源，成为新闻报道的一部分。

⑤新闻的生产受到网络民意的影响增加。互联网作为舆论场的重要阵地，发挥了公众的“发声筒”“扩音器”等作用。公众舆论对新闻生产的监督和控制作用正在逐步增大。新闻生产过程中不得不更加重视网络舆论和公众的情绪反映。

(2)互联网与新媒体技术对新闻受众的影响。

除了新闻生产外，互联网与新媒体技术的发展也让广大受众的心态产生变化，新闻受众开始由被动接受向主动参与转变。

①专业新闻产品的参与性、互动性提高。随着各种移动终端的普及以及信息制作门槛的降低，人人都可能成为记者、编辑、评论员，他们既是信息的接收者，也是信息的发布者。新闻受众能够按照自己的需求和意愿，以自己喜爱的方式发布、浏览、评论、回复和转发信息，自由地表达意见、宣泄情感、获取认同。新闻信息的共享自由度提高，传播者和关注者能够就某一话题进行快速讨论、充分交流。

②新闻传播的泛化和非专业化。新媒体培养出“自媒体”，普通公民利用新媒体表达自己的见解和立场，人人都能充当新闻发布者。并且，以自己的微博、微信为平台的自媒体传播不受制于传统媒体对新闻价值“重要性、接近性、异常性、显著性、及时性、冲突性、趣味性”的要求，随时可以通过网络平台发布自己的意见。这也使得新闻业具有较强的“草根性”和“平民化”色彩，使得新闻传播缺少把关人，新闻质量良莠不齐，新闻的公信力受到质疑。

③新闻信息的获取方式变得实时、个性、定制。互联网和新媒体技术的发展使得尼葛洛庞帝在《数字化生存》中所描绘的“我的日报”的场景逐渐成为现实，实时、个性、定制已经成为众多读者所追求的阅读方式和习惯。“今日头条”客户端即是利用算法来进行新闻的个性化推送的典型代表。

④新闻受众正在从消极的行为主体向积极受众转变。进入互联网时代，以论坛、博客、

微博为主的平台给网民提供了活跃的表达空间，使得网民可以参与到新闻信息的生产、传递和再加工等各个环节。众包新闻、众筹新闻等新型新闻生产方式的出现正是受众积极参与新闻的表现。

4. 论述个性化推送新闻对受众获取信息的多重影响。（浙大2018年研）

相关试题：

（1）今天，新媒体技术中的个性化服务越来越普遍，例如“今日头条”等客户端会研究用户的阅读偏好，以此为依据向用户推送其感兴趣的内容。试分析个性化的信息服务带来的影响。（清华大学2016年研）

（2）论述新闻客户端“个性化服务”的兴起背景、推送特点和局限。（北大2017年研）

（3）个性化新闻推送的机制和利弊。（南大2018年研）

答：（1）个性化推送新闻服务的产生及其特点。

随着大数据技术的广泛应用和移动互联时代的到来，借助对客户以往关注信息类别的搜集分析，再从海量信息中对相关内容进行抓取、筛选和匹配，及时推送给用户的技术日益成熟。于是，新闻信息服务提供者的“精准推送”和“个性化服务”纷纷涌现。

一方面，信息社会的海量信息催生具有信息筛选功能的“个性化服务”；另一方面，大数据技术的发展为个性化新闻推送提供了技术手段。与传统新闻分发模式相比，这种“个性化”的资讯模式有如下特点：

①精选信息并及时送达。当前人们面临着“信息过载”的环境。借助大数据技术，新闻客户端的“精准推送”和“个性化服务”直接将可能需要的信息送到用户面前，有效吸引受众注意。同时，个性化的推送保证了重点新闻或突发新闻第一时间送达目标用户而不被遗漏，缩短信息被用户发现的时间，保证了新闻的时效性，避免信息贬值，提高传播效率。

②以流量中转为目的。新闻网站或客户端的个性化资讯服务最大的目标并不是传统的新闻深度或者媒体性，而是流量交换和注意力经济。对于它们而言，个性化推送也是促使用户打开应用增加流量的有效办法。个性化推送提升了用户进入客户端、点击新闻信息的频率，成为提升流量的手段之一。

③拓宽了新闻客户端的目标人群。个性化服务的目标是为用户提供与之相匹配的内容，所以形成了千人千面的内容展示模式。这种个性化服务能够激发新的用户市场，覆盖到新的用户群。此外，个性化的推送服务同时也是内容生产的风向标，一定程度上引导着内容生产者生产适合被点击的内容。

（2）个性化服务对受众获取信息的多重影响。

①个性化服务对受众获取信息的积极影响。从受众角度分析，个性化信息能够针对受众需求推送有价值的信息，以此满足受众偏好；个性化信息有利于将用户从海量信息中解救出来，使之能够有效快速地获得想要的内容，避免信息爆炸带来的影响；个性化信息能够很好地弥补信息海量、碎片化阅读、浅阅读带来的负面影响。

②个性化服务对受众获取信息的消极影响。

a. 信息内容同质化，造成信息茧房。过分强调个性化信息服务，长此以往会限制信息的接受面，人的注意力是有限的，只追求一种信息，就会限制接收其他信息，使人们对于环境的感知与判断能力下降，忽略对整个世界的感知，获取的信息越来越多却更加无知，会陷入“信息茧房”的尴尬境地。

b. 社群观点的同质化导致群体极化。在基于算法推荐模式的个性化新闻推送服务中，个体可以屏蔽与自己观点不同的信息，这使得人们越来越笃信自己的观点，变得更加偏激，导致“群体极化”，不同社群内的人群无法交流，社会共识无法形成。

c. 网络中的网民并不都是理性的，一味追求用户体验，必定会造成信息的低俗化，如“今日头条”为了追求眼球经济，经常出现标题党和信息过度娱乐化。

d. 个性化的信息服务是根据每个受众不同的喜好和需求提供的服务，这种完全贴合受众的信息服务既能够给受众带来便捷，但同时也很可能会在不经意间泄漏客户的隐私，带来安全隐患。例如，我们可以根据客户端为用户推送的信息属性和内容来推测他的个人喜好和性格。

5. 当前中国媒介融合的内涵与意义。（清华大学 2014 年研）

相关试题：

(1)谈谈你对媒介融合的理解。（华科 2015 年研；厦大 2014 年研）

(2)结合实际分析论述媒介融合。（上海交大 2017 年研）

(3)简述媒体融合的含义。（简答题，浙大 2018 年研）

(4)媒介融合是什么？在我国的实践中遇到了什么障碍？（北大 2021 年研）

答：(1)媒介融合的含义。

参见本章考点难点归纳相关内容。

(2)媒介融合的几个阶段。

①“组织融合”阶段。这是最初的“媒介融合”，这种结合往往是依靠外部的力量(如行政力量)使媒体结合成一个共同体，如我国的许多报业集团都属于这种类别。这类集团往往只是名义上的，只是一种十分松散的组合，往往还是处于各自为政的状态，没有形成有机分工的态势。

②“资本融合”阶段。在市场“看不见的手”的作用下，使有实力的媒介集团在资本市场上完成对其他媒介或媒介集团的收购，或者两个媒介组织之间通过资本市场进行合并。

③“传播手段融合”阶段。所谓“传播手段融合”，从小范围来说是指利用新技术改造传统媒体；从大范围来说是指大型的传媒集团将不同媒介的传播手段在一个大平台上进行整合，使这些媒介之间的内容相互推销和资源共享，报纸、广播电视、网络全部用一套班子，由“多媒体编辑”统筹策划，将采回的材料和新闻用于集团旗下的各个媒体。

④“媒介形态融合”阶段。“媒介融合”的最高阶段是媒介形态的融合。新技术的发展日新月异，完全有可能在未来产生一种与今天媒介形态完全不同的新媒介，这种媒介有可能融合了几种甚至全部媒体的优点。

(3)媒介融合的意义。

①促进了媒体间的整合。从媒体发展历史看，欧美国家大型传媒公司大多是在从报纸到电台、从电台到电视、从电视到网络的发展进程中，迅速介入、实现新的融合，催生出了占据主流市场的新媒体。在互联网显示出媒体的特质后，一些传媒公司迅速介入，抢占网络制高点，实现传统媒体与网络媒体的大融合。例如浙江日报集团，实现了以新闻资讯、数字娱乐和智慧服务为三大主线的，垂直领域和区域性的“新闻＋服务”平台化探索。

②推动了媒体功能的融合。新技术(尤其是数字技术和网络、信息技术)的迅速发展为媒介融合提供了必要的保障。面对新媒介的挑战，传统媒介虽然不致被淘汰，但也必须在新技术条件下发展自己。随着传播技术的发展，尤其是网络技术在大众传播领域的广泛运用，各类媒介之间再不像过去那样泾渭分明，而是你中有我、我中有你。在不改变介质属性的前提下，在保持原有介质优势的同时，媒介之间开始互相借鉴传播方式，从而实现媒介功能的融合和相互渗透。例如人民日报微信矩阵群，是以客户端的上线为标志，形成法人微博、微信公众账号、客户端三位一体的移动传播布局。人民日报社已从传统单一的纸质媒体，演变为融合报纸、刊物、网站、微博、微信、客户端、电子阅报栏、二维码、手机报、网络电视等多种传播形态的现代化全媒体矩阵。

③使受众更加细分。由于新传播科技聚焦于多样化的专业信息，大众社会逐渐演变为“区隔社会”，因此受众日渐因意识形态、价值、品位与生活风格的不同而分化。在这种形势下，“广播”时代的传播方式显然不能满足受众群体的多元化趋向，因此，受众细分是传媒业不可避免的发展趋势。传播中，受众个性对于接受或拒绝劝服有一定影响。针对个性进行传播，有助于克服不良个性带来的阻力，增强传播效果。如今节目的分化已不仅仅是满足、迎合不同受众的需求和兴趣，更是以个性特色培养忠实受众的“定点约会”意识。现在许多的新媒体客户端都会依据受众的偏好开辟不同的话题社区，使得受众能够找到兴趣的聚合区，满足受众的多样化需求。例如“网易新闻”开辟出体育专区、科技专区、娱乐专区、汽车专区等板块，适应当下的分众化趋势。

6. 媒介融合是这些年学界和业界关注的热点问题，请论述媒介融合体现的几个层面，结合实际回答媒介融合对传媒产业的影响。(华南理工2016年研)

答：(1)媒介融合的概念。

参见本章考点难点归纳相关内容。

(2)媒介融合的层面。

①物质层面的融合，即工具层面的融合。媒介作为传播信息和观念的工具，得益于新媒体技术的发展，其功能相交融、被打通，最典型的如：电视可以在网络上同步视频直播，也可以在播出后随时点播收看；传统广播与互联网结合为网络广播，一是广播节目的在线直播和点播，二是专门的广播电台。电视、广播与网络的联姻，突破了传统的线性传播特点，受众可以随时掌握收看的主动权，也可以使传播范围更大。物质(工具)层面的融合是媒介融合的基础，也是媒介融合中的一项相当重要的实质性内容。

②操作层面的融合，即业务(包括传播业务和经营业务)层面的融合。这种融合是由前一种融合决定的，没有物质(工具)层面上的融合，就不会有对工具加以操作的新闻业务层面上的融合，也就不会有利用工具进行盈利运作的媒介经营层面上的融合。媒介融合要求新闻从业者掌握为不同媒介做报道所必须掌握的、与以往为单一媒介和特定媒介供稿时有所不同的操作技能：能撰稿、能摄影、能摄像、能编辑，通文字、通音频、通视频、通网络等等。媒介融合时代的新闻记者无所不能。媒介融合还要求媒体在运营时，要在机构设置、资本运营、具体操作等层面按照媒介融合的要求有所整合、进行联动，而不是像以往那样各自独立运营。

③理念层面的融合，即意识层面的融合。在当下媒介融合实践先行的情况下，业界人

士和学界人士对此在观念层面做出积极回应，形成了如下两种主要共识：一是中国原有媒介发展理论观点中依然具有生命力的部分与新的媒介发展理论观点的融合；二是中国媒介理论观点与西方媒介理论观点的融合。媒介融合趋势对媒介形态发生了极其深刻的影响，或改变了原有的媒介形态、或催生了新的媒介形态，在此情形下，确实需要媒体负责人、新闻从业者作出多方面的调整和努力，以与此相适应。这些体现媒介融合特征的媒介融合理念都是在媒介融合实践的基础上形成的，又反过来推动着媒介融合实践的健康发展。

(3)媒介融合对传媒产业的影响。

参见本章论述题第5题答案。

7. 请分析媒介融合对媒介内容生产的影响。(黑龙江大学2014年研)

答：(1)媒介融合的含义。

参见本章考点难点归纳相关内容。

(2)媒介融合对媒介内容生产的影响。

①内容生产的主体更加多元化。媒介内容的生产者已经不仅仅局限于传统媒体，每一位技术赋权的公民都可以参与新闻生产的过程。因此，主体更加多元化。这一方面有利于媒介内容的丰富化，另一方面也可能导致辨别信息成本的增高。

②信息呈现方式的多媒体化、可视化。媒介技术的发展带动信息接收终端不断进化，终端的智能化使得信息的呈现方式发生变化，其交互性、可视化、多媒体的趋势日趋明显。比如移动阅读的手机，不仅有文、图、音视频呈现信息，还有动画、全景图片、H5页面、虚拟现实等技术的运用。

③媒介工作者工作方式的转变。目前的媒介技术已经可以做到随时随地接收信息，人们对信息的时效性要求提高，因此信息采集发布需要做到全天候；同时，在繁杂的信息世界里，人们对优质内容的需求更大，内容生产者需要增强策划能力和材料整合能力。这些都对内容生产者的工作方式造成了影响。

④媒介内容更加贴合用户。新媒介技术提高了受众的反馈性，使媒体在生产内容时能够更加了解受众需求，实现精准推送，拉近了媒介与受众之间的距离。媒介融合时代的信息产品在内容上表现出明显的交互性、针对性和个性化特征。

⑤内容生产寻求多方合作。新媒体时代，全球联系日益紧密。在各个媒体的新闻生产过程中，可以通过互联网寻求多方合作，新闻生产不再是独立一家的专属责任，而是形成了众包新闻、众筹新闻等众多新的新闻生产方式。

⑥内容形态更为多元化。伴随着以大数据为代表的新媒介技术的发展，媒体生产的内容形态更为多元。如媒介融合时代出现了传感新闻、机器人新闻、大数据新闻等新的新闻形态。

8. 论述“互联网+”和“+互联网”的异同，并就媒体的“互联网+”转型发展提出建议。(复旦大学2016年研)

相关试题：从“+互联网”到“互联网+”，分析网络认知观念的变化。(南大2016年研)

答：“互联网+”与“+互联网”在本质上相同、相通，但行文顺序的不同使其具体含义存在差异。认清二者的异同并厘清其关系，无论在项目操作的微观层面还是国家行动的宏观层面，都具有重要意义。

(1)"互联网+"与"+互联网"的相同之处。

"+互联网"与"互联网+"本质上相通，可以说都是实体经济与互联网的结合问题，"互联网+"就是"互联网+各个传统行业"，"+互联网"就是"各个传统行业+互联网"，"互联网+"行动计划是包含了"+互联网"的，二者形式上是一体的，本质上是相通的。

(2)"互联网+"与"+互联网"的不同之处。

①两者站位不同。"互联网+"更多强调"逆袭创新"。大体而言，电子商务是互联网向商业的逆袭，互联网金融是互联网向金融业的逆袭，互联网传媒是互联网向传媒业的逆袭，"互联网+"是一种由"新"向"旧"的突入式扩张。相比之下，"+互联网"则更多强调"顺势创新"。比如工业互联网、金融互联网等，主要是传统行业以既有业务为基础，利用互联网技术和理念，提高为用户服务的效率和质量。

②两者优势不同。"互联网+"有新技术优势、体制机制优势和更广泛的社会支持，容易产生爆发性增长。互联网技术是基础，再加上其优惠的价格、便捷的操作、舒适的体验，足以赢得巨量消费者。如果再在体制机制上进行突破，其爆发力惊人。如在利率管控的大背景下，一些互联网金融产品就能以资金回报率上的小小差异，把原本在银行的庞大存款吸引过去，引起社会的高度关注和争议。相对而言，"+互联网"拥有的是存量优势、行业标准优势和公信力优势。一方面迫于外部特别是互联网企业的压力，一方面迫于内部问题导向的压力，传统企业正热情利用互联网技术提高自身服务客户的能力。德国的"工业4.0战略"、美国的"工业互联网"等，都可以大致归为"+互联网"的阵营。

③主导者差异。根据上述两个不同点推论，"互联网+"的主导者往往是互联网企业，从技术、商业模式、资金、人才等方面看，都是互联网企业主导着融合进程。"+互联网"则正好相反，主要是传统企业在主导着融合进程。

(3)媒体"互联网+"转型的建议。

①基础转型：从"+互联网"到"互联网+"转变。喻国明教授曾指出，我国在媒体转型和融合上走了很多弯路，主要原因在于只是在既有的媒体影响力模式、生产模式的基础上，用"+互联网"的方式去糅合、利用互联网的因素。这种方式是一种在原有运动模式的基础之上画延长线的行为，而非创造新的社会平台的行为。而今天，"互联网+"的模式，就意味着要把互联网当作基础、当成运作的基本逻辑，所有的内容生产、营销行为都要考虑互联网的规则、互联网的机制。

②思维转型：由新闻思维到互联网思维。在自媒体改变了移动互联网时代媒体竞争格局的当下，要想更好地拥抱"互联网+"，传统媒体更需要依靠多年积累的影响力、独特的新闻视角和鞭辟入里的新闻解读能力，保持并突出自身专业内容和原创优势。同时，还要适应新环境下用户需求的变化和多元化的特点，转变内容运营的思维，实现从传统的新闻思维到以产品思维、服务思维、数据思维和互动思维为中心(即互联网思维)的转变。传统媒体的内容需要从为用户解决问题的服务思维上着手，真正使得自身的信息发布有价值；要善于利用互联网数据和自身积累的数据去进行严谨分析，而非停留在主观的评论和臆想之上；要加强跟媒体用户之间的互动，彻底抛弃高高在上的自得感和不重视"受众"的想法，

将“受众”当作“用户”对待，生产真正符合用户口味的内容。

③平台转型：变内容平台为经营平台。变内容平台为经营平台是由互联网的商业属性决定的。互联网更加强调商业应用，商业属性是互联网的一个重要特点。传统媒体原有的产业规模和价值受到冲击，当下只有将传统媒体从内容平台转变为可以连接用户、连接客户和连接资源的平台，即将其视为经营平台，才可能跳脱出困境，迎来新发展。传统媒体一直遵循的是“二次售卖理论”的盈利方式，简言之，即先将内容卖给受众，再将受众卖给广告主，以此获得广告售卖收入。在“互联网＋”的当下，传统盈利模式被颠覆，传统媒体亟需找到在新营销环境下适合自身的盈利模式。

④产业链转型：构筑“传统媒体＋新媒体”的全新产业链。无论媒体融合体现在哪些方面，拥有内容资源仍具有重要的意义，这也是传统媒体实现融合的先天优势所在。所以传统媒体在媒体融合过程中应该更好地扮演内容提供商的角色，凸显其在内容领域的独到价值。具体而言，要实现由简单采访、浅表新闻到独家新闻、追踪报道和深度解读的转变，在垃圾信息充斥网络的时代，展现传统媒体作为专业机构的专业性与独特价值。但是，传统媒体不能仅靠内容上的优势而不延长原有产业链。因此，传统媒体必须在凸显自身在内容上的专业性和独特价值的基础上，结合新媒体的技术优势与特性，实现新媒体与传统媒体的深度融合，构筑起“传统媒体＋新媒体”的全新产业链。

9. 大数据和人工智能对新闻传播业的影响。（华科 2023 年研）

答：大数据和人工智能正在颠覆我们对生活的认知，新闻传播业也不例外。相较于传统的新闻业，大数据和人工智能的发展为新闻策划、新闻生产和新闻分发等新闻生产环节带来创新，也为新闻传播者带来了新的机遇，并使得新闻进一步嵌入社会系统中。

(1) 大数据和人工智能对新闻生产流程的推动。

新闻生产是新近发生的事实经过选择、加工最终形成完整新闻作品的过程。以往的新闻生产流程没有技术的介入，主要经过“编前会、新闻报道策划、实地采访与写作、编辑校对、定稿印刷和发行”这几个步骤，人工智能技术的出现，使得新闻生产流程越来越智能化。

①在新闻策划和新闻采集阶段，拥有更丰富、更便捷的新闻来源。传统的新闻采集主要是通过自身新闻源的积累、固定的报社或者记者热线、新闻选题策划、记者自身的新闻敏感发现具有“新闻价值”的新闻事实、相关报道的深度挖掘几种方式，主要建立在人与人的沟通和人与事物的联系上。而使用人工智能技术的新闻生产流程在新闻选题策划方面，可以利用大数据分析受众喜好，推测出受众感兴趣的议题，预测事件的热度，利用受众前馈生产出受众所需的新闻内容。

②在新闻生产与事实核查阶段，拥有更快捷的新闻生产速度。将“内容为王”作为衡量新闻价值标准的传统媒体，稿件往往需要经过写作者的前期采访、写作以及编辑对包括新闻选题、事实的核查以及稿件排版等内容的“二次加工”，虽然一定程度上保证了稿件的质量，但是新闻的时效性往往打了折扣。机器人新闻写作凭借其超强的算力，在不易出错的前提下能够迅速处理海量数据，生产出新闻稿件。完成事实核查后的新闻稿件也可以第一时间发布到社交媒体上，受到用户的广泛关注。

③在新闻分发阶段，拥有更高的目标群体抵达率。传统媒体发行一般有代理式分发和

直销式分发两种形式，传统媒体的新闻分发相比依托用户阅读兴趣进行算法推荐的个性化新闻分发的竞争力较低，无法实现新闻内容精准投放。

④为新闻生产模式转型释放动能。一是从经验判断到量化判断，数据新闻全面升级为大数据新闻。二是从传统采编到人机协同，大数据新闻开启智能化新闻生产模式。三是新闻内容从零碎信息到高附加值知识，新闻叙事范式转变。

(2)大数据和人工智能对新闻事业产生的负面影响。

随着大数据和人工智能在新闻生产流程中的应用不断深入，在新闻生产的不同环节，都能够发现一些由其带来的伦理失范问题——侵犯隐私、偏离新闻价值、缺乏人文关怀、危害新闻真实、塑造权力中心等等。

①侵犯用户隐私，偏离新闻价值。能够实时追踪社交平台上海量数据的舆情监测系统和能够获取用户地理位置、移动路线的传感器等有助于新闻策划和信息采集的人工智能技术，由于大数据抓取和筛选的是用户在互联网上留下的浏览痕迹和历史记录，虽然能够获取用户的阅读喜好和兴趣焦点，迅速掌握新闻线索，但是不可避免地会面临源数据泄露，公民数据被迫陷入到非法收集、过度分析的危险之中，侵犯用户的个人隐私。同时，如果长期使用大数据抓取和筛选来获得新闻线索，也不可避免地会出现新闻价值的偏离。

②缺乏人文关怀，危害新闻真实。人工智能在新闻生产过程中表现出强大的生产能力，依赖数据库的数据作为新闻稿件的“原材料”，基于工程师植入其中的算法作为新闻稿件的“模板”，这种拼贴式的写作方法使得人工智能能够快速生成一篇新闻稿件，并由此出现了算法新闻、机器人新闻和传感器新闻等全新的新闻样式。但是容易导致无法感同身受，缺少人文关怀，机器人写作语言的标准化、程式化无法模拟和表达人类的情感，也无法感同身受，这就使得人工智能技术无法像媒介从业者那样自觉地从新闻伦理的角度规约自己的行为。除此，也隐含着潜在的算法偏见，危害新闻真实。如今互联网的准入门槛较低，Web2.0背景下用户生成内容成为主流，但没有接受过专业训练的用户使其所提供内容的真实性大打折扣，这无疑会增加虚假信息进入写稿机器人信息采集内容的可能性，降低了新闻报道的真实性。

③构成信息茧房，塑造权力中心。以受众兴趣为导向的新闻分发模式将数据、算法、人机有机结合起来，建立用户和资源的个性化关联机制，为用户提供精准的新闻投放与分发。个性化的新闻推送在不断迎合用户个人信息需求的同时，使得拥有同样兴趣的个人聚集成各个分散的小群体，造成网络的“巴尔干化”。并且，精准推送带来的分众化趋势以及受众只注意自己期望获得的东西和使自己愉悦的领域，也容易造成“信息茧房”。

总的来说，大数据和人工智能对新闻传播业而言就是一把双刃剑，一方面对新闻生产、新闻传播者以及新闻的社会影响都产生了推动作用，另一方面也潜藏着一些危机。

10. 无人机新闻生产的优劣与建议。(中山大学2023年研)

答：随着媒介技术的进步，无人机在新闻报道中的作用逐渐为人们所认可，无人机为新闻生产带来了一定的帮助。面对媒介技术的发展，人们始终要以辩证的眼光去看待。麦克卢汉曾指出“技术会推动社会的进步”，无人机的使用确实为新闻的有效性生产带来了巨大的革新，但同时争议和讨论也随之出现，人们对其安全性、隐私性、政策完备性等都提出了质疑。因此，这种技术形式也存在一定的劣势。

(1)无人机新闻生产的优势。

①全方位视角。传统新闻报道的拍摄角度主要是水平拍摄或者仰摄，以中近景和特写为主，但无人机的出现改变了这一状况，它可在距离地面几百米的高度进行拍摄，因此展示的就是全景画面，能够囊括更多画面和信息，全方位地展现地貌特征、周边情况等。尤其在一些自然灾害、突发事件的新闻报道中，由于现场环境恶劣，很多时候新闻工作者无法亲临事故发生地，而利用无人机就可深入现场，全方位无死角地对现场受灾情况进行详细的拍摄，这不仅方便了记者的工作，还有效地维护了记者的人身安全。

②长镜头纪实。很多记者强调在使用无人机时采用长镜头进行拍摄，这主要是因为长镜头的纪实性可最大限度地记录现场真实情况。它没有剪辑，以事件的原始节奏去记录，保持叙事空间的完整性。这不仅能给观众带来身临其境般的感官体验，满足了观众的心理需求，还避免了记者在后期剪辑中的主观判断，最大限度地呈现出了客观真实的新闻事件，为受众还原事件真相。

③时效性增强。无人机机身轻巧，相比于摄像机、三脚架、镜头等繁重的拍摄设备，无人机携带起来更加方便，这就节省了记者拍摄前的准备时间，有利于记者迅速反应，即时拍摄。

④低成本，易携带。传统的航拍新闻都是利用直升机或固定翼飞机，这对摄影者的技术要求较高，经常要探出半个身子去取景，风险系数高，而且直升机拍摄本身的成本太高，包括直升机的购买、聘用专业飞行员、对机身的维护等，而几千块就能买到的无人机与之相比，极大地降低了成本。

(2)无人机新闻生产的劣势。

①技术问题。在技术层面，无人机设备很容易受到电磁场、GPS、无线电等信号干扰，这会影响无人机的遥控信号，在高楼林立的城市当中，很容易发生坠机的危险，很可能会对地面群众或基础设施造成伤害。此外，无人机还有一大短板就是续航力差。无人机拍摄的画面画质也是一个问题，由于螺旋桨在飞行当中会一直处于高速运转的状态，这不仅会造成画面抖动，影响画面清晰度，还会有较大的噪音，干扰到同期声的录制，从而削弱受众的视觉体验。

②隐私问题。由于无人机不受空间限制，它可以很轻易地侵入私人空间，偷拍私人房间，甚至偷拍商业秘密。无人机新闻中出现的侵犯公民隐私的信息，是对公民合法权利的侵犯，如果不对无人机的拍摄加以管束，不使用法律手段进行严格的界限区分，就会造成公共领域和私人领域的界限模糊，公民的日常生活不再具备私密性，使公民产生心理恐慌，缺乏安全感，不利于社会秩序的稳定发展，这些问题的出现使得无人机技术在新闻领域中备受争议。

③政策监管问题。我国在无人机的管控方面还没有严格的政策制度，缺乏监管使无人机航拍有机可乘。尤其是在民用无人机管理方面，国内尚未有统一标准，这也是造成无人机安全隐患的一个原因。此外，处罚力度低、管理松散等问题更加淡薄了人们对无人机危害的认识，一旦出了问题，可能出现无据可查的情况。而且我国对无人机的购买并没有限制，只要感兴趣，人人都可以购买，不受任何政策的限制，这就加大了无人机的监管难度。

(3)优化无人机新闻生产的建议。

面对无人机新闻生产过程中出现的一些问题，我们可以遵循以下原则去应对。

①必要性原则。新闻采访的基本原则是保证内容的真实性，因此在新闻采访过程中必须多方求证，与各方当事人进行面对面交流，这样才能保证新闻的客观性和真实性。因此，只有在新闻现场存在特殊环境条件不宜采取传统采访方式，或者采用传统方式危及记者自身安全，确实需要民用无人机作为采访手段时，才可以使用无人机。

②合法性原则。虽然目前国家没有出台具体的无人机管理法律法规和无人机新闻规范，但是在无人机新闻应用中必须保证不违背现有法律规定，例如禁飞区管理、隐私权保护、国家安全等法律法规，在确保合法的前提下使用无人机。

③安全性原则。民用无人机在技术上尚未达到军用无人机的高度，因此在使用中存在诸多安全隐患，虽然其自身软件在设计时加入了一系列有关安全防护的功能，但是尚未形成国家技术标准。所以在民用无人机应用于新闻采访时要特别重视安全问题，防止民用无人机使用中产生次生安全事故。

④可控性原则。民用无人机在新闻采访应用过程中，要做好计划和方案，保证整个采访过程中，无论是无人机本身还是有关政策风险、安全隐患、素材编播等都处于可控状态，以便发挥无人机采访的优势，减少不利因素。

第七章　新闻事业的发展及其基本规律

7.1 复习笔记

【知识框架（庖丁解牛）】

新闻事业的发展及其基本规律
- 新闻事业体制的含义及分类
- 主要新闻媒介类型
  - 报纸
  - 广播
  - 电视
  - 新媒体
  - 通讯社
- 新闻事业发展的特征
  - 根本特征
  - 具体特征
- 新闻的基本特征决定发展方向
- 新闻教育的发展
  - 世界新闻教育
  - 中国新闻教育
  - 发展动因

【本章概要（提纲挈领）】

本章主要论述了新闻事业的发展及规律的相关知识。本章考点以名词解释、简答题以及论述题为主，在学习时，需要着重对新闻事业体制的含义与分类、主要的新闻媒介类型、新闻事业发展的特征及规律等内容加以把握，并大致了解新闻的基本特征对发展方向的决定作用，新闻教育的发展、新媒体与其他主要新闻媒介类型的异同之处等内容。

【考点难点归纳（厚积薄发）】

考点一：新闻事业体制（见表 7－1）★★★★

表 7－1　新闻事业体制

要点	具体内容
含义	又称新闻体制、新闻传播体制，是指国家管理新闻事业的新闻制度、新闻事业构成形式和规范模式，决定了媒介的管理方式、运作模式及媒介与政府的关系等。宏观上，新闻事业体制包括新闻单位所有制形式、国家新闻制度、新闻法规、政党新闻政策等，可以从宏观上调节媒介与政府、社会的关系；微观上，新闻事业体制是指新闻单位的内部结构、组织人事制度和经营管理等多方面的内容。从本质上来说，新闻事业体制受制于一国的政治、经济制度和文化传统

续表

要点			具体内容
分类	以所有制为区分	私营	①主张办报、采访、传播和批评自由，政府通过法制对新闻事业实行管理。 ②由于资金限制，普通民众难以享受办报特权，新闻事业一般受财团控制，以营利为主要目的，以广告为主要收入来源。 ③内容丰富且形式多样，为迎合受众刊登大量煽情内容
		公营	①新闻事业通过各国的新闻法实施管理，受政府保护。典型的有 BBC、NHK 等。 ②这类型的媒介有相对独立的管理机构，以视听费为其主要收入来源，强调内容要为公众负责，因此常播出新闻、服务和社交类节目。基本无广告
		国营	①新闻事业为国家所有，政府控制，为政治服务，不允许私人垄断新闻媒介，以中国等社会主义国家为代表。 ②新闻事业由政府和政党经办，主要强调政治宣传和政治效果。 ③多为严肃节目，但过于呆板
	以国家制度为区分	中国模式	①新闻媒介为国有，不允许敌对阶级分子经办或私人垄断。 ②最高宗旨是有利于国家和人民的利益，社会效益优先于经济效益。 ③受共产党领导，由党委敲定编辑方针。 ④受党和国家的扶持
		西方模式	新闻事业为私有或垄断资本所控制，经费源于广告，可以自由创办报刊，政党和政府虽不直接控制新闻媒介，却借助其进行巧妙的宣传
		其他发展中国家模式	①新闻媒介多种所有制并存且随政权更迭而变动。 ②背后大多有政党或政府支持。 ③新闻媒介以国家发展为首要目标

【考点拓展】当前中国新闻事业的主要特点

(1)新闻事业的结构特点是条块分离。

(2)我国的新闻事业的原则是坚持社会主义生产资料公有制。

(3)党管新闻，包括方向管理、干部管理、业务管理和结构管理。

(4)坚持社会主义方向和为社会主义服务、为人民服务的基本方针，当党和人民的喉舌。

考点二：主要新闻媒介类型(见表7-2) ★★★

表7-2 主要新闻媒介类型

要点			具体内容
报纸	含义		指以刊载新闻和时事评论为主的定期连续向公众发行的散页出版物
	特点		①便于携带，易于保存，携带方便。 ②以文字符号为主要信息传播方式，易于进行深度报道。 ③时效性稍逊，传播速度无法与电子媒介相比。 ④互动性不强，报道形式单一，对读者有文化要求
	分类	依据办报方针	可分为政治性报纸、商业性报纸、政企合一型报纸
		依据报纸内容	可分为综合性报纸、专业性报纸，也可分为严肃的高级报纸和大众化通俗报纸等

续表

要点	具体内容		
报纸	分类	依据阶级属性	可分为资产阶级报纸、无产阶级报纸
		依据发行范围	可分为全球性报纸、全国性报纸和地方性报纸等
		依据出版时间	可分为日报、晚报、周报等
		依据社会地位	可分为主流媒体、非主流媒体
	常用文体	新闻	包括消息、通讯等
		言论	包括新闻评论、时评、政论等
		杂交品种	包括新闻特写、新闻述评、深度报告、调查报告、杂文等
		其他形式	西方国家报纸主要刊登新闻、社论和读者来信等，有纯新闻、解释性报道、调查性报道、特稿等新闻表现形式
广播	含义	指通过无线电波或导线传送声音的媒介	
	特点	①新闻传播速度大大加快，打破了时间和空间的界限，通过声音传递增强了新闻传播的效果，增强了新闻的感染力和可受性。 ②受众可以在任何时间、任何状态下收听广播，但其缺点是随时即逝，不易保存，选择性差，无法很好地进行深度报道	
	常用文体	包括消息报道、人物访谈、新闻直播等	
电视	含义	指运用电子技术传送声音、图像的一种传播媒介	
	特点	①可以同时利用图像、声音、文字等方式来进行新闻传播。 ②对受众的文化要求水平不高，可大大拓展受众范围。 ③电视具有强烈的现场感，让受众有“在场”的感觉，增强了新闻的可信性。 ④缺点：和广播一样的顺时而播的特点限制了人们的收视行为，在进行深度报道时也有其自身缺陷，线性传播、选择性差	
	常用文体	包括消息报道、新闻直播、纪录片、新闻述评、新闻特写等	
新媒体	概念	指利用数字技术，通过网络、无线通信网、卫星等渠道，以及电脑、手机等终端向用户提供信息和服务的媒介	
	媒体形态	网络媒体、手机媒体、网络电视	
	特点	①形式多样、容量巨大。 ②高速度、超文本、具有互动性，使得新闻传播更加自由、快捷、便利、多样化、个性化和全球化。 ③缺点：新闻的真实性受到了极大的挑战，可信度不高。另外，网络新闻的获取需要具备一定的物质条件和知识能力，会在客观上将大量的潜在受众“拒之网外”	
通讯社	含义	指专门搜集和供应新闻稿件、资料的新闻发布机构	
	西方代表通讯社	①哈瓦斯社，世界第一家通讯社，1835 年创办，创办之初利用信鸽、车马等传递信息。 ②港口新闻联合社，1848 年成立，后改名为美联社。 ③沃尔夫通讯社，1849 年成立。 ④路透社，1850 年成立	
	新时期变化	随着通信技术的快速发展，通讯社越来越广泛地依赖互联网来播送新闻、稿件，极大地提升了新闻的时效、数量和质量	

考点三：新闻事业发展的特征（见表7－3）★★★★

表7－3 新闻事业发展的特征

要点	具体内容
含义	新闻事业的特征是指新闻事业独有的、体现自身特点的象征和标志，它是由新闻事业的本质属性所决定的
根本特征	新闻事业是一种渗入社会发展一切过程和现实生活的一切领域的政治和文化活动，其传播空间从政治到经济、从军事到体育、从科技到文化等几乎无限制
具体特征	①新闻事业作为一种观念意识活动，具有强烈的政治性。 ②新闻事业对当下的社会生活具有最大的即时影响力。 ③新闻事业通过新闻手段来反映社会生活

【考点拓展】新闻事业的功能

新闻事业的基本功能包括：

（1）报道新闻，这是新闻事业最重要的社会功能，以此来满足公众的日常需要，维护新闻传播系统的稳定。

（2）发表时评，作为公共时事论坛，通过表达和传递意见来使人们获知媒介及他人对当下新闻世界和社会热点问题的看法，协调公众的意愿。

除了基本功能以外，新闻事业还有传播知识、提供娱乐、刊载广告等附属功能。

考点四：新闻事业发展的基本规律 ★★★★

（1）生产力水平决定新闻事业的发展水平。

①新闻事业的发展，总是与经济活动的强衰有关。

②生产力发展与新闻事业发展相关。生产力的提高会使社会的经济规模变大、社会的文化水平不断提升，大大刺激了新闻事业的发展。除此以外，生产水平的提升会促进广告的增长，进一步刺激投资和扩大再生产。而经济和科技的提升又使新闻手段日益现代化，直接影响了新闻事业的发展速度和规模。

（2）社会政治民主推动着新闻事业的发展。

①专制社会中，新闻事业的形态是单一的，被严格控制，死气沉沉。

②民主社会中，新闻事业的形态是充满生机的、活跃的、多样的。

（3）传播工具的物理性能决定新闻传播的特点。

考点五：新闻的基本特征决定发展方向（见表7－4）★★★

表7－4 新闻的基本特征决定发展方向

要点	具体内容
基本特征	真实与及时
基本方向	①内容：更加真实 ②速度：更加迅速 ③范围：覆盖面更大

续表

要点	具体内容
方向	①更真。新闻对真实性的追求是其立身之本，但新闻工作者对新闻真实性的追求是一个不断接近完美的动态过程。 ②更快。媒体对新闻速度的追逐由来已久，在互联网时代，对时间的追逐已经转为对即时性的追求，新闻工作者力图直击第一现场。 ③更广：新闻传播的覆盖面越广，影响力越大

考点六：新闻教育的发展（见表7-5）★★

表7-5　新闻教育的发展

要点	具体内容
世界新闻教育	①1845年，《德国新闻事业史》诞生，是世界上最早的新闻学著作。 ②1903年，美国中央州立大学建立新闻系；1904年，美国的伊利诺伊大学和威斯康星大学建立了4年制的新闻教育。美国是世界上最早开创新闻教育的国家，1908年沃尔特·威廉姆斯在密苏里大学创办世界第一所新闻学院，这是美国新闻教育乃至世界新闻教育开端的正式标志。 ③法国巴黎学院于1900年设置了报学系；英国伦敦大学于1919年率先开展了新闻学专业的教育
中国新闻教育	①1918年北京大学新闻学研究会成立，并在政治系开设新闻学课程，此为中国新闻教育起航的标志。 ②1920年，上海圣约翰大学创设了中国最早的新闻学系。 ③1923年北京平民大学创立报学系，首创4年学制，是国人自办正规新闻教育的开端。 ④新中国成立后，党和人民政府在旧有新闻校、系的基础上创办了新闻院、系，如华东新闻学院、北京新闻学校等。 ⑤1978年后，我国首批新闻学研究生开始招生；1981年开始招收博士生。 ⑥此后，新闻事业迅猛发展，各类新闻研究机构也相继成立
动因	从根本上看，新闻教育的发展是与报业的兴起与发展需要相适应的，是由于报纸这样的大众传媒对社会发展的影响日益强烈，尤其是在报纸承载政党宣传功能十分突出的时代

7.2　考研真题与典型题

一、概念题

1. 新闻事业（中国青年政治学院2009年研；中传2008年研）

2. 新闻体制（中央财大2022年研；长安大学2020年研；湖北大学2017年研；暨大2016年研；中央民大2016年研；电子科大2016年研；湖南大学2016年研；川大2014年研；西北大学2014年研；湘潭大学2009年研）

3. 新闻评论（厦大2018年研）

4. 时评（湖南大学2016年研）

5. 新闻特写（华南理工2022年研；厦门大学2015年研；山东大学2015年研；上海大学2014年研；南京师大2008年研）、特写（湖南大学2017年研）

6. 新闻述评（南京师大2009年研）

7. 解释性报道(南京大学2023年研；电子科大2021年研；暨大2017年研；中山大学2015年研；华中师大2015年研；复旦大学2013年研)

相关试题：解释性新闻(复旦大学2016年研)

8. 调查性报道(厦门大学2023年研；长安大学2022年研；中传2017年研)

9. 通讯(中南大学2017年研；陕西师大2015年研；中山大学2013年研；西北大学2011年研；上海大学2010年研；中南财大2009年研)、特稿(中山大学2014年研)

10. “走转改”(复旦大学2018年研；北大2012年研)

二、简答题

1. 简述西方新闻媒介的三种所有制形式。(上海财大2009年研)

2. 简述新闻媒体的一般功能。(河北大学2011年研；中南财大2010年研)

相关试题：新闻传媒有哪些基本职能？(人大2015年研)

3. 简述报纸的特点。(中南财大2010年研)

相关试题：简述以印刷文字作为媒介的报纸的主要长处。(南京师大2008年研)

4. 简述广播的特点。(中南财大2009年研)

5. 中国新闻事业的基本性质和特点。(湖南师大2019年研)

6. 新闻事业产生和发展的基本规律和基本条件是什么？它们之间的关系又是怎样的？

7. 北京大学新闻学研究会开展过哪些活动？(山东大学2016年研)

三、论述题

1. 论述中国新闻媒体的“双轨制”，结合中国传媒改革实践进行分析。(复旦大学2013年研)

2. 中国共产党第十八届中央委员会第三次全体会议提出，建设社会主义文化强国，增强国家文化软实力，必须坚持社会主义先进文化前进方向，坚持中国特色社会主义文化发展道路，坚持以人民为中心的工作导向，进一步深化文化体制改革。要完善文化管理体制，建立健全现代文化市场体系，构建现代公共文化服务体系，提高文化开放水平。

请结合这段材料，论述对“新闻体制”的理解以及我国新闻体制改革的方向。(中国青年政治学院2014年研)

3. 试论两种新闻事业的原则区别。

7.3 考研真题与典型题详解

一、概念题

1. 新闻事业(中国青年政治学院2009年研；中传2008年研)

答：新闻事业是指以传播新闻为主要活动的、有组织的新闻机构。现代新闻事业主要包括报社、通讯社、广播电台、电视台、新闻期刊社、新闻电影制片厂等专门机构；它们运用采访、编辑、通联、出版、发行等组织系统以及新闻体裁和编排技术手段从事新闻传播活动。新闻事业组织是传播新闻的工具，既是社会舆论机关，又是阶级舆论机关。其基本功能是：沟通情况，传递信息；反映舆论，引导舆论；传授科学文化知识；提供娱乐，丰富文化生活；刊登广告，提供社会服务。

2. 新闻体制（中央财大 2022 年研；长安大学 2020 年研；湖北大学 2017 年研；暨大 2016 年研；中央民大 2016 年研；电子科大 2016 年研；湖南大学 2016 年研；川大 2014 年研；西北大学 2014 年研；湘潭大学 2009 年研）

答：参见本章考点难点归纳相关内容。

3. 新闻评论（厦大 2018 年研）

答：新闻评论是针对现实生活中新近发生的、具有普遍意义的新闻事件以及迫切需要解决的社会问题或公众广泛关注的社会话题，发表议论、做出分析、讲明道理、直接发表意见的文体或节目样式。它包括社论（本台评论）、评论员文章、短评、编者按语、专栏评论、述评、杂文随笔等基本体裁，以及广播评论、电视评论、网络评论等各种独特样式，是报刊、通讯社、广播、电视、网络等新闻传播媒介，以传播意见性信息为主要目的的各类评论文章或节目形式的总称。

4. 时评（湖南大学 2016 年研）

答：时评，即新闻时评，又称时事评论，是指传播者借助大众传播工具或载体，对刚刚发生或发现的新闻事实、现象、问题，在第一时间表达自己意愿的一种有理性、有思想、有知识的论说形式。时评的“时”，不仅是新闻时效的“时”，更应是“时事”的“时”“时代”的“时”。当下时评的最大魅力就在于，说当今社会之热点，抓民众关心之焦点，破群众生活之难点，解民忧、释民惑、达民意，从而影响和引导受众，使人们对社会现象作出是与非的理性分析和正确评价，更好地认识社会，适应社会，服务社会。

5. 新闻特写（华南理工 2022 年研；厦门大学 2015 年研；山东大学 2015 年研；上海大学 2014 年研；南京师大 2008 年研）、**特写**（湖南大学 2017 年研）

答：新闻特写是指对新闻事件、人物活动和场景中能反映人和事本质、特点的某个细节或片断，作细致描绘和再现的报道形式。它既不同于一般的消息、通讯，也不同于文学作品，而是二者“杂交”后的产物。该体裁包括人物特写、事件特写、旅行特写和速写等。新闻特写有镜头感、透视感、现场感等特征。亲切、具体、形象，是新闻特写的长处。它的形象化表现，既有强烈的视觉效果和情感效果，又有诱发联想的力量。特写以细致的笔触描绘局部，要求选材高度集中，富于特点，切忌贪大求全。运用准确、生动的语言，对事物作动态描写和立体再现，力求给人以如临其境、如见其人、如闻其声的感受。

6. 新闻述评（南京师大 2009 年研）

答：新闻评述又称记者述评、时事述评、评述性新闻，是介于新闻报道与新闻评论之间的一种边缘体裁，兼有二者的特点和优势，融新闻和评论为一体是其基本特征。它是用夹叙夹议、边述边评的方式，来反映国内外重大事件、重要问题的一种消息。新闻述评，以述为本，以评为脉，综括重大新闻事件，帮助读者点出重点、热点，捋清新闻事件的发展脉络，宏观地把握新闻消息。

7. 解释性报道（南京大学 2023 年研；电子科大 2021 年研；暨大 2017 年研；中山大学 2015 年研；华中师大 2015 年研；复旦大学 2013 年研）

相关试题：解释性新闻（复旦大学 2016 年研）

答：解释性报道又称新闻分析，是指注重挖掘和运用背景材料，以解释新闻事实的原因、影响、发展趋向及深层意义等内容为主要目的和主要任务的报道。可分为一段时间的解释性报道，一个时期的解释性报道，一个时代的解释性报道。其特点为重在解释事情的来龙去脉、前因后果和具体的过程与状况。写作要求为：①将“为什么”作为写作的高潮和重点，深挖新闻背后的新闻，反映出新闻的来龙去脉；②在报道新闻事实的基础上，点明事实的意义与特征；③把今天的事件，置于昨天的背景之下，从而揭示它对明天的含义，以预测和展望吸引读者；④把某一事件与一系列其他有关的事实联系起来，从比较、对照中揭示其本质，确认事物的特点和发展趋向。

8. 调查性报道（厦门大学2023年研；长安大学2022年研；中传2017年研）

答：调查性报道（Investigative Reporting）是指对当前的重要事件或群众关心的重要问题，进行比较全面深入的调查研究，在对大量事实进行介绍和分析的基础上，提出新问题，总结经验教训，揭示事物真相，探讨事物的发展规律的一种报道形式。新闻理论界一般认为调查性报道源于20世纪初叶在美国轰轰烈烈地展开的黑幕揭发运动，更早甚至可以追溯到19世纪普利策倡导的社会改革报道。调查性报道以揭露社会弊病为目的，调查内容广泛涉及政治、经济等领域的多个方面。它是新闻媒体相对独立的工作；调查工作通常较为艰苦、复杂，需要相当的调查技巧，一般较费时费力。

9. 通讯（中南大学2017年研；陕西师大2015年研；中山大学2013年研；西北大学2011年研；上海大学2010年研；中南财大2009年研）、**特稿**（中山大学2014年研）

答：通讯是指运用叙述、描写、抒情、议论等多种手法，具体、生动、形象地反映新闻事件或典型人物的一种新闻报道形式。它是记叙文的一种，是报纸、广播电台、通讯社常用的文体。通讯包括人物通讯、事件通讯、概貌通讯、工作通讯等。通讯的任务一是向受众提供全新的新闻信息，二是展现新闻的现场情景和生动细节，让受众对新闻事件有身临其境的真切感受，三是对新闻的意义进行深入的解释。一般而言，通讯具有五大特点：①严格的真实性；②报道的客观性；③较弱的时间性；④描写的形象性；⑤议论色彩较浓。

10. “走转改”（复旦大学2018年研；北大2012年研）

答：“走转改”是指“走基层、转作风、改文风”，是在新闻领域倡导联系实际、深入基层的一项实践性很强的活动。这项活动由中宣部、中央外宣办、国家广电总局、新闻出版广电总局、中国记协五部门于2011年8月共同提出，倡导在全国新闻战线组织开展“走基层、转作风、改文风”活动。这项活动致力于增进新闻单位同人民群众感情、提高服务群众能力，培育良好职业精神、职业道德，继承弘扬新闻工作的优良作风，始终把社会责任放在首位，树立新闻工作者的良好形象等。

二、简答题

1. 简述西方新闻媒介的三种所有制形式。（上海财大2009年研）

答：参见本章考点难点归纳相关内容。

2. 简述新闻媒体的一般功能。（河北大学2011年研；中南财大2010年研）

相关试题：新闻传媒有哪些基本职能？（人大2015年研）

答：新闻媒体的一般功能主要有：

(1)沟通情况，提供信息。人们接触新闻媒体，第一个目的是获得有用的信息，了解客观世界的变动。沟通情况、提供信息是新闻媒体的第一功能。新闻媒体的其他功能都依附在提供信息的基础上。不给社会提供有用的信息，新闻媒体就没有存在的理由。新闻媒介如果不提供人们需要的信息，或者没有足够的信息量，就不可能受到人们的欢迎。从这一点而言，新闻媒体是依赖“沟通情况，提供信息”而生存的。新闻媒体沟通信息，是保持政治稳定、社会稳定的一个最有效手段，也是民主政治建设的必不可少的环节。

(2)进行宣传，整合社会。新闻媒介可以发挥、承担的宣传功能是多方面的，而且可以对现代社会产生巨大的影响。其强大的宣传作用是通过反映、影响、引导社会舆论来实施的。新闻媒体的宣传通过社会舆论获取力量，又通过宣传来形成新的社会舆论，从而影响、控制人们的思想和行为。

(3)实施舆论监督。没有监督的权力必然是腐败的权力，这是政治学上的规律。监督当然是多种多样的，包括行政监督、司法监督、党的纪律监督，但新闻媒介的舆论监督同样必不可少。舆论监督的范围是广泛的，不同国家由于国情不同，舆论监督具体实行的重点也不同。

(4)传播知识，提供娱乐。新闻媒体所传播的知识，主要是和人们当前的生活、生产、工作有密切关系的，以及科学技术上的新发现、新创造，社会科学的新探索、新观点、新材料，从而使人们不断了解人类社会文化的发展。知识的传播主要由新闻报道和一些专栏来承担。

新闻媒介还传播许多奇闻逸事、各地风土人情、文娱节目等趣味性内容，让人们在紧张工作之余得到高尚情趣的享受，培养人们的欣赏兴趣，提高人们的欣赏水平，满足人们正当的好奇心理的追求，鼓励人们发明创造才能的发挥。近几年来，随着生活水平的提高，人们对丰富业余生活有了更高的追求，新闻媒介提供娱乐的质和量也不断提高，吸引了越来越多的受众。

(5)作为企业，赢得利润。要办好新闻媒体，投入的确很大，但如果办得好，它的利润也是可观的。新闻媒介具有商品性，同一般企业一样，需要自负盈亏。在发行、广告等方面，新闻媒介创造了不少的利润，为促进社会经济发展做出了积极贡献。

3. 简述报纸的特点。（中南财大2010年研）

相关试题：简述以印刷文字作为媒介的报纸的主要长处。（南京师大2008年研）

答：现代报纸是以刊载新闻和新闻评论为主、面向广大群众并连续发行的印刷媒介。一般情况下，它以散页形式公开发行，并具有以下特点：

(1)出版周期短。报纸周期短的每日出版，甚至一日数刊，周期长的有周刊及七日以上的报纸，但总的趋势是向着日刊与一周数刊等短刊期发展。

(2)出版迅速。报纸要分秒必争地报道刚刚发生的新闻，因此，一张日报从采写到出版，不到24小时。

(3)提供新闻的量多，人们能够从报纸获知大量的新闻。正如马克思和恩格斯在《(新莱茵报·政治经济评论)出版启事》中指出的，“报纸最大的好处，就是它每日都能干预运动，能够成为运动的喉舌，能够反映出当前的整个局势，能够使人民和人民的日刊发生不断的、生动活泼的联系”。

4．简述广播的特点。(中南财大2009年研)

答：广播是通过无线电波或导线传送声音的新闻媒介，与报刊不同，广播向受众提供的不是版面而是节目。各节目按时间顺序编排播出，有固定的节目名称。其特点有以下几个方面：

(1)对象广泛。不同年龄、不同需求、不同场所、不同文化层次(甚至文盲)、不同收听条件的听众，都可以利用广播媒介。

(2)传播迅速。可以超越时间、空间的局限，在电波所及范围或导线所到之处，可以同时收到刚刚发生、正在发生的事件的信息，是当今人们最快获知新闻的媒介之一。

(3)功能多样。广播媒介的功能齐全，深受听众欢迎。它既传播新闻，宣传政策，引导舆论，又传授知识，提供娱乐和多种服务。

(4)感染力强。广播媒介靠声音传播，传真性强，提供听觉形象，常使听众“身临其境”，有很强的参与感。

(5)受众选择具有随意性和广泛性。受众在收听节目时，可以随时选择不同的电台，不同年龄文化层次的听众都可选择广播媒介。

(6)选择性和保留性差。广播节目顺时播出，过耳不留，节目内容转瞬即逝，其选择性和保留性都比报刊要差。

(7)听众较为被动。报刊可以随时阅读，广播却要按时收听；报刊内容自由选读，广播只能顺序收听。

5．中国新闻事业的基本性质和特点。(湖南师大2019年研)

答：中国的新闻媒体除少数由各民主党派所办的报纸外，绝大多数是由共产党领导的。我国新闻媒体的宗旨、格局、宏观管理模式和运行模式，已形成了具有中国特色的社会主义新闻体系。

(1)中国新闻事业的基本性质。我国社会主义新闻事业是中国共产党领导下的社会主义事业的重要组成部分，是动员群众、组织群众的重要舆论工具。

①社会主义事业的重要组成部分。我国新闻机构实行的是全民所有制，其资产归全体人民利益的代表者国家所有。人民是国家的主人，也是新闻事业的主人。新闻机构通常由国家或地方有关单位和部门创办，是人民的事业。这是社会主义新闻事业与资本主义新闻事业的根本区别之一。

我国新闻事业历来都是党和国家整个事业的重要组成部分，是中国特色社会主义事业的重要组成部分。中国共产党的历代领导人都十分强调新闻事业是社会主义整个事业的重要组成部分，新闻战线是党领导的各条战线中的一条十分重要的战线，新闻工作者队伍是党的干部队伍中的一支十分重要的力量；强调要将新闻工作置于中国共产党的领导和监督之下，严格按照党的政治原则和组织原则办事；强调要坚持党管媒体的原则，并把增强舆论引导能力作为党的执政能力建设的重要内容；强调党的组织要关心和重视新闻事业，加强和改善对新闻事业的领导；等等。

②党、政府和人民的耳目喉舌。马克思主义认为，新闻事业是一定阶级、政党等特定群体的舆论工具，反映他们的主张和观点，维护他们的立场和利益。在社会主义国家，人民是国家的主人，国家的一切事业都是人民自己的事业，为人民服务是它的唯一宗旨。在我国，新闻事业坚持以马克思主义为指导思想，充分反映党的主张、国家意志和人民利益。新闻事业既是党和政府了解基层情况和社情民意的重要手段，也是党和政府宣传贯彻其纲领路线、方针政策，进行思想政治教育、组织经济建设和服务社会的重要手段。它通过传播新闻、引导舆论和提供多方面的社会服务等形式，为全面建成小康社会、实现社会主义现代化的宏伟目标发挥舆论宣传作用。

当然，各种不同类型的新闻媒体在接受党的领导、坚持四项基本原则、遵守法律的前提下，有权自主刊登不同的报道内容，采用不同的报道方式，也可以根据不同的受众及新闻产品市场的定位，办出特色，形成独特风格。这是党和政府所鼓励和支持的。

③动员和组织群众的重要舆论工具。社会主义新闻事业是动员和组织群众投身社会主义建设的舆论工具，是党和政府开展新闻宣传的主阵地，是舆论引导的中坚力量。新闻媒体是思想文化传播的重要载体，是弘扬社会主义核心价值体系的重要渠道。我国的新闻事业一方面要积极、准确、生动地向群众宣传党的路线方针政策，并且最迅速、最广泛地将其贯彻到群众中去，变为群众的自觉行动。另一方面，又要及时反映党的路线方针政策在人民群众中贯彻执行的情况和问题，反映群众的感受、情绪和愿望，表达他们的呼声、意见和要求，以使党的路线方针政策能够进一步丰富、发展和完善。通过这种自上而下、自下而上的交流、沟通和协调，社会主义新闻事业就能引导、激励、动员群众为实现自己的根本利益而奋斗。

(2)中国新闻事业的特点。

①新闻事业的最高宗旨是：在党的基本路线指导下，始终把社会效益放在第一位，全心全意服务于人民群众，促进现代化建设。

②自觉地接受共产党领导，无条件地宣传党的方针政策、国家的法律法令。

③新闻媒体实行“全党办报、群众办报”的工作路线。

④新闻事业是以党报为核心的多品种、多层次媒介并存的格局。

⑤新闻事业属于国有资产，为全民所有。

⑥新闻事业基本上实行“事业性质，企业管理”的运行方式；在宣传报道上严格按党性原则进行；而在经营上，各新闻媒介是独立法人，自主经营，自负盈亏，依法纳税。

6. 新闻事业产生和发展的基本规律和基本条件是什么？它们之间的关系又是怎样的？

答：新闻事业的产生和发展经历了一个比较长的历史，从理论上可以帮助人们论证新闻事业产生和发展的一般规律以及它产生和发展需要具备的最基本的条件。

(1)新闻事业产生和发展的基本规律。

①新闻事业的产生和发展有规律可循，用辩证唯物主义和历史唯物主义作指导，认真分析从古代报刊的产生到现代新闻事业的出现，从中国新闻事业的产生和发展到外国新闻事业的产生和发展，不难看出其中贯穿着这样一条红线，即新闻事业的产生和发展都和一定社会的生产力和生产关系紧密联系。

②一定社会的经济基础决定着该社会的上层建筑，决定着上层建筑中的各种社会意识形态。新闻事业作为一种社会意识形态，被经济基础所决定并为经济基础服务。任何一种社会意识形态只有适应经济基础的需要才可能产生和发展起来。

③报刊作为上层建筑，必须适应经济基础才能在该社会得到发展，不适应经济基础的上层建筑，或者是对经济基础构成威胁的上层建筑必然要受到限禁甚至被取缔。

(2)新闻事业产生和发展的基本条件。

①社会对新闻的需求程度：

a. 新闻事业为了满足社会对新闻的需要才逐渐产生和发展起来。社会对新闻需求量的多少又由社会生产力和生产方式决定。原始人类独立谋生，简单信息已经能够满足需要，对信息需求量自然很少。随着生产力的发展，人类彼此结成简单生产关系时，对信息的需求量开始增多。

b. 随着生产力的进一步发展，社会分工扩大，私有财产和阶级的出现，生产方式随之变化，社会关系和生活关系变得复杂起来，人们之间的联系和交往也随之密切。为了解决各种人与自然界的或社会的矛盾，必然对新闻需求量也会越来越大。这是社会发展进步的必然结果，也是新闻事业从无到有得以产生和发展起来的根本原因。

c. 阶级需要，特别是统治阶级的需要，对新闻事业的产生和发展具有决定性的意义，因为它掌握着对新闻事业生死予夺的大权。统治阶级根据本阶级利益，从经济上，政治上对新闻事业实施控制。

②物质生产和科学文化技术进步所能提供的物质手段。新闻事业的产生和发展既取决于社会对新闻的需要，又取决于社会所能提供的物质条件。只有社会需要而没有与之相适应的传播新闻的物质手段，新闻传播活动就难以进行，新闻事业的产生和发展也就无从谈起。

印刷术的发展、经济的发展、城市的出现、学校的兴起和文化水平的提高，为近代印刷媒介的产生创造了基本的物质条件。无线电通讯技术的发展，电子技术的广泛应用以及电脑的普及，通讯卫星的诞生，互联网的出现与飞速发展促进新媒体的诞生。

(3)社会需要和社会物质生产发展水平所能提供的物质手段之间的关系。

社会需要和社会物质生产发展水平所能提供的物质手段，是新闻事业产生和发展的两个基本条件。前者决定着新闻事业的性质和报道内容，后者决定着新闻事业的形式，两者相互依存、缺一不可。

7. 北京大学新闻学研究会开展过哪些活动？(山东大学2016年研)

答：北京大学新闻学研究会于1918年10月4日成立，是专门研究新闻的范围、选题、采访、编辑、通讯方法，以及报社和通讯社的组织等内容的机构。该研究会以“研究新闻学理，增长新闻经验，以谋新闻事业之发展”为宗旨。这是我国将新闻学作为一门学科进行研究的开端，其创建也是中国新闻教育事业起步的标志。该会由北大校长蔡元培兼任会长，北大文科教授徐宝璜任副会长，徐宝璜和《京报》社长邵飘萍是专任导师。北京大学新闻学研究会一直活动到1920年12月，其间开展过如下活动：

(1)出版新闻学专著。1919年12月，北京大学出版部以新闻学研究会名义出版了徐宝璜的《新闻学》(初名《新闻学大意》)，这是中国学者撰写的第一本新闻理论专著。蔡元培为该书作序，称赞它为“在我国新闻界实为‘破天荒’之作”。

(2)出版新闻学研究刊物。北京大学新闻学研究会还出版《新闻周刊》，为我国第一个新闻学研究刊物，徐宝璜任编辑主任。该刊采用横排的编排形式，但仅出版3期。

(3)开展新闻学教育。该研究会向校内外公开招收会员，举办了两期研究班，培养会员百余人。徐宝璜为研究班讲授新闻学概论，并指导编辑新闻的练习，他的名著《新闻学》就是将其在新闻学研究班上使用的讲义整理改写而成的。邵飘萍在研究班上主讲新闻采访，并指导会员的实习活动，他所著的我国第一部新闻采访学著作《实际应用新闻学》也是将其讲课时的讲义整理改写而成。

三、论述题

1. 论述中国新闻媒体的“双轨制”，结合中国传媒改革实践进行分析。(复旦大学2013年研)

答：中国新闻媒体“双轨制”体现在，作为精神产品的生产者，新闻媒体既属于上层建筑范畴，又属于信息(娱乐)产业。中国新闻媒体的“双轨制”与中国新闻事业的“双重属性”分不开。

(1)中国新闻媒体“双轨制”的发展。

①长期以来，我国把新闻媒体的属性定位在上层建筑内，认为新闻媒体是上层建筑的一个组成部分，并确认中国共产党领导的新闻媒体是党和人民的喉舌，即党的宣传工具。这一认识从我党的报刊一开始创办就确立下来。

②1949年12月，新闻总署曾召开全国报纸经理会议，决定报纸实行企业化经营，但没过几年就停止执行。1978年，财政部批准《人民日报》等首都报纸试行企业管理，但实际上也没有真正推行。

③一直到党的十四大召开，确立我国要建设社会主义市场经济以后，新闻界逐渐达成一个共识：在社会主义市场经济条件下，新闻媒体不但要促进社会主义市场经济的发育，而且其本身就是社会主义市场经济不可或缺的有机组成。进而形成新闻媒体具有双重性的新认识，即新闻媒体具有形而上的上层建筑属性和形而下的信息产业属性。

④“事业性质，企业管理”是上述双重属性在当前我国新闻媒体中的外在表现形式。这意味着，新闻媒体的性质是党和政府的喉舌，它不能像一般企业那样可以自由出入市场，可以自定方针，而必须服从党和政府的领导。但在管理上采取企业方法，新闻媒介是独立法人，在经济上必须自主经营、自负盈亏、依法纳税。

(2)新闻媒体“双轨制”带来的变化。

确立新闻媒体的双重属性，“事业性质，企业管理”，极大地解放了新闻媒介的生产力，给新闻媒介带来了许多积极的变化。

①新闻媒介形成了积极竞争的态势。竞争的直接目标是争取更多的受众——报纸要扩大发行量，电台要提高收听率，电视台要提高收视率。为了吸引受众，就要不断下功夫改进版面、改进节目，使宣传、新闻报道更加生动活泼，广播电视节目更加丰富多彩，进而使新闻媒介更加注意塑造自己鲜明的个性。

②新闻媒体更加注重人才的培养和设备的更新。竞争，归根到底是人才的竞争，也是

设备的竞争。为了更真实、更迅速、更深刻、更生动地反映现实，制作受众喜闻乐见的节目，新闻单位需要方方面面的人才，需要不断更新设备。从1993年以来，中国各大报社实现了办公自动化，电台、电视台的设备也已经基本达到或接近国际水平。

③新闻媒体更加注重受众的反馈。媒体竞争态势的形成标志着中国新闻媒体从过去的以传者为中心向以受者为中心过渡，新闻媒介比以前更加重视受众的需要，媒介内容向贴近生活、贴近群众倾斜。重视媒体的受众定位，不断进行受众调查。新闻媒介栏目不断变化，热点追踪不断转移，其轴心就是受众需要。

④新闻媒体更加重视自身管理，重视投入产出的效益，开源节流，发展壮大。新闻媒介在做好宣传党的方针政策的同时，放开手脚搞活经营。使得国家利税收入增加，新闻媒体实力壮大，新闻从业人员收入增长。

(3)中国新闻媒体的“双轨制”带来的问题。

①指导和迎合的矛盾。一方面，新闻事业生产和传播的是精神产品，强调对受众、对社会生活广泛的指导性；另一方面，作为经济实体的媒介要考虑投入与产出的问题，要确立以受众市场为核心的基本原则。少数新闻媒介面临竞争压力，一味地迎合受众的猎奇心理，使得媚俗、浅薄的内容大量增加，出现报格下滑现象。

②增加信息量与煽情的矛盾。新闻事业是以传递各种各样的信息为其主要任务的，并主要以信息量来满足受众的需要。但是现在，迫于商业竞争的压力，极少数新闻媒介走上了一条通俗化乃至庸俗化的道路，不追“新”，一味地追“星”、追“腥”、追“性”，煽情主义一发不可收拾，“炒”新闻的现象时有发生，造成了当今新闻传播中硬新闻不硬、软新闻低俗化的倾向。

③新闻和广告的矛盾。新闻事业双重性决定了新闻媒介具有双重的出售方式：出售新闻给读者和出售广告版面、时间给广告客户。从理论上看，新闻事业作为广告媒体的地位应该是由其作为新闻媒体的地位决定的。但现在，广告和新闻争版面、争时间的现象时有发生；广告版面、时间，在少数新闻媒介那里，大大超出规定标准，一些新闻媒介扩版、增加节目时间，而往往新闻性的内容少，增加的大都是广告；有些情况下，广告主凭借其经济实力，甚至对新闻的内容和播发权形成压力和影响；以及出现广告客户出高价买下版面吹嘘自己，或以新闻的面目做变相广告来误导消费者等现象。

2. 中国共产党第十八届中央委员会第三次全体会议提出，建设社会主义文化强国，增强国家文化软实力，必须坚持社会主义先进文化前进方向，坚持中国特色社会主义文化发展道路，坚持以人民为中心的工作导向，进一步深化文化体制改革。要完善文化管理体制，建立健全现代文化市场体系，构建现代公共文化服务体系，提高文化开放水平。

请结合这段材料，论述对“新闻体制”的理解以及我国新闻体制改革的方向。(中国青年政治学院2014年研)

答：(1)新闻体制的含义。

参见本章考点难点归纳相关内容。

(2)我国新闻体制改革的方向。

新闻体制改革，对于建设社会主义高度民主，对于进一步提高党的威信，发挥社会主义优越性，都具有非常重要的意义。我国社会主义新闻事业，应发挥两方面的作用，一是上对下的作用，即作为党和政府的宣传工具和喉舌而发挥的宣传作用、指导作用；二是下对上的作用，即作为社会舆论工具，对政府、政党和各官员发挥的舆论监督作用。

我国新闻媒体的弊端主要集中在落后的新闻体制已经不能适应新闻媒体的实践环境，主要表现在：新闻媒体工作无法可依；新闻媒体体制无法保证新闻媒体承担舆论监督的职责，无法保证我国公民的知情权，无法保证我国媒体的跨媒体、跨地区、跨行业整合等。

根据上述分析，结合我国的国体和政体性质以及国外在新闻体制建设方面的先进经验，我国新闻体制改革的思路如下：

①保证党对媒体的领导地位，建立以党报为中心、由多种类多层次的报纸组成的多样化的报业结构。改革后的媒体在总体上可分为党的喉舌性媒体和非党的喉舌性媒体。但是所有改革后的媒体在管理上不能违反四项基本原则。同时也要防止党管媒体太多，媒体成为行政的附属品。这和中央提出的"小政府，大社会"的理念同出一辙。

②发展社会主义新闻自由，制定新闻法，把握好自由与法律、自由与纪律的关系。新闻自由就是采写和发表法律所许可的新闻和言论的权利。对于党的机关报来说，它除了服从宪法和法律外，还要服从党的纪律。制定新闻法，是为了保证我国新闻媒体在法制的轨道上运行，以法来管理媒体而不是靠行政命令来指挥媒体。这也与依法治国的精神以及现代民主社会以法来治理社会的理念是一致的。

③媒体改革要打破地方条块分割，形成全国统一的大市场。要以市场为纽带形成媒体的跨区域、跨行业式的集团化运作。同时又要防止新的垄断形成，鼓励媒体之间形成竞争，防止不正当竞争。

④防止新闻媒体内容的庸俗化，既要保证我国新闻媒体内容的生动活泼，又要保证新闻媒体以科学的理论武装人、以正确的舆论引导人、以高尚的精神塑造人、以优秀的作品鼓舞人。

⑤在法制的基础上，党的喉舌性媒体要严格遵循我国的纪律和宣传政策，充分发挥其职能，非党的喉舌媒体要实行独立的新闻编辑权、人事权、财政权，走市场化道路，发挥其新闻媒体职能。非党的喉舌媒体在市场中可进行资本运作，即它们可在国有资本控股的基础上，向民营资本、国外资本融资，以壮大自己的实力。

⑥文化发展必须适应社会主义市场经济的要求，与时俱进，开拓创新。一切妨碍文化发展的思想观念都要坚决冲破，一切束缚文化发展的做法与规定都要改变，一切影响文化发展的体制弊端都要坚决革除。要充分发挥社会主义市场经济体制的作用，充分调动全社会的力量，充分发挥广大文艺工作者的积极性与创造性，创作和生产更多群众喜闻乐见的精神文化产品，满足群众日益增长的精神文化需求。

3. 试论两种新闻事业的原则区别。

答：社会主义新闻事业和资本主义新闻事业是两种不同社会制度下的新闻事业，它们的原则区别主要表现在以下方面：

(1)两种新闻事业分别建立在不同的经济基础之上。

①资本主义新闻事业建立在资本主义私有制的经济基础之上，除少数官方新闻机构由政府直接控制外，物质生产资料和精神生产资料完全属于资本家所有。

②社会主义新闻事业建立在公有制为主体的经济基础之上，物质生产资料和精神生产

资料属全体人民所有。

(2)两种新闻事业分属于不同的阶级，各自为本阶级的利益服务。

①资本主义新闻事业是掌握在资产阶级手中的思想武器，它致力于维护资本主义的经济制度和政治制度。资本主义经济是集团竞争的经济，反映不同垄断财团利益的垄断报业集团为了各自的局部利益，有时会发生矛盾和冲突，但在维护资产阶级的统治，维护资产阶级的根本利益上，他们却始终如一、毫不动摇。

②社会主义新闻事业掌握在人民手中，是党、政府和人民的耳目喉舌。它致力于维护社会主义的经济制度和政治制度，为人民服务是社会主义新闻事业的唯一宗旨。

(3)两种新闻事业分别宣传贯彻不同阶级的思想体系。

①资产阶级新闻事业宣传贯彻的是资本主义思想体系，为我、为个人是这个思想体系的核心。资产阶级新闻事业日复一日、年复一年地宣传这种以我为核心的思想体系的价值观和人生观，不断地在影响人们的思想和行动。

②社会主义新闻事业宣传贯彻的是社会主义思想体系，为公、为集体是社会主义思想体系的核心。社会主义新闻事业不倦地宣传贯彻爱国主义、集体主义、社会主义和共产主义思想，倡导人们树立正确的价值观和人生观，为培养和造就一代又一代有理想、有道德、有文化、有纪律的社会主义新人而努力。

(4)两种新闻事业各自具有不同的新闻体制。

新闻体制为确保新闻事业各项工作有序地运行而制定，它包括领导体制、经营体制、管理体制、出版发行体制等许多具体体制。

①资本主义新闻事业属私人所有，各种新闻媒介的最高权力机构是各股份公司的由资本家组成的董事会。资产阶级比较早就把新闻事业推向市场，让它按照市场经济的规律参与竞争，新闻事业作为企业进行经营，广告收入和发行收入是其经济收入的主要来源。资本主义新闻事业拥有比较有效的发行系统。

②社会主义新闻事业继承了无产阶级报刊的优良传统，不论是党报还是非党报，在领导体制上，除听从所属单位的领导之外，都要自觉地服从党的领导。目前，大部分新闻媒介实行的是事业单位企业化管理的经营管理体制，开始朝着企业化、产业化的方向发展。报纸的出版发行体制过去实行的是邮发合一制度，现在除邮发外，已有很多报纸自办发行系统，出现二者并存的局面。

第八章　新闻媒介的性质

8.1　复习笔记

【知识框架(庖丁解牛)】

新闻媒介的性质
- 新闻媒介的共性、个性及特性
- 新闻媒介的双重属性
  - 含义及认识历史
  - 确立新闻媒介的双重属性的作用
  - 对新闻媒介双重属性的认识存在的问题
- 新闻产品的商品性
- 中国新闻事业的基本性质和特点

【本章概要(提纲挈领)】

本章主要论述了新闻媒介的相关知识。本章考点以概念题、简答题以及论述题为主，在学习时，需要整体把握新闻媒介的双重属性、中国新闻事业的基本性质和特点等内容，并大致了解新闻媒介的共性、个性、特性等内容。

【考点难点归纳(厚积薄发)】

考点一：新闻媒介的共性、个性、特性　★★★

1. 新闻媒介的共性

(1)新闻媒介作为舆论机构，以其生产的精神产品对外在社会环境产生舆论影响，从而达到影响社会的目的。

(2)新闻媒介是反映一种事实、事物、现象的本身的大众传播工具，在利用事实的状况变化反映现实变动的同时感召社会大众，让信息的内容传播以新闻形式实现对人和社会的影响。

(3)新闻媒体天然地承担社会责任，为维护大众的利益而满足公民基本的知情权，实现平等的话语权。即公共利益至上是新闻媒体的第一目标。新闻媒体保障公共利益原则具体表现为：

①保障公民知情权，是指社会成员获得有关自身处所的环境及其变化的信息、保障社会生活所需要的各种有用的信息的权利，它是人的生存权的基本内容之一。知情权是公民行使一切民主自由权利的基本前提，也是现代国家民主宪政的基础要素。作为公众的一项社会权利和政治权利，知情权是防止出现恶劣政府的必要条件。

②社会公民平等地享有传媒所提供的一切服务，对新闻拥有一致的评价权利。新闻媒体必须成为公众评论和妥协的集中地，让新闻反映多元化的社会，给各种不同的意见发表的机会，公民在媒体上有平等的表达权利。

因此，新闻媒介的共性是及时、真实地反映事物的新近变动。

2. 新闻媒介的个性

新闻媒介的个性体现在内容编排、栏目规划等方面。一般表现为：

(1)新闻报道要求在第一时间发布新闻，帮助受众获取一手资讯。

(2)保证新闻报道的真实性，从客观角度出发。

(3)新闻报道需要具有独特视角的评论，为世人瞩目。

(4)新闻媒介的个性还体现在内容编排、栏目规划等方面。

在中国，传统的三大晚报《北京晚报》《新民晚报》《羊城晚报》，历经几十年发展出鲜明的个性，如《北京晚报》的典雅，《新民晚报》的实用，《羊城晚报》的开拓创新深深吸引着广大读者。

3. 新闻媒介的特性

新闻媒介的特性是分层次展现的，在不同层面存在不同表达形式，具体内容见表8－1。

表8－1　新闻媒介的特性

要点	具体内容	
所有制	私营制公司	大多以股份制设立公司
	公营制公司	归由全社会公众拥有
	国营制公司	由国家全权控制
与政府或执政党关系	独立类新闻媒介	坚持独立自主的新闻风格，在政治上保持客观公正的态度，以社会大众利益为标尺，能够维持经济的独立
	官方背景新闻媒介	受官方政府主导，宣传方针政策代表政府立场，表达执政党的意识形态。依赖官方财政维持运作
	半官方新闻媒介	名义上自主运作，在关键问题上为政府发声，为政府宣传重要内容，从官方政府获得相关媒介便利，与政府建立合作关系
阶级性	①代表广大人民群众的无产阶级新闻媒介。 ②代表垄断资产阶级利益的新闻媒介	
办报(台)方针	商业化媒介	追求利润最大化
	政治类媒介	以政治宣传为主要任务
	政企结合类媒介	兼顾政治利益和经济利益
媒介内容	严肃的高级媒介	以刊登新闻和评论为主
	大众化的通俗媒介	以刊登娱乐、服务新闻为主，有许多黄色新闻的“黄色小报”

考点二：新闻媒介的双重属性　★★★★★

1. 含义

新闻媒介既属于上层建筑，又属于信息产业。

2. 我国对媒介双重属性的认识历史

(1)中国共产党长期以来把新闻事业看作是党和人民的喉舌，将其定位在上层建筑内。

(2)1949 年新闻总署曾召开全国报纸经理会议，决定实行企业化经营，几年后停止执行。新闻界在党的十四大召开后达成共识：新闻事业在社会主义市场经济中不但是精神力量，还是经济力量。即新闻媒体是上层建筑也是信息产业。

“事业性质，企业管理”决定了我国新闻事业的表现形式和运营规则，即新闻媒介在政治上恪守党性原则，经济上按社会主义市场经济的规则运行。

3. 确立新闻媒介的双重属性的作用(见表 8－2)

表 8－2 确立新闻媒介的双重属性的作用

要点	具体内容
激活新闻媒介市场竞争	为新闻媒介自我革新注入全新的力量，促使新闻产品的更新和提质，在扩大发行量的同时改进内容和版式，注意塑造鲜明的媒介特色
培养新型新闻人才	新闻内容需要与现实产生联系，吸引受众对节目的喜爱，为此新闻单位加大对各类人才的培养力度，引进新设备
注重与受众互动	中国新闻媒介以受者为中心形成了买方市场，围绕受众需求对于新闻产品进行开发，重视受众调查结果
新闻媒介更加重视提质增效	新闻媒介紧跟党的方针政策的同时，大胆展开新闻经营活动，增强新闻媒介实力、提高新闻从业人员综合素质

4. 对新闻媒介双重属性的认识存在的问题

新闻媒介的双重属性给中国新闻媒体带来机遇的同时，也带来了新的挑战。实践证明，精神产品和物质产品在竞争过程中会走向不同方向。物质产品在市场竞争中会朝着物廉价美的方向发展；精神产品在竞争中走向格调降低的道路，为了追求受众的数量，精神产品从阳春白雪走向下里巴人。在市场竞争中，如何保持新闻媒介的品位和公信力，是我国新闻媒介需要解决的问题。

考点三：新闻产品的商品性(见表 8－3) ★★★★

表 8－3 新闻产品的商品性

要点	具体内容	
报纸的商品性	报纸具备商品的必备属性，通过售卖含有精神内容的物质产品获取利润，其经济价值在市场交易中恒定存在，并且在其商品性的基础上发挥宣传工具的作用	
电视、电台的商品性	电台、电视台通过一次售卖将内容展现给视听受众，广告客户在节目中插播广告，让受众接收看广告	
认识新闻媒介商品性的意义	积极意义	①市场化竞争促进新闻媒介树立客户意识，考虑受众的新闻需要，以受众为出发点。 ②推动报纸行业的良性竞争，跨越区域进行大范围报纸宣发，建立良好新闻媒介生态。 ③报纸作为商品遵循价值规律，对新闻经营管理者提出质量上的要求

续表

要点		具体内容
认识新闻媒介商品性的意义	消极后果	忽视社会效益而注重经济效益，以商业原则运行商业媒介，容易损害公共利益。在商业原则下，新闻媒介易忽略公共利益至上原则，沦为资本的附属
	积极应对传媒的商品性	坚定"社会效益第一，经济效益第二"原则，新闻生产内容要符合国家和人民利益，严格执行党和国家提出的媒体运行方针，发挥传媒商品积极性，时刻谨记社会效益，做到两者的兼顾和平衡

考点四：中国新闻事业的基本性质和特点(见表8-4)　★★★

表8-4　中国新闻事业的基本性质和特点

要点	具体内容
基本性质	我国新闻媒体是人民和政府的耳目喉舌
特点	①我国新闻事业坚持以社会效益为主，一切新闻事业为人民服务，不断推动我国社会主义新闻建设。 ②始终维护共产党的宣传方针政策，严格遵守我国新闻法律法规。 ③以围绕党报为核心的多品种、多层次媒介并存的格局。 ④我国新闻事业推行"事业性质，企业管理"，以党性原则运营新闻媒体企业，遵守相关法律制度。 ⑤新闻事业归属国家资产，为全体人民所共有

8.2　考研真题与典型题

一、概念题

1. 新闻媒介的共性(上海财大2010年研)

2. 新闻媒介的双重属性(华中农大2017年研；华南理工2014年研；西南大学2010年研；上外2009年研)

3. 媒介(华中农大2008年研)、新闻媒介(中国地大2017年研)

4. 传媒公共性(清华大学2018年研)

二、简答题

1. 新闻媒体的双重属性及其对当代中国新闻业的影响。(安徽师大2017年研)

相关试题：

(1)我国新闻媒介的双重属性及其具体体现。(中南财大2009年研)

(2)简述我国新闻媒介的双重属性及其价值。(电子科大2010年研)

(3)简述新闻媒介的双重属性。(华南理工2013年研)

2. 新闻媒介的商品性的积极意义与消极影响。(华中农大2013年研)

相关试题：简述认识到报纸和广播电视是一种商品，对我国新闻事业的积极意义。(华南理工2016年研)

3. 中国新闻事业的基本性质和特点是什么？(青岛大学2017年研)

相关试题：

(1)简述中国新闻传媒业的基本性质和特点。(西南大学2010年研)

(2)中国新闻事业的基本性质和特点。(电子科大2012年研)

(3)试述我国新闻事业的基本性质和特点。(厦大2011年研)

三、论述题

1. 论述新闻媒体的共性、特性、个性。(西南大学2008年研)

2. 什么是中国新闻媒介的双重属性?结合当前我国新闻传媒业的资本运行,谈谈其对中国新闻事业的影响。(复旦大学2007年研)

相关试题:

(1)党的十四大确立了社会主义市场经济体制以后,我国新闻界形成了新闻事业具有双重属性的认识。确立新闻事业的双重属性,极大地解放了新闻媒介的生产力,给新闻媒介带来许多积极的变化。请对这些变化进行论述。(南京师大2009年研)

(2)1978年,国家出版局在全国报纸经理会议上正式宣布报社企业化经营的决定。"事业单位、企业化管理"成为中国报业性质的定位。请结合此后30年中国报业运营体制的嬗变,说说你对报业这一定位的理解。(厦大2014年研)

(3)对新闻事业双重属性的认识给新闻媒介带来了哪些积极变化?(河北大学2016年研)

8.3 考研真题与典型题详解

一、概念题

1. 新闻媒介的共性(上海财大2010年研)

答:新闻媒介的共性即新闻媒介的一般性质,具体表现为以下三点:①新闻媒介作为精神产品的生产机构属于上层建筑,在社会上具有强大的文化传播力和影响力。②新闻媒介作为大众传播工具传递世界新近信息的变动,不同于其他传播意识形态的机构。③新闻媒体必须承担社会责任,以维护公众的公共利益为目标。

2. 新闻媒介的双重属性(华中农大2017年研;华南理工2014年研;西南大学2010年研;上外2009年研)

答:新闻媒介的双重属性是指新闻媒介作为反映意识形态的精神产品的生产者,同时具备两种属性,即上层建筑意识形态范畴和信息产业属性。在社会主义新闻建设中,要充分重视新闻的精神力量,把握其经济力量。要认识到新闻媒介不仅是社会主义市场经济不可或缺的有机组成,还具有新闻事业形而上的上层建筑属性和形而下的信息产业属性。因此,我国新闻事业的外在表现形式是"事业性质,企业管理"。

3. 媒介(华中农大2008年研)、**新闻媒介**(中国地大2017年研)

答:在新闻学中,媒介主要是指新闻传播媒介,新闻传播媒介是指新闻传播过程中传播者和受众的中介,是新闻信息的物质载体,是用来表达某种含义的静态的或动态的任何物体和物体排列。新闻媒介的类型主要有报纸、广播、电视、互联网、通讯社、手机等。

4. 传媒公共性（清华大学2018年研）

答： 传媒公共性是指在传媒体制规训下传媒实践公开性、批判性和公益性理念所产生的社会公器属性，从而满足公众的表达权、知情权、参与权、监督权。阿特休尔在《权力的媒介》中指出，尽管在不同社会制度下新闻事业的制度和理论存在差异，但都认同公共利益至上。公共利益至上是新闻媒体的第一诉求，在以党性原则为基本新闻体制的中国，新闻媒体以“为人民服务”宗旨，以“党性与人民性相统一”为思想原则，在新闻业务上遵循正面宣传与舆论监督相统一。满足公众的信息需要，是新闻媒体义不容辞的责任。

二、简答题

1. 新闻媒体的双重属性及其对当代中国新闻业的影响。（安徽师大2017年研）

相关试题：

(1) 我国新闻媒介的双重属性及其具体体现。（中南财大2009年研）

(2) 简述我国新闻媒介的双重属性及其价值。（电子科大2010年研）

(3) 简述新闻媒介的双重属性。（华南理工2013年研）

答： (1) 新闻媒介的双重属性。新闻媒介的精神产品反映意识形态内容，既是上层建筑，又是经济实体。这就形成了新闻媒介的双重属性：意识形态特殊性和一般行业属性，即政治属性和商品属性。

①新闻媒介的政治属性。新闻政治属性具体表现为坚持党性原则。政治上必须和中央执政党保持一致，组织上无条件遵守党纲。所有媒体都是党的喉舌，下达传递党的执政思想和指导方针，明确新闻态度和目标，将一元体制、二元运作为基本原则。

②新闻媒介的商品属性。实行“独立核算、自负盈亏、照章纳税”的企业化管理形式，为新闻媒体自我革新注入全新的力量，促使新闻产品的更新和提质，在扩大发行量的同时改进内容和版式，注意塑造鲜明的媒介特色。所以新闻媒介又具有一般行业的属性，特别需要加强新闻事业的经营管理。

“事业性质，企业管理”是双重属性在我国新闻事业的表现形式。2001年，《关于深化新闻出版广播影视业改革的若干意见》规定，我国广播电视院属于事业单位性质，实行企业化管理。简单来说是在保证新闻机构事业单位性质的前提下，在管理上采取企业的方法，在经济上自主经营、自负盈亏、依法纳税。这既保证了社会效益为主，又充分调动了媒体行业的积极性，激发市场活力。然而部分媒体为争夺受众眼球，损害了媒体行业的声誉，也损害了社会公众的利益。新闻工作者应当将社会责任置于首位，处理好二者的关系。

(2) 新闻媒介的双重属性体现在“事业性质，企业管理”，对新闻媒介的生产力带来许多积极的变化。

①新闻媒介灵活运用各类生产要素，敢于创新新闻产品，增强自身媒体的影响力，在广大读者群中建立品牌印象。形成媒介市场较为活跃的竞争氛围。竞争的直接目标是争取更多的受众，获取更多的用户来增加利润，促使新闻媒介塑造自己的新闻特色。

②新闻媒介的人才日益成为新闻媒介公司的核心竞争力，再辅以优良设备的运用。为了更真实呈现新闻报道内容，制作出人民大众喜闻乐见的新闻节目，需要高素质的人才投入到一线当中进行实时报道。自1993年以来，中国各大报纸都实现了办公自动化，电台、

电视台的设备基本达到或接近国际水平。

③注重受众的反馈成为新闻媒介新的关注点。以受者为中心彻底改变原有的传媒产业逻辑，将受众摆置在核心，尤其在互联时代，掌握受众就是掌握了流量，受众的需要决定着媒介内容要贴近生活、贴近受众倾斜。对媒介受众清晰定位，以此调整新闻媒介栏目。

④新闻媒介强化自身管理来提质增效，提高产出效益比，发展壮大新闻媒体产业。新闻媒介做好党政宣传，也要懂得放开手脚搞活经营。

总之，对新闻媒介双重属性的认识给中国新闻媒体带来重大转机、重大变化。

新闻媒介在商业化运作中容易失去初心，有些新闻媒介为争取受众，降低自身新闻格调，在内容制作和传播上难以达到高水平要求。事实表明，精神产品和物质产品在竞争过程中会走向不同方向，精神产品的发展走向则会存在不良发展，在竞争中为了追求受众数量降低品质。精神产品如何保持品位是我国新闻媒介需要解决的问题。

2．新闻媒介的商品性的积极意义与消极影响。（华中农大 2013 年研）

相关试题：简述认识到报纸和广播电视是一种商品，对我国新闻事业的积极意义。（华南理工 2016 年研）

答：（1）新闻媒介的商品性。新闻媒介具备商品必备属性，通过售卖含有精神内容的物质产品获取利润，其经济价值在市场交易中恒定存在，并且在其商品性的基础上发挥宣传工具的作用。从经济学角度来看，商品是为了交换而生产的劳动产品，具有使用价值和价值的两重性，因而属于商品：

①报纸通过交易流入到消费者手中，报纸在流通过程中扮演着商品的角色。报纸的盈利一是在于报纸发行，二是靠广告售卖。而广告的收入多少主要取决于报纸发行量。

②广播电视节目也作为商品进行售卖。除开少数付费电视，受众收听、收看广播电视节目是免费的，但电台、电视台的收入也需要通过售出广告来获得。

（2）新闻媒介商品性的积极意义。新闻媒介依赖广告费用维持自身运转，新闻媒介作为商品本身具备价值和使用价值，报纸和广播电视正是商品的一种，对我国新闻工作者有着积极意义：

①新闻媒介如果不能满足人们的某种需要就会被市场淘汰。马克思说过："商品首先是一个外界的对象，一个靠自己的属性来满足人的某种需要的物。"注重受众的反馈成为新闻媒介新的关注点，以受众为中心彻底改变原有的传媒产业逻辑，将受众摆在核心位置，尤其在互联时代，掌握受众就是掌握了流量，受众的需要决定着媒介内容要贴近生活、贴近受众。对媒介受众清晰定位，以此调整新闻媒介栏目。

②报纸作为商品的一种，那就必然遵循价值规律，自由买卖正好体现此规律，报纸的销售越出区域带来的竞争迫使新闻工作不断优化。新闻媒介灵活运用各类生产要素，敢于创新新闻产品，增强自身媒体的影响力，在广大读者群中建立品牌印象。形成媒介市场较为活跃的竞争氛围。竞争的直接目标是争取更多的受众，获取更多的用户来增加利润，促使新闻媒介塑造自己的新闻特色。

③这就要求加强对报纸生产的经营管理，提高质量，降低成本。新闻媒介强化自身管理来提质增效，提高产出效益比，发展壮大新闻媒体产业。新闻媒介做好党政宣传，也要懂得放开手脚搞活经营。

（3）新闻媒介商品性的消极影响。

媒介商业化开发在带动传媒产业发展的同时也带来一定的负面影响。从现实表现看，以商业原则指导办媒体，还需要掌握正确的方法。

以商业原则办媒体存在冲击公共利益的倾向。经济收入成为媒体重要参考指标，媒体不再以满足公共知情权为己任，而以将发行量、收视率看作首要目标。为此，媒体间会展开激烈的竞争，在媒介内容上一味地迎合观众的口味，娱乐化内容甚嚣尘上，挤压了优质新闻媒介内容的生存空间。

娱乐化之风把真实、煽情、刺激和搞笑发挥到极致，为了提高收视率，多挣广告费，新闻也开始娱乐化，利用三腥新闻吸引读者关注，虚伪新闻也频频发生，导致传媒公信力的丧失。

3．中国新闻事业的基本性质和特点是什么？（青岛大学2017年研）

相关试题：

（1）简述中国新闻传媒业的基本性质和特点。（西南大学2010年研）

（2）试述我国新闻事业的基本性质和特点。（厦大2011年研）

（3）中国新闻事业的基本性质和特点。（电子科大2012年研）

答：参见本章考点难点归纳相关内容。

三、论述题

1．论述新闻媒体的共性、特性、个性。（西南大学2008年研）

答：参见本章考点难点归纳相关内容。

2．什么是中国新闻媒介的双重属性？结合当前我国新闻传媒业的资本运行，谈谈其对中国新闻事业的影响。（复旦大学2007年研）

相关试题：

（1）党的十四大确立了社会主义市场经济体制以后，我国新闻界形成了新闻事业具有双重属性的认识。确立新闻事业的双重属性，极大地解放了新闻媒介的生产力，给新闻媒介带来许多积极的变化。请对这些变化进行论述。（南京师大2009年研）

（2）1978年，国家出版局在全国报纸经理会议上正式宣布报社企业化经营的决定。“事业单位、企业化管理”成为中国报业性质的定位。请结合此后30年中国报业运营体制的嬗变，说说你对报业这一定位的理解。（厦大2014年研）

（3）对新闻事业双重属性的认识给新闻媒介带来了哪些积极变化？（河北大学2016年研）

答：参见本章简答题第1题答案。

第九章　新闻事业的功能与效果

9.1　复习笔记

【知识框架(庖丁解牛)】

- 新闻事业的功能与效果
  - 新闻事业的功能
    - 一般功能
    - 新闻媒介功能的局限性
  - 新闻媒介的正负效应
  - 新闻媒介的功能定位
    - 政企合一型
    - 信息+盈利型
    - 消闲+服务+盈利型
    - 知识+盈利型
    - 纯宣传型
  - 新闻媒介的传播效果
    - 定义
    - 西方对新闻媒介传播效果的研究历程
    - 新闻媒介效果的相关理论假说
  - 新闻媒介的作用和任务
  - 建设新型主流媒体

【本章概要(提纲挈领)】

本章主要论述了新闻事业的功能与效果的相关知识。本章考点以概念题、简答题以及论述题为主，在学习时，需要着重对新闻事业的功能、新闻媒介的功能定位及传播效果、新闻媒介效果的相关理论假说等内容加以把握，并大致了解新闻媒介的正负效应、新闻媒介的作用及任务、我国在国内和国际上建设新型主流媒体的路径及问题等内容。

【考点难点归纳(厚积薄发)】

考点一：新闻事业的功能　★★★★

1. 新闻事业的一般功能(见表9-1)

表9-1　新闻事业的一般功能

要点		具体内容
守望环境：沟通情况，提供信息		受众使用新闻媒介的最重要的目的在于获取有用的信息，并为其决策提供支撑。而新闻媒介的守望环境（社会雷达）功能是最基本的功能，能够帮助受众守望环境，使受众根据环境的变化，及时调整社会行为，这也是民主建设中必不可少的环节。新闻媒介向受众提供的信息包括世界的最新变化及受众最关心的社会现象。为了承担起守望环境的功能，新闻媒介应以最快速、准确的方式，将新近世界变动的信息传播给更广大的受众，满足其对环境作出判断的要求
社会协调：进行宣传，整合社会		①对政治、经济、军事、文化等领域的活动进行及时报道，并在此基础上给公众提供合理的解释和引导。 ②阐述人类社会发展的理想和国家发展的目标，将社会成员的力量凝聚到社会共同理想上。 ③针砭时弊，惩恶扬善，维护健康的社会价值观念，维持社会有序地运行。 ④对社会现象进行评价。 ⑤及时发现社会问题，化解社会矛盾，发动整个社会齐心协力共同解决社会问题、战胜社会危机等
社会变革	参政议政	新闻媒介可以帮助公民参政议政，促进公民社会的形成。公民社会的形成可以保障公民的民主权利，可以使公共决策建立在广泛讨论的基础上，从而提高公共决策的质量，分散公共决策的风险。公民通过媒体参政议政是一种最方便、最经济的方式
	舆论监督	新闻媒介可以进行舆论监督，维护社会正义，维护社会秩序，制约公共权力
	推动社会变革	新闻媒介可以为思想辩论提供场所，引发并推动社会变革
	政治革命	新闻媒介可以促成舆论交锋，组织群众、宣传革命思想，从而引发政治革命
培养教育：传播知识		新闻媒介的培养教育功能最主要地体现在人的社会化过程中： ①新闻媒介拓宽了人的视野，完善了人的知识结构，丰富了人的个性品质。 ②新闻媒介发展了人的阅读技能，提高了人的理解能力，提升了人的素质。 ③新闻媒介强化了社会成员的公共意识，价值观的多元化得到了社会的承认。 ④随着新媒体的进步，新闻媒介的社交性增强，人们在虚拟空间内生活的时间不断增多
消闲和服务		①消闲主要是提供能够被大众消费的娱乐内容，如体育节目、综艺节目、选秀节目和影视剧等。 ②服务功能是现代媒体业务拓展的重要领域，如提供商品信息、天气预报、法律咨询、购物向导等内容

【考点拓展】新闻事业的经济促进功能

新闻媒介促进经济发展的功能主要体现在：

(1)通过媒体的内容传播，间接作用于经济领域，产生经济效益。

(2)直接作为传媒产业，在经营中创造利润，为国民经济作贡献。

2. 新闻媒介功能的局限性

新闻媒介在发挥其一般功能时，也有局限性，包括：

(1)新闻媒介作为阶级斗争的工具，可以揭露、打击敌人，但无法从物质上摧毁敌人。

(2)新闻媒介可以通过舆论揭露和谴责各种不法行为，但没有处置任何人的权力；可以批评各种错误行为，却不能代替党政部门进行处分。

(3)新闻媒介可以指导公众的思想、行动，但不能指挥、命令任何人。

(4)新闻媒体可以拓宽视野、介绍各种知识，但没有系统性、阶段性，不能代替教科书和学校教育。

考点二：新闻媒介的正负效应 ★★★

新闻媒介的正负效应矛盾、错综复杂地交织在一起，具体表现在：

(1)新闻媒介展现了整个世界，但一些新闻失真却误导了受众。

(2)新闻媒介加强了世界各国各地区的联系，却使人际关系更疏远。

(3)新闻媒介丰富了人们的见闻，却降低了人们的知识水平和认知能力。

(4)新闻媒介打开了人们的视野，改变了其时空观，却引发了个人贪图名利的无限欲望。

(5)新闻媒介加快了社会民主化的进程，促进了人类文明的发展，但也引发了一系列社会问题。

> **【考点拓展】新闻媒介其他的正负效应**
> (1)新闻媒介的过度商业化，更多地考虑自身利益，消解了媒体的社会功能。
> (2)新闻自由是民主社会的基石之一，但其对司法活动的干预可能导致媒介审判。

考点三：新闻媒介的功能定位 ★★★

功能定位，是指确定媒介所要担负的职能和所要发挥的功用，是立足于受众需求和传播目的对媒介产品的决策。功能定位是媒介实现传播效益，包括社会效益和经济效益的指向性规定。

(1)政企合一型新闻媒介：信息+宣传+赢利型。代表性媒介是中国各级党委机关报。

(2)信息+赢利型的新闻媒介，政治倾向性较弱。如中国的《参考消息》《报刊文摘》等。

(3)消闲+服务+赢利型的新闻媒介。代表性媒介是大众化通俗报纸(晚报、都市报)及电台、电视台等。

(4)知识+赢利型的新闻媒介。代表性媒介是科技报。

(5)纯宣传型的新闻媒介。主要为对外广播电台。

考点四：新闻媒介的传播效果 ★★★★

1. 定义

新闻媒介的传播效果问题贯穿于新闻传播活动的全过程，始于传播之前，显现于传播之后，是指新闻传播受众接受信息之后，在情感、思想、态度和行为等方面所发生的变化。

2. 西方对新闻媒介传播效果的研究历程(见表9-2)

表9-2 西方对新闻媒介传播效果的研究历程

要点	具体内容
第一阶段(1940年以前)	这一时期的代表理论是“魔弹论”，又称“枪弹论”“皮下注射论”等，大众传播被视为形成舆论和信念、改变人们生活习惯并指导人们行为的强大理论。它过分夸大了新闻媒介的影响力，也忽视了受众对大众传播的自主权的前提

续表

要点	具体内容
第二阶段 (20 世纪 40～60 年代)	这一阶段，研究者对“媒介万能”的观点提出了质疑和挑战，形成了“有限效果论”。该理论认为新闻媒介并非作为传播效果的必要条件或充分条件之一而存在，媒介的效果只能在一定的社会环境中产生和运行
第三阶段 (20 世纪 70 年代开始)	①这一阶段，研究者认为“魔弹论”和“有限效果论”都有失偏颇，二者都过度关注一个有限范围的效果。因此，这一阶段的研究将注意力转向对长期效果的研究，更多关注环境、倾向和动机之间的互动关系。这一阶段较有影响的理论是“使用与满足理论”和“议程设置理论”。 ②这一阶段的研究开始摆脱定量分析的窠臼，研究者认为媒介建构意义并把这一建构以一种系统的方式提供给受众，这个过程经常受到一些社会利益群体的参与和受众的社会背景的强烈影响，更加注重新闻媒介和受众之间的相互选择和互动。这一阶段有代表性的理论是“沉默的螺旋”理论

3. 新闻媒介效果的相关理论假说

(1)魔弹论。魔弹论产生的理论背景是当时西方盛行的本能心理学和大众社会理论。本能心理学认为，人的行为受“刺激—反应”机制主导，施以某种特定的刺激就必然会引起某种特定的反应。大众社会理论则认为，大众社会中的个人，在心理上陷于孤立，对媒介的依赖性很强，因而导致媒介对社会的影响力很大。这种观点过度夸大了大众媒介的影响力，同时也忽视了受众对大众传播的自主权的前提，还忽视了影响新闻媒介效果的各种社会因素。

(2)选择性理论。选择性理论由美国传播学者克拉珀提出。他认为受众接受信息的过程呈现出注意——理解——记忆这样一种线性过程，并在此基础上将受众的选择性心理分为选择性注意、选择性理解、选择性记忆三个阶段。

①选择性注意。注意是受众接受信息的第一步。受众是主动地、有选择地去注意那些自己需要的和关心的信息，同时又主动回避那些自己不需要的和不关心的信息。

②选择性理解。理解是指人们对事物或现象所作的解释和所得出的结论。选择性理论认为，受众总是基于自己的思维方式和价值观来对信息进行解码，从而与自己原有的认知相协调。

③选择性记忆。选择性理论认为记忆是一种极其主观的、以自我为中心的脑活动，常常是对记忆信息的某一部分印象很深，或者只记忆其中自己愿意记住的、对自己有利的部分，而其余部分则被忽略。

(3)使用与满足理论。1974 年，传播学家卡兹等人发表了《个人对大众传播的使用》一文，将受众对媒介的接触行为概括为：社会因素 + 心理因素→对媒介的期待→对媒介的接触→需求满足。日本传播学者竹内郁郎做了进一步的完善，认为受众使用媒介的动机和目的包括：①解闷消愁。②人际关系。③确认自我。④监视环境。

(4)二级传播理论。1940 年，拉扎斯菲尔德等人通过伊里调查发现，信息从新闻媒介到受众经历了两个阶段，首先从大众传播到舆论领袖，再从舆论领袖传到社会公众，他们将之称为二级传播理论。二级传播理论认为人际传播比大众传播在态度改变上更有效，是一种有限效果理论。

(5)议题设置理论。议程设置理论最早见于美国传播学者麦库姆斯和肖于1972年发表的论文《大众传媒的议程设置功能》，主要探讨大众传播的效果和影响问题，认为：

①大众媒介往往不能决定人们对某一事件或意见的具体看法，但是可以通过提供信息和安排相关的议题来有效地左右人们关注某些事实和意见，以及他们对议论的先后顺序，新闻媒介提供给公众的是他们的议程。

②大众传媒对事物和意见的强调程度与受众的重视程度成正比，该理论强调：受众会因媒介提供议题而改变对事物重要性的认识，对媒介认为重要的事件首先采取行动。

③媒介议程与公众议程对问题重要性的认识不是简单的吻合，这与其接触传媒的多少有关，常接触大众传媒的人的个人议程和大众媒介的议程具有更多的一致性。

④不仅关注媒介强调哪些议题，而且关注这些议题是如何表达的，对受众的影响因素除了媒介所强调的议题外，还包括其他因素，这些影响包括对态度和行为的两种影响。

(6)创新扩散理论。创新扩散理论是由美国学者罗杰斯于20世纪60年代在《创新的扩散》一书中提出。他认为创新是一种被个人或其他采纳单位视为新颖的观念、实践或事物。创新扩散是指一种以一定的方式随实践在社会系统的各种成员间进行传播的基本社会过程，包括五个阶段：

①了解阶段。接触新技术新事物，但知之甚少。

②兴趣阶段。发生兴趣，并寻求更多的信息。

③评估阶段。联系自身需求，考虑是否采纳。

④试验阶段。观察是否适合自己的情况。

⑤采纳阶段。决定在大范围内实施。

(7)沉默的螺旋理论。沉默的螺旋理论是德国传播学家诺依曼在对历史进行研究的基础上，又经过多年的民意调查实证研究，于20世纪70年代提出了一种描述舆论形成的理论假设。沉默的螺旋概念基本描述了这样一个现象：人们在表达自己想法和观点的时候，如果看到自己赞同的观点，并且受到广泛欢迎，就会积极参与进来，这类观点越发大胆地发表和扩散；而发觉某一观点无人或很少有人理会(有时会有群起而攻之的遭遇)，即使自己赞同它，也会保持沉默。意见一方的沉默造成另一方意见的增势，如此循环往复，便形成一方的声音越来越强大，另一方越来越沉默下去的螺旋发展过程。其主要观点有：

①个人意见的表明是一个社会心理过程。

②意见的表明和“沉默”的扩散是一个螺旋式的社会传播过程。

③大众传播通过营造“意见环境”来影响和制约舆论。

(8)文化霸权理论。文化霸权是指采用各种文化工具，如文化理论、文化产品、文化资源、文化人才等对社会思想意识进行支配以期达到在政治、经济、文化和社会诸方面占主导地位的效果。葛兰西提出文化霸权理论，认为统治阶级维护其统治主要通过政治社会的政治霸权和市民社会的“文化霸权”。

(9)新闻建构理论。新闻建构理论由李普曼在《舆论学》(1922)中提出，其理论基础是“拟态环境”。他认为大众媒介通过持续不断的新闻报道建构出受众头脑中的现实世界，通过凸显某些现实、遮蔽某些现实来完成建构，是各种力量、意识形态进行博弈的结果。

【考点拓展】新闻传播效果的构成(见表9-3)

表9-3 新闻传播效果的构成

要点	具体内容
信息共享	新闻传播的社会信息中，多数为共享性信息，少部分为宣传性信息。共享性信息可以帮助受众更好地了解世界，从而更好地认识、熟悉、适应世界，从而更好地创造新的生存环境
情趣养成	受众需要和接受的一部分信息是关于文艺、体育等物质生产以外的生活信息，可以推动受众情趣的养成
知识传承	新闻传播是自然科学、社会科学等文化知识得以代代相传的重要中介
情绪宣泄	新闻传播的某些信息可以引起受众强烈的愤怒、激动、恐惧、厌恶等情绪反应
审美感受	新闻传播的信息如具有审美价值，可以使受众在接受传播后得到愉悦、幸福、痛苦或懊恼等审美感受
价值认同	新闻传播报道的人物、实践、价值观念为受众所首肯，其报道的内容就有了推广的意义
态度改变	新闻传播传达的劝服性信息，主要作用在于增强受众原有的态度，而受众不认同的立场观点，也会以自身的理念给予驳斥和拒绝，从而使他们的态度更为坚定。这种态度改变，可能是程度的变化，也可能是态度方向的转变
行为转化	在一定的传播环境及其他因素的综合作用下，受众在经历了一系列劝服性信息影响后，可能会放弃原有的行为或改变行为定势，按照传播者引导或指出的方向采取新的行为或行为定势

考点五：我国新闻媒体的作用和任务 ★★★★

我国新闻媒体作为“党和人民的喉舌”，在我国的新闻事业发挥着特殊的作用和任务。包括：

(1)高举旗帜，引领导向。
(2)围绕中心，服务大局。
(3)团结人民，鼓舞士气。
(4)成风化人，凝心聚力。
(5)澄清谬误，明辨是非。
(6)联接中外，沟通世界。

考点六：建设新型主流媒体(见表9-4) ★★★★

表9-4 建设新型主流媒体

要点	具体内容
综合指标	四力：①新闻舆论传播力；②引导力；③影响力；④公信力
基本特征	①前提：党管媒体。 ②任务：面向主流人群，传播主流文化及主流价值观。 ③报道内容：以时政新闻为主，做时代风云的记录者。 ④载体：主要为互联网，其次为报纸、电视、广播等传统媒体
基本目标	四全：①全时段；②全方位；③全媒体；④全覆盖
最低要求	四不：①不失真；②不失语；③不失品；④不失位

9.2 考研真题与典型题

一、概念题

1. 传播效果(江西师大2009年研；湖南大学2008年研；中南财大2008年研)

2. 魔弹论

相关试题：枪弹论(南大2009年研)

3. 选择性理论(电子科大2015年研；南开大学2009年研；上海财大2009年研)

4. “使用与满足”理论(东北师大2022年研；中传2016年研；南大2016年研；复旦大学2015年研；暨大2011年研；厦大2010年研；川大2009年研；人大2008年研)

相关试题：使用与满足是什么，该理论对传播学的贡献是什么？结合现在的新媒体环境，说明其局限性。(论述题，北邮2021年研)

5. 两级传播理论(暨南大学2021年研；西南大学2018年研；中南大学2017年研；厦大2016年研；上海交大2015年研；华中师大2015年研；清华大学2014年研；上海大学2013年研)

6. 议程设置理论(西南大学2023年研；湖南大学2021年研；复旦大学2018年研；厦大2016年研；南大2016年研；中央民大2015年研；人大2012年研；中南财大2010年研)、议程设置(北外2022年研；川大2018年研；中传2017年研；武大2017年研；南大2016年研)

7. 创新扩散理论(上海财大2010年研；人大2009年研；西安交大2008年研)

8. 沉默的螺旋(浙江工业大学2022年研；厦大2021年研；清华大学2018年研；南大2018年研；华中师大2018年研；电子科大2012年研)、“沉默的螺旋”理论(中传2016年研；重庆大学2016年研；华东师大2016年研；人大2012年研；复旦大学2011年研；北师2010年研)

9. 拟态环境(中山大学2022年研；郑州大学2021年研；南京师大2018年研；暨大2017年研；华东师大2017年研；清华大学2016年研；中传2016年研；华南理工2016年研；上海交大2015年研；川大2015年研；北师2014年研)

10. 李普曼(川外2022年研；地大2021年研；东北财经2021年研；南大2017年研；复旦大学2016年研；华中师大2015年研；清华大学2013年研；中国青年政治学院2012年研)

11. 意见领袖(舆论领袖、舆论权威)(北大2018年研；北师2018年研；浙大2017年研；湖北大学2017年研；汕头大学2017年研；川大2015年研；华东师大2014年研；中传2013年研；南大2011年研；厦大2011年研)

二、简答题

1. 新闻事业的一般功能是什么？(河北大学2011年研)

2. 新闻媒介有哪几种功能定位？(江西师大2007年研)

3. 辨析：根据西方学者对新闻媒介传播效果的研究，新闻媒介具有横扫一切、难以抵御的传播威力，而受众则处于被动挨打、不堪一击的地位。(西南大学2010年研)

4. 关于新闻媒介效果的研究，在心理学角度上，西方学者提出了哪些主要理论？(江

西师大 2007 年研）

相关试题：对使用与满足理论的理解。（中南大学 2021 年研；深圳大学 2021 年研；广东外语外贸大学 2021 年研）

5. 简述议程设置理论的发展。（北大 2018 年研）

相关试题：

（1）媒介的议程设置是指什么？（中传 2016 年研）

（2）简述议程设置理论的基本内容。（山东大学 2017 年研；电子科大 2015 年研）

（3）议程设置理论的内涵和发展。（华东师大 2021 年研）

（4）议程设置的客体与属性。（华南理工 2021 年研）

（5）简述议程设置理论。（中国海洋大学 2021 年研；南京师大 2018 年研）

6. 如何理解“沉默的螺旋”假设？（清华大学 2017 年研）

相关试题：

（1）什么是“沉默的螺旋”理论，结合实际论述。（论述题，上海交大 2017 年研）

（2）简述沉默的螺旋理论。（苏州大学 2021 年研；浙大 2017 年研；复旦大学 2014 年研）

7. 葛兰西的霸权理论。（人大 2017 年研）

三、论述题

1. 随着改革开放的不断深入和社会转型期各种矛盾的复杂化，我国进入群体性事件的多发期，诸如西藏 3·14 事件、新疆暴力事件、瓮安暴力事件、重庆出租车罢工等群体性事件不断发生，试结合 1～2 个案例，分析传媒在群体性事件中应承担的职责及发挥的作用。（西南大学 2010 年研）

2. 请结合现实论述新闻媒介的正效应和负效应。（南开大学 2011 年研）

相关试题：

（1）简述新闻媒介的正效应和负效应。（简答题，河北大学 2012 年研；西南大学 2009 年研）

（2）结合实际谈谈你对新闻媒介的正、负效应的理解和认识。（电子科大 2013 年研）

（3）以实例阐述新闻媒介的正效应与负效应。（黑龙江大学 2014 年研）

（4）简述大众传播媒介的正负效应。（简答题，湖南大学 2017 年研）

3. 传播效果研究经历了哪几个阶段？有什么代表性的研究？（中山大学 2017 年研）

相关试题：

（1）试评述媒介效果研究的发展阶段和主要研究成果。（复旦大学 2016 年研）

（2）简述传播效果研究的发展历程。（简答题，中传 2018 年研）

4. 请结合实际谈谈不同媒体议程设置的不同特点。（中传 2018 年研）

相关试题：简述议程融合的内容。（简答题，北邮 2021 年研）

5. 论述议程设置的历史源流、理论应用，及其在新媒体时代的适用性和局限性。（厦大 2018 年研）

相关试题：

（1）试论述“议程设置”学说的核心思想。并分析在互联网多元媒体融合的前提下，传统新闻媒体的“议程设置功能”还存在吗？为什么？请举例论证。（中山大学 2016 年研）

(2)议程设置的研究近年来面临着哪些理论挑战？它是如何应对的？(清华大学2017、2016年研)

(3)试述新的媒体环境下议程设置理论应用的新变化。(中传2018年研)

9.3　考研真题与典型题详解

一、概念题

1. 传播效果(江西师大2009年研；湖南大学2008年研；中南财大2008年研)

答：新闻媒介的传播效果是指新闻媒介所传播的信息对受众的思想、态度和行为所产生的实际影响。它具有双重含义：①指带有说服动机的传播行为在受传者身上引起的心理、态度和行为的变化。说服性传播是指通过劝说或宣传来使受传者接受某种观点或从事某种行为的传播活动，这里的传播效果，通常意味着传播活动在多大程度上实现了传播者的意图或目的。②指传播活动尤其是报刊、广播、电视等大众传播媒介的活动对受传者和社会所产生的一切影响和结果的总体，不管这些影响是有意的还是无意的、直接的还是间接的、显在的还是潜在的。

2. 魔弹论

相关试题：枪弹论(南大2009年研)

答：参见本章考点难点归纳相关内容。

3. 选择性理论(电子科大2015年研；南开大学2009年研；上海财大2009年研)

答：参见本章考点难点归纳相关内容。

4. "使用与满足"理论(东北师大2022年研；中传2016年研；南大2016年研；复旦大学2015年研；暨大2011年研；厦大2010年研；川大2009年研；人大2008年研)

相关试题：使用与满足是什么，该理论对传播学的贡献是什么？结合现在的新媒体环境，说明其局限性。(论述题，北邮2021年研)

答："使用与满足"理论是传播学中重要的受众理论之一，它把受众看作是有着特定"需求"的个人，其媒介接触活动是基于特定需求动机来"使用"媒介，从而使这些需求得到"满足"的过程。"使用与满足"理论一改传媒角度为受众角度，通过分析受众的媒介接触动机及其满足的需求来考察大众传播给人们带来的心理和行为上的效用，把能否满足受众需求作为衡量传播效果的基本标准，开创了从受众角度考察大众传播的先河，曾在传播效果研究史上产生重要影响。但该理论仍然存在一定的局限性。

5. 两级传播理论(暨南大学2021年研；西南大学2018年研；中南大学2017年研；厦大2016年研；上海交大2015年研；华中师大2015年研；清华大学2014年研；上海大学2013年研)

答：参见本章考点难点归纳相关内容。

6. 议程设置理论(西南大学2023年研；湖南大学2021年研；复旦大学2018年研；厦大2016年研；南大2016年研；中央民大2015年研；人大2012年研；中南财大2010年

研）、**议程设置**（北外 2022 年研；川大 2018 年研；中传 2017 年研；武大 2017 年研；南大 2016 年研）

答：参见本章考点难点归纳相关内容。

7. 创新扩散理论（上海财大 2010 年研；人大 2009 年研；西安交大 2008 年研）

答：参见本章考点难点归纳相关内容。

8. 沉默的螺旋（浙江工业大学 2022 年研；厦大 2021 年研；清华大学 2018 年研；南大 2018 年研；华中师大 2018 年研；电子科大 2012 年研）、**"沉默的螺旋"理论**（中传 2016 年研；重庆大学 2016 年研；华东师大 2016 年研；人大 2012 年研；复旦大学 2011 年研；北师 2010 年研）

答："沉默的螺旋"理论是传播效果理论重新回归到强大效果论的代表理论之一。"沉默的螺旋"最早是由诺依曼于 1974 年在《传播学刊》上发表的一篇论文中提出的，1980 年以德文出版的《沉默的螺旋：舆论——我们的社会皮肤》一书，对这个理论进行了全面的概括。诺依曼通过"沉默的螺旋"理论，重新提示了一种"强有力"的大众传播观。这个假说包括以下几个要点：①舆论的形成是大众传播、人际传播和人们对"意见环境"的认知心理三者相互作用的结果；②经大众传媒强调提示的意见由于具有公开性和传播的广泛性，容易被当作"多数"或"优势"意见所认知；③这种环境认知所带来的压力或安全感，会引起人际接触中的"劣势意见的沉默"和"优势意见的大声疾呼"的螺旋式扩展，并导致社会生活中占压倒优势的"多数意见"——舆论的诞生。

9. 拟态环境（中山大学 2022 年研；郑州大学 2021 年研；南京师大 2018 年研；暨大 2017 年研；华东师大 2017 年研；清华大学 2016 年研；中传 2016 年研；华南理工 2016 年研；上海交大 2015 年研；川大 2015 年研；北师 2014 年研）

答：拟态环境（pseudo-environment）是说明大众传播社会影响力的重要概念，由美国学者李普曼在其所著的《公众舆论》一书中提出。他认为，现代社会越来越巨大化和复杂化，人们由于活动范围、精力和注意力有限，不可能对与己相关的整个外部环境和众多事物都保持经验性接触，对超出自己感知范围以外的事物，只能通过大众传媒去了解。大众传播以提示环境变化为己任，但它所提示的并不是环境的全部，而是一种"拟态环境"。"拟态环境"是传播媒介通过对象征性事件或信息进行选择、加工并重新结构化以后向人们提示的环境。大众传播形成的信息环境（拟态环境）不仅制约人的认知和行为，而且通过制约人的认知和行为来对客观的现实环境产生影响。

10. 李普曼（川外 2022 年研；地大 2021 年研；东北财经 2021 年研；南大 2017 年研；复旦大学 2016 年研；华中师大 2015 年研；清华大学 2013 年研；中国青年政治学院 2012 年研）

答：李普曼是传播学史上具有重要影响的学者之一，在宣传分析和舆论研究方面享有很高的声誉。他在其 1922 年的著作《公众舆论》中，开创了今天被称为议程设置的早期思想。该书对成见、兴趣、公意的形成和民主形象等问题做了精辟而深刻的探讨，完成了新闻史上对舆论传播现象的第一次全面梳理，为后人的研究奠定了基础。此外，李普曼很早就注意到了大众传播对社会的巨大影响，在《公众舆论》和《自由与新闻》等著作中，不仅对新闻的性质及其选择过程进行了深刻的分析，而且提出了两个重要的概念，即“拟态环境”(pseudo-environment)和“刻板成见”(stereotype)。他强调大众传播的力量，认为大众传播不仅是“拟态环境”的主要营造者，而且在形成、维护和改变一个社会的刻板成见方面也拥有强大的影响力。

11. 意见领袖(舆论领袖、舆论权威)(北大2018年研；北师2018年研；浙大2017年研；湖北大学2017年研；汕头大学2017年研；川大2015年研；华东师大2014年研；中传2013年研；南大2011年研；厦大2011年研)

答：意见领袖是拉扎斯菲尔德等人在两级传播论中提出的一个重要概念，是指人群中那些首先或较多接触大众传播信息，并将经过自己再加工后的信息传播给其他人的人。意见领袖介入传播过程，加快了信息传播进程并扩大了传播信息的影响。其特点是：①与被影响者一般处于平等关系而非上下级关系；②并不集中于特定的群体或阶层，而是均匀地分布于社会上任何群体和阶层中；③其影响力一般分为“单一型”和“综合型”；④社交范围广，拥有较多的信息渠道，对大众传播的接触频度高、接触量大。

二、简答题

1. 新闻事业的一般功能是什么？(河北大学2011年研)

相关试题：简述新闻媒体的一般功能。(中南财大2010年研)

答：参见本章考点难点归纳相关内容。

2. 新闻媒介有哪几种功能定位？(江西师大2007年研)

答：参见本章考点难点归纳相关内容。

3. 辨析：根据西方学者对新闻媒介传播效果的研究，新闻媒介具有横扫一切、难以抵御的传播威力，而受众则处于被动挨打、不堪一击的地位。(西南大学2010年研)

答：题中观点是新闻媒介传播效果研究中的“魔弹论”，又称作“靶子论”“皮下注射理论”。该理论具有很大的局限性，其中的许多提法是不合理的。具体分析如下：

(1)此观点属于西方早期新闻传播理论中的强效果论，流行于20世纪20年代至40年代。它的产生和流行，与第一次世界大战中的一些传播现象密切相关，也由此导致其片面性和局限性。

(2)按照“魔弹论”的观点，在新闻传播过程中，传播者是主动的，而受众则是被动的。传播者把“信息子弹”发射出去，受传者必被击中，应声倒下，传播效果直接而明显。而长期的新闻传播实践表明，受众是复杂的、能动的、有自主性的行为主体，会出于自身需要对“信息子弹”进行选择和评价并决定是否接纳。现代政治传播研究也表明，受众对于宣传信息必须先入“心”入脑，才能发挥作用。

总之，“魔弹论”的产生没有科学的根据，它过分夸大传播效果，忽略了影响大众传播的各种社会因素。另外，它完全否定了受众在大众传播中的能动性，片面地认为受众是消极的、被动的，可以被传播任意影响和改变的。所以，这种理论只是特定社会阶段的产物，不是一种科学的理论。“魔弹论”是新闻传播活动的大忌。

4. 关于新闻媒介效果的研究，在心理学角度上，西方学者提出了哪些主要理论？（江西师大 2007 年研）

相关试题：对使用与满足理论的理解。（中南大学 2021 年研；深圳大学 2021 年研；广东外语外贸大学 2021 年研）

答：西方研究者从心理学角度对新闻媒介效果提出的理论主要有魔弹论、选择性理论和使用与满足理论，具体参见本章考点难点归纳相关内容。

5. 简述议程设置理论的发展。（北大 2018 年研）

相关试题：

(1) 媒介的议程设置是指什么？（中传 2016 年研）

(2) 简述议程设置理论的基本内容。（山东大学 2017 年研；电子科大 2015 年研）

(3) 议程设置理论的内涵和发展。（华东师大 2021 年研）

(4) 议程设置的客体与属性。（华南理工 2021 年研）

(5) 简述议程设置理论。（中国海洋大学 2021 年研；南京师大 2018 年研）

答：（1）议程设置理论的内涵。议程设置理论是最早由美国传播学家 M. E. 麦库姆斯和 D. L. 肖于 1972 年在《舆论季刊》上发表的一篇论文《大众传播的议程设置功能》中提出的一种关于大众传播效果的假说。他们发现，在选民对当前重要问题的判断与大众传媒反复报道和强调的问题之间，存在着一种高度的对应关系，大众传媒作为“大事”加以报道的问题，同样也作为“大事”反映在公众的意识当中；传媒给予的强调越多，公众对该问题的重视程度也就越高。换言之，大众传播具有一种为公众设置“议事日程”的功能，传媒的新闻报道和信息传达活动以赋予各种“议题”不同程度的显著性的方式，影响着人们对周围世界的“大事”及其重要性的判断。

议程设置理论从考察大众传播在人们的环境认知过程中的作用入手，重新揭示大众传媒的有力影响，为效果研究摆脱“有限论”的束缚起重要的作用。“议程设置理论”中所包含的传播媒介是“从事环境再构成作业的机构”的观点，把西方主流传播学长期以来力图回避的一个重要问题——大众传播过程背后的控制问题重新摆在人们面前。

（2）议程设置理论的发展。在麦库姆斯和肖发表论文提出“议程设置功能”假说之后，该理论逐渐引起传播学界的广泛关注，得到更深的发展。

①“议程设置功能”的作用机制趋于明确化。学者们提出“0/1”“0/1/2”“0/1/2…N”三种机制，认为传媒对一系列“议题”按照一定的优先顺序所给予的不同程度的报道，会影响公众对这些议题的重要性顺序所作的判断。

②对“议题”不同类型进行较深入的研究。韦弗根据 1976 年的调查结果提出，公众的“议题”在本质上是受到传媒“议题”的影响的，但公众的“议题”也可以分为不同的类型，如“个人议题”“谈话议题”“公共议题”。

③分析不同媒体“议程设置”的不同特点。麦库姆斯和肖是把报纸、杂志、电视作为一个总体来考察的，其后的许多研究则将不同的媒介加以区别。韦弗等人在调查中发现，报纸的“议程设置”对较长期议题的“重要性顺序排列”影响较大，而电视的“热点化效果”比较突出。

④将“议程设置功能”与受众的不同属性相结合。如：受众对各种议题的经验越是间接，

受媒介的影响越大；受众对媒介信息的接触量越大，受媒介的影响越大；人际传播的频度对媒介的议程设置效果有“抑制”和“强化”两种作用等。

(3)新媒体环境下议程设置理论的变化。传统议程设置理论诞生于以报纸、电视等大众传播媒体为主要媒介的时代，而网络中多元的传播方式和传播权的泛化，使受众的自主性和互动性大大增强，使传统媒体中议程设置理论的基础被打破，新的传播模式中议程设置理论发生了改变。

①从议程设置主体看，传统媒体主导议题、受众被动接受的局面被打破，议程设置主体变得多元化。

②从议程设置内容看，新媒体因渠道的丰富性、发言主体的众多性、涉及话题的自由性，更容易形成广泛的多样化议题。这种大众性议程设置对传统媒体的权威性议程设置构成了强烈冲击。

③从议程实施过程看，传统媒体的绝对主导受牵制。由于网络媒体的多元化和互动性，传统媒体的单向度信息传播在网络上变成多向度互动性的信息传播，由于网民往往有不理性和情绪化倾向，相对传统媒体，议程进展常难控制。

④从议程设置效果看，传统媒体的影响力的实现受到掣肘。网络时代受众广泛接触不同的甚至对立的信息，更有利于独立判断，不会轻易受传统媒体设置议程的影响。

此外，互联网的出现虽然使得传统议程设置理论的一些基础性假设面临新的理论挑战，但也因此为议程设置理论研究提供了新视角，如“议程融合”理论的发展等。

6. 如何理解“沉默的螺旋”假设？（清华大学 2017 年研）

相关试题：

(1)什么是“沉默的螺旋”理论，结合实际论述。（论述题，上海交大 2017 年研）

(2)简述沉默的螺旋理论。（苏州大学 2021 年研；浙大 2017 年研；复旦大学 2014 年研）

答：“沉默的螺旋”(the spiral of silence)理论由德国社会学家诺依曼于 1974 年首次提出，并于 1980 年在《沉默的螺旋：舆论——我们社会的皮肤》中给予全面的概括。

(1)三个命题。

①个人意见的表明是一个社会心理过程。个人在表明观点前要对周围的意见环境进行观察，当发现自己属于“多数”或“优势”意见时，便倾向于积极大胆地表明自己的观点；当发现自己属于“少数”或“劣势”意见时，一般就会屈于环境压力而转向“沉默”或者附和。

②意见的表明和“沉默”的扩散是一个螺旋式的社会传播过程。一方的沉默造成另一方的意见增势，受群体压力而改变态度的人越来越多，使得优势意见越来越强，迫使更多持不同意见的人继续保持沉默或转变态度追随支配意见。

③大众传播通过营造“意见环境”来制约影响舆论。诺依曼认为，传播媒介对人们的环境认知活动产生影响的因素有三个：a. 多数传媒的报道内容具有高度的类似性(产生“共鸣效果”)；b. 同类信息的传达活动在时间上具有持续性和重复性(产生“累积效果”)；c. 媒介信息的抵达范围具有空前的广泛性(产生“遍在效果”)。

(2)理论要点。

①舆论的形成是大众传播、人际传播和人们对“意见环境”的认知心理三者相互作用的结果。

②经大众传媒强调提示的意见由于具有公开性和传播的广泛性，容易被当作“多数”或“优势”意见所认知。

③这种环境认知所带来的压力或安全感，会引起人际接触中的“劣势意见的沉默”和“优势意见的大声疾呼”的螺旋式扩展，并导致社会生活中占压倒优势的“多数意见”——舆论的诞生。

7. 葛兰西的霸权理论。（人大 2017 年研）

答：（1）葛兰西霸权理论的主要内容。

①“霸权”一词，原指国家的霸权或政治运动的主导权，现指一定阶级联盟为了自己的利益对整个市民社会的统治。葛兰西研究的侧重点是文化领导权，他最早在《狱中笔记》中将“霸权”作为社会分析的一个主概念加以使用。他把现代国家的形成看作是作为“强制装置”的政治社会和作为“霸权装置”的市民社会的融合，认为市民社会主要是通过“合意”或“同意”的组织化过程而维持统治的社会，随着市民社会的发展，它将吸收政治社会而形成新型的国家。对于国家的统治，可以通过暴力或强制，而对于市民社会的控制，则必须诉诸文化。这种文化的领导权建立在公民的“常识”和同意的基础之上。因此，领导力量并不是一味地动粗用强，还会通过一定程度的让步和妥协，寻求咬合点，与被统治者达成一致。

②文化霸权并不是一种简单的、赤裸裸的压迫和支配关系，霸权要争得一种领导地位，它要求赞同，但并非不允许不同声音的存在；它需要遏制对立面，但并非要剪除对立面。为了获得霸权，统治集团不得不对被统治集团的利益和需求做出一定让步。因此在葛兰西看来，文化既是支配的，又是对抗的，它的内容是由统治集团获得霸权的努力和被统治集团对各种霸权的抵抗共同构成的。

③葛兰西还认为，霸权不是意识形态，它不是阶级意念的简单再现，也不能由统治阶级强加，而是由大众传媒等通过日常的新闻报道、宣传、广告活动，把支配阶级的利益描述为社会的普遍利益，目的是制造“社会同意”。

（2）葛兰西霸权理论的影响。

①批判学派的学者继承了葛兰西的观点，认为在现代资本主义社会，支配阶级不再主要依靠国家、军队、法院等“强制装置”，而主要是通过意识形态“霸权装置”来维护自身的利益。以私有制为基础的大众传播制度就是重要的意识形态“霸权装置”之一，大众传媒通过日常的新闻报道、宣传和广告活动等，把支配阶级的特殊利益描述为社会的“普遍利益”，其目的是操作形成“同意”或“社会合意”，但其归根结底是一种“虚假的合意”，掩盖了阶级支配的实质。

②在葛兰西霸权理论的影响下，20 世纪 70 年代的文化研究关注无权者如何通过自己对文化产品的解读和使用，与权力进行抵抗，并建立起自己的身份认同，如当代文化研究中心成员集体撰写的《仪式的抵抗：战后英国青年亚文化》（1976），研究了 20 世纪 60 年代末到 70 年代初英国工人阶级青年“反文化”现象。

三、论述题

1. 随着改革开放的不断深入和社会转型期各种矛盾的复杂化，我国进入群体性事件的多发期，诸如西藏 3·14 事件、新疆暴力事件、瓮安暴力事件、重庆出租车罢工等群体性

事件不断发生，试结合 1～2 个案例，分析传媒在群体性事件中应承担的职责及发挥的作用。（西南大学 2010 年研）

答：群体性事件是当代中国的特殊现象，是社会矛盾在当前国情和现行体制下的特殊表达方式，透过群体性事件这面镜子，可以窥见当代中国社会矛盾和体制缺陷的纵深结构。

大众传媒作为公众了解信息的通道、守望社会的窗口、沟通政府与公众的桥梁以及社会舆论引导的力量，其在群体性事件处理过程中扮演着重要角色，行使着重要职能。媒体作用发挥得当，会对群体性事件的解决和处理起到积极的引导作用。在此过程中，传媒应该发挥的作用主要体现在：

（1）信息公开的窗口，客观报道的媒介。大众媒介是信息公开的重要窗口，也是公众了解信息的主要渠道。群体性事件往往成因复杂，涉及经济、政治、法律等方方面面，其中很大一部分群体性事件与政府部门及有关领导对政策宣传不够有关。

因此，媒体应发挥政府和公众之间的桥梁与纽带作用，积极向群众宣传政策，对于关系到群众切身利益以及时事民生方面的信息，要充分保证群众的知情权，增加信息的公开性和政务公开的透明性。引导群众在法律框架内表达诉求，解决矛盾。

媒体应站在社会和国家利益的高度，既坚持信息传播的真实性、客观性，又及时澄清事实、疏导热点，实现社会和国家利益与新闻真实的高度融合，切实发挥大众传媒的社会功能。

（2）利益表达的通道，社会矛盾的减压阀。矛盾既是推动一切社会发展的根本动力，也是导致一切社会冲突的总根源。群体性事件剧增的背后，本质上是处于相对弱势地位的民众对社会不公、官员腐败等的怨恨和不满。在信息不公开的情况下，这种压抑的诉求极易在极端情况下被引爆，从而形成迅速蔓延的群体性事件，产生巨大的社会危害。

以贵州瓮安“6·28”事件为例，从一起单纯的民事案件，最终酿成一场严重的打、砸、烧群体性事件，其实质是矿群纠纷、移民纠纷、拆迁纠纷等多种纠纷相互交织、社会矛盾长期积累的结果。因此，有必要构筑健全的利益表达制度和意见反映机制，在可控制范围内容忍冲突的发生，为社会主体设置相应的宣泄不满情绪的渠道。

针对群体性事件的报道能够释放一部分与现行秩序对立的社会力量，起到“疏导”和“减压”的作用，可以在很大程度上消除、分化对立情绪，缓解矛盾的尖锐性，疏通表达意志的渠道，从而避免引起社会动荡。

（3）群众监督的利器，引导舆论的关键。新闻媒体对群体性事件的报道，可以发挥监督功能，引导正确的舆论导向，有助于各方形成对矛盾的正确认识并合理化解，更能促进整个社会认同程度的提高，为构建和谐社会营造良好的氛围。同时，要关注事态和人的最新动态，可用议程设置典型报道等手段，既要保护公众的物质利益，更要保护他们的表达权利。通过新闻事实的报道和相关评论，把公众舆论引导到理性和建设性的轨道上来，从而有利于群体性事件的圆满解决。

新闻舆论监督是实现社会文明和进步的重要保障，是实现社会公平、党政廉明的助推器。如果没有媒体的舆论监督，孙志刚的死也许不会推进《救助法》的出台，毒奶粉还在残害儿童，无数矿难还在掩盖之中……大众传媒应该是真正的社会喉舌，它要体现社会利益，反映社会实情和民众呼声，正面的、负面的东西给予客观表达，这对党、对国家、对社会都具有重要意义。

(4)社会和谐的柱石，公民社会的推动器。构建公民社会共同的思想基础，营造和谐繁荣的舆论环境，倡导和树立现代公民精神都离不开大众传媒。大众传媒要准确把握协调社会利益关系的基本规律，深入科学地研究新形势下人民内部矛盾的新变化、新特点和新趋势，使民意通过媒体，以适当的方式进行表现，反映百姓和受众的呼声，正确对待以现代化为趋向、由传统社会向现代社会转型的大背景下出现的类似现象，这也有助于人们找到切实有效化解群体性事件的治理之道，为构建社会主义和谐社会做出媒体应有的贡献。

媒体的力量与立法、行政、司法三大权力的不同之处在于，它来源于社会的开放性，来源于民众自下而上的参与，来源于对民意客观准确的反映，它不是一种强制性的政治权力，而是一种参与性、监督性的话语权力。正是这种不同，注定了媒体在现代社会背景下的一种制衡政府的天然责任。越是在政治权力所不能及的地方，越是在官民之间不能调和、立场有着难以弥合的差距的事情上，媒体越能发挥不可替代的作用。群体性事件正属于这种情形。如果政府有能力独立处理好矛盾，群体性事件就不会发生；正是因为政府力有未逮，才更需要另外一种力量，居中协调，促使和帮助各方实现沟通与妥协，使事态朝着建设性方向发展。可以说，群体性事件报道是在当代中国特殊社会矛盾和体制约束下，媒体能发挥作用的一个舞台。但是要登上这个舞台并坚持下来，以一己之力推动社会前行，保持持续战斗的能力，这不但需要勇气，更需要智慧，需要对中国国情和体制性约束边界的深刻洞察和智慧把握。

2. 请结合现实论述新闻媒介的正效应和负效应。（南开大学 2011 年研）

相关试题：

(1)简述新闻媒介的正效应和负效应。（简答题，河北大学 2012 年研；西南大学 2009 年研）

(2)结合实际谈谈你对新闻媒介的正、负效应的理解和认识。（电子科大 2013 年研）

(3)以实例阐述新闻媒介的正效应与负效应。（黑龙江大学 2014 年研）

(4)简述大众传播媒介的正负效应。（简答题，湖南大学 2017 年研）

答：参见本章考点难点归纳相关内容。

3. 传播效果研究经历了哪几个阶段？有什么代表性的研究？（中山大学 2017 年研）

相关试题：

(1)试评述媒介效果研究的发展阶段和主要研究成果。（复旦大学 2016 年研）

(2)简述传播效果研究的发展历程。（简答题，中传 2018 年研）

答：参见本章考点难点归纳相关内容。

4. 请结合实际谈谈不同媒体议程设置的不同特点。（中传 2018 年研）

相关试题：简述议程融合的内容。（简答题，北邮 2021 年研）

答：议程设置是大众传播的重要社会功能和效果之一，是通过大众媒介形成或影响舆论的理论假设。20 世纪 70 年代，美国传播学者麦库姆斯和肖通过实证研究发现，在公众对社会公共事务中重要问题的认识和判断与传播媒介的报道活动之间，存在一种高度对应关系，即传播媒介作为“大事”加以报道的问题，同样也作为大事反映在公众的意识中；传播媒介给予的强调越多，公众对该问题的重视程度越高。后来也有一些研究对报纸、广播电视媒介等不同媒介的议程设置功能的特点进行了探讨。

(1)不同传统媒体议程设置的特点。麦库姆斯和肖在1968年和1972年两次调查中，都是把报纸、杂志、电视作为一个总体来考察的，其后的许多研究则将不同的媒介加以区别，对它们不同的功能特点加以比较。

①报纸的“议程设置”对较长期议题的“重要性顺序排列”影响较大，而电视的“热点化效果”比较突出。

②报纸的新闻报道形成“议程”的基本框架，而电视新闻报道则挑选出“议程”中若干最主要的“议题”加以突出强调。

③电视的主要影响是提供“谈话议题”，而报纸则可以进一步对“个人议题”产生较深刻的影响。电视、广播等的现场直播在很大程度上改变和加强了传统媒体议程设置的方式与功能，但由于出版制作的时间、空间限制，由于内容甄别和把关的需要，通常不可能做到新闻信息的实时传播。

④广播电视的直播一般适用于偶然性和突发性的新闻事件，而这种实时性互动传播在传统电子媒体的日常新闻传播过程中并不是报道的主要形式。

(2)新媒体议程设置的新特点。与传统媒体的议程设置相比，在网络日益普及的背景下，新媒体环境中多元的传播方式和传播权的泛化，使受众的自主性和互动性大大增强，使传统媒体中议程设置理论的基础被打破，新的传播模式中议程设置理论发生了改变。

①自主设置议程凸显。网络媒体的多元互动性可以帮助受众形成公众议程。传统媒体不再是第一手的或者唯一的新闻来源，多元化的传播者、复合式的传播形态、多样的传播渠道等因素，使得以网民为代表的公众可以自行选择、加工信息，并通过网络传播形成网上舆情。

②媒介间议程设置的“共鸣效果”引爆舆论。在传统媒体时代，“共鸣效果”在媒介间的议程设置中起主导作用，而在新媒体时代，“共鸣效果”不再是主导性的议程流向方式，传统媒体、网络媒体、自媒体三大媒介交互推进引爆舆论。新媒体情境下突发公共事件的舆情扩散有一个共同特征，即主流媒体舆论场与民间舆论场交互推动、合力推进舆情生成和演变。

③议程融合对现实的“倒逼”。随着互联网的普及，传统媒体的议程设置能力在下降，影响议程设置过程的中介因素也在增多。随着媒介环境的变化，事件的发生可以通过自媒体的传播快速上升为公众议题，引导大众媒介的议程设置，并对政策议题产生影响和推动。网络成为突发公共事件的首发媒介，进而引起其他媒体关注，形成社会话题，并最终影响政府和公众行为。网络虚拟社会对现实社会的“倒逼”已成为推动社会进步的重要力量。

④“铺垫作用”强化网民认知。大众传媒不仅能进行显在的议程设置，还能进行潜在的议程设置，它将知识和观念构建在大脑中，一旦出现诱因，就可以激活受众的记忆，从而发挥议程设置的作用。例如，随着自媒体的发展而越来越受到关注的动迁和环境污染事件，本身就承载着社会结构失衡压力下受损群体的怨愤。

5. 论述议程设置的历史源流、理论应用，及其在新媒体时代的适用性和局限性。(厦大2018年研)

相关试题：

(1)试论述“议程设置”学说的核心思想。并分析在互联网多元媒体融合的前提下，传统新闻媒体的“议程设置功能”还存在吗？为什么？请举例论证。（中山大学2016年研）

(2)议程设置的研究近年来面临着哪些理论挑战？它是如何应对的？（清华大学2017、2016年研）

(3)试述新的媒体环境下议程设置理论应用的新变化。（中传2018年研）

答：(1)议程设置的历史源流。

①议程设置理论的提出。议程设置理论是美国传播学家M. E. 麦库姆斯和D. L. 肖于1972年在《舆论季刊》上发表的一篇论文《大众传播的议程设置功能》中提出的一种关于大众传播效果的假说。这篇论文是麦库姆斯和肖在1968年美国总统选举期间，在北卡罗来纳州的查珀尔希尔就传播媒介的选举报道对选民的影响所做的一项调查研究的总结。这项研究发现，在选民对当前重要问题的判断与大众传媒反复报道和强调的问题之间，存在着一种高度的对应关系。根据这种高度的对应关系，即大众传媒作为“大事”加以报道的问题，同样也作为“大事”反映在公众的意识当中，传媒给予的强调越多，公众对该问题的重视程度也就越高。

由此，麦库姆斯和肖提出了议程设置理论的基本观点：大众传播具有一种为公众设置“议事日程”的功能，传媒的新闻报道和信息传达活动以赋予各种“议题”不同程度的显著性的方式，影响着人们对周围世界的“大事”及其重要性的判断。

②后期议程设置理论的发展。“议程设置功能”假说提出以后，引起了传播学界的广泛注目，许多学者纷纷对它进行探讨和验证。且随着实证研究和理论探讨的展开，“议程设置功能”的理论和有关概念也不断趋于细致化和明确化。这主要表现在以下几个方面：

a. 确认媒介议程和受众议程之间的因果关系。初期的研究只是显示了媒介议程和受众议程之间的高度相关，却没有证明两者之间的因果联系。麦库姆斯和肖于1972年在夏洛特市的调查中，初步证实了这种时间顺序和因果关系。1973年冯克豪瑟的研究对两者之间的因果关系做了更全面的检验。

b. “议程设置功能”的作用机制趋于明确化。学者们提出“0/1”“0/1/2”“0/1/2…N”三种机制，认为传媒对一系列“议题”按照一定的优先顺序所给予的不同程度的报道，会影响公众对这些议题的重要性顺序所做的判断。

c. 对“议题”的不同类型进行较深入的研究。韦弗根据1976年的调查结果提出，公众的“议题”在本质上是受到传媒“议题”的影响的，但公众的“议题”也可以分为不同的类型，如“个人议题”“谈话议题”“公共议题”。

d. 分析不同媒体“议程设置”的不同特点。麦库姆斯和肖是把报纸、杂志、电视作为一个总体来考察的，其后的许多研究则将不同的媒介加以区别。韦弗等人在调查中发现，报纸的“议程设置”对较长期议题的“重要性顺序排列”影响较大，而电视的“热点化效果”比较突出。

e. 对“属性议程设置”的概念的关注。早期“议程设置”研究主要关注大众传媒从一系列议题中通过凸显某些议题使其成为公众议题的功能，后来的研究则发现，媒介的议程设置效果还不仅仅停止在“制约视野”的层面上，还有着更深层次的影响。

f. 从受众角度考察媒介议程设置效果产生的原因和条件。关于大众传媒为什么能够在我们身上产生议程设置效果，导向需求概念对此提供了一种解释。社会成员个人的导向需求，是媒介议程设置功能得以发挥的社会心理前提，这也进一步说明受众个人接受媒介议程设置的人际差异和多样性。

g. 将“议程设置功能”与受众的不同属性结合。如：受众对各种议题的经验越是间接，受媒介的影响越大；受众对媒介信息的接触量越大，受媒介影响越大；人际传播的频度对媒介的议程设置效果有“抑制”和“强化”两种作用等。

(2)议程设置的理论应用。

①“议程设置功能”理论的提出，对于传播学效果研究具有重要的意义。此前的“传播流”研究主要从个人态度改变的意义上考察传播效果，并且不恰当地得出了大众传播的影响和效果“无力”或“有限”的结论；“议程设置功能”理论则从考察大众传播在人们的环境认知过程中的作用入手，重新揭示了大众传媒的有力影响，为效果研究摆脱“有限论”的束缚起了重要的作用。

②议程设置理论中所包含的传播媒介是“从事环境再构成作业的机构”的观点，把西方主流传播学长期以来力图回避的一个重要问题——大众传播过程背后的控制问题重新摆在了人们面前。这个问题首先会将人们的视线引向媒介内部的信息采集和加工过程，探讨新闻生产中的选择和把关；同时也揭示新闻生产背后复杂的政治、经济和意识形态的力学关系，具体来说就是传播媒介和占统治地位的信息源之间的关系。

③“议程设置”研究与我国的舆论导向研究之间也有一定的理论接点。我国的大众传媒是社会主义媒介，不但不否认自己的舆论导向作用，而且旗帜鲜明地把引导舆论作为自己的一项基本任务。“议程设置”是舆论导向的第一个阶段，即传媒通过有选择地报道新闻来把社会注意力和社会关心引导到特定的方向。因此，“议程设置功能”理论对我们详细考察传媒的舆论导向过程是具有一定的启发意义的。

(3)议程设置在新媒体时代的适用性。

随着网络传播的发展，“议程设置功能”理论开始受到质疑，有人怀疑大众传媒的“议程设置功能”正在弱化和消失，但“议程设置功能”理论的创始人麦库姆斯认为，断定衰退还为时尚早。他的理由包括：从信息社会的知沟或数字鸿沟的现状来看，还有许多人不能利用网络媒体；就能够上网的网民而言，还没有形成定期阅读的习惯；网络媒体的议题虽然是多元化的，但单个渠道的访问用户并不多；传统媒体在网络传播中也是主流，新闻网站的内容与传统媒体也有相当高的雷同性。因此，议程设置理论在新媒体时代依然具有适用性，但相比于传统媒体时代，新媒体时代的议程设置确实也发生了一些变化：

①设置议程的主体发生变化。在传统的议程设置理论中，设置议题的主体是传统的大众传媒，受众是议程设置客体，议程设置的方式是单一地由大众传媒单方面设置议题。而在网络传播时代，在由传统的大众传媒和网络共同构建的新媒介环境中，受众和媒体(包括传统大众传媒和网络媒体)共同成为议程设置的主体。

②议程设置的方式发生改变。大众传播时代，传统的议程设置是单向的，传统媒体有垄断的传播权，受众只能被动地接受信息。而在网络时代，基于网络媒体的特性，议程设置的方式更加复杂，大多数议题的设置是通过网络媒体与传统媒体的互动完成的。

③议程设置的效果发生改变。在以数字化和碎片化为特征的网络时代，大众媒介设置议程的能力有所弱化。传统媒体遭受新媒体的冲击，受众群减少，而且由于其议程设置的时间较长，因此大众媒体议程设置的能力减弱。但是，在网络时代由受众和媒体共同参与设置的议程，其效果不仅没有减弱，反而有增强的趋势。在网络环境中，通过互动，媒体就能马上知道公众对议题的反应，公众之间也能马上相互知道，不仅缩短了议题的形成时间，还将公众的态度从隐态转变为显态，增强了舆论的冲击力。

④设置议程的内容有所变化，且议题更加多样化。从议题的分布来看，传统媒体更关注时政新闻，而网络媒体更关注文娱体育和网络活动类议题。在所有议题分布上，传统媒体的议题相对集中，而网络媒体的议题类型比较分散且更加多元。一些不被传统媒体重视的议题如生活类和网络活动类议题引发了网络媒体的广泛讨论。在网络传播环境下，议题会集中于文娱体育、生活以及网络活动这些受众感兴趣和与公众生活息息相关的议题上。

(4)议程设置在新媒体时代的局限性。

尽管议程设置理论在新媒体时代依然具有适用性，但在数字化和碎片化的网络时代，议程设置也出现一些问题。现实社会中存在的大量矛盾和问题在网络空间中可能得到延伸和扩展，有时甚至会因为网络而更加激化或者变得更加难以控制。这些问题和局限性表现为：

①有价值议题的流失。互联网上的信息比传统媒体多很多，但是不等于有价值的信息也多很多，更不意味着所有发布在网上的消息都会成为议题。信息的泛滥带来了阅读的困难，那些有意义的信息可能得不到受众的关注，没有进一步成为议题的可能，不少本应成为议题的信息湮没在大量的垃圾信息当中。

②议题的失真。在网络中发布信息具有很大的自由度和随意性，网络信息缺乏必要的过滤、质量控制与管理机制。网络上的许多消息是未经核实的。受众对网上消息的不信任度往往大于传统媒体，严重影响了传播效果和舆论引导功能的实现。

③负面功能的信息泛滥。互联网在给人类生活带来巨大便利的同时，其负面影响日益明显。网络信息环境中的虚假信息、庸俗信息和媒介暴力等普遍存在。互联网上的色情文化发展速度惊人，现在几乎已经渗透到网络空间的每一个角落。

第十章　党性原则是中国新闻事业的基本制度

10.1　复习笔记

【知识框架(庖丁解牛)】

- 党性原则是中国新闻事业的基本制度
  - 党性原则的内涵及发展
    - 内涵
    - 地位：第一原则、生命原则
    - 发展
  - 党性原则的要求
  - 党的新闻宣传方针政策
    - 正面宣传为主
    - 重视社会效益
    - 属地管理原则
  - 坚持党性原则的意义

【本章概要(提纲挈领)】

本章主要论述了中国新闻事业的党性原则的相关知识。本章考点以名词解释和简答题为主，在学习时，需要重点掌握党性原则的内涵及发展、党性原则的要求和党的新闻宣传方针政策等内容，并大致了解坚持党性原则的意义、新媒体如何坚持党性原则等内容。

【考点难点归纳(厚积薄发)】

考点一：党性原则的内涵及发展　★★★★

(1)内涵。

新闻事业的党性原则，是指一定政党在新闻事业上的党性规范、准则和要求。在中国，新闻事业是中国共产党所有事业的一个部分，是党的喉舌。因此，党性原则是新闻工作的根本性问题，可以说是中国新闻事业的第一原则、生命原则。

(2)发展。

①最早对党性原则进行理论阐释的是马克思和恩格斯。马克思和恩格斯认为，党报是党的武器、党的阵地、党的“政治中心”“组织中心”。

②列宁第一次明确使用“党性”的概念，并对其作出系统阐述。列宁认为，报纸应成为各个党组织的机关报，出版事业的各种机构应成为党的机构，向党报告工作情况。党的中央机关报应是全党的思想中心，而党报要作为这个集体的宣传员、鼓动员和组织者。

③中国共产党人继承和发扬了马克思、恩格斯、列宁的党报思想，在毛泽东的领导下，经过延安《解放日报》的改版，形成了较为系统的报纸党性原则，主要内容是：

a. 报纸是党的喉舌，办好党报是党的中心工作之一。

b. 各级党组织都应该高度重视党报工作，加强对党报的领导与监督，要适时讨论新闻政策及社论方针，充分利用报纸开展工作。

c. 党报要同党中央保持绝对一致，要主动积极地宣传党的方针政策。

④邓小平强调，新闻工作必须毫不动摇地坚持党性原则，要求党的报刊必须成为“全国安定团结的思想上的中心”，为经济建设创造良好的安定团结的舆论环境。

⑤江泽民认为，“坚持党性原则，就要求新闻宣传在政治上必须同党中央保持一致”，新闻工作者必须同人民群众保持最广泛、最深刻的联系，从群众的实践中汲取力量。

⑥胡锦涛提出，要把“必须坚持党性原则，牢牢把握正确舆论导向”放在做好新闻宣传工作的第一条，必须牢固树立政治意识、大局意识、责任意识和阵地意识。

⑦习近平多次强调，“党的新闻舆论工作坚持党性原则，最根本的是坚持党对新闻舆论工作的领导。党和政府主办的媒体是党和政府的宣传阵地，必须姓党”。

考点二：党性原则的要求 ★★★★

(1)党性原则的首要要求是把新闻事业当作党的事业的重要组成部分，在组织上自觉接受党的领导，严格按照党的组织原则和纪律规范办事，实行“政治家办报”，将新闻事业的领导权“牢牢掌握在忠于马克思主义、忠于党、忠于人民的人手里”。

(2)党性原则要求，所有新闻媒体必须在思想上始终以马克思主义的基本理论为指导，要与时俱进，运用当代马克思主义中国化的最新成果，即习近平新时代中国特色社会主义思想为指导新闻舆论工作的根本思想，始终坚持解放思想、实事求是的思想路线，以科学的态度开展新闻工作。

(3)党性原则要求所有新闻传播活动必须在政治上与党中央保持一致，始终为党的全局和大局工作服务。党媒要始终作为党的喉舌，运用新闻舆论手段为党的各项工作营造良好的舆论环境，广大新闻工作者要努力成为党的政策主张的传播者、社会进步的推动者、公平正义的守望者。

(4)党性原则，要求我们坚持党的领导，在行业内确保国有资本拥有绝对话语权和控股权。党委通过行政手段支持党委媒体与机构，确保中央级媒体做好党的“耳目喉舌”，上传民意，下通民情，切实承担社会责任，构建党和人民沟通的桥梁。

(5)坚持党性原则，必须做到：

①坚持鲜明的倾向性和真实性的统一。

②坚持维护党的利益和人民利益的统一。

③坚持党的宣传原则和掌握灵活的宣传策略的统一。

④坚持严肃的态度和生动活泼文风的统一。

考点三：党的新闻宣传方针政策(见表 10－1) ★★★★

表 10－1　党的新闻宣传方针政策

要点	具体内容	
坚持正面宣传	背景	1942 年《在延安文艺座谈会上的讲话》
	提出	1990 年《坚持正面宣传为主的方针》
	内涵	①题材上，以积极向上、生动活泼的正面内容为主，且在数量上占优势地位。 ②效果上，要打动读者，深入群众，达到"以正确的舆论引导人"的目的。 ③正面宣传并非限制负面新闻、遏制批评报道，而应聚焦于为党建言、为党献策，最终达到正面的效果。自我批评是我们完善党建的武器。记者应主动监督，针砭时弊
社会效益优先	背景	世界各国的传媒均强调社会效益优先的原则，认为媒体应服务公众
	内涵	①新闻媒体要始终把社会效益放在第一位，努力实现社会效益与经济效益的统一。 ②一方面，需要坚持党的领导，拥护党的决议；另一方面，媒介具有公共属性，需要为人民服务，承担社会责任，为公众发声。 ③需要做出人民大众喜闻乐见的新闻作品与优质内容，但不能过度媚俗煽情，为了收益而枉顾社会影响
属地管理原则	背景	1949 年，媒体管理延续此前的属地管理原则
	正式提出	2001 年，《出版管理条例》明确规定
	内涵	①各级媒体按中央与地方级别与规划管理，服务群众。 ②优点是近地性，问题反馈与处理更加方便迅速，权责自负，归属清晰。 ③缺点是地方媒体容易产生封闭和排外倾向，大局观念淡薄，甚至出现滥用或消极行使权力的情况

考点四：坚持党性原则的意义 ★★★

(1)坚持党性原则，可以使党的新闻工作永不变质。
(2)坚持党性原则，可以使党的新闻事业保持坚定不移的政治方向和立场。
(3)坚持党性原则，可以充分发挥党的新闻事业的积极作用。
(4)坚持党性原则，可以区分无产阶级新闻事业和资产阶级新闻事业的界限。
(5)坚持党性原则，可以推动和指导我国的各项改革健康向上发展。
(6)坚持党性原则，可以在网络舆论场中把握新闻舆论话语权。

10.2　考研真题与典型题

一、概念题

1. 党性原则(华东师大 2023 年研；南开大学 2022 年研；湖南大学 2021 年研；华东政法大学 2021 年研；浙传 2021 年研；复旦大学 2019 年研；上海大学 2017 年研)

相关试题：新闻的党性(黑龙江大学 2014 年研)

2. 党性和人民性(复旦大学 2016 年研)

二、简答题

1. 简述社会主义新闻工作党性原则的主要内容。(中传 2008 年研)

相关试题：党性原则的主要内容。（论述题，广西大学2017年研）

2. 简述党性和人民性的统一。（复旦大学2018年研）

相关试题：

(1)新闻工作党性和人民性相统一的内涵。（人大2018年研）

(2)谈谈你对党的新闻工作要党性和人民性统一的认识。（重庆大学2018年研）

(3)请结合实践，论述社会主义新闻事业坚持党性和人民性相统一的原则。（论述题，暨大2018年研）

三、论述题

1. 试述党性原则对新闻工作者的要求。

相关试题：试析在新闻实践中贯彻党性原则需要处理好的关系。（湘潭大学2009年研）

2. 结合马克思、恩格斯的办报实践，简述无产阶级报刊党性原则的具体内容。

3. 简述马克思党性原则在中国的发展历程。（安徽大学2023年研）

4. 谈谈目前主流媒体正面宣传存在的主要问题和优化路径。

10.3 考研真题与典型题详解

一、概念题

1. 党性原则（华东师大2023年研；南开大学2022年研；湖南大学2021年研；华东政法大学2021年研；浙传2021年研；复旦大学2019年研；上海大学2017年研）

相关试题：新闻的党性（黑龙江大学2014年研）

答：参见本章考点难点归纳相关内容。

2. 党性和人民性（复旦大学2016年研）

答：党性是阶级性的集中体现，社会主义新闻事业的党性要求在新闻工作中体现无产阶级的思想意志、政治要求、组织原则和行为准则，表现出与资产阶级新闻事业截然不同的本质属性。人民性是指新闻事业要对人民负责。在我国，党性和人民性是统一的，新闻媒介不仅仅是党和政府的耳目喉舌，也是人民的耳目喉舌，即新闻媒介不仅要使上情下达，也要使下情上达、上下互达。新闻媒介不仅要坚持党性原则，而且要坚持人民性、群众性等原则，对党和政府负责的同时也要对人民负责，对上负责的同时也要对下负责，对领导负责的同时也要对群众负责。

二、简答题

1. 简述社会主义新闻工作党性原则的主要内容。（中传2008年研）

相关试题：党性原则的主要内容。（论述题，广西大学2017年研）

答：(1)社会主义新闻工作党性原则。

新闻的党性原则是共产党党性原则在新闻工作中的自然延伸，是指在新闻工作中体现无产阶级的思想意志、政治要求、组织原则和行为准则，表现出与资产阶级新闻事业截然不同的本质属性。

中国共产党的党性原则表现在：

①在思想上，要宣传党的理论基础和思想体系，以马克思主义作为新闻宣传的指针。

②在政治上，正确、全面、生动地宣传党的纲领路线和方针政策。

③在组织上，要服从党的领导，遵守党的组织原则和宣传工作纪律。

新闻工作的党性原则是由中国共产党的党性原则和新闻工作的规律、要求相结合而形成的。

(2)社会主义新闻工作党性原则的主要内容。

①所有新闻媒体都是党和政府的耳目喉舌，在政治上必须和党中央保持一致。

②所有新闻媒体都归党领导，必须无条件宣传党的方针政策，国家的法律法规等。

③组织原则上，要求党管媒体，包括新闻媒体主要领导的任命权、新闻政策与新闻规则的制订权、重大事项的决策权、新闻宣传的终审权等。

④宣传上，要坚持正面报道为主及正确的舆论导向。

⑤国有资本拥有对新闻媒体绝对的控股权。

⑥采用行政手段来扶植主流媒体。

2. 简述党性和人民性的统一。(复旦大学 2018 年研)

相关试题：

(1)新闻工作党性和人民性相统一的内涵。(人大 2018 年研)

(2)谈谈你对党的新闻工作要党性和人民性统一的认识。(重庆大学 2018 年研)

(3)请结合实践，论述社会主义新闻事业坚持党性和人民性相统一的原则。(论述题，暨大 2018 年研)

答：(1)新闻舆论工作的党性和人民性。

①新闻工作的党性是指传播者站在一定党派的立场上，以该党派的利益和主张，作为选择和评价新闻事实的标准。在阶级社会和政治环境中，新闻事业必然带有党派色彩。社会主义新闻事业党性原则是无产阶级政党的党性原则在新闻工作中的体现，是社会主义新闻事业的行为准则，它要求无产阶级政党领导或主办的新闻舆论工具在新闻传播过程中贯彻和表达本党的思想意志、政治要求和组织原则。

②新闻领域的人民性，是指新闻事业对待人民的态度以及运用新闻手段反映人民大众的思想、感情、愿望和利益的一种特性。报纸是党的报纸，也是人民的报纸；报纸属于人民所有，要接受人民群众的监督；报纸要充分反映人民群众的要求和愿望，充分反映人民群众的生活，关心人民群众的利益；报纸要用马克思主义武装群众，用无产阶级世界观和共产主义道德教育群众，提高群众的觉悟，真正做到全心全意为人民服务；报纸要广泛联系群众，倾听群众意见，不断改进自身的工作。

(2)新闻舆论工作的党性与人民性是统一的。

①党性包含人民性。我们党的宗旨是全心全意为人民服务，我们党的党性包含了人民性的全部内容。当谈到新闻工作应当联系群众、反映人民群众的呼声、愿望与要求时，我们可以沿用"群众性"概念、"为人民服务的宗旨、坚持'三贴近'、以人民为新闻报道的主体、创造为人民喜闻乐见的报道形式"等所谓的"人民性"内涵。

②人民性建立在党性基础上。若把党性与人民性对立起来，用人民性去补充党性的主张，实质上是把党的利益和人民群众的利益分开或对立起来，使党报摇摆于两性之间，这

在理论上和实践上将设置许多难以解决的困难。党性体现在党的纲领、路线、方针、政策上，而党的纲领、路线、方针、政策既表达了人民群众的长远利益和整体利益，又表达了人民群众的眼前利益和局部利益，是眼前利益和长远利益、局部利益和整体利益的统一。这就要求新闻机构用马克思主义的基本原理和党的路线、方针、政策去教育群众，引导群众，提高群众的觉悟，而不能片面地反映群众的要求，更不能去迁就某些群众的不合理意见。

③新闻舆论工作坚持党性原则，就是坚持工人阶级和最广大人民群众根本利益的原则。不能把党代表工人阶级的利益，同党代表广大人民群众的利益割裂开来、对立起来；不能把党报对党负责，同党报对人民负责割裂开来、对立起来。党性原则思想上、政治上、组织上的要求，都是为了办好新闻事业，有效地为人民服务、为社会主义服务。因为人民群众的根本利益，也就是党的根本利益。

我们创办和发展社会主义新闻事业时，坚持党的领导，坚持正确政治方向，坚持以人民为中心的工作导向，是“三位一体”的，是不容分割的。

三、论述题

1. 试述党性原则对新闻工作者的要求。

相关试题：试析在新闻实践中贯彻党性原则需要处理好的关系。（湘潭大学2009年研）

答：参见本章考点难点归纳相关内容。

2. 结合马克思、恩格斯的办报实践，简述无产阶级报刊党性原则的具体内容。

答：党性原则是社会主义新闻工作的根本原则，是马克思主义新闻观的精髓。历史和实践表明，只有坚持党性原则，才能正确把握新闻舆论工作的正确政治方向，对革命、建设和改革起到积极推动作用；否则，就会给党和人民的事业造成极大损失。

(1)党性原则是社会主义新闻工作的根本原则。新闻工作具有阶级性和党性是一种普遍现象，党性是阶级性的集中体现和最高表现形式。马克思主义认为，党性是在阶级斗争进入高度发展的阶段即政党斗争阶段时，适应斗争的需要产生和发展起来的。讲党性，就要鲜明地表示自己的阶级属性和政治立场。党性原则，就是政党在进行阶级斗争时要求所属各级组织和全体党员必须遵守的行为准则。新闻工作的党性和新闻工作的党性原则是两个既有联系又内涵有别的概念。新闻工作的党性指的是新闻媒体和新闻工作者在从事新闻活动时所表现出来的阶级属性和政党立场，而新闻工作的党性原则指的是新闻媒体和新闻工作者在从事新闻活动时必须遵守所属阶级或政党所规定的各项行为准则。

(2)坚持党性原则是社会主义新闻事业健康发展的重要保证。社会主义新闻工作的党性原则，是无产阶级政党党性在新闻工作中的具体体现，是无产阶级新闻工作160多年斗争经验的宝贵结晶。马克思、恩格斯在长达半个多世纪的革命实践中，创办、主编和指导过的各国工人报刊有数十家，先后提出创办工人报刊、党的报刊等重要新闻思想，强调党的报刊是党的重要思想武器。作为“党的机关报”，党的报刊代表着党的形象，因此，必须宣传党的纲领和策略，按照党的思想进行编辑工作，始终代表和捍卫无产阶级和人民大众的利益，成为他们自己的报刊。马克思、恩格斯的这些论述，深刻阐明了无产阶级新闻工作党性原则的内容和要求。

3. 简述马克思党性原则在中国的发展历程。（安徽大学 2023 年研）

答：党性原则是党的新闻舆论工作的根本原则。中国共产党新闻舆论工作的党性原则，是中国共产党的党性在新闻舆论工作中的具体表现，即在新闻舆论工作中体现党的思想意志、政治要求和组织原则的行为准则。党性是社会主义新闻舆论工作的灵魂，是中国共产党领导新闻舆论工作的重要指导方针。中国共产党新闻舆论工作党性原则可以溯源至马克思列宁主义关于新闻舆论工作的党性原则的相关论述。

（1）中国共产党早期组织及其成员践行"办报建党"思想。

共产党早期组织在中国共产党创建过程中，以新闻舆论阵地为依托，积极开展了研究和宣传马克思主义、同反马克思主义思潮展开论战、在工人中进行宣传和组织工作、成立社会主义青年团组织等四项工作，积极贯彻列宁的"办报建党"思想，践行和传播新闻舆论工作党性原则。

①以报刊为阵地开展党建工作。共产党早期组织通过创办报刊，建立新闻舆论阵地，传播马克思列宁主义，开展党的创建工作。比如《新青年》《劳动界》《上海伙友》《机器工人》《友世画报》等刊物。

②党早期组织成员积极投入新闻舆论工作。各地共产党早期组织成员绝大多数拥有丰富的新闻舆论工作经验。他们将创办报刊机构、建立新闻舆论阵地、从事新闻舆论工作视为建党的中心环节，使得新闻舆论工作从一开始就是党的整个事业的一个重要组成部分，促使马克思列宁主义新闻舆论工作的党性原则在中国落地生根。

（2）中国共产党新闻舆论工作党性原则的确立与发展。

共产党早期组织成立后所进行的新闻舆论工作，进一步促进了马克思主义传播与中国工人运动的结合，无产阶级新闻事业由此开始兴起，无产阶级新闻事业党性原则得到了进一步传播，特别是反映列宁和共产国际新闻舆论工作党性原则的文件，如《加入共产国际的条件》等在中国得到了进一步传播。

①新闻舆论工作党性原则的初步确立。1921 年 7 月 23 日，中国共产党第一次全国代表大会在上海召开。党的一大宣告了中国共产党正式成立。大会通过的《中国共产党的第一个决议》不仅明确了中国共产党的党性，而且初步确立了中国共产党新闻舆论工作党性原则。

②塑造"党管宣传、党管意识形态、党管媒体"雏形。1922 年 7 月 16 日至 7 月 23 日，党的二大在上海召开，大会第一次提出明确的反帝反封建的民主革命纲领，通过了第一个党章，直接将列宁和共产国际的新闻舆论工作党性原则写进了党二大文件。这一举动进一步明确了党的新闻舆论工作的性质和任务，坚持党对新闻舆论工作的领导，务必与党的政策保持一致；中国共产党作为共产国际的一个支部，必须遵循列宁领导的共产国际的纲领和各项决议，包括新闻舆论工作党性原则。因此，党的二大，基本确立了中国共产党新闻舆论工作党性原则。

（3）中国共产党历代领导人关于"党性原则"的表述。

中国共产党历代主要领导人，从毛泽东、邓小平、江泽民、胡锦涛到习近平总书记，都高度重视新闻舆论工作党性原则，并作出过重要论述。

①1942 年 3 月，毛泽东曾指出："党性是一种科学，是阶级性的彻底表现，是代表党的利益的，无论什么消息都要想想是否对党有利益。"

②1980年1月，邓小平在《目前的形势和任务》讲话中指出："要使我们党的报刊成为全国安定团结的思想上的中心。"

③1989年11月，江泽民论述说："我们的新闻工作是党的整个事业的一个重要组成部分。因此不言而喻，必须坚持党性原则。"

④2003年12月，胡锦涛在全国宣传思想工作会议上指出，党管宣传、党管意识形态，是我们党在长期实践中形成的重要原则和制度，是坚持党的领导的一个重要方面，必须始终牢牢坚持，任何时候都不能动摇。

⑤2016年2月19日，习近平总书记在党的新闻舆论工作座谈会发表重要讲话。他强调党的新闻舆论工作要承担起"48字"职责和使命，坚持正确政治方向是第一位的，阐述了"四个牢牢坚持"的原则，其中第一项原则就是"牢牢坚持党性原则"。在党的新闻舆论工作座谈会讲话中，习近平总书记对党性原则进行了系统阐述。党性原则的根本在于坚持党对新闻舆论工作的领导，坚持党性原则，就是必须自觉在思想上政治上行动上同党中央保持高度一致、坚持党性和人民性的统一、坚持"党管媒体"的原则，上述三者在政治上、理论上、实践上为新闻舆论工作坚持党性原则规定了准绳，提供了指引。

4. 谈谈目前主流媒体正面宣传存在的主要问题和优化路径。

答：新媒体环境下，为了巩固壮大主流意识形态的主导地位，习近平总书记多次提出要坚持"团结稳定鼓劲、正面宣传为主"的方针，做好网上舆论工作，提高中国共产党新闻舆论的传播力、引导力、影响力和公信力。在新的社会发展阶段，主流媒体在正面宣传的过程中也存在某些问题，以下将针对目前主流媒体正面宣传存在的主要问题和优化路径进行阐述。

(1)主流媒体正面宣传存在的主要问题。

①陈旧观念导致的说服力不足。主流媒体在实际的新闻工作中，对"正面宣传"的理解和落实存在一定偏差，往往容易局限在正面题材的报道，聚焦于好人好事，对典型人物的塑造存在"过度美化""完美人设"等问题，反而会导致宣传失效，甚至舆论反转。加之主流媒体承袭大众传播时代的理念，对社交媒体和移动互联网时代的认知稍显落后，忽视宣传指向的受众及其反馈，无法做到让宣传内容真正深入人心。主流媒体需要结合时代变迁和社会主要矛盾的变化，准确把握受众心理，及时更新传播理念，注重宣传时的价值导向和措辞表述，做出有针对性的、令人民群众喜闻乐见的宣传内容。

②"时、度、效"把握力度不够导致的时效性和针对性缺失。"时、度、效"是主流媒体正面宣传时需要把握的关键点。"时"强调正面宣传的时机，把握时机能取得事半功倍的效果，主流媒体要在保证真实性的前提下抢占发布先机，及时有效地引导舆论。"度"是要求正面宣传的力度达到平衡，不过度夸大，理性审慎地引导舆论。"效"是注重宣传效果，无论题材如何，表现形式如何，都力求发挥最好的传播效果。主流媒体如果在错误的时机推动宣传，可能会导致正面宣传受阻，甚至遭到抵制；如果宣传时分寸把握不当，重心偏离，可能会导致正面宣传的目的偏移，违背初心，向其他方向发展。

③真实性不足削弱引导力和感染力。新闻真实性是新闻的生命。新媒体时代，多元化信息来源和内容生产改变了原有专业媒体生产信息的垄断性局面，对新闻真实性也提出了更高的要求。受众在媒介生产和传播活动中获得了主体力量和主动权，新媒体平台在新闻

发布上也具有一定优势。在“抢新闻”的过程中，若主流媒体二次传播用户生产内容，但信息未经严格考证就在网络中快速扩散，容易出现张冠李戴、细节偏差等问题，损伤主流媒体的公信力。

(2)主流媒体正面宣传的优化路径。

①推动媒体融合发展，结合新媒体优势宣传。主流媒体需要响应媒介深度融合发展的浪潮，借助新媒介平台的优势，打造新媒体传播矩阵，结合不同媒体的传播特点进行资源整合，形成舆论合力，借助多媒体手段创新语言、情感和叙事等话语策略来创新报道，使理念、内容、形式、方法得以融合。

②把握受众特征，调整传播语态。主流媒体正面宣传需要探索数字时代受众的特征与差异化需求，矫正传统宣传的思维与惯性，变革宣传的话语策略，淡化传统的宣传话语色彩，摒弃官话、套话的说教式宣传，在内容、形式、语态上既体现媒体的专业性，符合主流价值立场，又接地气、富有人情味。

③着眼长远社会效益，关注时代发展。主流媒体正面宣传要实现长远的社会效益，需要把握社会的主流发展趋势，及时关注社会发展和时代发展的核心问题、关注人民关切的主要矛盾，主动设置议题使宣传适应发展形势，引导社会风气向好向善。

第十一章　舆论引导与舆论监督

11.1　复习笔记

【知识框架(庖丁解牛)】

- 舆论引导与舆论监督
  - 二者关系及相辅相成的原因
  - 舆论引导
    - 定义
    - 原因
    - 原则、态度及方法
  - 舆论监督
    - 定义
    - 作用
    - 特点：人民性、开放性、专业性、广泛性
    - 原则
  - 网络舆论
    - 定义
    - 发展阶段
    - 网络舆论新格局

【本章概要(提纲挈领)】

本章主要论述了舆论引导与舆论监督的相关知识。本章考点以概念题、简答题以及论述题为主，在学习时，需要着重对舆论引导的原因、原则、态度与方法，舆论监督的作用、特点与原则，以及网络舆论新格局等内容加以把握。

【考点难点归纳(厚积薄发)】

考点一：舆论监督与舆论引导(见表 11-1)　★★★

表 11-1　舆论监督与舆论引导

要点		具体内容
定义	舆论	舆论是社会评价的一种，是社会心理的反映，至今没有一个广泛认同的定义，一般是指社会中相当数量的人对于一个特定话题所表达的个人观点、态度和信念的集合体。舆论监督与舆论引导中的“舆论”指的是新闻传媒
	舆论监督	舆论监督是指媒体对国家机关及其公职人员履行公共职责过程中出现的违法违纪等权力滥用行为和失德言论进行披露、批评和建议，进而形成舆论，督促相关机关及人员及时回应和纠正，从而实现对公共权力的监督和制约
	舆论引导	舆论引导是指媒体通过对有关信息的组织、选择、解释、加工和制作来影响公众舆论的耗散状态，进而促使其向着自己希望的方向发展变化、并促成社会共识与共同行动的一种社会过程

续表

要点		具体内容
两者相辅相成	关系	舆论监督的方向是自下而上的，是对国家机关及其公职人员的一种监督；舆论引导的方向是自上而下的，是对社会普罗大众的一种引导。舆论监督与舆论引导表面上相互对立，实际上是相辅相成、相互作用的两个方面
	原因	舆论监督的作用是同其他类型的监督方式一起，解决国家机关内部的不正风气；舆论引导的作用则是同其他类型的引导方式一起，帮助社会公众学习真理、明确方向，共同凝聚到党的领导之下。由此，全社会才能凝心聚气、上下同心，共同创造和维护健康积极的、良性发展的、促进社会进步的舆论氛围

考点二：舆论引导的原因、原则、态度与方法(见表11－2)　★★★★★

表11－2　舆论引导的原因、原则、态度与方法

要点	具体内容
原因	①舆论引导指导着人们的思想行为。党的意志要变成百姓的共识和行动离不开媒体的热点引导、释疑解惑和舆论监督，现代媒体已经成为执政党执政的题中之义。 ②舆论引导反映着人们的思想倾向。当今中国正经历着广泛而深刻的社会变革。这种变革在现实中造成了一系列的实践和认识问题，使得社会舆论空前活跃。舆论对社会发展及有关事态的进程产生影响，混杂着理智和非理智的成分。因此，正确的舆论引导至关重要。 ③现代快速发展的信息技术为舆论引导工作带来了机遇和挑战。便捷的通讯技术使得信息可以更快地传播出去的同时，也会造成不良的社会信息快速传播，在社会上造成负面影响。因而，新时期加强舆论引导十分重要。 ④境外反华势力在中国境内的“颜色革命”“文化入侵”等行动从未停止，加剧舆论失控风险。在此关键时期，当务之急是进行正确的舆论引导，保护国民思想不受西方敌对势力煽动和侵害
原则、态度与方法	①坚持道路自信、理论自信、制度自信和文化自信。 ②基本原则：增强透明度、客观真实、公开真相。 ③基本态度：敬畏真相、尊重法律、以人民为依托。 ④基本方法：掌握舆论引导艺术，创新舆论引导方式

考点三：舆论监督的作用、特点和原则　★★★★★

1. 舆论监督的作用与特点(见表11－3)

表11－3　舆论监督的作用与特点

要点	具体内容
作用	①舆论监督能够产生十分强大的震慑效果，违法乱纪者迫于压力将自觉收敛行为并进行悔改，从而促进社会问题的解决。 ②舆论监督可以把国家机关及其公职人员置于社会全体成员的共同监督之下，从而使得自上而下的监督和自下而上的监督相结合，从而实现对公共权力的监督和制约，威慑一切腐败行为和不正之风。 ③舆论监督可以促进党和人民群众的紧密联系，强化党群关系。 ④舆论监督是我国新闻传媒的基本目的，也是新闻传媒党性的衡量标尺。只有积极主动进行批评与自我批评，只有勇于揭露违法违纪等权力滥用行为和失德言论，才是一个新闻传媒具备良好党性的表现

续表

要点	具体内容	
特点	人民性	舆论监督的实质就是人民是否有权利充分反映自己的意见，是否有权利充分表达自己的不同看法。进而言之，就是表明人民是否充分享有言论自由的权利，这也是民主政治国家的一个重要标志
	开放性	以公众参与为基础的舆论监督使得每个舆论监督者地位平等，意见自由，各自的意见和建议相互交融。因此，舆论监督是在占有大量信息和不同意见或建议的基础之上进行的，人们乐于进行这种监督，积极参与其中
	专业性	新闻记者所接受的专业知识和技能训练，使他们观察更敏锐、思考更全面，由此而形成的结论也更能抓住事物的本质。相对于群众监督的自发性，法律监督的事后性来说，舆论监督更具专业性，能取得更好的监督效果
	广泛性	监督主体存在于各种社会阶层、群体、组织乃至全体公民之中。同样，监督客体包括党和国家的一切政务、一切有关公共利益的事务，乃至整个社会思想、风尚等。舆论监督不受地域、行业限制

2. 舆论监督的原则（见表11－4）

表11－4 舆论监督的原则

原则	具体内容	
以党和人民的利益为本	①舆论引导所进行的批评，是以拨乱反正、支持、巩固和发展国家建设事业为根本原则的批评。 ②舆论引导不是为了反对对人民、对国家有益处的事情，不是为了违背纪律和党的领导，不是为了破坏国家根本政治制度，不是为了造成社会消极情绪蔓延和社会分裂倒退，更不是为了打击广大人民群众的热情、信心和冲劲	
实事求是	①确保内容的准确真实，包括事实真实、情节真实和细节真实三方面，均需要核对清楚。 ②还需要对批评的社会问题的深层原因进行客观冷静全面的分析和解读。 ③批评类新闻报道要留有余地，用语措辞不可过于绝对，避免陷入被动	
适时、适量、适宜	适时	指批评报道尤其是涉及重大问题的批评报道，要在适合的时间点进行公开，努力与该时期党的工作安排或广大人民群众的利益诉求紧密配合起来，从而扩大宣传效果
	适量	指批评报道的数量要适量，不要过量报道。否则，过量的批评报道，会给广大人民群众一种社会充满黑暗的错觉，并引发消极的社会舆论
	适宜	指批评报道要确保内容的紧迫性和典型性
保护批评人和被批评人的合法权利	①确保批评人的正当权利，包括：批评人若不愿公开真实姓名和身份，应代为保密；批评人若受到被批评方的迫害、威胁或打击，媒体应协助批评人伸张正义，给予保护，直到危险解除或事件解决。 ②保留被批评人的合法权利，包括：批评报道中若有失实内容，需进行及时更正；若批评报道基本事实失实，媒体应撤稿并公开道歉，同时联系相关部门一起进行善后工作，还需要给予被批评人发表申辩文章的机会	

续表

原则	具体内容
寻求党组织支持并保持独立负责	①必须坚持党的领导，积极密切与各级党组织相互配合，才能正确、健康、有效地开展舆论监督。 ②但媒体不可以过于依赖各级党组织，要在党的统一领导下，发挥独立的、负责的态度，自主地进行舆论监督，主动地开展批评报道。 ③在面对部分涉及重大问题的批评报道时，若媒体与党组织的意见相左，媒体应努力陈述观点，积极争取党委帮助与支持。 ④在舆论监督中，面对复杂多变的情况，存在出错的可能性。媒体需要主动大胆地进行批评和自我批评，成为批评和自我批评的榜样
避免进行媒体审判	①媒体审判是指媒体通过新闻报道形成某种舆论压力，妨碍和影响司法独立与公正的行为。 ②媒体的任务是客观、真实地报道事件，报道内容需止于事实，不可逾越本职工作，不可凌驾于司法之上、干预和影响司法进程

考点四：网络舆论（见表11－5）★★★★

表11－5　网络舆论

要点		具体内容
定义		依托互联网而形成的、以新媒体为关键主体的舆论场，可称作“网络舆论”
发展阶段	博客（2000～2007）	①这一时期，主导网络舆论的群体是媒体工作者、教授律师等社会精英。需要具备一定的财力或社会地位，并拥有强大的写作功底，才能说服公众，并形成一定范围的舆论。 ②2007年发生了陕西黑煤窑事件、重庆“钉子户”事件、“周老虎”事件等一系列标志性网络舆论事件，因此，2007年被称为“网络民意元年”
	微博（2007～2014）	这一时期，主导网络舆论的群体以网络草根为主。“三低”（低学历、低收入、低年龄）群体网民数量增长最快，也最为活跃，成为网络舆论主力军
	多元化平台（2014～）	微信公众号以及网络问答社区等平台兴起，成为新的网络舆论载体。社会的中产阶层（中间阶层）大量进入这些多元化平台，并成为网络舆论主力军
舆论新格局		①舆论新格局的形成意义巨大，可以进一步推动国家民主政治建设，推动社会稳定和谐、良性发展，并有助于反腐倡廉工作的实施。 ②网络舆论与民意不完全等同，网络舆论可以在一定程度和范围上表现民意，但并不完全代表民意。 ③网络舆论不仅是包括了民意，还掺杂了多方利益、多方势力的意志，成为新的舆论博弈场。要谨防境外势力等利益集团对网络舆论的恶意利用

11.2　考研真题与典型题

一、概念题

1. 舆论引导（重庆大学2023年研；贵州大学2022年研；暨大2014年研；中传2010年研）

2. 舆论监督（北大2018年研；南京师大2018年研；西南大学2018年研；川大2015年研；中传2014年研；深圳大学2014年研；中山大学2012年研）

3. 新闻舆论监督客体(华中师大2018年研)

4. 新闻批评(中传2018年研；山东大学2010年研)

5. 监督批评权(厦大2010年研)

6. 舆论场(北大2015年研)、官方舆论场(北师2018年研)、民间舆论场(北师2018年研)、两个舆论场(湖南师大2022年研)

二、简答题

1. 实施新闻舆论监督应该遵循哪些基本原则？(华科2014年研)

相关试题：

(1)请简述在我国开展新闻舆论监督的五大基本原则。(电子科大2016年研)

(2)新闻舆论监督的主要原则是什么？(华中农大2017年研)

2. 简述新媒体环境下舆论监督的特点。(中传2017年研)

3. 谈谈对习近平“舆论监督和正面宣传是统一的”观点的理解。(北大2017年研)

4. 比较分析官方舆论场和民间舆论场的形成机制及其原因。(川大2016年研)

相关试题：两个舆论场无法统一是现阶段最大的问题，请分析原因并提出应对方法。(清华大学2017年研)

三、论述题

1. 联系实际，谈谈新媒体环境下我国舆论格局的变化以及主流媒体应该怎样提升舆论引导艺术。(中传2014年研)

相关试题：

(1)在新媒体时代，如何发挥传统媒体对舆论的引导力。(复旦大学2015年研)

(2)新媒介环境下如何进行舆论引导？(中传2016年研)

(3)结合实例谈谈在当前的媒介环境下，新闻媒体如何正确引导舆论、营造良好的舆论环境？(华南理工2016年研)

(4)简述新闻媒介应该如何正确引导舆论，营造良好舆论环境。(简答题，中南财大2018年研)

2. 在中国共产党第十九次全国代表大会上，习近平总书记提出了“决胜全面建成小康社会，夺取新时代中国特色社会主义伟大胜利”。论述在“新时代”应当如何按照新闻传播规律开展新闻舆论工作，实现“坚持正确方向”和“提升新闻舆论引导力传播力”的统一。(人大2018年研)

3. 论述新闻舆论监督的含义、特征以及作用。(中传2018年研)

相关试题：

(1)结合实际，谈谈你对当代中国新闻媒体开展舆论监督的认识。(上海财大2007年研)

(2)结合新闻传播实践，试述新闻舆论监督的特点。(中南财大2010年研)

(3)以“表哥局长”杨达才和“哈尔滨塌桥事故”等报道的舆论监督为例，论述当下中国社会舆论监督的特点。(中国青年政治学院2013年研)

(4)从舆论的几个基本要素看，当下新闻舆论监督有何特点？(华中农大2017年研)

4．试论当前我国新闻舆论监督中存在的问题及其改进。（武大 2007 年研）

相关试题：在传媒新语境下，论述新闻舆论监督的发展与演变，在新时代出现的问题及其对策。（上海大学 2015 年研）

5．如何看待“负面新闻报道”？（暨大 2011 年研）

11.3　考研真题与典型题详解

一、概念题

1．舆论引导（重庆大学 2023 年研；贵州大学 2022 年研；暨大 2014 年研；中传 2010 年研）

答：舆论引导是指媒体通过对有关信息的组织、选择、解释、加工和制作来影响公众舆论的耗散状态，进而促使其向着自己希望的方向发展变化、并促成社会共识与共同行动的一种社会过程。它是一定政党、组织、群体、个人针对特定社会舆情，依据一定的社会意识形态来设置议题，引导公众形成正确的公共利益共识、社会信念、社会情感和社会价值观的实践活动。它具有鲜明的导向性、调控性、互动性和艺术性特征。其理论依据主要包括马克思主义和西方相关学科的理论探索成果。舆论引导的载体主要包括大众传媒、新兴媒体、社会活动和口头语言这四种类型。

2．舆论监督（北大 2018 年研；南京师大 2018 年研；西南大学 2018 年研；川大 2015 年研；中传 2014 年研；深圳大学 2014 年研；中山大学 2012 年研）

答：舆论监督是媒体拥有运用舆论的独特力量，帮助公众了解政府事务、社会事务和一切涉及公共利益的事务，并促使其沿着法制和社会生活公共准则的方向运作的一种社会行为的权利。舆论监督的主体既是公众也是媒体，公众借助新闻媒介的传播优势，以公开的方式反映公众对某一社会现象、某个社会事件或社会问题所形成的比较一致的意见。实际上它是代表公众的意志对社会现实做出强有力的主动回应，因而在实施社会监督方面具有很强的影响力。舆论监督与司法、立法、行政并成为国家的四大权力机关。

3．新闻舆论监督客体（华中师大 2018 年研）

答：新闻舆论监督的客体是指实施舆论监督的主体所指向的目标，即新闻舆论批评与督察的对象。一切违背人民根本利益的权力行为和社会行为都是新闻舆论监督的对象和范围，具体来说，新闻舆论监督的主要对象有：①公共权力，指国家各级立法、司法、行政机关及其工作人员。②权力关系，指为实现一定的目的而产生的权力与权力之间的关系。③公共人物，又称公众性人物，指那些被公众所熟知、对社会事务有着频繁参与行为的人物。④社会思潮，是社会意识形态的一种表现形式，是反映一定阶级、阶层利益和要求的一种思想倾向，体现着一定的社会价值取向并对社会价值取向产生直接影响。

4．新闻批评（中传 2018 年研；山东大学 2010 年研）

答：新闻批评是指通过新闻媒介面向全社会的公开批评。新闻批评所监督的内容，其广泛性几乎涉及社会生活的方方面面。由于它把批评的内容公开诉诸社会公众，这样就能够在相当大的范围内，引起人们的注意，或关心、同情，或愤怒、谴责，因而具有不可阻挡的巨大社会冲击力。新闻批评以事实报道为基本手段，以严密跟踪为操作方式，从而形成这种舆论监督形式在真实性和持续性上的独特优势。新闻批评具有开放的、自由的内容和形式，能吸引公众广泛参与社会监督，让参与者自由地、充分地发表意见。新闻批评是一种自下而上的社会监督。

5. 监督批评权（厦大2010年研）

答：监督批评权是指公众对社会生活的方方面面进行监督和批评的一项权利。在现代社会里，大众传播对人们社会生活的各个方面产生着重要的影响，许多传播内容都会直接影响到受众的利益。因此，广大受众对传播媒介的活动拥有进行社会监督的正当权利。受众对媒介活动进行社会监督控制的手段可以分为四种：①个人的信息反馈；②结成受众团体，以群体运作方式对媒介活动施加影响；③诉诸法律手段；④通过影响媒介的销售市场来制约媒介活动。

6. 舆论场（北大2015年研）**、官方舆论场**（北师2018年研）**、民间舆论场**（北师2018年研）**、两个舆论场**（湖南师大2022年研）

答：舆论场是指新闻舆论所集中发生的场所。舆论场的发生需要两个条件，一是有新闻媒体的聚集，二是有大量受众的关注。新华社原总编辑南振中于1998年提出，在现实生活中实际存在着两个"舆论场"：一个是老百姓的"民间舆论场"；一个是主流媒体着力营造的"官方舆论场"。两个舆论场重叠的部分越大，舆论引导的针对性和有效性越强；两个舆论场重叠的部分越小，舆论引导的针对性和有效性就越弱。如果两个舆论场根本不能重叠，主流媒体就有丧失舆论影响力的危险。当下我国客观存在着两个舆论场，一个是党报、国家通讯社、国家电视台组成的官方舆论场，一个是都市报特别是互联网构成的民间舆论场。要处理好这两个舆论场的关系，使之良性互动，正确引导舆论，发挥正能量。

二、简答题

1. 实施新闻舆论监督应该遵循哪些基本原则？（华科2014年研）

相关试题：

(1)请简述在我国开展新闻舆论监督的五大基本原则。（电子科大2016年研）

(2)新闻舆论监督的主要原则是什么？（华中农大2017年研）

答：参见本章考点难点归纳相关内容。

2. 简述新媒体环境下舆论监督的特点。（中传2017年研）

答：舆论监督是媒体拥有运用舆论的独特力量，帮助公众了解政府事务、社会事务和一切涉及公共利益的事务，并促使其沿着法制和社会生活公共准则的方向运作的一种社会行为的权利。舆论监督的主体既是公众也是媒体，公众借助新闻媒介的传播优势，以公开的方式反映公众对某一社会现象、某个社会事件或社会问题所形成的比较一致的意见。

新媒体是指利用数字技术、通过计算机网络、无线通信网、卫星等渠道，以及电脑、手机、数字电视等终端，向用户提供信息和服务的传播形态。在新媒体环境下，互联网以及基于互联网技术而产生的各种平台，包括各种社交网站、新闻网站、微博等，对舆论监督产生了极大影响。

在新媒体环境下，新闻舆论监督呈现出如下特点：

(1)网络舆论监督面更加广泛，舆论的发酵时间缩短。在传统媒体环境下，受到技术手段及制度的限制，大众传媒不可能做到有闻必录，只有重大的、对社会造成一定影响的事件才能进入大众传媒的舆论监督领域。而在新媒体时代，由于网络信息的海量性以及开放性，任何人在任何时间都可以在这一平台发布信息或是接收信息，所以舆论监督的客体涉及社会的方方面面。此外，在互联网中公众可以主动选择自己感兴趣的事件或话题关注，信息的反馈也非常及时，互联网能够在很短的时间内聚集起具有共同关注点和兴趣偏好的广大网民，为形成舆论创造了条件。

(2)新媒体环境下的舆论监督使意见的表达更充分，形成一种自下而上的监督趋势。中国的网民规模日益增加，庞大的网民群体使舆论的汇聚更加广泛，且意见表达更加丰富多元，互联网成为广大公众意见的汇集市场。从监督方式看，传统媒体的舆论监督受组织控制色彩较浓，受各种利益群体的影响较多，同时行政干预的色彩较浓厚。而在网络时代，网络平台的平等和开放性，使网民较少受到各种外在条件和压力的束缚，可以无拘束地、真实地表达自己的心声，公民的舆论监督具有明显的主动性和自发性，他们能够更加自主地对个人、公共权力机构以及一些公共事件实行一种自下而上的监督。

(3)网络媒体与传统媒体合作，增强了舆论监督的影响力。在新媒体时代，舆论监督的主力由传统媒体转向网络等新媒体，传统媒体扮演着新媒体追随者的角色，不少事件是先在网络上掀起了轩然大波，然后传统媒体才予以跟进报道。同时，新媒体的发展并没有削弱传统媒体舆论监督的优势，二者以其优势互补的作用力推动着舆论事件的发展，网络等新媒体往往是舆论事件的发生地，而传统媒体则是舆论事件的“放大镜”。

3. 谈谈对习近平“舆论监督和正面宣传是统一的”观点的理解。(北大2017年研)

答：习近平总书记在2016年2月19日举行的党的新闻舆论工作座谈会上指出：“舆论监督和正面宣传是统一的”，科学地厘清了两者之间的关系，为正面宣传和舆论监督的正确实施进一步指明了方向。

(1)舆论监督与正面宣传的内涵。

①舆论监督是媒体拥有运用舆论的独特力量，帮助公众了解政府事务、社会事务和一切涉及公共利益的事务，并促使其沿着法制和社会生活公共准则的方向运作的一种社会行为的权利。舆论监督的主体既是公众也是媒体，公众借助新闻媒介的传播优势，以公开的方式反映公众对某一社会现象、某个社会事件或社会问题所形成的比较一致的意见。实际上它是代表公众的意志对社会现实做出强有力的主动回应，因而在实施社会监督方面具有很强的影响力。舆论监督与司法、立法、行政并成为国家的四大权力机关。

②正面宣传是指新闻工作必须坚持团结稳定鼓劲、正面宣传为主，是中国共产党多年来在新闻舆论工作中始终坚持的一项基本方针。正面宣传的功能在于发现和报道社会生活中能激励公众向上和向前的人和事，源源不断地传递正能量，增强社会成员的凝聚力。

(2)舆论监督与正面宣传的辩证统一关系。正面宣传为主并非只进行正面宣传，只报道正面的人与事；舆论监督也并非一味地批评、传递负能量。舆论监督和正面宣传之间存在着辩证统一关系，统一于正确认知人与事和真实报道事实的基础之上，统一于取得正向的传播效果，统一于对社会舆论的正确引导。

①舆论监督和正面宣传统一于正确认知人与事和真实报道事实的基础之上。从辩证唯

物主义的认识论而言，无论是舆论监督还是正面宣传，都必须通过深入的调查研究（包括新闻采访）和自己的独立思考，正确、深刻地认识作为报道对象或评说对象的人与事。从辩证唯物主义的反映论而言，新闻的力量来自真实，舆论监督和正面宣传都应当是据实和如实的报道及评述。

②正面宣传和舆论监督统一于正向的客观效果。正面宣传并不因为报道题材是正面的，就能确保新闻传播效果也一定是正面的。报道题材和内容并不是影响报道效果的唯一因素，正面宣传也需要思考如何避免固定套路、宣传腔，使受众喜闻乐见。舆论监督使用负面题材，与正面宣传相比，具有程度不等的破坏性和刺激性，如果控制不当，很可能使负面因素放大、溢出、扩散。就此而言，舆论监督更应该强调动机与效果的统一，进行舆论监督的特定主体，不仅要有良好的动机，而且要能获得与动机和愿望相一致的客观效果。在这个意义上，正面宣传和舆论监督都服务于广大人民群众，其客观效果都应当是正面的。

③舆论监督和正面宣传统一于对社会舆论的正确引导。正面宣传以正面的人和事及其蕴含的积极向上的价值取向影响人、引导人、塑造人、鼓舞人；而舆论监督则切中肯綮地揭示和分析负面人和事的本质及危害，从对此进行否定这一特殊角度达到传播正面的理念、思想和价值观的目的。因此，作为舆论引导的不同方式，舆论监督和正面宣传都是不可或缺的，都有其不可低估的存在价值。在某种程度上，舆论监督是一种比较特殊、无可取代的舆论引导，与正面宣传两者殊途同归。正面宣传是舆论引导的一种很好的方式，舆论监督是舆论引导的又一种很好的方式，没有任何理由将两者割裂起来和对立起来。

4. 比较分析官方舆论场和民间舆论场的形成机制及其原因。（川大2016年研）

相关试题：两个舆论场无法统一是现阶段最大的问题，请分析原因并提出应对方法。（清华大学2017年研）

答：（1）两个舆论场。

参见本章概念题第6题答案。

（2）官方舆论场与民间舆论场的形成机制。

舆论的生成模式决定了“舆论场”的形成机制，议题的发起者、个体意见的汇集、意见态度的流向、主流意见的接受者等舆论生成过程中的各环节都会影响到“舆论场”的形成机制及其内在结构。

①官方舆论场：舆论形成的瀑布模式。多伊彻的瀑布模型很好地说明了自上而下的舆论形成过程，瀑布模式中的信息流动是自上而下的，从国家的权力体系逐步流向普通大众。官方媒体通过议程设置，再经过其他媒体的大量转发，使得这种媒介间议程设置形成“扳机效应”，营造出官方媒体所要的意见环境。同时，官方媒体针对社会事件进行媒介框架建构，影响官方舆论场的形成。由于官方媒介承担着社会协调的功能，官方媒体通过构建官方舆论场来达到维稳的目的。不论从历史还是政治上来说，官方舆论的“瀑布模式”形成规律成就了“官方舆论场”中不同阶层的舆论结构。尤其在传统媒体时期，由于报纸、广播、电视等媒体自身的局限性导致传播主体单一、反馈机制欠缺、互动性差，因此公众的意见很难通过媒体充分表达。这使得官方舆论一枝独秀，一呼百应，成为社会舆论的引导者。

②民间舆论场：舆论形成的蒸腾模式。舆论形成的“蒸腾模式”主要体现为普通公众的社会意见自下而上的传达，这决定了“民间舆论场”的形成是从底层普通民众自由发表意见

开始的。网络的即时性、互动性使普通大众有机会成为舆论发起的源头，当个人意见进入网络，不断被转发、评论，逐步上升到群众阶层的精英，强大的信息聚合效应让无数民众的意见形成巨大的舆论合力，最终受到上层的关注。网络新媒体的出现促使信息自下而上地传播和意见自下而上地汇集，从而推动了舆论的蒸腾模式。新媒体的出现，尤其是自媒体的普遍应用，使得民间舆论场在引导舆论话题和监督公权力方面显示出超强的作用，逐渐被统治阶层和社会大众所重视。

(3) 官方舆论场和民间舆论场形成的原因。

①新媒体技术的出现和发展。新媒体时代之前，政府通过管控大众传媒来引导整个社会的意见，整体效果是显著的。但新媒体技术出现后，微信、微博等社会化媒体给普通大众提供了发声的机会。在新媒介环境下，传播者呈现出泛化趋势，公民通过设置公众议程以影响媒介议程并形成震荡效应。传统媒体的"把关人"角色淡化，政府的舆论管控机制也变得低效甚至无效，在这样的情况下，民间舆论场诞生了。

②主流媒体的"缺位"和"失声"。在新媒介环境下，一个热点事件的出现，可能是由自媒体首先发声，在网络上引起舆论，然后主流媒体再进行采访或转载报道，最终有关部门介入调查。主流媒体没有真正地反映民意，没有真正地报道社会矛盾的焦点，甚至在一些敏感事件中选择沉默。主流媒体的缺位和失声，在一定程度上促进了两个舆论场的形成。

③公众主体意识增强。随着时代的进步和思想观念的不断开化，公众越来越意识到自己有管理公共事务、监督政府的权利和义务，公众的主体意识不断增强。互联网技术的发展，使得受众获得使用权，也给公众提供了自由发表意见的平台。受众具有能动性，对官方舆论场的舆论和表达方式表现出对立阅读的模式。微博、微信等兼具社交与媒体属性的平台，使得民众能够在公共空间中进行交流。此外，"网络意见领袖"的舆论引导，也推动了民间舆论场的产生。

在互联网日益发达的今天，民间舆论场已发展成为不可忽视的舆论力量，以新兴舆论场的形态与官方舆论场交融糅合，有些时候甚至互相矛盾。只有协调二者之间的关系，增大二者之间的重叠部分，才能正确引导舆论，形成良好的舆论环境。

三、论述题

1. 联系实际，谈谈新媒体环境下我国舆论格局的变化以及主流媒体应该怎样提升舆论引导艺术。(中传 2014 年研)

相关试题：

(1) 在新媒体时代，如何发挥传统媒体对舆论的引导力。(复旦大学 2015 年研)

(2) 新媒介环境下如何进行舆论引导？(中传 2016 年研)

(3) 结合实例谈谈在当前的媒介环境下，新闻媒体如何正确引导舆论、营造良好的舆论环境？(华南理工 2016 年研)

(4) 简述新闻媒介应该如何正确引导舆论，营造良好舆论环境。(简答题，中南财大 2018 年研)

答：新媒体作为近几年热议的话题，已经引起全社会的广泛关注。在新媒体环境下，我国舆论格局发生了较大变化，舆论引导艺术也随之发生了改变。

(1)新媒体环境下我国舆论格局的变化。

①媒体泛社会化导致主流媒体议程设置权力弱化。随着互联网时代的到来，新媒体逐渐在人们的日常生活中占据重要的位置，政府主导舆论的局面逐渐发生变化，人们获取信息的渠道不再是单一的传统媒体，而是可供选择、有海量信息的新媒体。新媒介技术深刻改变了社会传播格局，主流媒体的垄断地位被打破，信息的发布权向草根阶层转移。从主流声音一统天下到草根阶层众声喧哗，主流媒体的议程设置权力被弱化，通过掌握有限的媒介资源控制舆论场的局面已被打破。

②新媒体改变了舆论生成和演化的路径，网络舆论场充满了变数和不可控性。新媒体成为舆论生成和发酵的重要场所，并深刻地改变了舆论生成和演化的路径。在新媒体语境中，信息和意见的复杂程度非以往任何时候可比，一些偶然发生的“小事件”或“小事端”在新媒体语境中借助于舆论的放大作用而被瞬间引爆，从而演绎成重大公共危机事件。例如，近期受到公众关注的北京一女子开奔驰进故宫事件、蛋壳公寓维权事件等均源自网络，并在网络空间瞬间发酵。另外，拥有大量粉丝的意见领袖深刻影响着网络舆论的走向。这给主流媒体舆论引导带来极大挑战。

总体来说，现今的舆论格局已经从政府对舆论的主导演变为政府、媒体和公众三方对舆论主导权的争夺。

(2)新媒体环境下主流媒体应提高舆论引导艺术。

①改变传统的舆论引导思维。新媒体环境下，主流媒体已不再是公众获取信息的唯一途径，主流媒体必须转变惯性思维，摒弃“唯我独尊”的固化思想，适时调整对热点事件尤其是对负面事件的报道姿态，积极主动介入，动态、客观、全面地发布事件信息。

②正确认识网络舆论自身的特性。互联网有虚拟性、隐蔽性、发散性、渗透性和随意性等特点。发端于网络上的舆论有着区别于传统舆论的特性，如意见主体自由而分散，传播渠道多元共生，网络内容散乱复杂等。正确引导网络舆论要认识到这些特性，并加以引导。

③建立网络舆情监测与引导机制。网上舆论热点的出现是有规律的，不少也是可以预测和把握的。建立健全网络舆情搜集、报送、分析判断机制非常重要，这样才能保证突发事件发生后，在最短时间内完成网络舆情汇集报送工作，第一时间掌握舆情，强化对舆论的有效引导。

④遵循新闻传播规律，在重大新闻事件、突发事件面前要做到报道全面、及时、准确、公正，以此增强主流媒体公信力，强化舆论影响力。近年来，新闻媒体报道重大的突发性事件日渐增多。这类事件涉及人民群众的切身利益，具有广泛的关注度和强烈的震撼力，有的报道敏感、复杂，直接影响社会安定。事实证明，广大群众在突发性事件面前，对主流新闻媒体的权威资讯有着特殊的依赖，主流媒体的报道往往会影响事件处理的效果。

⑤利用深度报道优势，提高自身的权威性。新媒体出现后，舆论格局发生重大变化，但新媒体传播也存在不少问题，比如谣言、网络暴力等问题屡禁不止。主流媒体利用深度报道的优势，对一些谣言进行深度调查，还原事实原貌，不仅可以止住谣言，且可以强化权威性，更好地引导社会舆论。

2. 在中国共产党第十九次全国代表大会上，习近平总书记提出了“决胜全面建成小康社会，夺取新时代中国特色社会主义伟大胜利”。论述在“新时代”应当如何按照新闻传播规律开展新闻舆论工作，实现“坚持正确方向”和“提升新闻舆论引导力传播力”的统一。(人大2018年研)

答：2016年2月19日，习近平在党的新闻舆论工作座谈会上强调党的新闻舆论工作是党的一项重要工作，要从党的工作全局出发把握定位，坚持党的领导，坚持正确政治方向，坚持以人民为中心的工作导向，尊重新闻传播规律，创新方法手段，切实提高党的新闻舆论传播力、引导力、影响力、公信力。

这一论述是在“新时代”开展新闻舆论工作的指导方针，把握“新闻传播规律”，实现“坚持正确方向”和“提升新闻舆论引导力传播力”的统一，重点在于明确这三者的内涵及其之间的相互关系，具体分析如下：

(1)坚持正确方向是坚持党性原则和以人民为中心的工作导向。

①把坚持党性原则化为正确舆论导向。党的新闻舆论工作坚持党性原则，最根本的是坚持党对新闻舆论工作的领导。这就要求党领导的新闻媒体，包括各种互联网传播形态的媒体，都要体现党的意志、反映党的主张、维护党中央权威。在新闻舆论工作实践中，坚持党性原则要具体化为各方面的正确舆论导向。坚持正确舆论导向是一个全面的要求，各级党报党刊、电台电视台、都市类报刊、新媒体都要讲导向，新闻报道与副刊、专题节目、广告宣传都要讲导向，时政新闻与娱乐类、社会类新闻都要讲导向，国内新闻报道与国际新闻报道都要讲导向。这样的全面要求具有很强的现实针对性，因为任何新闻传播都存在立场的表达、是非的把握，不能为了吸引眼球而抛弃基本的社会道德和行为准则。坚持正确舆论导向，不能理解为一种外在的、通过行政控制才能实现的事情，而应内化为一种基本的职业道德意识；也不能理解为刻意按照某种模式去做，用一堆套话来坚持导向，而要多设计融思想性、艺术性于一体的好栏目、好品牌，多创作脍炙人口、寓教于乐的好节目、好作品。

②坚持以人民为中心的工作导向，发扬新闻舆论工作的优良传统。坚持以人民为中心的工作导向，就是要把实现好、维护好、发展好最广大人民的根本利益作为工作的出发点和落脚点，坚持以人为本。做到这一点，尤其需要新闻工作者摆正自己的位置，尊重群众，发扬党的新闻舆论工作的优良传统。新闻工作者深入实际，向群众学习，做群众的小学生，是党的新闻舆论工作的优良传统，不能丢，也不能忘。应坚决克服新闻报道脱离生活、脱离群众的问题，把服务群众同教育、引导群众结合起来，解决好“为了谁、依靠谁、我是谁”这个根本问题。

(2)提升新闻舆论引导力、传播力的关键在于尊重新闻传播规律。

①尊重新闻传播规律是马克思主义新闻观的基本要求。根据事实来描述事实，这是尊重新闻传播规律、坚持马克思主义新闻观的具体体现。真实性是新闻的生命。要根据事实来描述事实，既准确报道个别事实，又从宏观上把握和反映事件或事物的全貌。尊重新闻传播规律、注重新闻的真实性，需要正确处理正面宣传与舆论监督的关系。事实上，正面宣传不是要求报喜不报忧，而是强调要以取得正面效果为主。坏事发生了，批评得有理、有利、有节，传播效果就是正面的。反之，如果只把少数领导干部的政绩作为好事来宣扬，

反而会产生负面传播效果，损害党和政府的声誉。实践中，一些导向正确但社会影响并不好的新闻报道，很大原因就在于没有尊重新闻传播规律。

②提升新闻舆论引导力、传播力、影响力和公信力的关键在于创新。创新党的新闻舆论工作，需要创新新闻传播工作的理念、内容、体裁、形式、方法、手段、业态、体制、机制，增强针对性和时效性。当前，新媒体的影响力不断扩大，传统媒体尤其要与时俱进推动创新。在创新中，理念创新是首要的。理念一旦创新，就会发现有些做法过去有效现在未必有效，过去不合时宜现在却势在必行，过去不可逾越现在则需要突破。体制机制创新也是需要深入思考的问题，要认真研究哪些体制机制已经不适应新的媒体环境，如何才能突破体制机制瓶颈，闯出一片新天地。只有与时俱进推动创新，新闻舆论工作才能常做常新，才能不断提高传播力、引导力、影响力、公信力。

总之，“坚持正确方向”和“提升新闻舆论引导力传播力”在新闻舆论工作实践中应当是相统一的，一方面新闻传播工作者要在思想理念上坚持正确方向，另一方面要在实践工作中尊重新闻传播规律、加强创新，才能提高舆论引导力、传播力、影响力和公信力。新闻媒体要保持新闻专业主义精神，要把握以正面宣传为主和发挥舆论监督功能之间的平衡，要将采编队伍和经营队伍分开，提高从业人员职业道德素养；而与此同时，新闻事业的管理者应当完善相应法律法规、加强监督机制和行业自律建设，实现“坚持正确方向”和“提升新闻舆论引导力传播力”的统一。

3. 论述新闻舆论监督的含义、特征以及作用。（中传 2018 年研）

相关试题：

(1)结合实际，谈谈你对当代中国新闻媒体开展舆论监督的认识。（上海财大 2007 年研）

(2)结合新闻传播实践，试述新闻舆论监督的特点。（中南财大 2010 年研）

(3)以“表哥局长”杨达才和“哈尔滨塌桥事故”等报道的舆论监督为例，论述当下中国社会舆论监督的特点。（中国青年政治学院 2013 年研）

(4)从舆论的几个基本要素看，当下新闻舆论监督有何特点？（华中农大 2017 年研）

答：参见本章考点难点归纳相关内容。

4. 试论当前我国新闻舆论监督中存在的问题及其改进。（武大 2007 年研）

相关试题：在传媒新语境下，论述新闻舆论监督的发展与演变，在新时代出现的问题及其对策。（上海大学 2015 年研）

答：(1)当前我国新闻舆论监督存在的问题。

①把新闻舆论监督与批评性报道混为一谈。以批评性报道代替舆论监督，认为揭露、批评就是舆论监督。这是对舆论监督的一种片面理解。舆论监督是把舆论监督客体的行为及时地传递给舆论监督主体的一种过程，它既包括揭露、批评行为，也包括传播行为。批评报道是新闻舆论监督的手段之一，但不是目的。目前我国所面临的社会问题的复杂性，决定了新闻舆论监督的方法和形式的多样性，只有合理运用不同的报道方式，才能取得监督实效。

②一些部门和领导不愿意接受舆论监督。有些部门和领导舆论监督意识淡薄，有些更

是不愿受新闻舆论的监督，在工作中仍有“人治”的烙印。有的部门和领导法律观念淡薄，特权思想严重，对新闻舆论监督畏之如虎，一听到新闻舆论的批评，便“老虎屁股摸不得”，动辄对新闻单位横加指责，有的甚至使用行政手段打击报复。

③新闻媒体和新闻记者不能够公正地进行舆论监督。我国新闻媒体以“机关报”为主流，很多新闻媒体是政府的“喉舌”，具有半官方性质，往往代表或影响着某种较高权威的意见。舆论监督源于公民权利，使用的是公众权利，表达的是公众立场。新闻记者本身的采访应有严格的程序限制，而非理性的权力意识极易使一些新闻记者的评论有失客观，甚至会出现新闻记者利用媒体权力泄私愤的现象。一些新闻工作者过高地估计新闻媒体的作用，以新闻媒体的行为代替人民群众的舆论监督，甚至“包打天下”；还有的缺乏社会责任感，片面追求轰动效应，片面追求时效性，缺乏深入细致的采访调查。

④新闻媒体和新闻记者的舆论监督权利，没有受到职业道德的合理约束。以事实为根据，以法律为准绳，是我国法律适用的基本原则，亦应成为新闻工作者必须坚持的职业道德守则。然而，有的新闻工作者缺少自律意识，把监督权作为特权，动辄把对当事人的不满搬上报刊；有的新闻工作者为泄私愤或为私利，利用自己的特殊身份，非法干预正当的社会活动，把舆论监督变成生财的工具，大大削弱了新闻舆论监督的可信度。

⑤新闻舆论监督的不当化。这一点在对司法部门的舆论监督上体现得尤为明显。新闻媒体的不当监督，主要是通过判决之前对案件进行不适当的渲染和煽情，从而造成社会舆论影响，使法院面临来自社会公众及各方的压力而不能自主公正地判案。有的新闻记者由于不了解审判活动程序，缺乏相应的法律专业知识，找不到案件报道的法律要点，未就相关问题向法官调查了解情况，便发表文章，进行评论。对涉及国家秘密、个人隐私以及影响社会稳定的案件，也是凭道德标准的理解，把法律事实视作一般事实，从而误导公众。

⑥舆论监督缺乏完备的法律保障。党的十五大提出“依法治国，建设社会主义法治国家”的目标，九届人大一次会议将其载入宪法作为治国方略，这是中国法制建设史上的里程碑。“法治国家”治国方略的提出，必然包括政治领域的法治化内容，其中包括舆论监督法制化。自1980年以来，不少人大代表和政协委员呼吁和建议制定“新闻法”，但由于我国目前仍处于社会主义初级阶段，法律的建设不可能一步完善。再者，由于不少领域不同程度地存在浓厚的“人治”传统，所以，只有健全有关新闻舆论的法律法规，新闻工作者的正当权益才能得到保障，不受侵犯，社会舆论监督才能真正落到实处。

(2)改进新闻舆论监督的对策。

①要把新闻舆论监督纳入制度化、法制化的轨道。唯有如此，才能为舆论监督所涉及的各方面的权利和义务，以及对违法行为的处罚作出具体明确的规定，才能保障新闻工作者的合法权益。只有做到有法可依，并在实践中完善这部法律，新闻舆论监督才能得到切实的法律保障。

②要不断提高新闻工作者的政治素质和业务素质。党的新闻工作者必须具有坚强的党性。只有这样，才能做到无私无畏，敢于监督，为人民利益大胆仗义执言。这就要求新闻工作者要认真学习，夯实自己的马克思主义理论功底，不断提高自己的业务能力；要深入实际，调查研究，善于观察和思考问题，审时度势，把握时机，捕捉群众关心的热点问题，然后把收集的资料加以整理、加工，作出客观公正的报道；凡是有利于密切党和政府与人

民群众的联系，有利于保护国家安定团结及有利于使人们树立反腐必胜信心的事，新闻工作者都应责无旁贷地大胆去做；反之则要大胆反对、抵制；要严格遵守党的宣传纪律，恪守新闻工作者的职业操守，树立高尚的新闻工作者的职业道德。

③把握新闻导向，正确处理主旋律与多样化。改革开放以来，我国的新闻事业发展较快，其工作遵循“以科学的理论武装人，以正确的舆论引导人，以高尚的精神塑造人，以优秀的作品鼓舞人”的方针和原则，新闻舆论呈现出欣欣向荣的景象。在新闻舆论监督工作中，新闻工作者必须把握好新闻舆论导向，切忌借“新闻舆论监督”之名，搞人为“轰动”、新闻“炒作”，甚至刊登和播放一些道听途说的虚假消息，使受众对我国当前的形势产生错误的判断。

④在采访和报道中要坚守真实、准确、客观、公正的基本原则。真实是新闻的生命，更是舆论监督的生命。目前，由舆论监督引起的纠纷，有相当一部分是由于事实不够准确造成的。因此，必须做到事实真实准确，这样才能使舆论监督真正起到作用。客观公正，即报道事实不带有任何偏见，特别是不要把记者的主观意图夹杂在报道之中，要坚持把报道事实同评价事实严格区分开。

⑤要给被监督者申辩的权利。新闻媒体的影响力是巨大的，一旦造成负面影响便很难挽回。近年来，新闻媒体失实的报道较过去有不断上升的趋势，但是却很少见到更正。由于新闻媒体的影响力很大，而被监督者在新闻媒体面前力量十分微弱，一旦出现失实，甚至事实被歪曲，他们如果连申辩的机会都没有，难免会采取消极抵制的方式。因此，新闻媒体在舆论监督中一旦出现失实的情况，应及时予以更正；在被监督者提出申辩时，应给予被监督者申辩的机会，使公众能够全面了解情况，作出正确的判断。

总之，新闻舆论监督是我国社会民主政治建设的一件大事，政府与媒体都必须密切关注新闻舆论监督的实施及发展进程，从而做到迅速发现其中出现的新问题并及时加以解决。唯有如此，才能够在规范新闻业建设的同时，有效加快和谐社会的民主进程。

5. 如何看待“负面新闻报道”？（暨大2011年研）

答：(1)负面新闻报道的含义。“负面新闻报道”是指对社会负面现象所做的报道，通常聚焦于那些与现行社会秩序和道德标准相冲突的事件以及一切反常现象。犯罪、腐败、丑闻、性攻击、事故以及自然灾害等一类事件往往是它关注的焦点。它的目的不在于歌颂或倡导光明，而在于暴露社会敏感、灰暗的一面，以使公众瞩目、警醒和震惊。与之相对应的是正面报道和一般报道。

(2)负面新闻报道的由来。负面新闻报道由来已久，最为典型的负面新闻报道源自于美国的“扒粪运动”。19世纪下半叶，资本主义从自由竞争走向了垄断。数百个经济巨头控制了美国的经济命脉，引起了社会公众舆论的强烈不满和抨击，出现了2000多篇揭露实业界丑闻的文章，形成了近代美国史上著名的“扒粪运动”。

这场运动推动了美国政府的一系列改革，不仅促成了美国公民意识的觉醒，更使舆论监督的观念深入人心，最终造就了现代意义上的新闻调查这种全新的新闻报道形式。

(3)“负面新闻报道”并不等于负面影响。新闻报道的负面影响是指新闻报道公开传播后给社会造成的非预期的、不良的结果。根据效果的社会作用划分，新闻传播效果分为正面效果和负面效果。负面效果就是受众接受信息后产生的对社会起消极作用甚至阻碍作用的效果。

负面新闻报道既有明显的负面效应，也蕴含着积极作用，这构成了一对矛盾体。但对社会的长远发展而言，负面新闻报道能够警醒社会，引起重视，推动政策的出台和实施，更多的是产生正面影响。

①相比一般报道和正面报道，负面新闻报道往往更能引起读者的关注，用新闻行业内的话说，更能吸引人们的眼球。从读者心理的角度分析，这源于读者的阅读心理，源于读者群的政治、社会、文化等诸多心态。

②负面新闻报道对社会具有能动作用，负面新闻有明显的政治导向功能，可以促进整个社会改革的调整和政策法律法规的完善，是完成既定改革目标的外部推力。负面新闻还具有显著的舆论监督作用，由于新闻传播的广泛性、及时性和公开性，负面新闻还有宣泄情绪、缓解矛盾、促进工作的功能。此外，负面新闻还具有逆向激励功能、认识功能、平衡功能等积极功能。

③负面新闻报道可能使受众产生政治心理障碍，包括引起政治盲动、引发政治恐慌等消极的影响。负面新闻报道的负面功能可以归纳为破坏功能、腐蚀功能和煽情功能。如果新闻媒体对负面新闻报道不加控制、不加选择、不加引导，会对社会经济、政治、文化乃至人们的道德规范带来负面影响。

(4)对负面新闻报道正确运用。负面新闻报道的积极作用，在于它因揭露丑恶和缺点所彰显的警示功能和监督功能。因此，要正确运用负面报道，应做到：

①挖掘负面新闻报道的积极作用，通过负面新闻的报道，传达公众的愿望和呼声，为社会公众提供广泛参与并发表意见的机会，以满足公众的知情权和表达权，形成对权力行为的社会舆论压力，促进民意进入社会治理的决策过程。

②通过适当的报道方式来传达公共意志，反映社会公德的标准，影响和引导公众的价值观和行为方式，从而对社会进步起到一个正面的推动作用。

第十二章　大众传媒与社会

12.1　复习笔记

【知识框架(庖丁解牛)】

- 大众传媒与社会
  - 大众传媒与社会系统
    - 媒介生态环境对媒介发展的意义
    - 媒介系统在社会系统中的作用
    - 原则、态度及方法
  - 大众传媒与政治
    - 关系
    - 政治对媒介的影响
    - 媒介对政治的作用
  - 大众传媒与经济
    - 经济对媒介的影响
    - 媒介对经济的作用
  - 大众传媒与文化
    - 媒介与主流价值观
    - 媒介对文化的影响
    - 媒介与国际关系

【本章概要(提纲挈领)】

本章主要论述了媒介系统与社会系统，大众传媒与政治、经济、文化，大众传媒与国际关系等大众传媒与社会的相关知识。本章考点以概念题以及简答题为主，在学习时，需要着重对媒介生态环境、风险社会、国家软实力理论、文化帝国主义理论等内容加以把握。

【考点难点归纳(厚积薄发)】

考点一：大众传媒与社会系统　★★★

1. 媒介生态环境对媒介发展的意义(见表12－1)

表12－1　媒介生态环境对媒介发展的意义

要点	具体内容
媒介生态环境	新闻媒介作为社会系统的一部分，与其他社会系统存在密切的联系，这种联系的总称即媒介生态环境。不同社会制度的媒介生态环境不同，是由所处的社会制度中经济、政治、社会、文化等各个社会系统所决定的

续表

要点	具体内容	
意义	决定媒介发展水平	经济发展程度高、综合实力强的地区媒介发展水平更高
	决定媒介制度	比如社会主义国家是公有制(我国媒介制度是一元体制、二元运作)，资本主义国家是私有制
	决定媒介的改革	媒介的改革方向及力度往往是根据社会发展的不同阶段进行的，必须依据实际国情和现实需求确定变革进程
	决定媒介的运作方式	媒介要迎合所属社会的文化传统和受众口味进行内容生产
	决定媒介行业价值观	比如发展中国家的媒介更多为了维护社会秩序，正向引导的新闻更为重要；而发达国家的媒介更多地发挥舆论监督职能，反映社会发展的不合理处，因此报道冲突与变化的新闻更为重要

2. 媒介系统在社会系统中的作用(见表12－2)

表12－2　媒介系统在社会系统中的作用

作用	具体内容		
媒介层面	社会信息资源的开发和利用是最基本的作用，包括三个环节： ①讯息收集。媒介工作者将社会讯息全面、公正、准确、无遗漏地收集汇总。 ②讯息制作。媒介工作者将讯息加工、处理并制作成讯息产品。 ③讯息发布。媒介工作者将讯息产品及时、有效地传递出去		
社会层面	实现社会系统总目标	①媒介系统为社会总目标服务：维护社会秩序、推进社会变迁、维护并传播意识形态；促进社会向现代化迈进。 ②媒介系统为国家发展服务：向公众传递国家发展资讯，协助公众参与国家发展决策，传授公众国家发展技能	
	促进社会整合	①传递全社会共同认可的理念和价值观。 ②协调社会各部分、各系统或各利益集团之间的平衡	
个人层面	理解	理解自我	通过信息传播协助个人了解和认知自我
		理解社会	通过外部信息输入协助个人理解和处理社会信息
	导向	行动导向	在通过信息传递使个人理解社会的基础上，协助个人形成有关行动的决定
		互动导向	帮助个人协调人际互动、处理人际关系
	娱乐	单独娱乐	为个人单独提供娱乐
		社交娱乐	以社交工具的形式为多个个体共同提供娱乐

3. 当代中国传媒业新的生态环境(见表12－3)

表12－3　当代中国传媒业新的生态环境

生态环境	具体内容
全球化时代	“信息是全球化时代的根基”，大众媒体及互联网(第四媒体)在全球化时代占据重要地位。传媒行业身处于全球化时代，必须具备全球视野和国际思维，信息传播全球化、传媒全球化将是中国传媒业首先要面对的新环境、新趋势，国际话语权的争夺将是中国传媒业面临的根本问题

续表

生态环境		具体内容
高风险社会		①风险社会是指在全球化发展背景下，由于人类实践所导致的全球性风险占据主导地位的社会发展阶段，在这样的社会里，各种全球性风险对人类的生存和发展存在着严重的威胁。 ②其特征是传统的自然风险和社会风险，与现代社会下生成的制度化风险（包括市场风险）、技术性风险、社会矛盾冲突等新类型风险交织在一起，形成风险的高频共发期。 ③由于全球化的不断推进，学者们又进一步提出了"全球风险社会"的概念。中国同样处于风险社会甚至是高风险社会之中。 ④在风险社会里，传媒将在解决社会风险、减少社会损失等方面发挥重要作用，可以实施感知风险、推动应对、减少恐慌、社会动员、参与治理的功能。但是，若缺乏监管，传媒本身也存在成为风险源、制造灾难的可能性。 ⑤在风险社会中，传媒业既要积极参与风险预警和风险沟通，形成一套公开、透明的风险信息传播机制，同时又要确保法律监管和行业自律，杜绝制造风险
多元社会	含义	指存在着多种运行机制的社会。在多元社会中的人有多种选择、有多种机会、有多种诉求，多元社会是与单轨社会相对应的一种民主社会
	特点	①多元社会又是一种多元一体的社会，并不是一个没有是非标准、没有统一、没有秩序的社会。一个国家的基本国策、意识形态、核心价值观是本国根本的一元要求。 ②多元社会里，传媒业一方面要允许多元诉求表达，另一方面又必须传递国家一元要求

考点二：大众媒介与政治（见表12－4） ★★★★

表12－4　大众媒介与政治

要点		具体内容
关系		媒介、政府、公众之间的关系由政治体制决定，主要包括以下两种情况： ①资本主义社会：媒介为私有制，独立于政府，通过市场为公众服务。主要责任是提供信息服务、实行舆论监督。 ②社会主义社会：媒介为国有制，跟随于政府，是政府和公众之间的沟通渠道。主要责任是维持社会秩序稳定
政治对媒介的影响	利用大众媒介	包括：①发布信息；②宣传主张；③塑造形象；④引导舆论
	影响新闻传播	①以新闻发布活动使政府成为媒介的主要信息源。 ②借由媒介向社会传播政府的理念和思想。 ③通过媒介间接操控公众舆论
媒介对政治的作用	权力授权	传播统治阶级世界观和价值观，统一社会思想，从而确保政治权力合法性
	政治决策	通过"议题设置"对信息进行突出或隐藏，改变世界真实面貌，进而改变公众对事件大的认知和判断，最终影响政治决策
	塑造文化	在社会上塑造出普遍认同国家政治制度和目标、积极参政议政的国家政治文化态势
	舆论监督	媒介是政府和公众之间的交流渠道和中介，可以反映、影响、引导、制造舆论

考点三：大众媒介与经济（见表12－5） ★★★

表 12-5 大众媒介与经济

要点	具体内容	
经济对媒介的影响	制约媒介功能	计划经济时代媒介只有宣传功能；社会主义市场经济时代媒介的第一功能是传播信息
	决定媒介运作	计划经济时代媒介“以传者为中心”来运作和编排新闻；社会主义市场时代媒介“以受者为中心”来运作
	推动媒介扩张	为媒介提供广告和消费者，以经济增长助推媒介快速扩张
	提供物质力量	提供通讯设备、便利交通，方便了信息传送、新闻采访和报刊运输；同时经济发展推动城市化进程，由此带来更广阔的城市读者群
媒介对经济的作用	①汇总、整理、传播经济信息，引领消费与生产。 ②参与市场监管，借助公众舆论力量打击经济活动中的不公正或违法违规现象。 ③登载广告，迎合消费需求。 ④媒介属于信息产业，自身创造了利税和就业岗位，促进了国民经济发展	

考点四：大众媒介与文化(见表 12-6) ★★★★★

表 12-6 大众媒介与文化

要点	具体内容	
媒介与主流价值观	①倡导和弘扬主流价值观是一个系统的过程，政策制定、领导行为、选拔任命、奖励惩戒等都会影响人们价值观的形成。 ②主流媒体通过日积月累、潜移默化、无时无刻的信息传播，有助于主流价值观在人们心中的形成。 ③在中国，主流媒体还具有很高的权威性，更加强了主流价值观传播的有效性	
媒介对文化的影响	积极影响：大众传媒是文化的最优载体	①大众传媒和大众文化都面向“大众”这一群体。 ②大众传媒和大众文化都要求浅显易懂、新鲜多样、适合大众。 ③大众传媒和大众文化都追求感官刺激，如视像刺激
	消极影响	①大众传媒控制了人们的文化自由选择权。无孔不入的大众传媒形成了大众文化传播的“密网”。 ②大众传媒削弱了文化的社会功能(怀疑现实、超越现实)。文化失去了其怀疑现实、批判现实、超越现实的社会功能。 ③大众传媒左右了大众的文化欲求，抑制自我发挥。抑制大众关于文化需求自我发挥，甚至为大众创造出虚假需求。 ④国与国之间的“文化帝国主义”现象值得忧虑。发达国家以文化手段实行新型的帝国主义和侵略活动，使得发展中国家长期处于被动、受制于人的境地
媒介与国际关系	软实力的内涵	“软实力”是相对于国内生产总值、城市基础设施等硬实力而言的，是指一个国家的文化、价值观念、社会制度等影响自身发展潜力和感召力的因素。文化是“软实力”的核心构成，传媒业也处于关键地位
	媒介的作用	①自主塑造国家形象，防止他国歪曲形象。 ②影响国家对外政策，协助制定、执行和修订。 ③吸引国外资本进入，形成有关国家经济环境的正向评价。 ④影响对外贸易活动，为企业决策提供参考依据

12.2 考研真题与典型题

一、概念题

1. 媒介生态环境(厦大2015年研；南大2013年研)

2. 风险社会(复旦大学2021年研；同济大学2021年研；地大2021年研；清华大学2018年研)

3. 大众文化(电子科大2011年研)

4. 文化帝国主义(同济大学2021年研；江西师大2021年研；上海财大2018年研；云南大学2018年研；北交2016年研；电子科大2014年研；中国青年政治学院2014年研；北邮2013年研；南开大学2010年研)、媒介帝国主义(清华大学2022年研)

5. 软实力(电子科大2016年研)

二、简答题

1. 简述尼尔·波兹曼提出的"媒介环境学"(又译为"媒介生态学")中的研究对象"作为环境的媒介"的含义以及对现今传播学的意义。(人大2014年研)

2. 如何理解大众传播媒介的整合社会功能?(中国青年政治学院2010年研)

3. 谈谈媒介与公众、政府的关系。(厦大2017年研)

相关试题：传媒与公众、政府的关系。(华中农大2015年研)

4. 政府的政治活动对大众媒介的利用主要有哪些?(河北大学2016年研)

相关试题：

(1)试论新闻媒介在现代民主政治中的地位和作用。(南开大学2010年研；北师2010年研；复旦大学2009年研)

(2)请详论政府的政治活动如何利用大众媒介来影响公众，以及网络媒体在现代民主政治中的作用。(电子科大2011年研)

(3)简述媒体的政治功能。(复旦大学2015年研)

(4)简述现代民主政治中新闻媒介的作用。(厦大2018年研)

5. 简述政治力量是通过哪些渠道侵入传播过程的，及其对大众媒体的影响。(浙大2018年研)

6. 传媒怎样塑造了政治文化?(电子科大2011年研)

7. 简要说明"大众传媒是大众文化的最佳载体"。(湘潭大学2009年研)

相关试题：在现代社会，为什么说大众传媒是大众文化的最佳载体?(江西师大2007年研)

8. 大众文化有哪些主要特点?(华中农大2014年研)

9. 简述文化帝国主义。(华南理工2018年研)

10. 什么是硬实力、软实力、巧实力?(中传2016年研)

三、论述题

1. 媒介生态环境对媒介发展有哪些意义?(江西师大2009年研；东北师大2007年研)

相关试题：简述媒介生态环境对媒介发展的意义。(简答题，华中农大2011年研)

2. 试论大众传媒与社会系统的关系。(电子科大 2010 年研)

3. 从社会发展的角度，论述社会政治经济文化对媒介发展的影响。(中南财大 2018 年研)

4. 论述大众媒介与政治、经济的关系。(河北大学 2012 年研)

5. 大众传媒在社会危机中发挥什么样的作用，结合事实加以分析。(上海财大 2010 年研)

6. 根据酷云数据显示，2015 年 11 月 10 日晚湖南卫视在北京水立方现场直播的“天猫双十一狂欢夜”市场占有率高达 28.3866%，强势占据全国所有同时播出节目内容的榜首。天猫后台流量数据跟晚会内容几乎是亦步亦趋，节目走到哪里，明星提到哪些商品，哪些商品的 Logo 一出现，线上搜索流量就直接暴涨，商品大量涌进购物车、收藏夹，屏幕前的观众边看电视边剁手，创造了一种全新的“边看边买”的购买模式。这台明目张胆全是广告的晚会，收视销售双丰收，此等亮眼成绩或将载入中国电视史册，成为媒体融合“互联网 +”的有效样本。请从传媒与经济的关系视角分析与评价此事件。(暨大 2016 年研)

7. 大众传媒对文化有哪些消极影响？如何防止这些影响？(江西师大 2009 年研)

相关试题：

(1)结合案例试论大众传媒对文化的消极影响。(暨大 2013 年研)

(2)论述大众传媒对文化的消极功能。(中国地大 2017 年研)

8. 论述大众传媒与文化的关系。(陕西师大 2016 年研)

相关试题：联系实际阐述大众传媒与文化的关系。(电子科大 2012 年研)

9. 为什么说国家形象是国家软实力的重要体现，我们国家在国内以及国际应该树立怎样的国家形象，应该采取何种渠道方式塑造形象？(厦大 2016 年研)

10. 结合风险社会理论和相关新闻传播理论，信息疫情中，谣言假新闻等信息乱象产生的原因和特征，重点论述媒介在风险社会治理中发挥的功能作用。(清华大学 2023 年研)

12.3　考研真题与典型题详解

一、概念题

1. 媒介生态环境(厦大 2015 年研；南大 2013 年研)

答：媒介生态环境是指大众传播机构生存和发展的环境，它主要由政策环境、资源环境、技术环境和竞争环境构成。其中政策环境对媒介生态环境有举足轻重的影响。任何大众传播机构作为信息的传播者，其传播行为总是受到社会特定的政治制度、政策法规、文化范式构成的潜网的深层控制。新闻媒介作为社会系统的一部分，与其他社会系统存在密切的联系，这种联系的总称为媒介生态环境。不同社会制度下的媒介生态环境不同，是由其所处的社会制度中的经济、政治、社会、文化等各个社会系统所决定的。

2. 风险社会(复旦大学 2021 年研；同济大学 2021 年研；地大 2021 年研；清华大学 2018 年研)

答：风险社会是德国著名社会学家乌尔里希·贝克提出的一个在当代颇具影响的社会学理论，描述了现代性的一种特征。1986 年贝克在德国出版了《风险社会》一书。贝克认为，风险社会的概念指现代性的一个阶段。在这个阶段，工业化社会道路上所产生的威胁开始占主导地位。具体参见本章考点难点归纳相关内容。

3. 大众文化(电子科大2011年研)

答:大众文化是一个特定范畴，它主要是指兴起于当代都市的，与当代大工业密切相关的，以全球化的现代传媒(特别是电子传媒)为介质大批量生产的当代文化形态，是处于消费时代或准消费时代的，由消费意识形态来筹划、引导大众的，采取时尚化运作方式的当代文化消费形态。这一概念最早出现在美国哲学家奥尔特加《民众的反抗》一书中。罗森贝格认为大众文化的不足之处是单调、平淡、庸俗，以及容易在富裕生活中产生的诱惑和孤独感。大众文化是现代工业和市场经济充分发展后的产物，是当代大众大规模地共同参与的当代社会文化公共空间或公共领域，是有史以来人类广泛参与的、历史上规模最大的文化事件。大众文化往往通过大众化媒体(网络、电视、报纸、杂志等)来传播和表现，尽管这种文化暂时克服了人们在现实中的茫然和孤独感以及生存的危机感，但它也很可能大大降低了人类文化的真正标准，从而在长远的历史中加深人们的异化。

4. 文化帝国主义(同济大学2021年研；江西师大2021年研；上海财大2018年研；云南大学2018年研；北交2016年研；电子科大2014年研；中国青年政治学院2014年研；北邮2013年研；南开大学2010年研)**、媒介帝国主义**(清华大学2022年研)

答:文化帝国主义又称媒介帝国主义(media imperialism)，是指来自发达国家、包含着与支配者利益相关的文化价值或观点的商品、时尚或生活方式等流向发展中国家市场，创造出某些特定的需求或消费形态，而发展中国家的民族文化在不同程度上受到外国(主要是西方)文化的挑战、侵害或取代，出现了受支配程度越来越高的状况。这一概念诞生于20世纪60年代反对“新帝国主义”的国际环境下，具有三个特点：①它以强大的经济、资本实力为后盾，主要通过市场来进行扩张；②它是一种文化价值的扩张，即通过含有文化价值的产品或商品的销售来实现全球性文化支配；③这种文化扩张主要是通过信息产品的传播来实现的。

5. 软实力(电子科大2016年研)

答:“软实力”(Soft Power)是一国通过吸引和说服别国服从其目标，从而使其得到自己想要东西的能力，分为政治价值观(当这个国家在国内外努力实现这种价值观时)、文化(在能对他国产生吸引力的地方起作用)及外交政策(当政策被认为合法且具有道德威信时)。哈佛大学教授约瑟夫·奈(Joseph Nye)首创“软实力”概念，从此启动了“软实力”研究与应用的潮流。他认为，“硬实力和软实力同样重要，但是在信息时代，软实力正变得比以往更为突出。”“软实力”主要包括以下几种内容：①文化的吸引力和感染力。②意识形态和政治价值观的吸引力。③外交政策的道义和正当性。④处理国家间关系时的亲和力。⑤发展道路和制度模式的吸引力。⑥对国际规范、国际标准和国际机制的导向、制定和控制能力。⑦国际舆论对一国国际形象的赞赏和认可程度。

二、简答题

1. 简述尼尔·波兹曼提出的“媒介环境学”(又译为“媒介生态学”)中的研究对象“作为环境的媒介”的含义以及对现今传播学的意义。(人大2014年研)

答：1968年，尼尔·波兹曼首次正式提出媒介生态的概念，并将其定义为把“媒介作为环境的研究”。麦克卢汉在他的理论中提出，人通过使用媒介，逐渐被媒介影响，某些与媒介相一致的感觉器官得到扩展，从而造成文化偏向于某种感觉而忽略其他感觉。媒介作为一种环境结构，制约着我们的感觉、思维和表达方式。

(1)波兹曼提出的媒介生态，就像意识形态，是人们理解和想象世界的框架。因此，波兹曼提出“媒介即隐喻”“媒介即认识论”。人们思考、感知、谈论和表现身边的世界时，不是站在传播媒介之外，而是处在传播媒介的符号结构中。

(2)波兹曼将媒介作为环境来研究，肯定了媒介作为环境对人类生活、社会的影响。媒介生态学这个舶来品，进入我国后被诸多学者理解为“媒介是条鱼”，学者崔保国曾发表相关论文《媒介是条鱼——理解媒介生态学》，这种理解将媒介视为总体环境生态中的一条鱼，与其他子系统进行能量交换以满足媒介自身生态维系所需，而不是研究其对社会的影响，所以研究连篇累牍却没有实质性的成就。

(3)波兹曼还在麦克卢汉的“媒介的内容是另一种媒介”的基础上提出，我们所面临的环境往往不止有一种媒介的代码和语法。不同媒介之间还存在相互影响，它们共同构成了我们的媒介环境。因此媒介共存对我们产生的影响，以及它们如何互动产生新的合成环境，也是媒介生态学关注的问题。

(4)媒介生态学弱化了麦克卢汉理论中的决定论色彩，从认识论的角度，提出了媒介格式对符号编码、解码的影响。媒介环境就像墨镜，它并不决定人们看到什么，但是会影响人们看到的世界的色调。和麦克卢汉不同，波兹曼在对媒介影响的讨论中，带有明显的批判色彩和道德评价，他更关注媒介技术是否促进个人发展和社会民主。他对电子媒介的评价带有悲观主义的色彩，他的理论中有梭罗追求自然、恢复传统生活的乡愁，也有现代西方存在主义哲学对技术理性的反思。当然，媒介可能是不良后果的一个重要影响因素，但它不是唯一的或决定性的因素。

因此，在互联网的新技术创作时代，由于新媒体与传统媒体的融合以及信息接收、发布终端的多元化等外部条件的影响，网络语言平民化、片断化、解构化的趋势越来越明显：新的思维方式、表达方式、创作方式正不断地向传统规则、观念提出挑战。一些最基础、最本源的常识性概念需要人们重新思考。媒介生态学关于“媒介作为环境”的典范内容，将有助于人们更好地理解这些新技术创作时代下的表达方式，以新的视角来看待正以“草根”之势兴起的网络。

2. 如何理解大众传播媒介的整合社会功能？（中国青年政治学院2010年研）

答：系统论的观点认为：社会机体各个组成部分是相互关联的，在其保持平衡状态时，社会呈现出一种平衡状态，社会秩序得以维持。但社会并不是总能保持这种状态，各个部分之间可能会出现冲突。最为常见的就是社会各个利益集团的冲突。无论是何种状态，社会整合都是必需的。社会必须通过某些中介机构将社会各个部分联系在一起，协调它们之间的利益关系，使得它们在同一社会系统之中和谐共处，以维持社会系统的现有模式。上面提到的中介机构可以是多种多样的，比如政治机构、经济机构、法律机构等等，由于大众传媒是现代社会各系统间相互联系的重要信息系统，并且各系统的行动决策都以此作为一定的依赖基础，因此，大众传媒在整合社会系统，维持社会有序与平衡方面就具有得天独厚的优势。现代社会结构复杂，使得社会需要一种在全社会范围之内交流与沟通的整合工具，而大众传媒恰恰具有这样的工具特性。大众传媒的整合社会功能具体表现为以下四个方面：

(1)媒介系统维护社会秩序、推进社会变迁、维护并传播意识形态；促进社会向现代化迈进，服务于社会总体目标。

(2)向公众传递国家发展资讯，协助公众参与国家发展决策，传授公众国家发展技能，为国家发展服务。这一过程促进了社会各部分间的整合。

(3)新媒体时代媒介系统既维持现有社会秩序，也促成社会变迁。新媒体媒介话题的提出与讨论，对社会的发展变迁发挥了重要作用。

(4)新媒体时代大众传媒的信息传播为个人的社会化服务。社会总目标是由不同层面的目标集合而成的。通过信息传播协助个人了解和认知自我、协助个人理解和处理社会信息。媒介还能在通过信息传递使个人理解社会的基础上，协助个人形成有关行动的决定，而这些也是媒介进行社会整合的特有方式。

3. 谈谈媒介与公众、政府的关系。(厦大2017年研)

相关试题：传媒与公众、政府的关系。(华中农大2015年研)

答：(1)媒介、政府与公众交互影响的原始动力。政府、媒体、公众之间的互动关系，源自三者在价值判断、利益诉求等方面存在的差异。因此，舆论引导格局的产生是政府、媒体、公众在抢夺舆论优先权的过程中进行博弈的结果。

①就政府而言，其具有公共管理机关和国家统治工具的双重属性。一方面，政府代表全体公民行使公共权力，提供公共物资，维持社会的正常运转；另一方面，政府代表着经济上占统治地位阶级的根本利益，对外保护国家安全，对内确保社会的安定团结。

②就媒体而言，在市场经济条件下，媒体要想生存和发展，就必须更多地符合企业管理中经济效益最大化的原则；又由于其特殊的文化身份，媒体经济利益的实现主要通过传播影响力来获得。为了提升自身影响力，新闻价值、社会影响力、公众关注度等因素就成为媒体从业者在舆论传播过程中必须优先考虑的因素。

③就公众而言，社会事件的发生和发展与其利益息息相关、密不可分，因此公众理应享有对各种事件的知情权。公众必然会通过各种方式和途径，结合自身实际体验，对已有信息进行评论、验证和传播，以期最终给政府或者相关责任人强大的社会舆论压力，促进事态向有利于公众的方向发展，最终也会对政府或者相关组织的行为产生一定的修正作用。

(2)媒介、政府和公众之间的互动关系。

①媒介和政府之间的互动。在我国，大众传媒是党和政府执政的重要资源之一，耳目喉舌的作用十分显著。媒体作为政府和公众之间的桥梁和纽带，一方面要向信息的受众即公众传递政府政策等与其生活、工作息息相关的信息，另一方面也要及时采集公众对政府的各种反馈意见，从而为政府制定和调整政策提供原始依据。

政府要为新闻媒体创造良好的舆论环境，要让媒体能说话，敢说话，切实保障新闻媒体的独立性和批判精神。政府机关作为公共利益的代表者，有义务、有胸襟主动接受新闻媒体的舆论监督，要能够对媒体的监督和质疑做出准确、及时的反馈。

②媒介和公众之间的互动。作为大众传播的中介，媒体对社会舆论具有极强的放大作

用，一方面，如果媒体制造的舆论得到公众的关注，那么该话题必然影响范围极大或者影响程度极深；另一方面，作为信息的接受者，公众关心的事情也是媒体的关注点之一。当公众话题因媒体的关注而转变为媒体议题，民意就在一定程度上得以彰显，也势必会引起政府官员和决策者的重视与参考。因此，媒介是公众利益的诉求者，也是公众信息的传播者，社会舆论总是起于媒体之舆情而止于民意之采纳。

③政府和公众之间的互动。政府和公众之间的互动关系分为两种，一种是政府和公众之间的直接互动，另一种是政府通过媒介和受众之间进行间接互动。在网络媒体诞生之前，由于政府并非专业的信息采集与加工机构，因而无法像大众传播媒介一样高效地对社会公众进行持续性传播。公众的意见虽然偶尔会通过媒体显露出来，但是大多数情况下都是以小规模、分散化的方式停留在民间，无法被政府接收，这时，政府和公众之间的交流就借助媒体这一中介机构来完成。

由此可见，网络媒体诞生之前的政府和公众之间的互动是间接性的。而网络媒体诞生后，政府可以通过各种政府官方网站、政务微博、社交网络平台等方式，搜集公众的意见和看法，与公众进行即时的互动，从而使二者之间有机会由间接互动转为直接互动。

4．政府的政治活动对大众媒介的利用主要有哪些？（河北大学 2016 年研）

相关试题：

（1）试论新闻媒介在现代民主政治中的地位和作用。（南开大学 2010 年研；北师 2010 年研；复旦大学 2009 年研）

（2）请详论政府的政治活动如何利用大众媒介来影响公众，以及网络媒体在现代民主政治中的作用。（电子科大 2011 年研）

（3）简述媒体的政治功能。（复旦大学 2015 年研）

（4）简述现代民主政治中新闻媒介的作用。（厦大 2018 年研）

答：媒体是承载、传递信息的工具，具有政治属性。媒体的政治功能是通过媒介为一定阶级政党和利益组织所控制及其社会舆论功能的发挥来体现的，通过形成舆论、传播舆论和引导舆论，来表达掌握它的政党、集团或组织的意志、观念和倾向，为一定的阶级或群体提供精神食粮，并对广大受众产生影响，促进社会的进步。媒体政治功能的发挥有利于社会管理向社会治理的转化，提升国家社会治理的效率；有利于社会的稳定发展，能够防范化解重大风险，维护社会稳定；有利于拓宽个人利益诉求的渠道，打通官方舆论场与民间舆论场；有利于媒体功能外延的拓展，从最初的宣传政治使命扩展到今日的监督、引导等功能。它具有以下四种功能：

（1）舆论导向功能。舆论是指公众对现实社会以及社会中的各种现象、问题所表达出来的态度、意见和情绪，对社会发展及有关事态的进程产生影响。然而，舆论分为理智性的和非理智性的两种。社会问题的复杂性和舆论自身带有的非理性特征迫使政府要进行正确的舆论导向，加强舆论引导。

（2）社会调和功能。在改革开放的初期，除了信访外正当的民意诉求渠道较少，导致群体性聚集事件出现。而随着新时代的到来，主流媒体在沟通社情民意中起到一个桥梁的作用，打通了普通民众和政府的诉求渠道，成为化解社会矛盾的调节阀，能够解决大量民众关切的热点、难点问题，降低了社会矛盾风险。

(3)舆论监督功能。直面社会丑恶现象，激浊扬清、针砭时弊是主流媒体提高收视率和点击率的重点，具有监督功能。主流媒体通过揭露性报道疏导公众情绪，监督腐败现象，督促政府提高行政效能和办事效率，提升政府的公信力和权威性，有效引导公众舆论。

(4)意识形态建构功能。主流媒体历来承担着引导社会主流意识形态的重任，从“喉舌论”到“导向论”都凸显出它的政治功能，这是社会主义新闻事业必须遵循的根本原则。主流媒体不仅要宣传执政党的路线、方针、政策，而且引领着一个社会大多数民众所遵守的价值观念，是与非、好与坏的评判标准，凝聚社会共识，巩固主流意识形态地位。

5. 简述政治力量是通过哪些渠道侵入传播过程的，及其对大众媒体的影响。(浙大2018年研)

答：(1)政治力量侵入传播过程的渠道。大众传媒对政治活动的介入以及它对政治发展的潜在影响决定了政治必须对它施加影响和控制。从目前来看，世界各国从政治上制约和限制大众传媒发展的渠道和途径主要有三个方面：

①法律约束是主流政治力量对大众传媒进行控制的最主要途径。在这里，主流政治力量是指那些掌握了立法权力和司法权力，掌握着政治统治权的政治力量。随着现代国家的发展，政府和政党组织等通过法律、政策来制约传播媒介的发展，不再直接以行政手段硬性干预新闻媒介的自由，而是通过法律手段规范大众传媒的权利与义务，使之服从和服务于统治阶级维护统治秩序的需要。政治是法律的基础，法律是统治阶级政策的具体化、条文化、定型化，是以统治阶级的政治要求和政治意向为内容的，是实现统治阶级政治的主要工具。因此面对大众传媒的法律约束实际上反映了统治阶级政治对大众传媒的要求。

②专门机构管辖是通过行政手段体现的政治对大众传媒的影响。政府部门是代表统治阶级行使对国家的管理权和统治权的重要机构，是政治活动的重要主体，政府对大众传媒的影响是政治影响和制约大众传媒的重要体现。从大众传播事业的发展过程和目前的情况来归纳，各国政府对传播事业的控制一般有以下的一些制度化方法：登记、执照制度；刊前检查制度；惩办制度(追惩制)；征税制度；津贴制度；保证金制度；物质资源的分配制度。

③政治派别和利益集团牵制大众传媒。大众传媒受到政治派别和利益集团影响的根源在于，不同的政治派别和利益集团希望借助它来支持自己赞同的主张和政策，反对自己不赞同的主张和政策，为维持自己的利益制造舆论，赢得支持。

(2)政治力量对大众媒体的影响包括以下两个方面：

①利用大众媒介：发布信息，宣传主张，塑造形象，引导舆论。

②影响新闻传播：

a. 以新闻发布活动使政府成为媒介的主要信息源。

b. 借由媒介向社会传播政府的理念和思想。

c. 通过媒介间接操控公众舆论。

总之，在大众传媒和政治之间，政治对大众传媒的影响是决定性的。除了上述层面的影响之外，政治发展状况也对大众传媒的发展水平有决定性的影响，良好政治秩序可以带动大众传媒的繁荣，反之传媒也会受到反面影响。

6. 传媒怎样塑造了政治文化？（电子科大2011年研）

答：(1)政治文化的含义。政治文化是一主观价值范畴，是人们对于政治生活的政治价值取向模式，政治认知、感情、态度、价值观等政治心理层次诸要素，政治理想、信念、理论、评价标准等政治思想意识是其表现形式，与物质的政治系统是互动平衡的关系。

(2)大众传媒塑造政治文化的表现。大众传媒在塑造政治文化中扮演着重要角色，具体内容如下：

①大众传媒影响政治态度：

a. 形成政治认知。第一，大众传播媒体实现政治象征和符号的传播。国旗、国徽、国歌、中央与地方两会以及领袖和英雄模范等，构成了政治象征系统。大众传媒在传递这些政治象征符号和系统方面发挥了重要作用。第二，大众传播媒体对公众进行政治启蒙和培养。大众传媒将有关国家、政府、政党、社团等政治组织机构、宪法民主原则、政治制度体系等政治常识通过新闻报道、专题片、访谈、影视剧等形式对公众进行启蒙，使得公民认识、了解政治规则和政府的运作方式，培养公民基本的政治意识。第三，大众传播媒体唤起受众对政治问题重要性的认知，促成公众自觉意识。媒体制造舆论氛围，媒体"使政治事件引人注目"。

b. 培养政治情感。大众传媒是社会公器，集中反映大众关心的问题是尊重公民知情权、维护社会公益的表现。媒体通过报道人民疾苦、谴责腐败现象、对不良社会风气进行批判，有助于形成表达意见、宣泄情感、爱憎分明的情感环境。

c. 影响政治态度。态度基于认知和情感，更来自于媒体提供的信息。自二战结束以来，"议题设置"理论展现了大众媒介影响社会的一种方式，大众传媒设置社会舆论议程，决定着人们对关注对象的选择。

②大众传媒建构新型政治价值观。政治价值观是政治人评判政治事物的基本尺度，是政治文化的核心。政治主体在政治价值观上的进步对其形成积极、健康、向上的政治倾向起着积极作用。转型期的中国，大众传媒在塑造和维护积极健康的政治价值观上发挥着日益重要的作用。

a. 倡导法治条件下的自由观。大众传媒的发展直接涉及表达自由、思想自由以及人的其他自由问题。中国正处在转型社会，既面临着扩大公民自由的社会发展要求，又承担着通过法制来规范和保护公民自由的责任。大众传媒在这方面无疑发挥着积极的作用。

b. 注重社会和谐进步的平等观。追求公平正义是人类社会发展的一种进步的价值取向，是社会主义和谐社会形成的重要前提和基本特征。新闻媒体的话语权是民众话语权的延伸，媒体的声音是民众声音的聚合。尽管人们的经济不平等的现实和政治平等的理想之间总是充满矛盾，但媒体在平等观上的积极作用有利于实现适当的平衡。

c. 重视人的生存与发展的人权观。媒体通过报道案件，将人权观向大众诠释。生命权应该是最基本的人权，财产权是个人在社会中实现自身发展的前提。

d. 保障政治稳定原则下的民主观。传媒的作用就是让公众明白政治民主的意蕴，形成民主的意识，推动民主政治文化的形成。为民主制度的运行提供心理和文化的保障。

③传媒引领政治思潮，维系与发展主流政治思想。

a. 政治思潮是在特定历史条件下形成的，具有共同倾向和较为广泛影响的重大思想潮流。而政治思想则是通过严密的逻辑推理和理性的分析，建立的一种较为完整和系统的思想和观念体系。媒体通过议程设置、舆论引导等方式引领政治思潮，维系与发展主流的政治思想。

b. 政治思想是大众传播内容的精华部分，传播经常伴随着大量社会信息流。媒体的责任就是要积极进行思想和文化创新，加快生产具有先进文化特点的精神文化产品，以优秀的精神产品来落实“以科学的理论武装人，以正确的舆论引导人，以高尚的精神塑造人”这三项任务，这也是先进文化在新闻传播实践中的具体体现。

7. 简要说明“大众传媒是大众文化的最佳载体”。（湘潭大学 2009 年研）

相关试题：在现代社会，为什么说大众传媒是大众文化的最佳载体？（江西师大 2007 年研）

答：大众传媒是大众文化最佳载体的原因主要包括以下三个方面：

（1）大众传媒和大众文化都面向“大众”这一群体。从服务对象和产生环境来看，顾名思义，大众文化根植于社会底层的普通大众，文化是其生产方式和生活状态在精神层面上的体现，主要用于满足社会生产的需要以及当下的、普遍的本能情感需求。随着生产方式以及社会信息传播形式的变化，大众文化不断呈现出新的特点和模式，但唯一不变的是，大众文化的群众性基础。大众传媒正是这样一种以大众为服务对象的媒介。

（2）大众传媒和大众文化都要求浅显易懂、新鲜多样、适合大众。在这个高速发展的现代商业社会，人们为社会生活紧张的节奏所困扰，渴望轻松、渴望解脱，于是大众文化以“娱乐”的方式承担了精神宣泄与慰藉的功能。而追求时效、易于普及、通俗易懂也是大众传媒的特点。

（3）大众传媒和大众文化都追求感官刺激，如视像刺激。大众文化以满足人们的感官享受为目的，通过灌输一些娱乐性、刺激性强的内容，释放人们的某种紧张情绪或压抑心情，使人逃避现实世界。在现代社会，大众传媒变革迅速。从文字到图像、从纸质到电子、从平面到立体、从单向输送到双向乃至多向互动等，已成为一个不争的事实。传播媒介与基于发达的计算机技术、通讯技术的“网络化革命”，目前正以人们难以预想的速度和方式急剧地扩张。这为展现多种多样的大众文化形式、提供丰富精彩的文化感官刺激提供了可能。

8. 大众文化有哪些主要特点？（华中农大 2014 年研）

答：（1）大众文化的含义。大众文化是一个特定范畴，它主要是指兴起于当代都市的，与当代大工业密切相关的，以全球化的现代传媒（特别是电子传媒）为介质大批量生产的当代文化形态，是处于消费时代或准消费时代的，由消费意识形态来策划、引导大众的，采取时尚化运作方式的当代文化消费形态。它是现代工业和市场经济充分发展后的产物，是当代大众大规模地共同参与的当代社会文化公共空间或公共领域，是有史以来人类广泛参与的、历史上规模最大的文化事件。

美国哲学家奥尔特加在《民众的反抗》一书中最早提出“大众文化”的概念，他认为大众文化指的是一地区、一社团、一个国家中新近涌现的，被大众所信奉、接受的文化。约翰·哈特利将“大众文化”定义为“为普通民众所拥有、为普通民众所享用、为普通民众所钟爱的文化”。根据葛兰西的文化霸权理论，大众文化是指社会统治集团通过精神和道德领导的手段赢得被统治群体赞同而形成和产生的文化。法兰克福学派的理论家认为大众文化等同于文化工业。伯明翰学派则弘扬大众文化，并且进行了当代大众文化研究。社会学、心理学、传播学、女性主义等都从不同的角度研究大众文化。

(2)大众文化的主要特点。

①商品性。即大众文化活动属于一种伴随商品买卖关系的消费行为，它伴随着文化产品的大量生产和大量销售。

②通俗性。即大众文化不是特定阶层的文化，而是为社会上散在的众多“一般个人”的文化。

③流行性。即大众文化是一种时尚文化，呈忽起忽落的变化趋势。

④娱乐性。大众文化文本无论其结局是悲是喜，总是追求广义上的愉悦效果，使公众的消费、休闲或娱乐渴望获得轻松的满足。

⑤依赖性。即大众文化主要是在大众传媒的引导下发生、发展和变化的，没有大众传媒，也就没有大众文化。在这个意义上，大众文化也是一种传媒文化。

⑥大众媒介性。即大众文化以大众媒介为主要传播媒介，具有这种媒介所规定的特点。大众媒介，通常包括机械印刷媒介(报纸、杂志、书籍等)和电子媒介(广播、电影、电视、网络等)两大类。

⑦日常性。与欣赏高雅文化带有更多的个体精神性不同，公众对于街头广告、电视剧、流行音乐、时装、畅销书等大众文化的接受，是在日常生活的世俗环境中进行的。

9. 简述文化帝国主义。(华南理工 2018 年研)

答：(1)文化帝国主义的定义。文化帝国主义是指来自发达国家、包含着与支配者利益相关的文化价值或观点的商品、时尚或生活方式等流向发展中国家市场，创造出某些特定的需求或消费形态，而发展中国家的民族文化在不同程度上受到外国(主要是西方)文化的侵害、取代或挑战，出现了受支配程度越来越高的状况。

文化帝国主义是个别文化高压国家凭借文化优势利用各种手段，大力拓展和占领世界文化市场，利用先进的科学和发达的国民教育使文化始终居世界领先地位，大力开拓和占领世界文化市场，企图将这种一国的文化优势变成世界性的文化优势的过程，它是以一种文化模式来取代世界文化的多元性和多样性的过程，是现代帝国主义总过程的一部分。

(2)文化帝国主义的提出背景。文化帝国主义这一概念诞生于 20 世纪 60 年代反对“新帝国主义”的国际环境下。在战后许多殖民地国家获得民族独立的背景下，帝国主义的扩张战略由以军事手段和直接的殖民统治为主，转向以经济和文化控制为主。冷战背景下，美国极力利用其高度发达的信息传播手段对这些国家和地区进行文化渗透，包括意识形态的宣传和文化产品的倾销，以建立维持其在世界文化发展中的霸主地位。

(3)文化帝国主义特点和实质。文化帝国主义有三个特点：①它以强大的经济、资本实力为后盾，主要通过市场来进行扩张；②它是一种文化价值的扩张，即通过含有文化价值的产品或商品的销售来实现全球性文化支配；③这种文化扩张主要是通过信息产品的传播来实现的。

在文化扩张的过程中，由于大众传播媒介是一种最有力的制度化手段，因而文化帝国主义也称为媒介帝国主义。对文化帝国主义表示担忧的已不仅仅是发展中国家，不少发达国家也对此产生了警惕，从而积极制定措施来维护自己的民族文化和传统文化。

10. 什么是硬实力、软实力、巧实力？（中传 2016 年研）

答：（1）硬实力。20 世纪 90 年代初，哈佛大学教授约瑟夫·奈将综合国力分为硬实力和软实力。硬实力（Hard Power）是指支配性实力，包括基本资源（如土地面积、人口、自然资源等）、军事力量（如作战思想、常规军事力量、军费预算的发展趋势等）、科技力量（如科技人力资源、技术创新能力、国际科技合作格局等）和经济力量（如经济规模 GDP、外贸总额、外汇储备等）。硬实力的核心是经济实力，经济实力对硬实力起决定性作用。简言之，硬实力是指看得见、摸得着的物质力量，存在有形的载体。

（2）软实力。“软实力”（Soft Power）是一国通过吸引和说服别国服从你的目标从而使你得到自己想要东西的能力。分为政治价值观（当这个国家在国内外努力实现这种价值观时）、文化（在能对他国产生吸引力的地方起作用）及外交政策（当政策被认为合法且具有道德威信时）。约瑟夫·奈首创“软实力”概念，从此启动了“软实力”研究与应用的潮流。他认为，“硬实力和软实力同样重要，但是在信息时代，软实力正变得比以往更为突出”。“软实力”主要包括以下几种内容：①文化的吸引力和感染力。②意识形态和政治价值观的吸引力。③外交政策的道义和正当性。④处理国家间关系时的亲和力。⑤发展道路和制度模式的吸引力。⑥对国际规范、国际标准和国际机制的导向、制定和控制能力。⑦国际舆论对一国国际形象的赞赏和认可程度。

（3）巧实力。“巧实力”（Smart Power）是指综合、有效地运用硬实力和软实力实现一国外交目标的能力。2004 年，美国学者苏珊尼·诺瑟在《外交》杂志上最早提出“巧实力”的概念，称“必须实行这样一种外交政策，不仅能更有效地反击恐怖主义，而且能走得更远，通过灵巧地运用各种力量，在一个稳定的盟友、机构和框架中促进美国的利益”。2006 年，约瑟夫·奈在《外交》杂志上发表题为“重新思考软实力”的文章，称“单独依靠硬实力和软实力都是错误的。将它们有效结合起来可以称为巧实力”。2007 年，美国前副国务卿阿米蒂奇和约瑟夫·奈发表题为《巧实力战略》的研究报告，提出运用“巧实力”进行对外战略转型，帮助美国摆脱当前困境，重振全球领导地位。

“巧实力”概念并没有对使用软硬两种实力的比例做出明确规定，任何决策者实际上都可以声称其对实力的运用是“巧实力”。因此，这一概念的弱点在于“巧”字具有强烈的主观评价色彩，与“软”“硬”之类的客观划分有区别。每个人都可以将其所执行的政策称之为“巧实力”，而将对手的政策贬低为缺乏“巧实力”。

三、论述题

1. 媒介生态环境对媒介发展有哪些意义？（江西师大 2009 年研；东北师大 2007 年研）

相关试题：简述媒介生态环境对媒介发展的意义。（简答题，华中农大 2011 年研）

答：新闻媒介作为社会系统的一部分，与其他社会系统存在密切的联系，这种联系的总称为媒介生态环境。不同社会制度的媒介生态环境不同，是由所处的社会制度中经济、政治、社会、文化等各个社会系统所决定的。媒介生态环境理论主要是指各种客观条件及主观因素的不断发展，对大众传播媒介的传播方式和传播技术的影响，这些客观以及主观条件的内容，包括社会科学技术的不断发展，信息资源获取方式的不断变化，国家为传媒行业提供的政策条件以及传媒行业内部存在的市场竞争情况。大众传媒工作者一定要掌握媒介生态环境发展的规律，才能对各种变化做出及时的应对，促进传媒行业的健康发展。媒介生态环境对媒介发展的意义参见本章考点难点归纳相关内容。

2. 试论大众传媒与社会系统的关系。（电子科大2010年研）

相关试题：大众传媒在社会系统中发挥什么样的作用？（电子科大2011年研）

答：参见本章考点难点归纳相关内容。

3. 从社会发展的角度，论述社会政治经济文化对媒介发展的影响。（中南财大2018年研）

答：媒介在人类社会发展中起着极其重要的作用。技术决定论者如麦克卢汉认为媒介是社会发展的基本动力，但从更全面的角度考虑，媒介发展也受到社会发展水平的影响。换言之，社会政治、经济、文化等多方面因素对媒介发展有制约作用。

（1）政治对媒介发展的影响。

①政治体制决定着媒介机构的所有制性质。西方国家如美国等广播电视机构多采用私有制，而社会主义国家则通行国有制、公有制。

②国家/政府在法制、法规层面上制约着媒介的行为。包括：对媒介的创办进行审批、登记，对媒介活动进行多方面的监督和管理，限制或禁止某些不法信息内容的传播等。

③政府的政策/行为制约着媒介及其信息来源的内容。包括：政府的各种审查机构和审核制度、行政命令、宣传纪律，以及发布政治信息、宣传政治主张、引导舆论等手段。

④国家意识形态制约着媒介组织的结构和活动。这是一种无形的制约，以价值、意义、信念体系等，构成对媒介软性的、却更为宏大的、无处不在的制约网络，由此决定了整个媒介体系必然服务于统治阶级的意识形态体系。

（2）经济对媒介发展的影响。

①宏观经济体制。它决定媒介机构的所有制性质和运作方式，是媒介最核心的制约因素之一。

②来自市场环境和市场运行机制的压力。在市场经济体制中，媒介机构本身就是一种自主营利的组织，因此，必须根据市场特点来运作，保持足够的市场份额，使成本最低化、利润最大化。

③来自广告主或赞助商的压力。广告和赞助收入，是大众媒介赢利的主要渠道，因此，广告主和赞助商可凭借手中的广告费用和赞助来换取媒体为其宣传和服务，从而获得对媒介内容的支配权，甚至迫使媒介的从业理念、方针发生变化。

④来自其他经济利益团体的控制。媒介内容往往反映其背后资金提供者的利益，如金融机构或企业财团等。媒介不得不受制于为其提供资金来源的经济集团的控制。

（3）文化对媒介发展的影响。

媒介与人类的文化之间具有密切的关系。一方面，媒介在人类文化的塑造和传播中发挥了不可替代的作用；从另一方面来看，社会文化对传播又具有制约力。这是因为，传播是人的文化活动，本身与社会文化相依存。

①文化与传播具有内在统一性。一方面，文化规定了传播的内容、方式、方法及传播

方向、效果；另一方面，传播以符号化、意义化的方式呈现着文化，作为文化的活性机制而存在。这是因为，从人类学的角度看，人类有两套信息系统：一是与一般生物共同具备的基因信息系统，人类赖此繁衍生息；一是社会传承的文化信息系统，人类赖此发展进步。前者可称为“自然人”信息系统，后者可称为“社会人”信息系统。当传播生成了人与人之间的社会联系，从而使人完成了从“自然人”到“社会人”的转变后，传播便与文化合一了，并受到社会文化的制约。文化与传播的这种同一性关系是我们在传播过程中可随处体验到的，如民族语言是传播的工具，同时，民族语言又设定了传播的文化范围；社会成员间只有共享一种媒介文化、共存于同一文化情境，才能达成彼此间的传播。

②与此同时，社会文化的偏见与成见、文化中心主义、文化冲突等负面的东西也常常扭曲着传播，例如社会政治利益集团的文化倾向，常常使媒介沦为意识形态的工具；消费主义文化片面强调通过物质占有达到个人享乐和自我表现，常常使媒体过度营造消费的诱惑力，把公民变为消费者，将政治参与变为购物的附带品。不过，人作为创造的主体、传播的主体，在传播活动与文化创造中具有反思性，即能在接收信息的过程中，透过对情势的正确分析达到对自身的理性判断和把握，从而把人的传播活动和文化创造建立在人的物质交往与精神交往的辩证关系的基础之上。因此，在传播与社会、文化的关系中，人的创造性、反思性是永恒的“调适器”。

4. 论述大众媒介与政治、经济的关系。（河北大学2012年研）

答：（1）大众传媒与政治的关系。媒介、政府、公众之间的关系由政治体制决定，主要包括以下两种情况：资本主义社会，媒介为私有制，独立于政府，通过市场为公众服务。主要责任是提供信息服务、实行舆论监督；社会主义社会，媒介为国有制，跟随于政府，是政府和公众之间的沟通渠道。主要责任是维持社会秩序稳定。政治对媒介的影响包括以下两个方面：

①政治对大众传媒的影响。

a. 利用大众媒介：发布信息，宣传主张，塑造形象，引导舆论。

b. 影响新闻传播：以新闻发布活动使政府成为媒介的主要信息源；借由媒介向社会传播政府的理念和思想；通过媒介间接操控公众舆论；政府的政治活动对大众媒介的利用。

②新闻媒介在现代民主政治中的作用。

参见本章考点难点归纳相关内容。

（2）大众传媒与经济的关系。

①经济决定传媒的发展。

a. 经济发展是媒体发展的基础。经济的发展促进了广告的发展，使得媒体成为朝阳产业，广告商通过对媒体尤其是广告的投资，使得媒体事业具有良好的发展前景和经济效益，促进了自身的发展。

b. 经济发展决定媒体的内容和形式。中国媒体曾经经历了完全计划经济的时代，无需考虑发展问题，但社会主义市场经济体制的确立给媒体提出了创造经济效益的新要求。为了更好地发展，媒体必须适应新时期市场经济发展的需求，不断地进行调整和改革，从而促进自身发展。

c. 经济的发展使得媒体的竞争不断加剧。新经济形态的发展给媒体的发展提出了越来越高的要求，有市场就会有竞争，社会主义市场经济是一个非常庞大的复杂的竞争体系，媒体行业只有找到自己的竞争优势，才能立于不败之地。

②传媒的经济功能。

a. 传媒收集与发布经济信息，引导生产消费，促进经济发展。由于生产和经济活动在现代社会中所具有的极端重要地位，任何个人、组织和社会必须不断地获得可能对其经济生活产生影响的任何信息。

b. 传媒刊载商业广告，激活和满足消费需求。商业广告对于现代社会经济的运作有着非常积极而重大的意义。

c. 传媒还能够监督市场秩序，反映社会舆论，纠正经济生活中的不公正现象和其他偏差。市场经济虽然形成了一整套的法律和制度，但这种制度并不完善，从而在经济生活中侵害其他经济主体的正当权益。大众传媒肩负公共监督职责，对经济行为中的不规范现象也有监督与纠正的作用。

③传媒经济的发展。

a. 传媒经济本身成为经济发展的新动力。传媒经济作为新经济的重要组成部分，它所具备的无限影响力和庞大经济价值日益为人们所重视。传媒经济的不断增长以中国经济的高速发展为基础，又转而推动着中国经济的迅猛发展。

b. 传媒经济从注意力经济转向影响力经济。在传媒经济的发展过程中，广告主挑选媒体进行宣传的衡量标准已经不是一个媒体所能获得的注意力多少，而是其在自己消费人群中的影响力高低。

5. 大众传媒在社会危机中发挥什么样的作用，结合事实加以分析。(上海财大 2010 年研)

答：社会危机是公共危机的一种，大众传媒在社会危机中的作用与其在公共危机中的作用是相通的。公共危机是指由于内部或外部高度不确定的变化因素，对社会共同利益和安全产生严重威胁的一种危险境况和紧张状态，包括对多数人的生命财产安全构成威胁的自然灾害、人为灾害和各类犯罪。近年来，这类事件多次发生，如 2008 年初的雪凝灾害、5·12 汶川地震，2020 年的新冠肺炎疫情等。作为政府对民众发言的重要渠道，媒体同时又是民众实现知情权的传播渠道。传媒之所以存在的一个重要原因，就是依靠传递信息来为社会服务。传媒的作用及表现在公共危机处理中至关重要。

(1)满足受众知情权，调控公众心理。传媒机构或组织不仅仅是作为国家的管理工具而存在，而且是为了满足公众知情权这一基本需求而存在的。尊重公众知情权，尤其是在诸如瘟疫、恐怖危机、自然灾害等这样的公共危机中，保障社会和公众的知情权是现代媒体责无旁贷的义务和责任。公众将了解信息的途径寄望于传媒，这种基于媒体功能的求知心理是受众媒介接触的第一心理。

公共危机发生后，人们的生活方式、思维方式必然有所变化，心理上也会产生一定压力，对各种信息十分敏感，对信息真伪的辨别能力相对降低，流言、谣言也会相对增多。

危机爆发还使得原有的组织传播减弱，因而媒体的舆论宣传成为社会了解信息的主渠道。新闻媒体及时大量地发布真实信息，发布权威信息，既是满足受众知情权、求知心理的需要，也是制止流言，降低恐慌心理的需要，调控了公众的心理情绪。

(2)引导公众舆论，化解或转移社会压力。随着因特网的普及，公众能够通过更加多元化的渠道获得信息。这导致在社会危机发生时，由于信息不对称、不完全，谣言的负面传播效果往往大行其道。

毫无疑问，谣言在危机状态下会释放出巨大能量并带来严重社会危害。而实践证明，公开的信息能够有效地平息各种议论和猜测，扭转舆论被动的局面。因此，媒体理应遵循新闻传播规律，力争在第一时间客观、公正地向公众报道新闻事实。同时，媒体在危机期间的报道不仅要满足向公众提供危机事件零散的信息的要求，还要随着事态的进展，在分析整合信息的基础上向公众及时报道业内对事态发展趋势的估计。

(3)坚持人本意识，彰显人文关怀。公共危机的发生，往往直接危及社会公众利益。传媒机构作为一种社会公器，在公共危机的协调与沟通过程中，发挥着重要的作用。坚持人本意识，是媒体社会责任感的体现，新闻媒体以社会公众的信息需求为生存基础，在享受社会公众所赋予的采访权、报道权和舆论监督权的同时，自然而然需要肩负起相应的社会责任，在危急时刻维护好社会公共利益。而在所有的社会公共利益中，“人”就是最大的利益。因此，坚持以人为本正是传媒在危机事件中义不容辞的使命所在。其次，坚持人本意识，也是危机形势的迫切需要。当危机发生时，人们的生命财产时刻面临着巨大的威胁和损失，人们的社会心理充满恐慌、焦躁、不安等负面情绪和不安全感，甚至可能会导致社会混乱。

(4)科学总结危机，进行理性反思。应对公共危机的最终目的，是要消除危机对社会带来的恶劣影响，恢复社会稳定。因此当危机即将过去，媒体有责任和义务引导公众对危机发生的原因进行理性总结，避免重蹈覆辙。加深人们对自然规律和社会规律的认识，增强抗击困难的意识，唤起更多人对人生价值的反思，增强人们的社会责任感，增加人们对生活的珍爱。

反思社会公众在应对危机时的表现，再现人们的坚强向上的精神状态，展现社会或民族在困难面前誓不低头的态度，激励人们在以后的社会生活中发挥团结协作、奋勇拼搏的精神。通过各种形式，提高公众应对危机的意识。既要认识到许多公共危机是各种不可抗力的自然结果，也要认识到有些危机是社会矛盾相互作用的结果。让经历过危机的社会公众，能够吸取经验教训，在以后可能发生的危机中将损失降到最小的程度。

(5)发挥无形力量，塑造国家形象。大众传媒是国家形象塑造的工具与载体。国家形象塑造体现在经济、军事等硬实力上，还体现在传媒对其政治、文化、价值观等软实力的宣传上。

一方面，国际媒体以自己的意识形态为判断标准，对中国在国际上的形象进行描述。有符合事实的客观报道，也有不符合实际的虚假报道。这些报道最终反映了外界对于中国的印象。

另一方面，国内媒体在公共危机发生时的表现，也会影响到外界对于中国形象的判断。只有国内媒体做到信息发布的及时准确、信息报道的深度透明，做到了对信息的全方位公开，才有助于显示我国政府执政理念和执政水平的进步。公共危机具有突发性、破坏性、紧迫性和不确定性等特点，在危机事件中，人们出现暂时的恐慌和悲观在所难免。媒体在让民众认识危机事件的同时，更应让民众掌握对待危机事件的方法，增强心理承受能力。

合理引导舆论向正确的方向发展，体现媒体人特有的人文关怀，并能站在国家的高度，努力塑造正面的国家形象，正是媒体的责任和价值之所在。

6. 根据酷云数据显示，2015 年 11 月 10 日晚湖南卫视在北京水立方现场直播的“天猫双十一狂欢夜”市场占有率高达 28.3866%，强势占据全国所有同时播出节目内容的榜首。天猫后台流量数据跟晚会内容几乎是亦步亦趋，节目走到哪里，明星提到哪些商品，哪些商品的 Logo 一出现，线上搜索流量就直接暴涨，商品大量涌进购物车、收藏夹，屏幕前的观众边看电视边剁手，创造了一种全新的“边看边买”的购买模式。这台明目张胆全是广告的晚会，收视销售双丰收，此等亮眼成绩或将载入中国电视史册，成为媒体融合“互联网 +”的有效样本。请从传媒与经济的关系视角分析与评价此事件。（暨大 2016 年研）

答：当今信息化的社会中，传媒是国家扩大经济发展的重要工具，也是推动国家经济、政治、文化等全面发展的重要力量。在经济范畴，主要发挥信息传播功能的媒体，是有效运作经济活动的基础；媒体对消费者加以引导，能够减少信息不对称，促进市场秩序的规范。同时，媒体作为信息产业的不可或缺的组成部分，媒体业自身已经发展成一项新兴产业。“天猫双十一狂欢夜”是传媒帮助经济活动运作的成功典例，是媒体经济蓬勃发展的一个标志，也是传媒与经济的互动作用的最好体现。

(1)经济决定传媒的发展。

①经济发展是媒体发展的基础。经济的发展促进了广告的发展，使得媒体成为朝阳产业，广告商通过对媒体尤其是广告的投资，使得媒体事业具有良好的发展前景和经济效益，促进了自身的发展。“天猫双十一狂欢夜”活动就是一次非常成功的双赢活动，广告主通过晚会的形式宣传自己的活动与产品，而湖南卫视也可以获得巨额的广告费用，为电视台之后的发展提供资金支持。

②经济发展决定媒体的内容和形式。中国媒体曾经经历了完全计划经济的时代，无需考虑发展问题，但社会主义市场经济体制的确立给媒体提出了创造经济效益的新要求。为了更好地发展，媒体必须适应新时期市场经济发展的需求，不断地进行调整和改革，从而促进自身发展。电子商务在中国的迅速兴起，既是这种商业模式适应中国土壤的天然反应，也是一种新的商业文明在“互联网 +”背景下的迅速孕育。随着像阿里巴巴这样的企业的成功，不仅带动了一些传统行业、企业进入互联网，产生诸如 O2O 这样的大变局，也带来了湖南卫视这样的传统电视传媒节目内容和形式的改变。

③经济的发展使得媒体的竞争不断加剧。新经济形态的发展给媒体的发展提出了越来越高的要求，有市场就会有竞争，社会主义市场经济是一个非常庞大的复杂的竞争体系，媒体行业只有找到自己的竞争优势，才能立于不败之地。“天猫双十一狂欢夜”某种程度上也是湖南卫视适应市场经济，寻找竞争优势的一种尝试，尽管不一定能成为一种长期模式，但毫无疑问已经取得了个案的成功。

(2)传媒的经济功能。

①传媒收集与发布经济信息，引导生产消费，促进经济发展。由于生产和经济活动在现代社会中所具有的极端重要地位，任何个人、组织和社会必须不断地获得可能对其经济生活产生影响的任何信息。传统媒体时代已经存在着一批影响很大的专业性财经报纸与杂志，如美国的《华尔街日报》等，这些媒体对于国内国际经济问题的报道和评论，历来为世

界各国人士所关注。在全媒体时代，天猫作为电子商务平台，与大众电视台、网络视频平台合作推出购物晚会，为企业和消费者提供产品信息和相关经济资讯，是传媒发挥其经济功能的新手段。

②传媒刊载商业广告，激活和满足消费需求。商业广告对于现代社会经济的运作有着非常积极而重大的意义。在“天猫双十一狂欢夜”这场“全是广告”的电视购物晚会中，淘宝天猫利用媒体平台，采用直播的方式向广大的网民宣传自己的活动与产品，同时直播与线上双十一活动同步开展，更刺激了受众的购买欲望，促进了收益的提升。

③传媒还能够监督市场秩序，反映社会舆论，纠正经济生活中的不公正现象和其他偏差。市场经济虽然形成了一整套的法律和制度，但这种制度并不完善，从而在经济生活中侵害其他经济主体的正当权益。大众传媒肩负公共监督职责，对经济行为中的不规范现象也有监督与纠正的作用。作为一台影响力极大的电视购物晚会，晚会中展示的商品、企业会备受关注，只有确保自己的市场行为规范，尊重、维护消费者权益，才能获得大众认可，真正得到长足发展。

(3)传媒经济的发展。

①传媒经济本身成为经济发展的新动力。传媒经济作为新经济的重要组成部分，它所具备的无限影响力和庞大经济价值日益为人们所重视。传媒经济的不断增长以中国经济的高速发展为基础，又转而推动着中国经济的迅猛发展。大众传媒作为一种信息产业，本身就是国民经济中不可或缺的组成部分，为本国创造大量利税，提供大批就业机会。电子商务从实体经济发展而来，本身就借助互联网媒介的发展，与传统电视传媒和网络新媒体结合打造的购物晚会，则更明显地表现出传媒经济的特点，不失为传媒经济中的一种重要商业模式。

②传媒经济从注意力经济转向影响力经济。在传媒经济的发展过程中，广告主挑选媒体进行宣传的衡量标准已经不是一个媒体所能获得的注意力多少，而是其在自己消费人群中的影响力高低。以“天猫双十一狂欢夜”活动为例，天猫选择湖南卫视并不是因为其拥有最大的受众群或粉丝量，而是湖南卫视观众多以年轻人为主，相比于其他媒体平台在年轻观众中影响力更大，因此主要以年轻人群为消费者的天猫双十一活动会选择湖南卫视作为平台进行宣传。

7．大众传媒对文化有哪些消极影响？如何防止这些影响？（江西师大2009年研）

相关试题：

(1)结合案例试论大众传媒对文化的消极影响。（暨大2013年研）

(2)论述大众传媒对文化的消极功能。（中国地大2017年研）

答：大众传媒对文化的消极影响主要包括以下几个方面：

(1)大众传媒泛娱乐化。随着我国大众传媒市场化程度的加深，电视、互联网站等大众传媒的媚俗化、浅薄化的现象日趋严重。在当前“全民娱乐”的风气的影响下，甚至连主要承担“社会雷达”职责的新闻报道也出现娱乐化倾向：将新闻作为卖点，大肆制造新闻热点，尽力挖掘新闻的软性和煽情性因素，同时对暴力、色情、凶杀等方面的新闻予以重点报道，不深度分析其原因或者如何避免类似事件的发生，反而对血淋淋的场面、凶杀作案手法、色情情节详尽描述。随着新媒体的发展，娱乐化现象更为严重，从一些网络红人的不断出现到影视明星的恶意炒作，从经典影视剧的肆意篡改到以《一个馒头引发的血案》为代表的恶搞之风盛行，都在挑战人们审美的极限。

(2)大众传播助长了消费文化和充裕主义。大众传播的盈利目标，以及受到商业资本的侵入，决定了广告和营销内容占据其内容的很大比重。鲍德里亚在“消费主义”理论中提到，人们消费行为不再追求商品的使用价值，而是追求商品的符号意义。商家通过精心的营销方案的策划和广告内容的设计，赋予商品以文化价值和意义，并借助大众传播渠道传播给广泛的受众，制造了人们的购买的“伪需求”，并在互联网的场景中汇集成广泛的消费文化。另外，梅洛维茨认为，电子媒介将原本只适合于部分人观看的表演原封不动地搬到整个社会面前了。大众传播对社会经济地位较高的人的生活的关注和报道，无疑是对普通受众的冲击，他们的生活方式成为竞相追逐的形式，无疑激发了更广泛的欲望，助长充裕主义，推动形成消费文化。如“双十一”购物节就是电商和大众传播之间的一场共谋。电视的购物晚会、网络铺天盖地的广告和花样百出的广告语，不仅成功打造出一场普天同庆的“购物狂欢节”，而且人们仪式性的参与和多年来的积淀，无疑已经形成了一种文化，使受众在11月11日不约而同地跳上这台“购物花车”，这种购物共识控制了消费者，导致文化的异化现象。

(3)大众传播限制了文化多样性发展。首先，大众传播行使着社会整合的功能。格伯纳在研究培养效果时提出，大众传播存在“主流化效果”，大众传媒可以跨越社会阶层在整个社会进行广泛涵化，形成受众对事物一致的看法。“主流化”无疑就是去多样化的过程，大众传媒通过话语将人们的思考限制于一定范围之内，成为当代的“神话”，不利于激发文化多样性的发展。另外，大众传播提供的文化商品是一种“文化工业”产品。阿多诺认为大众传播通过提供标准化、伪个性化、批量生产的文化商品，并对亚文化进行收编，实现自上而下的意识形态控制。于是，人们在文化工业的浸染中无形中变成了缺乏批判性的“单向度的人”，一味地接受而放弃了对抵抗和生产，降低了文化多样性发展的可能。如当下的流行音乐、电影等，虽然故事情节、风格都不相同，但大多出自同样的类型，而不符合主流文化的要求的内容则会被限制播出。

(4)大众传媒对文化资源分配不均，导致各种文化群体的冲突加剧。从印刷媒介来看，面对城市群体的都市报发展迅速，而占据全国大多数人口的农村读者通常只有一家相对枯燥无味的日报。各种杂志定位也往往是都市白领、金融精英等。各种报道占据主角，要么是各类影视明星，要么就是成功的企业家、董事长，而边缘群体却总是难以占据版面，登上版面的也都与一些犯罪、贫困、暴力等有关系。这些群体没有话语诉求的空间，则更会激起对社会的仇视、不满，做出过激行为，引起社会恐慌和冲突。当下社会大众对“官二代”“富二代”犯案等事件的关注程度远远超过同样性质的普通人犯案，正是此矛盾的体现。

针对上述现象，必须坚持正确导向，切实提高利用媒介引导文化正向发展的能力和水平。针对媒体上各种文化观点、各种社会热点、各种文化现象相互交织、相互影响的特点，应积极主动地加以引导，形成正面文化发展态势。加强对各种思潮和模糊认识的引导，加强对文化热点问题的引导，把文化引导到健康理性的建设轨道上来。要运用公众可以接受的形式与方法进行有效的、因势利导的文化教育和引导，掌握话语权，提高文化引导的有效性与实际影响力，切实解决大众传媒给文化带来的消极影响。

8. 论述大众传媒与文化的关系。（陕西师大2016年研）

相关试题：联系实际阐述大众传媒与文化的关系。（电子科大2012年研）

答：在社会系统中，文化系统有着不可替代的功能。社会学家帕森斯认为，一个社会体系的维持在很大程度上依赖于共享的价值。提供这一共同价值观念的正是社会系统中的文化体系，其主要功能是使社会的规范秩序合法化。而大众传媒与文化有着密切的关联。具体参见本章考点难点归纳相关内容。

9. 为什么说国家形象是国家软实力的重要体现，我们国家在国内以及国际应该树立怎样的国家形象，应该采取何种渠道方式塑造形象？（厦大2016年研）

答：(1)国家形象与国家软实力。

①国家形象是一个国家对自己的认知以及国际体系中其他行为体对它的认知的结合；它是一系列信息输入和输出产生的结果，是一个“结构十分明确的信息资本”。国家形象被认为是国家“软实力”的重要组成部分之一，可以从一个方面体现这个国家的综合实力和影响力。因此，国家形象的塑造与传播深受各国政府的重视。

a. 在国际传播学中，国家形象是一个国家在国际新闻流动中所形成的形象，或者说是一国在他国新闻媒体的言论报道中所呈现的形象。从国际传播学角度看，国家形象是一个国家在世界舞台上呈现出来的状态，传播过程是国家形象形成的关键环节之一。而国家形象塑造实际上是以国际形象宣传为主体的一种跨国传播，服务于本国的政治效益和社会目的。

b. 在政治学中，国家形象通常从综合国力、国家权力等角度进行界定，国家形象作为综合国力的一种外部表现呈现到国际社会。

②国家软实力是一国通过吸引和说服别国服从你的目标从而使你得到自己想要东西的能力，分为政治价值观(当这个国家在国内外努力实现这种价值观时)、文化(在能对他国产生吸引力的地方起作用)及外交政策(当政策被认为合法且具有道德威信时)。哈佛大学教授约瑟夫·奈首创“软实力”概念，从此启动了“软实力”研究与应用的潮流。他认为，硬实力和软实力同样重要，但是在信息时代，软实力正变得比以往更为突出。

(2)国家形象是国家软实力的重要体现。

国家形象作为国家软实力的重要组成部分，是国家软实力的重要体现。在当今国际关系中，一个国家形象的好坏是直接决定着这个国家的国际地位、国际影响力和国际行动力的，也直接影响着国家在维护、拓展和获取国家利益方面的成效。

①国家形象是一个国家软实力的最高表现形式。国家形象直接衡量着国家质量及其信誉，更是国家软实力的最高层次表现。

②良好的国家形象是一个国家的无形资产。好的国家形象有利于增强本国人民的自信心和凝聚力，对于推动国内经济、文化、科技等其他资源的开发和利用有重要的作用，最终也是提升国家综合国力及国际竞争力的强大支撑。

③良好的国家形象能提升一个国家的国际威望，增强国际话语权。

④良好的国家形象有助于形成这个国家对世界的吸引力，国家软实力作为一种国格魅力，自带天然的吸引力。

(3)中国应当树立的国家形象。

我们国家在国内以及国际应树立和平、开放、自信、负责任、充满创新与活力的国家形象，向世界展示我国的新面貌、宣传中国梦。

①塑造繁荣发展进步的国家形象。中国在过去改革开放四十年里取得一系列成就，综合国力日益增强，人民富裕程度不断提高，各项事业蓬勃发展。应抓住机会塑造繁荣进步的中国形象，向国民以及全世界展现国家的富强与伟大，提升民族自信心。

②塑造改革创新进取的国家形象。中国顺应时代发展要求，坚持与时俱进、开拓创新，以改革的精神推进发展；抓住"互联网+"这一发展契机，充分展示万众创新、大众创业的活力中国。

③塑造民主法治公正的国家形象。传播、展示中国坚持党的领导、人民当家作主和依法治国有机统一，不断推进社会主义政治制度自我完善和发展；全面落实依法治国基本方略，加快建设社会主义法治国家；尊重和保障人权，维护社会公平与正义。

④塑造文明开放现代的国家形象。中国自古以来就是人类文明古国，曾为人类社会发展进步做出重大贡献；坚持传统与现代相融合、中国与世界相联系，既继承弘扬本民族优秀文化、走自己的发展道路，又广泛借鉴吸收人类文明成果、不断为人类文明做出新的更大的贡献；以开放意识、改革精神和现代观念，面向现代化、面向世界、面向未来。

⑤塑造和平和谐稳定的国家形象。中国站在新的历史起点上，既要通过维护世界和平来发展自己，又要通过自身发展来维护世界和平，致力于与各国一道建设一个持久和平、共同繁荣、和谐的世界大国形象。

⑥塑造谦虚包容自信的国家形象。中国应当向世界展示谦虚谨慎、不骄不躁的民族性格，虚心对待已经取得的发展成绩，清醒认识发展中存在的矛盾和问题，勇敢应对各种困难和挑战，坚持文明多样性，尊重差异，包容多样，永不称霸。

⑦塑造团结友爱自强的国家形象。中国是一个统一的多民族国家，中华民族具有强大的生命力、凝聚力、向心力。中国梦的实现离不开每一个中国公民的努力。塑造团结友爱的中国形象，有利于打破外国媒体的偏见与污蔑，让全世界人民更好地了解中国、接受中国。

(4)国家形象塑造的机制与途径。

①完善公共外交机制。很多西方国家已经建立了完善的公共外交管理体制，以确保本国的文化交流得以正常高效实施，例如美国形成了以"美国新闻署"为核心的完善而成熟的公共外交系统，集中对外推销和宣传美国形象。中国应该整合外交部与国务院新闻办等部委资源，协调各涉外部门之间的关系，解决好公共外交中的最高领导权、决策权的问题，确保决策部门与执行部门能各就其位、各司其职，避免在处理对外交流宣传时各部门因条块分割、缺乏沟通而导致的重复操作，以提高各部门的工作效率。

②提高文化交流的能力。国际外交能力需要实践经验的积累才能得到提升。当前推行的中国"文化周""文化月""文化年"等各种大型文化交流活动，尽管具有很强的规模效应，轰动一时，对中国形象的塑造也有很强的助推作用，但却很难让外国民众深入领会中国文化的细微之处。文化传播是一个长期的过程，中国对外文化交流应建立一个接触面广的长效机制，让国际社会对中国文化有全方位的了解。同时，中国还应深入分析国际受众市场，研究不同国家民众的思维特点与对中国的反应，做到因人、因地制宜，增强对外宣传的针

对性与亲和力。

③大力扶植民间文化交流。社会大众往往抵触作为某种宣传的“官方文化”。中国要尽快在世界范围内进一步提升整体亲和力，就必须着重借助民间力量。中国政府应整合现有的各种民间文化组织，加大政策扶持力度，引导社会资本与人力投向民间文化交流领域，尽量淡化文化交流的官方宣传色彩。例如，中国可以争取更多的国际会议、体育赛事等落户中国，通过邀请各类知名人士来华，以其所见所闻影响其本国公众，在交流中逐步提升中国形象。同时，中国还应充分利用现代传媒技术与网络技术，不断增强网上宣传的影响力，打破西方国家的信息垄断，激发外国民众对中国文化的热爱，帮助他们加深对当代中国的了解。

④加强教育文化交流。教育文化活动在塑造国家形象方面属于“长远收效”。一方面，要继续加强留学生培养，在留学软硬件等方面加强建设，为外国留学生提供更多保障，让他们不仅能学有所成，而且成为对中国友好的国际支持者，成为中国形象的传播者；另一方面，要大力推动汉语战略，继续推进孔子学院等汉语输出项目，为中国培育一批海外拥护者，影响他们对当前各类问题的看法，为各国民众提供学习中国文化、了解当代中国的重要场所。

⑤推动文化产业与文化贸易。与世界文化产业大国相比，中国文化产业目前还处于劣势，文化品牌难以走出国门，制约着中国国家形象的传播，中国需要在这方面有所突破。一方面，应该加大对该领域的资金投入与一定的政策扶植，鼓励国内企业“走出去”，培养一大批专业人才，以提高对外文化交流队伍的整体素质；另一方面，应广泛吸收和借鉴国外先进经验，尽快制定出适合中国国情的政策法规，为促进文化产业与文化贸易的发展提供法律保障。面对各国的竞争对手，只有做大、做强一批具有较强实力和国际竞争力的大型文化企业，才能为中国文化产业崛起争取发展空间，使中华文化在国际市场上占有一席之地。

10. 结合风险社会理论和相关新闻传播理论，信息疫情中，谣言假新闻等信息乱象产生的原因和特征，重点论述媒介在风险社会治理中发挥的功能作用。（清华大学2023年研）

答：谣言是某些人（或者某一个群体、集团和国家）根据特定的动机和愿望，散布一种内容没有得到确认的、缺乏事实根据的、通过自然发生的、在非组织的连锁性传播通道中所流传的信息。假新闻是指缺乏事实依据的新闻。“风险社会”理论是由德国社会学家乌尔里希·贝克提出的，在贝克看来，科学技术的快速发展和全球化的日益加深，使得人类社会已经开始进入“风险社会”时代。他认为，在一个社会中，个体面临的风险不仅仅是个体行为导致的，而是与社会结构、制度、文化等因素密切相关的社会现象。进入21世纪之后，风险更是以重大突发事件的形式不断警示世人——一种现代高风险社会形态的到来及其影响的无处不在。

（1）信息疫情中谣言、假新闻等信息乱象产生的原因。

①风险社会带来的无助感和获知焦虑。风险社会中随时可能发生突发事件，其中潜藏着人们对疾病、事故、犯罪和失业等风险的恐惧，突发事件符号化和信息传播病毒化的背后都潜藏着公众情绪。当突发事件激发身体与心灵的敏感与创伤，各种愤懑、戏谑、惊恐、怀疑和不安等负面情绪围绕着媒介，在事件与信息病毒的传播网络中形成引导式、伴随式、

参与式的情感互动。为了填补对风险的恐惧，人们对信息的需求更加迫切，假新闻和谣言正是在这样的土壤中滋生，也暗示着人们的无助感和获知焦虑。

②信息疫情带来的传播困境。信息疫情一词通常被用来概括传染病疫情暴发后出现的错误信息与正确信息相混杂的危险现象。2003 年“非典”暴发时期，戴维·罗特科普夫在《华盛顿邮报》上第一次使用了“infodemic”一词，他将其解释为：“一些混杂着恐惧、猜测和谣言的事实，在世界范围内被现代信息技术迅速放大和传播，以与原本现实完全不相应的方式影响了国家和国际经济、政治甚至安全的现象。”在大规模疫情中产生的阴谋论、虚假信息、不实信息、假新闻等在概念上也都属于信息疫情的子集。信息疫情具有传播的快速性、信息的过载性、关注的大众性、涉猎的广泛性、内容的动态性、空间的跨域性、媒体的社交性、污名的歧视性、真伪的难辨性以及效果的危害性等特性。

③媒介市场化和利益追逐。互联网发展到今天，整个社会信息传播格局的今非昔比，市场经济机制引进新闻传播领域后，一系列“抢新闻”“哗众取宠”“标题党”的衍生行为将信息传播复杂化。一些媒体追逐热点，执着于热度，以煽动性、敏感的话题吸引读者，在风险社会的背景下，人们更容易被煽动，导致谣言和假新闻愈演愈烈，而获得足量关注度的媒体将为了吸引力持续此行为。

(2)信息疫情中谣言、假新闻等信息乱象的特征。

①谣言和假新闻的形式更多样，迷惑性更强。借助互联网时代更多元化的传播渠道，和风险社会下鱼龙混杂的传播环境，加之谣言和假新闻本身内容的迷惑性，再经过内容包装、春秋笔法和渠道分发，病毒式传播加速入侵到我们的衣食住行，跨圈层、跨领域地影响不同领域和阶层的受众。而谣言和假新闻的成因也更加复杂，涉及到诸多利益群体，人群有意或者无心地传播，真相扑朔迷离，谣传众说纷纭，往往愈演愈烈。

②谣言和假新闻传播速度加快，影响更加恶劣。两微一端等诸多平台型媒体的崛起，加上技术进步将新闻推上实时的高度，谣言和假新闻传播的速度更快，甚至能在短时间内出现多次“反转”和“以讹传讹”。而与极快的传播速度对应的，是“辟谣”难度的加大，“辟谣”有时仅能改变部分群体的看法，不能完全根除谣言和假新闻等带来的负面影响。

(2)媒介在风险社会治理中发挥的功能作用。

①谣言、假新闻传播的把关人和风险警报器。一方面，媒介能够通过事前对新闻真实性的核查监管和事后对谣言、假新闻的澄清，起到媒介把关的作用，防止谣言、假新闻进入传播渠道并多次传播后造成的不良后果。另一方面，媒介应起到关注社会化媒体的舆情监控作用，发现好的经验并推广，发现重大突发风险事件中的负面舆情并及时治理，同时关注重大突发风险事件中伴随的非传统安全问题，对虚拟空间中网络犯罪、网络恐怖主义、网络意识形态斗争等需要重点治理，做舆情和风险的风向标。

②风险危机下的服务平台和沟通桥梁。各类媒介需要通过公告、新闻发布、政务新媒体、新闻发言人等诸多方式，在面临风险和突发事件时及时传递最新的信息，引导公众舆论，破除“洗脑包”、谣言和假新闻，为群众指明方向，掌舵领航。媒介需畅通表达渠道，通过政务新媒体、留言板、短视频、传统大众媒体等，保障群众诉求表达。同时媒介也应主动和社会组织加强联系与沟通，协同化治理重大突发风险事件。如河南暴雨事件，各大媒体转发官方和民间的求助信息，通过信息整合扩散，反馈受灾情况，为被困人群提供

帮助。

③公众利益表达和协商民主的渠道。媒介为公众参与风险治理提供平台渠道，通过舆论引导和公众参与的方式，让公众能够参与到风险决策和管理中来，形成共商共治共享的局面。这有利于提高风险治理的参与度、透明度和公正性，同时也可以培养公众的风险意识和责任感，促进风险管理的全面协调和长效实施。

第十三章　新闻自由和社会控制

13.1　复习笔记

【知识框架(庖丁解牛)】

- 新闻自由和社会控制
  - 新闻自由的来源及标准
  - 新闻自由的发展过程及意义
    - 新闻自由的发展阶段
    - 新闻自由的意义
  - 新闻自由属于人民
    - 新闻自由权
    - 新闻媒介和公民的新闻自由权的关系
    - 新闻自由实践中存在的问题
    - 新闻自由的相对性和具体性
    - 网络时代的新闻自由与社会责任
  - 新闻媒介的社会控制
    - 新闻传播法规及其渊源
    - 对新闻媒介的社会控制途径
    - 新闻法规要处理的核心问题
    - 新闻传播法制的基本原则
    - 主要新闻法规条目
    - 中国新闻媒介的特殊性

【本章概要(提纲挈领)】

本章主要论述了新闻自由与社会控制的相关知识。本章考点以概念题以及简答题为主，在学习时，需重点掌握新闻自由的来源及发展、新闻自由的标准、新闻媒介的社会控制等内容，并大致了解新闻自由的意义、新闻自由的相对性与具体性、网络时代的新闻自由与社会责任等内容。

【考点难点归纳(厚积薄发)】

考点一：新闻自由的来源及标准(见表 13－1)　★★★

表 13－1　新闻自由的来源及标准

新闻自由	具体内容
定义	通常指政府通过宪法或相关法律条文保障本国公民言论、结社以及新闻出版界采访、报道、出版、发行等的自由权利。简要地说，新闻自由就是公民拥有出版权、采访权、发布权

续表

新闻自由		具体内容
产生背景		①两大政治力量间的矛盾。英国新兴资产阶级和斯图亚特王朝治理方式上的不一致。 ②1642 年，资产阶级和新贵族联手推翻了封建专制统治，确立了资产阶级专制制度，因此提出各种政治要求
《论出版自由》	简介	①出版于 1644 年秋，来源于著名诗人、政治家约翰·弥尔顿的国会演说。 ②这是第一个关于新闻出版自由的文献
	观点	①言论自由和新闻自由是人的天赋权利。 ②真理可以自我校正，最终战胜谬误，为人民所接受。 ③"观点的公开市场"以及"自我的修正过程"概念
衡量标准		由国际新闻学会于 1951 年提出，包括：①自由采访；②自由通讯；③自由出版报纸；④自由批评

【考点拓展】国际新闻学会

国际新闻学会(International Press Institute)为民间国际新闻机构领导人组织，1951 年 5 月在巴黎成立。总部设在苏黎世，秘书处设在伦敦，后均迁至维也纳。该组织的宗旨是为确保新闻自由、促进新闻交流以及提高新闻业务而共同努力。

考点二：新闻自由的发展过程及意义 ★★

1. 新闻自由的发展阶段

(1)第一时期，争取出版自由权利。

①15 世纪中后期，印刷术传入英国后，印刷品的不断出版和扩大发行，使封建王朝惴惴不安。亨利八世下令管制出版业，1538 年，正式建立皇家特许制度。

②1557 年，马利女王下令设立皇家特许出版公司。1570 年，皇家又成立了"星法院"。

③1694 年，废除了特许制。

④1720 年，英国出版了第一张日报《每日新闻》。

(2)第二时期，争取言论自由权利。

①英国。

a. 约翰·李尔本叛国案。1649 年约翰·李尔本发表了揭露克伦威尔独裁的文章，并主张国家的最高权力应属于人民，法院试图定他叛国罪。在审理此案的过程中，确立了一项非常重要的普通法原则，即"在出版物上发表批评政府的文章无罪"原则，这是该原则在世界上的首次确立，成为英国新闻传播发展的核心。

b. 1689 年 10 月，议会通过了"权利宣言"并制定为法律，是为《权利法案》。其中明确表示，国王不得干涉人民的言论自由，且议会内之演说自由、辩论或议事之自由，不应在议会以外之任何法院或任何地方，受到弹劾或讯问。

②美国。

a. 曾格案。1733 年，约翰·彼得·曾格在他创办的《纽约周报》上批评了当时的总督威廉·科斯比，被以"对政府进行无耻的中伤、恶毒谩骂和煽动性责难"的罪名提起诉讼，并遭逮捕。著名律师安德鲁·汉密尔顿主动出庭为他辩护，他指出陈述无可非议的事实不是诽谤，引起旁听席上长时间的掌声且闻名全国，陪审团作出无罪的裁决，曾格获释并成为美国新闻界的英雄人物。这一案件也被称为美国新闻史上的里程碑。

b. 1791 年 12 月，议会通过宪法修正案。其中第一修正案明确表示，保护言论自由、信仰自由、出版自由，以及集会的权利、抗议的权利和请愿的权利。

(3)第三时期，争取新闻自由。

①“人民有知的权利”的口号，反对政府和垄断资本集团对新闻的控制和干预，要求新闻工作者有接近消息来源的自由，在新闻传播的过程上，要求免受检查以保证受众应当享有的自由权利。

②各国政府先后采取的扼制出版自由的方法。

a. 出版物事先检查制。

b. 取代报刊事先检查制，各国政府先后订立法律，如煽动法、诽谤法，以遏制出版物。

c. 征收印花税，实行津贴制。

2. 新闻自由的意义

(1)如今，新闻自由联合国宪章所规定的各国公民的基本权利，是一个伟大的口号。

(2)列宁对新闻自由这一口号给予积极的评价，出版自由反映了资产阶级的进步性，即反映了资产阶级反对僧侣、国王、封建势力和地主的斗争。

(3)列宁这一论断，充分肯定了资产阶级新闻自由这一口号的历史意义和进步作用。新闻出版自由的口号为资产阶级最终战胜封建统治提供了思想武器，也是资产阶级争取工农同盟军的一面旗帜。

【考点拓展】印花税

近代早期英国的印花税制，指的是 1694 至 1711 年之间，英国议会以法律形式确定的、历年的印花税课税办法总和，是当时英国国家财政制度的一项重要内容。印花税制颁布后，报刊发行数量短期内萎缩。印花税是对报纸的最后一项限制，于 1855 年废止。

考点三：新闻自由属于人民　★★

1. 新闻自由权

新闻自由是一种权利，新闻自由权属于人民所有，被公认为是继行政权、立法权、司法权之后的“第四种权力”。通俗地讲就是言论和出版自由，是指公民在宪法和法律规定的范围内，可以通过出版物(媒介)来表达自己意见和思想的权利。从当前来看，它主要涉及媒体、书籍、杂志、报纸、传单、广播、电视等，现在还需要加上新的社交工具、互联网等等。

2. 新闻媒介和公民的新闻自由权的关系

(1)各国宪法所规定的公民的新闻自由权是不可转让的，但真正实践新闻自由权的也是新闻媒介。因此，新闻媒介只有通过向公众提供所需要的信息和意见才能生存，一旦新闻媒介不能满足公众的信息需求，它们就无法存在。

(2)我国媒体都接受党的统一领导下，不能将“新闻出版自由”理解为媒介的自由，应该直接按照宪法的规定来理解，新闻出版自由的主体是公民。新闻媒介争取新闻自由的努力代表了人民的欲望和要求。

3. 新闻自由实践中存在的问题

(1)在当今的西方各国，新闻媒介形成一种垄断局面，旁人难以插足。

(2)尽管西方各国宪法都明确规定每个公民有出版自由，但由于创办费用的问题，出版自由对于绝大多数人只是纸面上的权利。

(3)自媒体时代，新闻媒介对新闻的把控能力下降，且背离新闻自由的初衷。常常掩盖、歪曲事实真相，误导受众等。

(4)由于受众知晓权、名誉权、隐私权等各种权利受到侵害，甚至威胁到国家利益，因此必须对新闻媒介实行有效的社会控制。

4. 新闻自由的相对性和具体性

(1)马克思主义的新闻自由观。

①新闻自由是相对的、具体的，而不是绝对的、抽象的。

②新闻自由伴随着历史的发展而变化，并不是亘古不变的。

③新闻自由始终伴随着一定的义务和责任。

(2)资本主义新闻自由的实质。

①资产阶级新闻自由建立在资本主义私有制的经济基础之上，是依靠资本家钱袋的自由。

②资产阶级新闻自由是垄断报团相互竞争、兼并的自由。

③资产阶级新闻自由是以不损害资产阶级根本利益为前提的自由。

④资产阶级新闻自由是受资产阶级全面控制的自由。

5. 网络时代的新闻自由与社会责任

(1)不论是新闻自由还是言论自由，都不是绝对的，公民在行使自己的权利时，必须做到不侵害他人的权利与自由。同时，新闻工作者应该合理行使新闻自由权利，遵循新闻真实性的原则，不损害他人权益。

(2)平衡新闻自由和社会责任冲突的策略。

①加强对互联网信息管理的法律法规建设。这也是目前我们唯一能采取的硬性控制手段。目前，我国的计算机和网络立法才刚刚起步，我们应该在原有法律的基础上，通过研究目前新的网络问题，尽快完善法律上的不足，做到有法可依。

②加大政府监管力度。在法律法规允许的范围内，各政府部门和相关的机构都应该加大网络监督力度。充分发挥网络把关人的作用，限制淫秽色情的信息在网上传播，对违法集体和个人予以严惩。

③加强网络新闻传播主体的道德建设。现阶段，在对网络传播进行管理时，不仅要靠法律、行政和技术手段，更应该重视道德自律的作用。网络新闻工作者应该充分认识自己在其中扮演的角色，不断加强自身的道德建设。

④提高网络新闻传播者的专业素养。网络新闻传播队伍缺乏技术和专业素养兼备的人才，一度制约了网络新闻传播质量的进一步提升。因此，网络新闻从业人员专业素质的提

高迫在眉睫。

考点四：新闻媒介的社会控制 ★★★

1. 新闻传播法规及其渊源

(1)新闻传播法规主要有四种：①宪法；②法律；③行政法规；④行政规章。

(2)新闻传播法制，是指新闻传播法的规范化与制度化。

(3)世界各国的新闻法规类型。

①立法形式。包括新闻法和特殊领域制定或包含在其他法律中。欧洲大多数国家都采取此种方式。其特点是，法院审理案件只能依据和服从《新闻法》。我国把新闻法规的有关条文写入《宪法》《民法》《刑法》以及其他的专用法律条款中。

②判例法。以最高法院上级法院的判例为标准来审理新闻传播案件，没有成文新闻法，如英美法系。

(4)法律关系的主体：①新闻传播媒体，具有法人主体资格。②记者、编辑等媒体从业者。③政府、公民、法人和社会团体等。

2. 对新闻媒介的社会控制途径

(1)司法控制。国家以法律来监控新闻媒介。

(2)行政控制。行政部门以各种规定、税收来控制新闻媒介。

(3)资本控制。大公司垄断媒介市场，使新来者难以进入。

(4)媒体的自律。

3. 新闻法规要处理的核心问题

新闻法规要处理的一个核心问题是：保护新闻自由，同时必须防止滥用新闻自由。在确保国家利益、公众利益不受侵害的前提下，鼓励新闻媒体满足公众需要，促进国家发展。

(1)新闻自由是同封建势力斗争的伟大成果，也是世界上任何一个现代国家的标志。它来之不易，因此需要国家以立法的形式予以保护。

(2)新闻自由并不是没有限制的，滥用新闻自由会导致严重的后果。因此防止滥用新闻自由，一定意义上也是保护新闻自由。

4. 新闻传播法制的基本原则

(1)新闻传播法的基本原则是新闻传播活动必须遵循的法则和准绳，是正确处理各方面关系的依据。

(2)宪法原则：新闻传播活动从内容到方式均不得同《宪法》的基本内容和基本精神发生任何抵触。

(3)司法公正原则：司法公正的基本内涵就是要在司法活动的过程和结果中坚持和体现公平与正义的原则。公正的含义包括公平、平等、正当、正义等。

(4)新闻自由原则：具体说来新闻自由一般是指搜集、发布、传送和接受新闻的自由，是创办新闻传播工具的自由，是公民通过新闻传播工具发表自己对社会各种问题的看法以及在科学研究、文学艺术创作及其他文化活动中的创造成果的自由。

(5)公众利益原则：公众利益原则体现在维护国家安全及社会秩序、政府对新闻事业的行政管制、新闻侵权(名誉权、隐私权、著作权等)以及信息公开等方面。

5. 主要的新闻法规条目

(1)国家安全法。新闻媒介不得以任何形式危害国家安全。尽管表达上有所不同，但这是各国新闻法规不可或缺的条文。包括：不得煽动以武力及其他手段推翻合法政府、破坏国家制度和社会秩序；不得泄露国家机密；不得煽动宗教、民族对立等。

(2)新闻诽谤。新闻诽谤是指在不明事实的情况下，主观臆断，强加意志，断言某人某事的发生，是新闻媒体不负责任的表现。同时各国新闻法规都规定，不准利用新闻媒介诽谤他人。

诽谤对象一般有：①个人(无论普通公民还是政府官员)；②某个特定团体(企业、事业及政府部门)；③企事业单位所生产的产品(包括服务)。

确认诽谤罪的条件(西方国家)：①特定的对象，可以让他人确认的对象，不是泛指；②歪曲、夸大、捏造事实；③必须含有恶意；④公开传播，造成对象的名誉损害。

真实性证明在诽谤罪的认定中处于核心地位。在确认诽谤罪时，真实性证明是否定诽谤罪有力的辩护措施之一。

(3)隐私权。

①隐私权(right to privacy)，就是个人有依照法律规定保护自己的隐私不受侵害的权利。

②中国现行法律对隐私权的保护主要有三种情况：

a. 对公民的人身、人格尊严、家庭、住宅等最基本的隐私事项予以保护。

b. 对单项属于隐私的事项以专门立法予以保护(例如未成年案件)。

c. 明文规定禁止擅自公布和宣扬他人隐私。

③新闻报道侵犯隐私权的表现形式：

a. 隐性采访，即隐匿记者身份进行采访。记者们为了获得真实信息往往会通过先进设备在隐瞒自己的记者身份情况下进行“暗访”，这一行为却并未经过当事人的许可或同意。例如有记者假扮成病人暗访诊所；隐藏身份采访无照旅馆等。在这一采访过程中，记者的行为对于被采访的个人来说就是一种隐私权的侵犯。

b. 强行采访。在当事人拒绝接受采访的情况下，通过威胁、利诱、纠缠等手段进行采访达成采访目的的行为，既伤害到了当事人的感情，也对于他人的正常生活造成了干扰，这是一种直接侵犯个人隐私的行为。

c. 公布、宣扬隐私。主要包含五种情况：报道与“性”有关的话题而对当事人不做讳避；报道未成年人违法犯罪或其他不良行为时任意披露未成年人的姓名、肖像和其他足以辨认的资料；披露他人婚姻恋爱家庭情况；披露信件、电话等通信的内容；披露其他各种个人资料。

④在确认犯隐私罪时，真实不起作用，唯一能起作用的是“新闻价值”。法院在判决时，常以传播内容是否有新闻价值作为决定性依据。

6. 中国新闻媒介的特殊性

在中国，新闻媒介有其特殊性。我国是党管新闻体制，绝大多数新闻媒介都是在党的领导下运作的。媒体是党和人民的喉舌。党管媒体，是党在长期实践中形成的根本原则，是中国特色社会主义制度的重要方面，关系党的执政地位，关系事业的兴衰成败，任何时候都不能动摇。

13.2 考研真题与典型题

一、概念题

1. 新闻自由(中南大学2022年研；重庆大学2020年研；北京印刷学院2020年研；湖南大学2018年研；湘潭大学2017年研；大连理工2016年研；上海交大2015年研；首师2015年研；山西大学2015年研；厦大2014年研；华南理工2013年研；中央民大2009年研；中南财大2009年研)

2.《论出版自由》(华南理工大学2021年研；青岛大学2020年研；清华大学2018年研；北大2016年研；复旦大学2015年研)

3. 星法庭(中传2015年研；南京师大2015年研；重庆大学2010年研)、星法院(清华大学2018年研)

4. 新闻控制(暨大2016年研)

5. 新闻法规(湖南大学2015年研；复旦大学2013年研)

6. 隐私权(南开大学2010年研；中国青年政治学院2009年研；清华大学2007年研)

7. 诽谤(华南理工2017年研)、新闻诽谤(电子科大2014年研)

8. 隐性采访(湖南大学2021年研；浙传2021年研)

二、简答题

1. 新闻自由(列举三大理论家观点)。(上海2016年研)

2. 谈谈你对弥尔顿的新闻自由的理解。(华中师大2018年研)

相关试题：

(1)简述弥尔顿的出版自由思想。(中传2015年研)

(2)简述弥尔顿《论出版自由》的背景和主要观点。(浙大2016年研)

(3)意见的自由市场。(云南大学2021年研)

3. 辨析：新闻自由是新闻媒介及新闻工作者报道新闻的自由。(西安交大2004年研)

4. 简述资本主义新闻自由的实质。(中传2018年研)

5. 新闻自由与传媒规制的关系。(南京大学2019年研)

相关试题：

(1)新闻媒介的社会控制有哪几种？举例说明。(复旦大学2013年研)

(2)新闻的社会控制主要体现在哪些方面？(山东大学2015年研)

三、论述题

1. 新闻自由的口号是在什么情况下提出来的？应该给予什么样的历史评价？(北大2007年研)

2. 论述近代西方新闻自由思想的发展过程及其历史作用。(暨大2017年研)

3. 为什么出版自由是一个伟大的口号？弥尔顿和杰斐逊对新闻出版自由作出了什么贡献。(中国青年政治学院2013年研)

相关试题：为什么说新闻自由是伟大的口号？（华中师大 2017 年研）

13.3 考研真题与典型题详解

一、概念题

1. 新闻自由（中南大学 2022 年研；重庆大学 2020 年研；北京印刷学院 2020 年研；湖南大学 2018 年研；湘潭大学 2017 年研；大连理工 2016 年研；上海交大 2015 年研；首师 2015 年研；山西大学 2015 年研；厦大 2014 年研；华南理工 2013 年研；中央民大 2009 年研；中南财大 2009 年研）

答：参见本章考点难点归纳相关内容。

2. 《论出版自由》（华南理工大学 2021 年研；青岛大学 2020 年研；清华大学 2018 年研；北大 2016 年研；复旦大学 2015 年研）

答：《论出版自由》是英国政治家弥尔顿于 1644 年正式出版的世界上第一本提出出版自由，反对封建传统书刊检查制度的著作，也是关于思想自由、传播自由的最为重要的文献之一。这篇文献有以下三个要点：①揭示书报检查制度中存在的矛盾，从而说明人在接受智慧方面应有的“知”的权利。②强调革命者绝不能因为集团利益而自食诺言，重复封建王朝钳制出版的政策。③首次明确提出言论出版自由是一切自由中最重要的自由权利。正是从弥尔顿的这些思想里面逐步形成了西方资本主义新闻自由思想中两个最重要的概念——“观点的公开市场”和真理具有“自我修正”的属性。

3. 星法庭（中传 2015 年研；南京师大 2015 年研；重庆大学 2010 年研）、**星法院**（清华大学 2018 年研）

答：星法庭是 1570 年伊丽莎白一世将枢密院的司法委员会改组的直属女王的皇家出版法庭，是压迫新闻自由的一个丑恶象征。为加强对出版特许制度的控制，伊丽莎白女王颁布了“星法庭法令”，其内容包括：①一切印刷品须送交皇家出版公司登记，全部印刷商的印刷器械必须在皇家特许出版公司登记；②除了剑桥、牛津大学和伦敦市以外，一律禁止印刷；③除非得到教会同意，不再允许出版商申请登记；④印刷商印刷任何刊物均须事前请求许可，否则处以 12 便士到 40 先令罚款或坐牢等项处罚；⑤皇家特许出版公司对非法秘密出版物有搜查、扣压、没收及逮捕嫌疑犯的权力，并有权对其实施相应处罚；⑥特许出版商的学徒以 1 至 3 人为限，剑桥、牛津大学等印刷所各限有学徒 10 人。1641 年，出版特许制度被废止，星法庭法令随之被废。

4. 新闻控制（暨大 2016 年研）

答：新闻控制是指国家、政党和社会团体通过物质资产、政策法规等手段对新闻传播行为进行强制性管理和约束。新闻控制的实质，是按新闻资产所有者的意志对传播行为加以规范，防止新闻自由和媒介权力的滥用。新闻控制目的在于维护和确保秩序的形成和延续，以达到控制者对控制对象预期的运转方式和目标指向；目标是给予新闻传播一定的自由度，使传播行为与社会规范保持一致，不违背施控者的利益和主张，即新闻自由与行为规范的统一。新闻控制手段有经济控制、法规控制、政策控制、行政控制和伦理控制。

5. 新闻法规（湖南大学 2015 年研；复旦大学 2013 年研）

答： 新闻法规是指国家以立法形式通过的有关新闻传播活动的法律条文和行政颁布的有关新闻传播活动的规定、规则。世界上大多数国家采取法律形式对新闻传播活动加以规范。世界各国的新闻法规有三种形式：①以立法形式正式颁布的《新闻法》，欧洲多数国家都采取此方式；②以最高法院和上级法院的判例为标准来审理新闻案件，即判例法，而没有成文的《新闻法》，在美国、英国、加拿大、澳大利亚等国家使用；③有些国家没有单独成文的《新闻法》，而把新闻法规的有关条文写入《宪法》《民法》《刑法》以及其他专用的法律条款中，在日本、新加坡、印度、中国等国家被采用。

6. 隐私权（南开大学 2010 年研；中国青年政治学院 2009 年研；清华大学 2007 年研）

答： 隐私权是指自然人享有的私人生活安宁与私人生活信息依法受到保护，不受他人侵扰、知悉、使用、披露和公开的权利。隐私权的主要含义包括：①隐私权的主体只能是自然人；②隐私的内容包括私人生活安宁和私人生活信息；③侵害隐私权的方式通常包括侵扰自然人的生活安宁，探听自然人的私生活秘密，或在知悉他人隐私后，向他人披露、公开，或者未经许可进行使用。隐私权的主要内容包括：个人生活安宁权，个人生活信息保密权，个人通讯秘密权和个人隐私使用权。

7. 诽谤（华南理工 2017 年研）、**新闻诽谤**（电子科大 2014 年研）

答： 诽谤是指捏造或歪曲具体的事实，并加以扩散。其法律含义是指行为人捏造并散布某种事实，以损害他人人格和名誉。它是一种侵权行为，侵犯了他人的人格权，尤其是名誉权等。新闻诽谤是指通过新闻传播媒介捏造或歪曲具体的事实，侵犯他人人格尊严的一种行为。西方国家确认诽谤罪的条件主要包括：①特定的对象，即可以让他人确认的对象，不是泛指；②歪曲、夸大、捏造事实；③必须含有恶意；④公开传播，造成对象的名誉损害。

8. 隐性采访（湖南大学 2021 年研；浙传 2021 年研）

答： *参见本章考点难点归纳相关内容。*

二、简答题

1. 新闻自由（列举三大理论家观点）。（上海 2016 年研）

答：（1）新闻自由的含义。

参见本章考点难点归纳相关内容。

（2）新闻自由相关理论家的观点。

①弥尔顿首先提出出版自由口号。约翰·弥尔顿是 17 世纪英国的伟大诗人、政论家和资产阶级革命的勇敢斗士。1644 年，弥尔顿在议会发表了题为《论出版自由》的演说。他宣称：言论、写作和发表的自由是“一切自由中最重要的自由”，是“一切伟大智慧的乳母”，并且坚信在不受约束的出版自由环境中，真理一定会战胜谬误。奠定了报刊自由主义理论的两个基本概念——即“思想的公开市场”和“真理的自我修正过程”——的基础。

②杰弗逊认为新闻自由在政治生活中具有积极作用。杰弗逊对新闻自由有坚决的信念，“若要我来决定要一个没有报纸的政府，还是没有政府的报纸，我会毫不迟疑地立即回答：

我宁愿后者”。另外，杰弗逊是资产阶级统治者中第一个比较真诚地企图把“民主国家”的学说和报刊自由主义理论付诸实施的政治家。

③密尔提出了保护少数的激进自由主义理论体系。密尔是19世纪英国的哲学家、经济学家和西方资产阶级自由主义理论的集大成者。密尔认为个人的意见不是个人的私产，而是全人类的财产。他对言论和出版自由理论的特殊贡献在于从真理论的角度逻辑地论证了保护少数的原则，从人类幸福追求的宏观立场上完善了全面自由的主张。

(3)新闻自由的价值及反思。

①利益的侵蚀导致新闻自由的工具化。如国外的大财团，各类政治势力等等，都会不断渗透，最后将新闻自由变成自己发声、牟利的工具。同时，这种工具化、利益化的倾向在媒体新闻自由中表现得极为明显。例如在农夫山泉与怡宝的争端中，北京某报就连发多篇文章对农夫山泉进行中伤。

②新闻媒体生存的压力与作为企业盈利的天性也会损害新闻自由。

③技术中立难以实现的现实问题。技术本是中立，但掌握技术的人与公司却难以中立。如，腾讯与360的口水仗。

2．谈谈你对弥尔顿的新闻自由的理解。(华中师大2018年研)

相关试题：

(1)简述弥尔顿的出版自由思想。(中传2015年研)

(2)简述弥尔顿《论出版自由》的背景和主要观点。(浙大2016年研)

(3)意见的自由市场。(云南大学2021年研)

答：弥尔顿的新闻自由思想是指弥尔顿在其著作中提出的关于言论、出版自由的思想理念。弥尔顿是西方新闻自由运动和新闻自由思想的先驱者和奠基人，他于1644年发表的《论出版自由》的演说，在人类历史上第一次旗帜鲜明地提出“出版自由”的口号，反对政府对于言论、出版自由的控制。

(1)弥尔顿“出版自由”口号的提出。弥尔顿是最先在新闻传播理论领域中树起“出版自由”大旗的人。他生活、活动在1640年英国资产阶级革命前后，既是一位著名的文学家，也是一位争取新闻自由的伟大斗士。英国革命爆发之际，他匆忙从意大利返回英国，参加反对君主政体的斗争。当时，由于他所出版的一些小册子接连遭到了国会出版委员会的长期审查，并于1644年被召至法庭接受质问、审讯，弥尔顿遂在法庭上当众宣读了他主张思想、出版自由的伟大文章——《出版自由请愿书》(又译为《论出版自由》《爱理俄巴格斯法庭成员》或《阿雷奥帕吉蒂卡报》)。

(2)新闻自由的含义。

①人民的出版自由是与生俱来的权利。言论自由和新闻自由是人的天赋权利，人民有知的权利和知的自由。应向人民提供事实和信息。

②人是有理性的，能够辨别真伪是非，应当让人民在“观念的自由市场”上发表和接触各种思想，人民能够凭借理性在真实和虚假的各种意见之间作出判断；真理也可以在各种思想的公开竞争中自我校正，最终战胜谬误，为人民所接受。

③新闻事业应成为不受政府干预的独立企业，按照自由经济原则，在公开的市场上参与自由竞争，其兴衰成败取决于社会和公众的信任与支持的程度。

④新闻自由是通过“观念的自由市场”寻求真理、保障人民权利的最好办法。通过不受政府干涉而自由发行的报刊，人民可以了解关于国家事务的全部情况，监督政府的行动，防止政府损害人民的利益。

3. 辨析：新闻自由是新闻媒介及新闻工作者报道新闻的自由。（西安交大2004年研）

答：这种说法是对新闻自由的一种误解，具体分析如下：

(1)新闻自由是一种权利，也称之为新闻自由，新闻自由权属于人民所有，被公认为是继行政权、立法权、司法权之后的“第四种权力”。通俗地讲就是言论和出版自由，是指公民在宪法和法律规定的范围内，可以通过出版物(媒介)来表达自己意见和思想的权利。从当前来看，它主要涉及媒体、书籍、杂志、报纸、传单、广播、电视等，现在还需要加上新的社交工具、互联网等等。

(2)一些人误以为新闻媒介可以代表人民行使新闻自由权，然而，各国宪法所规定的公民的新闻自由权是不可转让的。人民从来没有也不可能委托任何机构来行使新闻自由权。当然，从历史上看，最努力争取新闻自由的是新闻媒介，在现实生活中，真正实践新闻自由权的也是新闻媒介。

新闻媒介是向公众提供他们所需要的信息和意见的专业机构，并以此作为新闻媒介的生存条件，一旦新闻媒介不能满足公众的信息需求，那么它们就无法存在。为了满足公众对各种信息的需求，新闻媒介就必须拥有一定的新闻自由即出版权、采访权、发表权。对于新闻媒介来说，新闻自由就像空气、水、阳光一样对人很重要。因此，新闻媒介争取新闻自由的努力一定程度上代表了人民的愿望和要求。

(3)新闻媒介在获得新闻自由权后，并不意味着可以完全满足公众对信息的需求。事实上，有不少新闻媒介阻碍了大众行使新闻自由的权利。

在当今的西方各国，新闻媒介已形成一种垄断局面，一批巨型媒介集团垄断了各国新闻市场，旁人难以插足。尽管西方各国宪法都明确规定每个公民有出版自由。每个公民，不论穷人富人、小公司大公司都可以平等地出版报刊，可以申请创办广播、电视。但面对那些拥有几十亿、几百亿甚至几千亿美元资产的媒介巨人，那些只有几千、几万美元小资本的个人或小公司不可能参与竞争。所以，出版自由对于绝大多数人来说，只不过是纸面上的权利。

4. 简述资本主义新闻自由的实质。（中传2018年研）

答：(1)新闻自由的基本内容。新闻自由是一种权利，也称之为新闻自由，新闻自由权属于人民所有，被公认为是继行政权、立法权、司法权之后的“第四种权力”。通俗地讲就是言论和出版自由，是指公民在宪法和法律规定的范围内，可以通过出版物(媒介)来表达自己意见和思想的权利。从当前来看，它主要涉及媒体、书籍、杂志、报纸、传单、广播、电视等，现在还需要加上新的社交工具、互联网等等。

新闻自由主要包括四个方面的内容：①依法创办报刊、广播电台、电视台等新闻传播媒介的自由；②在法律许可的范围内从事新闻采访、搜集的自由；③在报刊、电台、电视台发表新闻和言论的自由；④在法律许可的范围内发行报刊、传播新闻的自由。

17世纪英国诗人、思想家约翰·弥尔顿于1644年发表了题为《论出版自由》的演说，正式提出了言论出版自由的口号，在当时反映了资产阶级反对僧侣、国王的利益诉求，传播了资产阶级民主、自由的思想，抨击了封建主义的宗法思想，动摇了封建专制秩序的基石，顺应了时代发展的潮流。

(2)资本主义新闻自由的实质。资本主义新闻自由思想是从言论自由、出版自由逐渐发展演化而来的，由16世纪罗马教皇实行原稿审查制度而产生，经历了从古典到近代的演变，形成了现代新闻自由思想。

新闻自由是资产阶级处于新兴的、上升时期的，为反对封建统治，顺应历史发展趋势，符合广大人民群众的愿望而提出来的一个伟大的口号。当下，新闻自由几乎得到所有国家的承认，各国都通过宪法或其他普通法，直接或间接地声称保护新闻自由。

但是，在当代垄断资本控制下的新闻自由，已失去了资产阶级初期为反对封建统治，争取自身包括广大劳动人民言论自由权利的特征，变得为金钱所奴役，只为少数人所享有。当代资产阶级的新闻自由具有以下特点：

①资产阶级新闻自由是资本主义私有制和无政府集团竞争通过新闻手段的一种反映。当代资产阶级新闻事业是建立在资本主义私有制的经济基础之上的，属于私人所有的企业。随着竞争和垄断的加剧，这些私营企业越来越集中在少数垄断资本家、垄断报系和垄断财团的手中，成为他们盈利的工具。

②当新闻事业涉及到国家利益和垄断财团利益时，新闻舆论则会保持高度的一致。例如，《华盛顿邮报》是美国一家有着巨大影响的报纸。这家以客观、公正自居的报纸在它的《记者手册》中明确规定，作为一家在首都出版的报纸，在报道国家安全时有双重职责，要格外谨慎地处理敏感信息，编辑们要严格审查那些危害国家安全的信息，要通过新闻界的自律，防止涉及国防、情报和外交事务等政府秘密的泄漏。

③当代资产阶级新闻自由还要受法律和其他各种方式及手段的控制。法律界定了新闻自由的范围和程度，新闻活动的各个环节都受法律的调节，有关的法律如：诽谤法、对新闻出版的事前限制、记者守则、新闻自由与公正审判问题等。通讯社是新闻媒介消息的重要来源，垄断资本通过控制通讯社进而控制新闻的发布。新闻自由还受到政府的各种公关手段控制，如政府及各种组织召开的新闻发布会、记者招待会、“吹风会”以及记者俱乐部等。

④采取抬高、贬低、淹没、封杀等新闻编排手法的控制，是西方资产阶级新闻媒介处理敏感新闻的惯用手法。“突出”是指对于他们认为重要的新闻，突出加以报道；“淹没”是指对于不得不刊登，又不愿意引人注意的事件，刊登在内页不显眼的地方，使之淹没在巨大篇幅的新闻与广告之中；“抑低”是指在版面上排在下半版、不显著的地位，使用小标题，标题中使用贬义词等；“夭折”是指对于不愿广为流传的新闻，只在报纸的一次版中刊登，在当天版的其他版次中删去；“封杀”是指对于不愿报道的新闻事件加以隐瞒、完全不予报道，或干脆不予理睬。

⑤从世界范围来看，当今世界存在新闻传播秩序不平衡的情况，少数西方发达国家的新闻自由流通是建立在不发达国家新闻流通不自由的基础之上的。少数西方发达资本主义国家，依仗着强大的经济实力和先进的科技实力，建立了新闻信息流通的巨大网络。这种新闻信息交流的垄断，给不发达国家的新闻交流造成了极大的限制。

5. 新闻自由与传媒规制的关系。（南京大学 2019 年研）

相关试题：

(1)新闻媒介的社会控制有哪几种？举例说明。（复旦大学 2013 年研）

(2)新闻的社会控制主要体现在哪些方面？（山东大学 2015 年研）

答：(1)对新闻媒介的社会控制有四种正规的途径：

①司法控制，国家以法律来监控新闻媒介。

②行政控制，行政部门以各种规定、税收来控制新闻媒介。

③资本控制，即大公司垄断媒介市场，使新来者难以进入。

④媒体的自律。

(2)新闻法规是国家实施管理的主要依据。世界各国的新闻法规类型有：

①立法形式。包括新闻法和特殊领域制定或包含在其他法律中。欧洲大多数国家都采取此种方式。其特点是，法院审理案件只能依据和服从《新闻法》。我国把新闻法规的有关条文写入《宪法》《民法》《刑法》以及其他的专用法律条款中。

②判例法。以最高法院上级法院的判例为标准来审理新闻传播案件，没有成文新闻法，如英美法系。

(3)在中国，新闻媒介有其特殊性。我国是党管新闻体制，绝大多数新闻媒介都是在党的领导下运作的。媒体是党和人民的喉舌。党管媒体，是党在长期实践中形成的根本原则，是中国特色社会主义制度的重要方面，关系党的执政地位，关系事业的兴衰成败，任何时候都不能动摇。

三、论述题

1. 新闻自由的口号是在什么情况下提出来的？应该给予什么样的历史评价？（北大 2007 年研）

答：新闻自由思想是人类历史发展到一定阶段的产物，这一口号的提出有其特定的历史背景与历史意义。

(1)新闻自由口号提出的背景。17 世纪初、中期，近代报刊在欧洲普遍出现，出版自由作为社会普遍关注的问题也随之而生。而欧洲资产阶级反封建统治的展开，则把出版自由问题推向了革命斗争的前沿阵地。在欧美资产阶级革命史上，几乎任何一个国家的资产阶级都提出过“出版自由”的口号。但是，综观欧洲历史，为新闻自由而进行得最为持久、最早、最猛烈的斗争出现在英国。

1643 年 6 月，英国国会恢复了出版特许制度，并成立出版检查委员会。1644 年 8 月，弥尔顿未经当局审查便出版了关于离婚问题的小册子，受到议会的强烈谴责，并被传至国会出版委员会接受质问，他在国会作了长篇演讲，系统阐述了出版自由思想。11 月，他出版了自己的演讲词，即《论出版自由》。在这本小册子中，弥尔顿在人类历史上第一次提出了“出版自由”的口号，在实质上也等于第一次提出了新闻自由的口号。

(2)对新闻自由口号的历史评价。

①对出版自由(新闻自由)口号提出的历史意义，列宁曾在 1920 年说：“‘出版自由’这个口号从中世纪末直到 19 世纪成了全世界一个伟大的口号。因为它反映了资产阶级的进步

性，即反映了资产阶级反对僧侣、国王、封建主和地主的斗争。”这一表述已经成为人们反复引用的经典。如果从现在的角度看，这一口号具有更为深远的历史意义，它在某种程度上标志着人类步入了一个新的时代，一个由专制统治逐步走向民主政治的时代，一个人真正开始成为人的时代。

②施拉姆也曾在《报刊的四种理论》中评价《论出版自由》，认为它“在自由主义传统上写出了主张思想自由的光辉的论点”。这篇文章虽然没有全面论述言论自由和出版自由的原则，但提出了反对集权主义控制的强有力的论点，谴责了检查制度的理论和实践。作为弥尔顿的论点的基础的假定是，人们运用理性就可以辨别正确与错误，分辨好坏，而要运用这种才能，人们就必须不受限制地去了解别人的观点和思想。弥尔顿相信真理是肯定的，是可以表达出来的，并且只要让真理参加“自由而公开的斗争”，真理本身就具有战胜其他意见而存在下来的无可比拟的力量。从弥尔顿这种思想出发，形成了现代关于“观点的公开市场”以及“真理的自我修正过程”的概念，那就是让所有想说什么的人都自由地表达自己的思想。

③弥尔顿在倡导自由的同时，承认自由讨论的权利可以加以限制，但是避免谈到作为这种限制的基础的一般性原则。他要求的是那些虽然有分歧意见，但却是诚实的和认真严肃的人，应该享有不受政府检查的自由；认为罗马天主教徒和当时影响很小的新闻工作者不符合他的诚恳标准，所以拒绝给这些人以充分的自由。弥尔顿还在《论出版自由》中第一次明确提出，言论自由、出版自由是所有自由中最重要的自由权利，他说：“让我有自由来认识、抒发己见，并根据良心做自由的讨论，这才是一切自由中最重要的自由。”

总之，新闻自由口号的提出对于世界新闻事业的发展所具有的重大历史意义是不容忽视的，它是西方世界的重要文明成果之一。

2. 论述近代西方新闻自由思想的发展过程及其历史作用。（暨大2017年研）

答：新闻自由既是新闻传播者从事新闻传播的自由，也是现代公民精神交往自由、言论自由、思想自由等人身权利在新闻传播中的体现。

近代西方新闻自由思想从言论自由、出版自由逐渐发展演化而来，由16世纪罗马教皇实行原稿审查制度而产生，经历了从古典到近代的演变，形成了现代新闻自由思想。总体而言，近代西方新闻自由思想的发展过程和历史作用可以分为以下几个阶段：

（1）古典新闻自由理论的产生与演变。城邦时代的古希腊人试验了言论自由，古希腊、古罗马早期朴素的言论自由思想和实践，经历过中世纪黑暗的宗教势力压迫后显示出其精神价值；文艺复兴运动激发了人民自由地表达政治、宗教和艺术思想的欲望，给黑暗的宗教统治带来了破坏性力量，并最终形成西方的自由运动；当新兴的资产阶级开始登上历史舞台时，他们和封建势力、宗教势力进行激烈的政治斗争和思想斗争，提出了出版自由的系统思想。

①弥尔顿和《论出版自由》。约翰·弥尔顿是古典新闻思想的创始人。1644年11月24日，弥尔顿在国会质询中发表了著名的演说——《论出版自由》，强烈抗议国会全面恢复检查出版物的法令，提出通过自由、公开的讨论来决定观点的胜负。《论出版自由》提出了反对封建集权主义强化控制出版言论自由的有力论点，强烈谴责了当时整个封建检查制度的理论和实践，被后世誉为“世界上第一本提出出版自由，反对封建传统书刊检查制度的著

作”，也是关于思想自由、传播自由的最为重要的文献之一。弥尔顿的出版自由思想是传媒自由主义理论的基础，也是近代资产阶级新闻传播的思想基础。从他的出版自由思想里面逐步形成了西方资本主义新闻自由思想中两个最重要的概念——“观点的公开市场”以及“真理具有自我修正的属性”。

②洛克的思想自由学说。约翰·洛克是英国资产阶级革命时期杰出的哲学家、激进的政治思想家，也是西方自由主义理论的创始人之一。洛克为光荣革命所确立的立宪制度辩护，他批判了“君权神授”论，论述了君主立宪制度的合理性，也提出了关于思想言论自由的观点：

a. 人的自然权利有四项内容——生命权、自由权、财产权和惩罚权，自由是其余一切权利的基础。离开思想、意愿、意志谈论自由是无意义的，只有人能凭头脑中的思想，自由地说话或保持沉默，才算获得了言论或保持安宁的自由。

b. 任何人都有一种不可侵犯的自由权利，即任意使用各种词汇表达自己的思想。

c. 从道理上讲，不能指望任何人抛弃自己的观点，盲从于不可理解的权威，无论人们怎么错误，理性是其唯一的向导。在不同的见解中保持和平，履行人类的职责和培养友谊，对所有人有益。

③孟德斯鸠的言论自由思想。18 世纪，法国著名启蒙运动思想家、社会学家、资产阶级国家学说和法学理论的奠基人查理·路易·孟德斯鸠依据法律框架，对古典新闻自由做了全面的总结，提出了自由的法治思想，使新闻自由思想更上了一个台阶。孟德斯鸠关于言论自由的思想有以下内容：

a. 自由不能为所欲为、不受约束，自由要以法律为依据。在一个法治的社会中，自由是有权做一切法律所允许的事情，而不是被迫做不应做的事。

b. 言论自由应该得到保障。思想自由是人的一种权利，言语不能构成犯罪的证据，因为它只是停留在思想里。言语只有在准备、随从或紧跟一种犯罪行为的时候，才构成犯罪。

c. 文字比言语更能被永久保存，但它们只要并非为叛逆罪而准备，就不能被当作犯叛逆罪的证据。

古典出版自由思想把新闻自由看作“天赋人权”、人的自然权利，认为个人通过与他人签订契约的方式建立国家和政府，并通过政府保护个人的权利，从而得到公民权利(包括新闻自由、言论自由)。古典言论自由、新闻自由观念为后来新兴资产阶级争取新闻自由的法律保障奠定了基础，它们最具代表性的实际成果，一是体现在法国的《人权宣言》中，二是体现在美国的《权利法案》中。

(2)近代新闻自由理论的发展与成熟。18 世纪，欧洲已处于由封建社会向资本主义社会转型的时期，当时社会、政治、经济、思想文化等领域新旧力量的碰撞十分激烈，在全欧范围内发生了思想文化革新运动——“启蒙运动”。伴随着资产阶级政权的建立和巩固，以及资产阶级对出版自由的追求和斗争，很多国家逐渐接受了出版自由思想，相继取消了报刊审查制度。

①美国建国前后新闻自由的法制化。17 世纪中期，经过北美殖民地人民几十年的辛勤劳动，殖民地的经济、文化和教育事业获得了长足发展，为新闻事业的发展提供了客观条件。1682 年，宾夕法尼亚政府将保护言论自由等公民权利写入了政府基本法(相当于宪

法）。1735 年的“曾格案件”是北美殖民地人民争取新闻自由所获得的第一次重大胜利，为报刊批评政府提供了一个合法的榜样，并为美国新闻诉讼的司法实践确立了基本原则。1776 年，杰斐逊起草的《独立宣言》通过，提出了资产阶级最为激进的民主主义原则，表达了美国人民对自由和民主的渴望。美国宣布独立后，各州按照宣言的原则分别制定了州宪法，大多规定了保障公民的言论自由。1787 年联邦宪法的十四条修正案（“人权法案”）的第一条就规定了国会不得制定剥夺人民言论或出版之自由的法律。经过一系列案例实践、政治斗争和法律制定的过程，新闻自由逐渐在美国走上了制度化、法制化的轨道。

②杰斐逊的新闻自由思想。托马斯·杰斐逊是资产阶级统治者中真诚地企图把“民主国家”的学说和报刊自由主义理论付诸实施的政治家。正是在杰斐逊执政时期，美国的新闻自由传统才得以最终确立。他对新闻自由传统的形成有着重大的历史贡献，其突出成就是促成了美国宪法第一修正案的通过。杰斐逊的新闻自由思想主要包括以下内容：

a. 言论自由是人的天赋人权，政府应该以法律保障一切人的言论自由。

b. 新闻媒体是重要的信息来源和向导，它必须不受政府控制才能在民主社会中发挥作用。

c. 报纸是民主政治中不可轻视的公共监督者，它可以促进社会的和平改革，自由报刊应该成为对行政、立法、司法三权起到制衡作用的第四种权力。

d. 人是可以由理性和真理支配的，人民有智慧和正确的判断力，经得起新闻自由的滥用；除借助用以惩治造谣诽谤行为的法律所保有和提供的有益处罚手段之外，公众在全面听取有关各方的意见后，自会做出判断，对虚假的推理和观点加以匡正。

③密尔的新闻自由思想。约翰·斯图亚特·密尔是英国 19 世纪唯心主义哲学家、资产阶级自由主义的典型代表人物之一。《论自由》是密尔自由主义思想的代表作，体现了 19 世纪 50 年代英国资产阶级的要求，在其第二章“论思想自由和讨论自由”中，密尔以深刻的思辨逻辑论证了思想自由对于人类福祉的重要性，他认为思想、言论自由是人们发展个性和智慧以促进社会进步的必要条件，真理是在讨论中被发现和完善的，新闻出版自由提供了自由讨论的机会，也提供了人们认识真理的机会。密尔相信只有通过自由的言论，才能全面实现人的价值，使其成为真正意义上的人。

近代新闻自由理论和古典新闻自由理论相比，由原来的感性的、枝节的论述，转为较为理性的、系统的论述，尤其是经过资本主义国家的推行，新闻自由才能够落实到新闻传播实践中，逐渐走上了法制化轨道。

3. 为什么出版自由是一个伟大的口号？弥尔顿和杰斐逊对新闻出版自由作出了什么贡献。（中国青年政治学院 2013 年研）

相关试题：为什么说新闻自由是伟大的口号？（华中师大 2017 年研）

答：（1）出版自由是一个伟大的口号。

①弥尔顿的新闻自由思想是指弥尔顿在其著作中提出的关于言论、出版自由的思想理念。弥尔顿是西方新闻自由运动和新闻自由思想的先驱者和奠基人，他于 1644 年发表的《论出版自由》的演说，在人类历史上第一次旗帜鲜明地提出“出版自由”的口号，反对政府对于言论、出版自由的控制。

②如今，新闻自由联合国宪章所规定的各国公民的基本权利，是一个伟大的口号。

③列宁对新闻自由这一口号给予积极的评价，出版自由反映了资产阶级的进步性，即反映了资产阶级反对僧侣、国王、封建势力和地主的斗争。

④列宁这一论断，充分肯定了资产阶级新闻自由这一口号的历史意义和进步作用。新闻出版自由的口号为资产阶级最终战胜封建统治提供了思想武器，也是资产阶级争取工农同盟军的一面旗帜。

(2)弥尔顿和杰斐逊对新闻出版自由的贡献。

①1643 年 6 月，英国国会恢复了出版特许制度，并成立出版检查委员会。1644 年 8 月，弥尔顿未经当局审查便出版了关于离婚问题的小册子，受到议会的强烈谴责，并被传至国会出版委员会接受质问，他在国会作了长篇演讲，系统阐述了出版自由思想。11 月，他出版了自己的演讲词，即《论出版自由》。在这本小册子中，弥尔顿在人类历史上第一次提出了“出版自由”的口号，在实质上也等于第一次提出了新闻自由的口号。

弥尔顿认为：“书籍不是死的东西，而是蕴含生命的，和作者一样活跃。如果政府进行严格的书报检查，就会扼杀人们的思想，书报的检查是一场大屠杀。”他坚决反对书报审查制度，主张人们有言论自由和新闻出版自由的权利。他的出版自由思想的理论基础是：人是理性的动物，能够区别真伪与善恶；真理和谬误进行交战时，最终胜利的将是真理；政府没有必要进行干涉，而且这种干涉不能达到消除谬误、认识真理的目的。

②杰斐逊的新闻自由思想是与弥尔顿一脉相承的，并且他在弥尔顿的基础上更进一步，将新闻自由思想发展到了更高的层次。他不但完善了弥尔顿的新闻思想，还将其付诸实践，从理论和法律两方面确立了新闻自由原则。

杰斐逊的新闻自由思想包括天赋新闻自由思想、“第四权力”观和新闻事业的教育功能。他认为：新闻自由是天赋人权的一部分，是天赋的不可转让和剥夺的权利，也是个人自由不可分割的一部分；新闻自由是保护民主和限权政府的重要手段之一，新闻自由和自由政府实际上是同荣辱、共存亡的关系；新闻自由是立法、司法和行政三种权力之外的第四权力。此外，他还认为出版事业对人类文明至关重要，人类社会的进步也有赖于出版事业的发展；新闻出版自由是文明传播的先决条件，没有新闻出版自由，人类文明势必被愚昧所湮没。

杰斐逊对新闻自由思想的实践体现在，促使《权利法案》写入宪法。1791 年 12 月，《权利法案》以十条修正案的形式写入宪法，其中第一条修正案就包括关于宪法对言论和出版自由的保护。宪法第一修正案是美国新闻自由的基石。杰斐逊促成了美国新闻自由思想法治化的第一步，从宪法修正案的高度使其新闻思想法治化。此外，他还废除了《惩治煽动叛乱法》，维护了新闻出版自由和言论自由。

第十四章　新闻媒介的运行体系与管理模式

14.1　复习笔记

【知识框架(庖丁解牛)】

- 新闻媒介的运行体系与管理模式
  - 世界新闻媒介的三大运行体制
    - 完全商业化运作
    - 双轨制运作
    - 有限商业化运作
  - 国家对媒介的管理
    - 媒介管理的概念
    - 媒介管理的出发点、层面及手段
  - 新闻媒介的内部管理和运行
    - 新闻媒介的决策、领导和监督机构
    - 中国媒介的运行机制
  - 中央厨房
    - 中央厨房的概念与主要类型
    - 中央厨房的组织架构、业务流程与主要问题

【本章概要(提纲挈领)】

本章主要论述了媒介的运行体制、新闻媒介的外部管理与内部管理、中央厨房的相关知识。本章考点以概念题、简答题以及论述题为主，在学习时，需要着重对传媒业所有制、中央厨房的概念及业务流程等内容加以把握。

【考点难点归纳(厚积薄发)】

考点一：世界新闻媒介的三大运行体制(见表14－1)　★★★★★

表14－1　世界新闻媒介的三大运行体制

运行体制	具体内容
完全商业化运作	①以私有制为主体，以美国为代表。 ②不接受国家政府管控，自主运作、自负盈亏。 ③商业化运行，盈利是根本目标，广告是主要盈利来源。 ④提高节目收视率是直接目标，因此节目有迎合受众的庸俗、娱乐化倾向。 ⑤存在严重的垄断化竞争态势
双轨制运作	①以公私兼顾为主体，以西欧和日本为代表。 ②鼓励创办私营媒体，但同时对公营媒体予以保留和保护，原因是： a. 经济上，“分灶吃饭”，创造公私媒体间的良性竞争环境，确保两者从不同的渠道盈利。 b. 政治上，避免垄断化竞争态势，确保政治多元、保护民主制度，防止少数群体控制国内舆论。

续表

运行体制	具体内容
双轨制运作	c．文化上，公营媒体将起到传承本民族文化、避免外来文化和商业文化取代本土文化的作用。 ③双轨制也存在一些问题： a．私营媒体的商业化属性加速了节目的泛娱乐化，也为美国电视片对本国的文化入侵提供了渠道。 b．公营媒体在与私营媒体的竞争中，渐渐败下阵来
有限商业运作	①以国有制为主体，以中国为代表。 ②新闻媒体是党和政府的喉舌，承担着重要的宣传任务。媒体的负责人由国家任命，媒体的报道方针和行动指南要符合党和政府的行动纲领。 ③宣传党和政府的理论思想、方针政策是新闻媒介的职责与义务。 ④20 世纪 80 年代前，新闻媒介的经费由政府拨款资助

考点二：国家对媒介的管理(见表 14－2)　★★★

表 14－2　国家对媒介的管理

要点	具体内容	
媒介管理的概念	广义	指国家意志在媒体体制、运作方式等方面的体现，通常称之为“宏观管理”
	狭义	指媒体作为一个经济组织在完成其目标的过程中，所实施的一系列规划、组织、协调、指导、控制等行政措施
管理的出发点	①管理要考虑媒介的双重属性(经济组织和社会组织)。 ②管理要考虑媒介利益、公众利益和国家利益三者间的平衡。通常情况下，国家利益和公众利益优先于媒介利益，这是由媒介的公共属性所决定的	
管理的层面	市场准入层面	主要体现为许可证制度(播出、出版等)
	内容层面	不可刊发可能引发暴动、泄露机密、侵权等法律法规明令禁止的内容；对刊发广告也有相应的要求；各国政府还会根据本国国情颁布一些特殊规则
	结构层面	出台《反垄断法》，避免媒介市场的垄断或恶意竞争，维护良性竞争环境和多元思想碰撞
管理的手段	完全商业化运行体制	法律手段为主、行政手段为辅
	双轨制运作体制	法律手段和行政手段并行
	有限商业运作体制	行政手段为主、法律手段为辅

【考点拓展】新媒体的管理

新媒体的优势是信息传递速度快、信息量多，并且可以与受众之间形成互动。新媒体同时也带来了不可忽视的负面影响。如：信息安全形势严峻、侵犯知识产权、信息泛滥、网络犯罪日益猖獗、网瘾症、数字鸿沟等。新媒体的管理对策主要有：

(1)信息流通中的政府控制。监管互联网的实践和争论，制定符合实际的传播控制策略。

(2)互联网的法制管理。加强法制管理创新，不断完善目前的网络法制体系，应做到：加强法理研究，提高立法层次，制定网络传播法，修改和补充网络监管程序，强化网络主体的权利保护，推进网络的普法教育等。

(3)网络中的道德伦理约束。提倡网络文明，加强网络道德建设。

(4)技术管理。研究开发信息控污技术、反病毒技术，积极防范信息污染。

(5)网络实名制。

考点三：新闻媒介的内部管理和运行 ★★★★

1. 新闻媒介的决策、领导和监督机构(见表14－3)

表14－3　新闻媒介的决策、领导和监督机构

<table>
<tr><th>模式</th><th colspan="3">具体内容</th></tr>
<tr><td rowspan="3">政府管理制</td><td>概述</td><td colspan="2">国有性质的新闻媒介通常采用政府管理制</td></tr>
<tr><td rowspan="2">组织结构
(图14－1)</td><td>政府(政府的主管部门)</td><td>负责任命新闻媒介的领导决策层，决定媒介组织的方针政策，并负责对媒介进行财政资助</td></tr>
<tr><td>主持人(台长、社长或总编辑)</td><td>承担推动媒介组织运行的职责</td></tr>
<tr><td rowspan="5">社会化管理制</td><td>概述</td><td colspan="2">公营性质的新闻媒介通常采用社会化管理制</td></tr>
<tr><td rowspan="3">组织结构
(图14－2)</td><td>理事会</td><td>新闻媒介的最高决策者</td></tr>
<tr><td>管理委员会</td><td>新闻媒介的监督者</td></tr>
<tr><td>台长</td><td>新闻媒介业务工作的责任者与领导者，对外全权代表媒介组织</td></tr>
<tr><td>特点</td><td colspan="2">①为具备广泛性，理事会要尽可能包含各利益集团各组织的成员。
②尽可能避免政府对新闻媒介日常工作的干涉</td></tr>
<tr><td rowspan="5">董事会管理制</td><td>概述</td><td colspan="2">指实行董事会领导下的总经理负责制。私营性质的新闻媒介通常采用董事会管理制</td></tr>
<tr><td rowspan="3">组织结构
(图14－3)</td><td>董事会</td><td>新闻媒介的最高决策者和监督者</td></tr>
<tr><td>主持人</td><td>由董事会任命，通常就是董事长。主持人是新闻媒介业务工作的责任者与领导者，对外全权代表媒介组织。向董事会推荐总经理、总编辑人选；任命媒介组织的主要干部；处理新闻媒体业务上的各项重大问题</td></tr>
<tr><td>总经理与总编辑</td><td>总经理负责媒介经营；总编辑负责编辑业务</td></tr>
<tr><td>特点</td><td colspan="2">“有钱者决定一切”</td></tr>
</table>

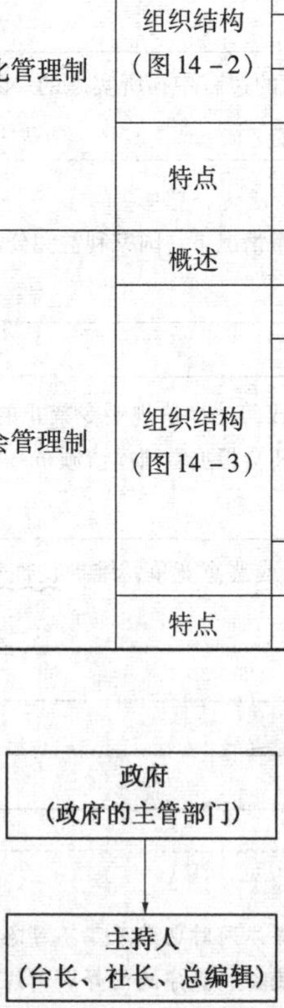

图14－1　政府管理制

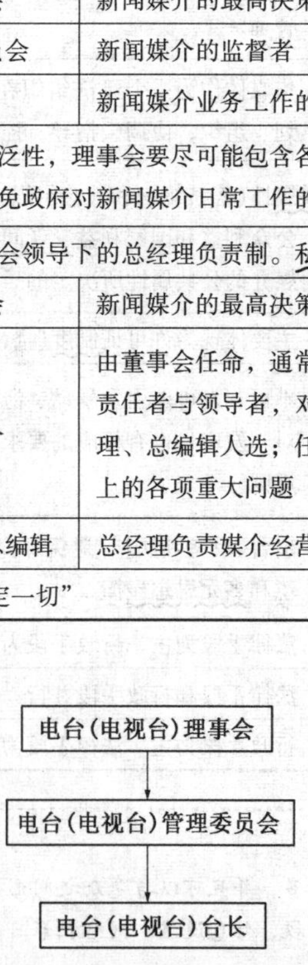

图14－2　社会化管理制

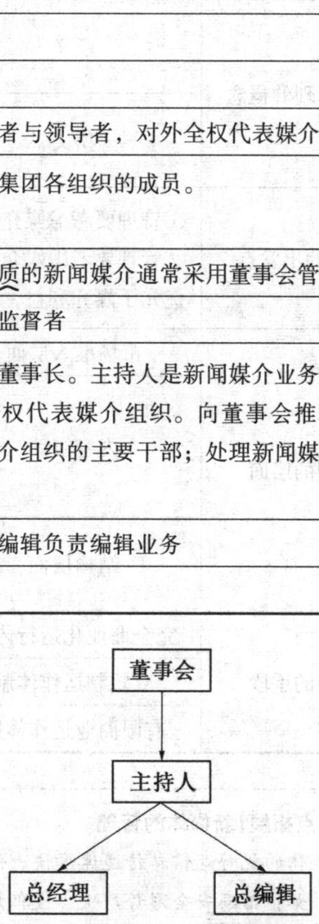

图14－3　董事会管理制

2. 中国新闻媒介的决策、领导和监督机构（见表 14－4）

表 14－4　中国新闻媒介的决策、领导和监督机构

运行方式	具体内容		
社长负责制	组织结构（图 14－4）	社长	新闻媒介法人代表，负责媒介业务
		党委书记	负责人事、监督和党委
		总编辑	负责新闻媒介的每日出版或播出
		总经理	负责新闻媒介的盈利，如广告及其他经营和财务工作
		秘书长	负责行政办公室、后勤工作和新闻媒介的对外联络
	特点	社长统一领导，经营、行政、编务分工明确，格外重视媒介经营的地位	
总编辑负责制	适用范围	是中国新闻媒介的主流模式	
	组织结构（图 14－5）	总编辑	新闻媒介法人代表，领导编委会
		党委书记	和总编辑一起领导编委会，决定新闻媒介内部各项重大事务
		副总编辑	总编辑下设若干副总编辑，分管各部门

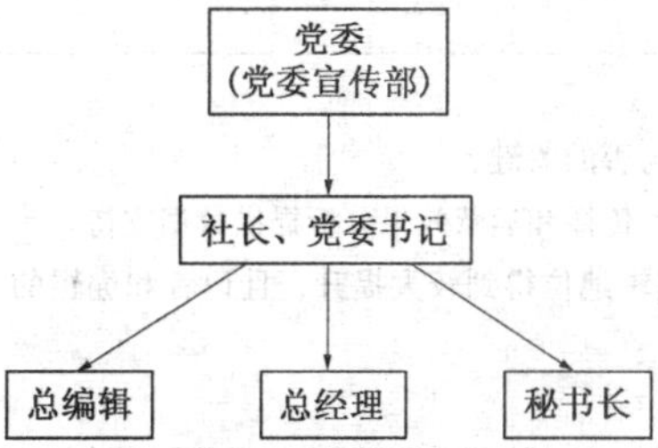

图 14－4　社长负责制

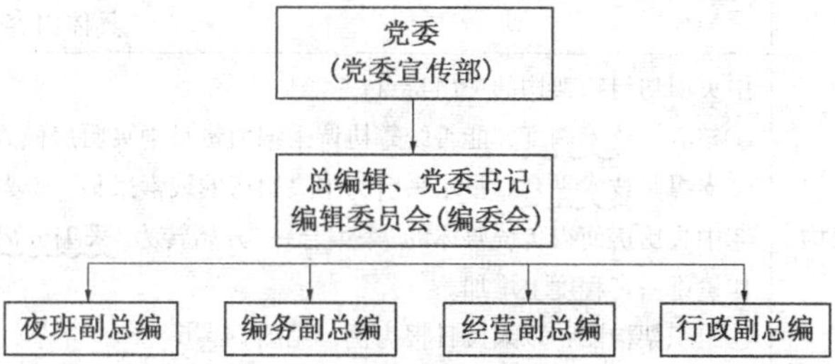

图 14－5　总编辑负责制

考点四：中央厨房　★★★★★

1. 中央厨房的概念与主要类型（见表 14－5）

表 14－5　中央厨房的概念与主要类型

要点	具体内容
概念	①"中央厨房"原本是指一些连锁餐饮企业的技术用语。媒体借用了"中央厨房"的概念，指的是采集同一个内容素材进入全媒体数据库，媒体内各类传播渠道、子媒体根据需要对这些素材进行二次加工，生产出各种形态的新闻产品；最后，按照介质特点、传播速度、传播需要，通过多种媒介逐级发布、传播。 ②"中央厨房"通过内容的集约化制作，实现新闻信息的多级开发，以提高传播效果，节约传播成本，其理念表述为"统一指挥，统一把关""滚动采访，滚动发布""多元呈现，多媒传播"。 ③对于新闻媒体行业而言，中央厨房由两大部分构成，即新闻采集部门和新闻编辑部门，并采用同一个新闻智慧中心，对各部门工作进行协调，实现协同办公。因此，基于中央厨房模式的新闻媒体系统具有集约化采集、及时化发布和多点化传播等特点。要实现这一运行模式，需要技术部门的参与和配合，为统一的新闻编辑发布和传播流程提供技术支持。 ④2015 年 3 月全国两会召开前夕，《人民日报》全媒体平台项目"中央厨房"首次亮相，并于 2016 年 2 月 19 日正式上线，推进了全国媒体"中央厨房"的运行热潮

续表

要点	具体内容		
类型	聚合型	目标	促进媒体间的协作，打造聚合型媒体平台，实施内容、技术、渠道等资源的共享
		路径	由重点媒体主导合作并搭建平台，聚合其他媒体的内容、渠道、技术等资源，再将平台生产出的内容分发给其他媒体
		案例	《人民日报》“中国媒体融合云”；湖北广电集团“长江云”；《广西日报》“广西云”等
	内控型	目标	以中央厨房为平台载体，实现媒体内部的体制机制重塑
		路径	将媒体集团内各分部、各子报、各组织的编辑、记者、设计、后期等员工集中到中央厨房来，进行统一管理、调派和指挥
		案例	《浙江日报》报业集团报道指挥中心；《解放军报》融媒体指挥中心；《中国青年报》“融媒小厨”；重要新闻事件临时设置“中央厨房”

2. 中央厨房的组织架构、业务流程与主要问题（见表 14－6）

表 14－6　中央厨房的组织架构、业务流程与主要问题

要点	具体内容	
组织架构	中央厨房组织架构的突出特点： ①核心是统筹调度，能否统筹协调采编力量是中央厨房模式成功与否的关键。 ②支撑是技术平台。技术平台为中央厨房的线索采集、选题制定、传播和运营效果分析提供数据支持。 ③中央厨房使得传统媒体的“采编合一”开始转为“采编分离”，编辑地位得到较大提升，且记者和编辑的工作量都一定程度上增加。 ④组织架构图：以人民日报为例，见图 14－6	
业务流程	①在中央厨房的业务流程方面，虽然新闻生产效率大幅提高，但流水线化的生产流程也带来了同质化问题。 ②中央厨房提升内容质量的手段： a. 工作室制度； b. 提高策划频率； c. 实施差异化新闻报道策略——“快、全、深”，对同一新闻事件的报道，先抢时效，后求全面，再讲深度。 ③业务流程图，见图 14－7	
主要问题	组织构架的更新	不管什么形式的“中央厨房”，都牵涉到组织构架的再造。过去，属于每一个分媒体所管的部分，现在要切割出来，集中管理。各家媒体都形成了自己一套采编流程和发稿审稿系统，整合存在较大困难
	新闻产品的同质化	一篇通稿上了公共平台，各个子报都采用，那会扼杀报纸的个性化。如果报纸、网络、移动客户端、手机报等都用同一内容，最后的结果只能加速媒体的消亡。有些传媒集团在使用统一内容生产平台后，出现了子媒同质化的现象，削弱了整个传媒集团的竞争力
	用户的连接问题	传统的读者、观众已经转化为用户的概念，对传播提出了分众化、差异化、精细化的需求。而“中央厨房”与用户的深度沟通明显不足。如何第一时间理解读者的需要，把对产品的评价实时传递给编辑部，并根据实际情况有所改进，是“中央厨房”模式走向成熟的又一考验
	记者、编辑的能力适应	全媒体发布对记者、编辑会提出更高的要求。全媒体时代的记者不仅仅为一家报纸写稿，还要为多家报纸写稿，还要给多种新媒体写稿。不仅要写文字稿，还要会摄影摄像。全媒体时代的编辑也要具备根据不同新媒体特点快速生成产品的能力。所以，全媒体时代的记者和编辑都要具有多重业务技能

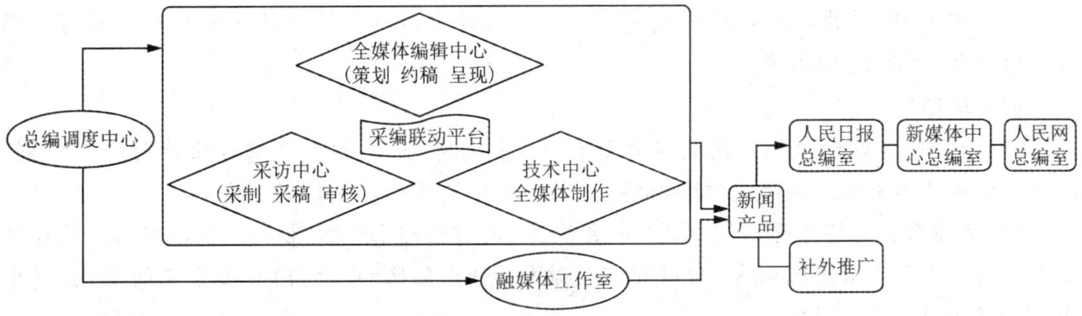

图 14－6　人民日报中央厨房组织架构图

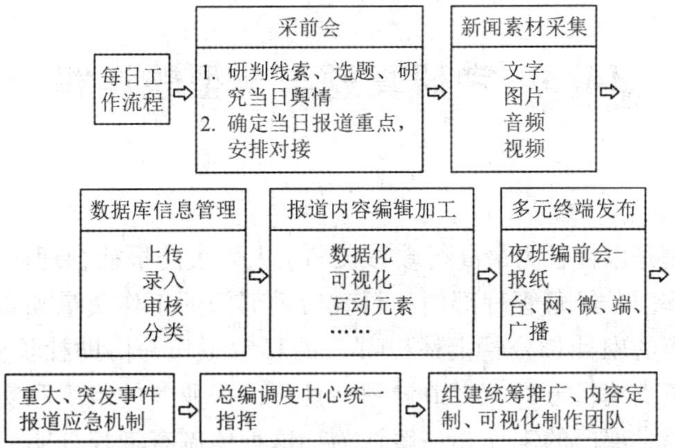

图 14－7　中央厨房新闻生产的基本模式

14.2　考研真题与典型题

一、概念题

1. 社长负责制
2. 总编辑负责制
3. “中央厨房”(中央编辑部)(中山大学 2016 年研)

二、简答题

欧洲各国允许甚至鼓励私营电视台的创办，但又同时继续保留、保护公营台(即实行双轨制)，有其深刻的政治、经济、文化上的考虑。请简述其理由。(南京师大 2009 年研)

三、论述题

1. 目前世界新闻媒介的运行体制有哪几种？结合实际谈谈你对我国目前媒体运作模式的看法。(西安交大 2007 年研)

相关试题：

(1)简述当今世界主要的媒体运行模式。(西南大学 2010 年研)

(2)简述新闻媒介的三大运行体制及其特点。(电子科大 2010 年研)

(3)论述西欧和美国广播电视运行体制的异同。(陕西师大 2016 年研)

(4)简述新闻媒介的三大运行体制。(华南理工 2018 年研)

2. “中央厨房”的新闻生产模式是什么？具有什么特点？解决什么问题？是否有局限性？为什么？（北大2018年研）

相关试题：

(1)以中西方媒体为例，简述媒介融合下“中央厨房”式的新闻内容生产与分发机制。结合理论和具体事例，谈谈你对这种模式的看法。（复旦大学2017年研）

(2)近年来，有媒体开始尝试用“中央厨房”的方式进行新闻生产。结合实例，谈谈这种内容生产模式给新闻从业者(传统记者、编辑等)在角色和工作内容上带来的变化。（中传2017年研）

(3)中央厨房的优势和面临的挑战。（南大2018年研）

14.3 考研真题与典型题详解

一、概念题

1. 社长负责制

答：社长负责制是以社长为最高行政首长和法人代表的报社管理体制。在这种体制中，社长对报社的编辑部门、经营管理部门、行政后勤部门的工作负最高责任。设总编辑、总经理和负责行政事务的副社长分管上述三部门的日常工作并协助社长做出报社最高决策。总编辑和编委会只负责编辑方针、报道计划、具体编采业务的组织和实施，一般不过问经营管理部门和行政后勤部门的工作。一般认为，这种体制有责权分明、便于编辑与经营各司职守等优点，并且适合加强经营活动的需要。因此，近年来，随着新闻体制改革，我国已有多家报社放弃沿用数十年的总编辑和编委会负责制，改用这种管理体制。

2. 总编辑负责制

答：总编辑负责制是中国新闻媒介的主流模式。总编辑是新闻媒介的法人代表，领导编委会；党委书记和总编辑一起领导编委会，一同决定新闻媒介内部各项重大事务。总编辑下设若干副总编辑，分管各部门，如夜班副总编、编务副总编、经营副总编、行政副总编等。总编辑要对新闻信息内容的导向和创作生产传播活动负总责，完善总编辑及核心内容管理人员任职、管理、考核与退出机制；发布信息应当导向正确、事实准确、来源规范、合法合规；提升信息内容安全技术保障能力，建设新闻发稿审核系统，加强对网络直播、弹幕等新产品、新应用、新功能上线的安全评估。

3. “中央厨房”(中央编辑部)（中山大学2016年研）

答：“中央厨房”模式原本是指一些连锁餐饮企业的技术用语，媒体借用了“中央厨房”的概念，指的是采集同一个内容素材进入全媒体数据库，媒体内各类传播渠道、子媒体根据需要对这些素材进行二次加工，生产出各种形态的新闻产品；最后，按照介质特点、传播速度、传播需要，通过多种媒介逐级发布、传播。“中央厨房”通过内容的集约化制作，实现新闻信息的多级开发，以提高传播效果，节约传播成本，其理念表述为“统一指挥，统一把关”“滚动采访，滚动发布”“多元呈现，多媒传播”。对于新闻媒体行业而言，中央厨房由两大部分构成，即新闻采集部门和新闻编辑部门，并采用同一个新闻智慧中心，对各部门工作进行协调，实现协同办公。因此，基于中央厨房模式的新闻媒体系统具有集约化采集、及时化发布和多点化传播等特点。要实现这一运行模式，需要技术部门的参与和配合，为统一的新闻编辑发布和传播流程提供技术支持。2015年3月全国两会召开前夕，《人民日报》全媒体平台项目“中央厨房”首次亮相，并于2016年2月19日正式上线，推进了全国媒体“中央厨房”的运行热潮。

二、简答题

欧洲各国允许甚至鼓励私营电视台的创办，但又同时继续保留、保护公营台(即实行双轨制)，有其深刻的政治、经济、文化上的考虑。请简述其理由。(南京师大2009年研)

答：(1)私营媒介与公营媒介。

①私营媒介：完全由私人独资或集股兴办。西方报纸基本上都是私营媒介，以美国为代表。特点：董事会为实际上的最高决策机构；依托财团；以盈利为目的；广告是主要收入来源；迎合受众；监督政府有一定力度。

②公营媒介：绝大多数国家都有公营电台、电视台，以BBC为代表。特点：相对独立的管理机构，不受政府控制；半官方机构；以视听费为主要收入来源；强调对公众负责；不播广告。

(2)欧洲实行媒介双轨制的理由。

欧洲各国允许甚至鼓励私营电视台的创办，同时继续保留、保护公营台，有其深刻的政治、经济、文化上的考虑。

①经济上，“分灶吃饭”，创造公私媒体间的良性竞争环境，确保两者从不同的渠道盈利。

②政治上，避免垄断化竞争态势，确保政治多元、保护民主制度，防止少数群体控制国内舆论。

③文化上，公营媒体将起到传承本民族文化、避免外来文化和商业文化取代本土文化的作用。

(3)欧洲媒介双轨制的问题。

①私营媒体的商业化属性加速了节目的泛娱乐化，也为美国电视片对本国的文化入侵提供了渠道。

②公营媒体的竞争力低于私营媒体，因此，公营媒体在与私营媒体的竞争中渐渐败下阵来。

三、论述题

1. 目前世界新闻媒介的运行体制有哪几种？结合实际谈谈你对我国目前媒体运作模式的看法。(西安交大2007年研)

相关试题：

(1)简述当今世界主要的媒体运行模式。(西南大学2010年研)

(2)简述新闻媒介的三大运行体制及其特点。(电子科大2010年研)

(3)论述西欧和美国广播电视运行体制的异同。(陕西师大2016年研)

(4)简述新闻媒介的三大运行体制。(华南理工2018年研)

答:(1)世界新闻媒介的三大运行体制。世界各国的新闻媒介在运作体制上有很大差异。新闻体制指新闻事业的所有制性质、决策机构的构成、新闻事业的结构和国家、社会对新闻事业的制约机制等,新闻体制集中表现为媒体的所有制问题。目前世界上主要存在三种媒介所有制形式,参见本章考点难点归纳相关内容。

(2)对我国媒体运作模式的看法。从20世纪90年代开始,中国新闻界重新界定传媒具有双重属性——既属于上层建筑又属于信息产业,从而确定传媒"事业性质、企业化管理"的运作模式,开始了传媒在经营上的商业运作。我国媒介的完全国有的有限商业运作体制是在一定的控制范围内进行的:

①节目的制作和播出只能部分而不能完全按市场需求来执行。传媒首先必须完成党和政府所赋予的宣传任务,而且所有节目都在不能违背党和政府的方针政策的前提下才能考虑满足观众的信息、娱乐等方面的需要。

②各家传媒之间有着激烈的竞争,也有"优胜劣败"的现象,但迄今还未出现"优胜劣汰"的现象。所谓"优胜劣败"仅指传媒收益,经营得好的传媒收益较好,那么职工收入和福利较好,设备更新较快;那些比较差的传媒虽然收益较差,但无需担心传媒会关闭或被其他台兼并。传媒作为党和政府的宣传机构,在经费上实在入不敷出时,地方政府自会以财政拨款来扶植。

③由于上述两方面的条件,各传媒非常看重节目的收视率,因为这和广告收入紧紧相连。但并非像美国电视台那样以收视率为评判节目的唯一标准。中国传媒强调"社会效益第一,经济效益第二"。所以,中国的电视节目必须在保证具有良好的社会效益的前提下,才能考虑节目的收视率。当然,这个"社会效益"是个相当模糊的指标,不同节目有不同的要求。

倡导有限商业化运作模式的初衷就是把市场的竞争机制引入传媒,在确保传媒国有制,确保传媒宣传好党和政府方针政策的前提下,增加传媒的活力,丰富节目内容,满足观众的需求,减轻国家的财政支出,增加传媒的收入,快速壮大传媒。

2. "中央厨房"的新闻生产模式是什么?具有什么特点?解决什么问题?是否有局限性?为什么?(北大2018年研)

相关试题:

(1)以中西方媒体为例,简述媒介融合下"中央厨房"式的新闻内容生产与分发机制。结合理论和具体事例,谈谈你对这种模式的看法。(复旦大学2017年研)

(2)近年来,有媒体开始尝试用"中央厨房"的方式进行新闻生产。结合实例,谈谈这种内容生产模式给新闻从业者(传统记者、编辑等)在角色和工作内容上带来的变化。(中传2017年研)

(3)中央厨房的优势和面临的挑战。(南大2018年研)

答:(1)"中央厨房"式新闻生产模式。

参见本章概念题第3题答案。

(2)"中央厨房"的特点。

①统一的技术平台支撑。区别于过去传统纸媒向融媒体方向的发展,由各家媒体自行

组建发稿体系、自建网站，且各个子媒之间的信息资源相对独立，共享程度较低。在中央厨房模式下，各媒体集团在集团层面共建共享平台，基于同一套数据底层资源开发发稿和审稿等系统，可以避免重复性建设，提高资源使用率。

②采取统一的采编制度。在中央厨房模式下，传统媒体和新媒体以混编方式进行统一编制，构建大编辑部，从而实现集中采访，将采访稿件上传到同一个系统平台上，经过统一审稿，作为共享资源供不同媒体使用，可以有效降低新闻采集成本和人力成本。

③多元化呈现。中央厨房模式集成了新近媒体技术，利用多元化平台进行资源发布和内容呈现，为传统纸媒的多元化产品塑造提供了有力支持。

④滚动式发布。建立中央厨房后，传统纸媒也可以打破过去的刊期发布规律，利用网络和移动平台，实现24小时新闻滚动发布，提高新闻内容的实时性。

⑤个性化定制。中央厨房模式下的流水作业为各子媒根据自身需求选择报道内容、订制相应的新闻稿件提供了支持，可以真正实现以受众需求为导向进行新闻采访和编辑。

(3)“中央厨房”所解决的问题。

①再造新闻生产流程。媒介融合带来的最重要结果之一是媒介之间的边界由清晰变得模糊，因此打通各个单一介质媒体之间的联系渠道，再造融合媒体时代的新闻生产流程也是媒介融合的应有之义。“中央厨房”式的内容生产和分发机制便是再造新闻生产流程的一种实践。“中央厨房”模式的优点是，可以减少采编人员的重复性劳动，丰富素材的共享和利用，提高媒体内容的制作水平，增强媒体内容采集和传播的时效性，加强传播信息的内容控制，满足用户信息需求的多样化，利用实时性、互动性的用户反馈提高内容调整的及时性。

②解决传统媒体的数据空心化问题。传统媒体大数据平台的构建中的数据结构存在天然缺陷。一方面，其内容数据库比较丰富，但由于不同媒体的内容资源彼此封闭，所以素材和内容库的“孤岛效应”也在全国范围内大量存在；另一方面，由于缺乏规模化流量入口和数据平台，就算拥有了大数据的挖掘、分析能力，多数传统媒体也难以实现对于用户行为数据和电子痕迹的直接采集和持续分析。而“中央厨房”模式有望改善内容资源的“孤岛效应”。媒体用户在使用“中央厨房”的同时也不断丰富平台内容资源的总体规模；通过新闻素材共享和新闻产品的平台化存储，“中央厨房”未来有可能形成一个跨媒体、跨地域的内容资源库，从而解决传统媒体各自为阵、内容资源彼此封闭，难以应对聚合类新闻网站冲击的市场难题。

(4)“中央厨房”的局限性。

①中央厨房的建设和运行存在一些障碍和壁垒。不管什么形式的“中央厨房”，都牵涉到组织构架的再造。过去，属于每一个分媒体所管的部分，现在要切割出来，集中管理。各家媒体都形成了自己一套采编流程和发稿审稿系统，整合存在较大困难。

②“中央厨房”并没有形成一种统一的新闻生产方式，也没有克服新旧媒体新闻生产上的文化差异。在“中央厨房”的规划中，从业者要服务的媒体包括母报、子报、微信公众号和新闻客户端，产品形式包括文字、图片、音频和视频。因此以往新闻生产的模式面临全面崩盘：就标准化文本而言，新的惯例远未形成；就内部关系而言，编辑与记者之间的有机联系被全面切断；就对外呈现而言，“多而杂”成为生产品质的标准和基石；就出版周期

而言，时间完全被消灭，记者的专业优势无法得到发挥。

③“中央厨房”式的新闻生产方式从工作原理上鼓励记者去“采购”而非“创作”。传媒组织对各种信息采录设备进行大量补充升级，“采”成为第一位的、首要的、最关键的活动，而“写”是后续的、可被分担的、甚至变得不再必要的环节。在某种程度上，这瓦解了记者群体的职业认同，甚至在解构记者这一职业的意义。

④“中央厨房”式生产对编辑团队的倚重，大大封锁了记者实现自我价值的道路。这种生产模式一方面给予编辑更大的权力去删改记者提供的新闻文本，另一方面还允许编辑通过实时抓取、推送新闻消息来消解记者独家报道的优势。这种彻底的“分享”和极低的“新闻准入门槛”，让记者群体几乎完全丧失成为知名记者的可能。

在这个意义上，推行“中央厨房”本质上是在推行大工业生产逻辑的新闻生产方式，让新闻生产进一步被纳入标准化流水线的生产方式中去。“采”与“写”的生产环节被打通甚至部分重叠，极大地缩减人力成本和时间成本，对新闻产品的快速抓取推送、海量更新迭代的生产方式将替代相对而言不经济的新闻稿件采访写作。这种改变强化了新闻的工业化属性，但弱化了新闻的文化属性，与传统的编辑部新闻生产相比，“中央厨房”更适合资本运作，但似乎并不利于作为社会公共产品的新闻业。

第十五章　传媒业经营

15.1　复习笔记

【知识框架（庖丁解牛）】

- 传媒业经营
  - 基本原则
    - 普遍服务
    - 编营分离
    - 受众中心
  - 基本目标
    - 核心竞争力
    - 媒体公信力
  - 基本路径
    - 集约化
    - 专业化
    - 跨媒体、跨行业、跨区域
  - 互联网时代的传媒业营销模式

【本章概要（提纲挈领）】

本章主要论述了传媒业经营的基本原则、目标、路径及互联网时代的精准营销模式。本章考点以概念题、简答题为主，在学习时，需重点掌握传媒业经营的基本原则、基本目标和基本路径等，并结合4P理论、4C理论、长尾理论等理论来分析，并大致了解传媒业的核心竞争力与公信力、互联网时代的精准营销等内容。

【考点难点归纳（厚积薄发）】

考点一：传媒业经营的基本原则（见表15－1）★★★★

表15－1　传媒业经营的基本原则

基本原则	具体内容	
普遍服务	理念	公众利益至上
	要义	不计成本地、公平公道地为所有读者传播信息内容
编营分离	理念	保证编辑独立性、保证新闻公正客观性
	要义	新闻生产和传媒经营各自独立运行，互不干扰

续表

基本原则	具体内容		
受众中心	原因	传媒业发展趋于分众化	
	要义	传播开始从传者为中心向受众为中心转移	
	经典理论	“4P”理论（制造商控制流程）	1960年，美国J. 麦卡锡提出，包括产品（product）——重视产品研发，价格（price）——制定价格策略，渠道（place）——建立营销网络，促销（promotion）——促进消费增长。该理论构造了传统市场营销的基础理论模型。但随着“以消费者为中心”时代的来临，消费者需求的个性化趋势导致这一传统营销模式不再适用
		“4C”理论（以消费者为核心）	1990年，美国劳特鹏提出，包括需求（consumer wants and need）——瞄准消费者需求，成本（cost）——了解消费者所愿意支付的成本，方便（convenience）——考虑消费者的便利性，沟通（communication）——以消费者为中心的沟通。该营销理论以消费者需求为导向，重新设定了市场营销组合的四个基本要素，瞄准消费者的需求和期望

【考点拓展】“有效发行”与“有效收视”（见表15－2）

表15－2 “有效发行”与“有效收视”

要点	具体内容
定义	“有效发行”和“有效收视”是指在报刊的行销与电视节目播放的过程中，能够有效地扩大市场占有率、阅读率、收视率和影响力，能直接带来广告回报或对广告有吸附力的发行
原因	大众传媒必须从事经营活动，这是维持传媒组织自身生存和发展的前提。传媒对“有效发行”和“有效收视”的重视是传媒市场化转型的结果

考点二：传媒业经营的基本目标 ★★★

传媒业经营的基本目标一是打造核心竞争力，二是建设媒体公信力。两者的区别在于：核心竞争力可以是独一的、单项的，而公信力却是综合的、全方位的。具体内容见表15－3。

表15－3 传媒业经营的基本目标

基本目标	具体内容
核心竞争力	指媒体在长期运作中形成的、内化于组织中的独特的协调和整合能力，它能动态、有效地调动传媒组织所拥有的各种资源和能力并使其协调运行，从而更好地实现传媒的社会功能、提升受众认知价值，并在此基础上使传媒获取长期竞争优势
媒体公信力	①指媒体本身所具有的一种被社会公众所信赖的内在力量。它是媒体自身内在品质和外在形象在社会公众心目中所占据的位置，是衡量媒体权威性、信誉度和社会影响力的标尺，也是媒体赢得受众信赖的能力。 ②获得受众信任的途径：a. 新闻真实、及时；b. 新闻有吸引力，符合公众期望；c. 说真言，反映公众真实要求；d. 敢担当，勇于揭露有损社会利益的违反犯罪行为；e. 有责任心，用心为受众提供服务

考点三：传媒业经营的基本路径（见表 15－4）★★★★

表 15－4　传媒业经营的基本路径

基本路径	具体内容		
集约化	含义		指以技术进步为基础，依靠采用新技术措施和科学管理，提高生产资料的使用效率和劳动生产率来实现扩大再生产的经营方式。集约化经营的下一步是集团化经营
	集团化	全球传媒集团的两大类型	①单一的传媒集团。如报业集团、广播公司、出版集团等，属专业化集团，把某一项目做深、做细、做到极致。 ②混合多媒体集团。包括报纸、杂志、广播电视、互联网、出版发行、影视制作、广告公关等，属于多种媒体间的分工协同，发挥各自优势
		中国的传媒集团	①大多是单一的专业集团，尚无跨媒体的传媒集团。 ②依靠政府推动组建，通常“集而不团”。 ③随着文化体制的深入改革，集约化经营开始出现
专业化	含义		指媒体针对特定受众设置专门的频道、频率，又称频道化、频率化。基本因素包括：①受众分化；②新技术广泛应用
	历史	广播的专业化	在西方，广播电台率先试水专业化。90 年代中期，电台走向专业化“窄播”（面向特定听众）
		电视的专业化	1980 年，美国电视大亨特纳的有线电视新闻网（CNN）是世界最早的专业频道。综合频道通常是地方性的，专业化频道通常是全国性的
	问题		中国广电专业化的问题包括：①频道、频率趋同；②回放率高；③专业化水平低
跨媒体 跨行业 跨区域	含义		①跨媒体即广播电视、报纸杂志及互联网不同媒体组建成一个集团公司。 ②跨区域即跨越国界或行政区划，进行异地经营。 ③跨行业即电讯、金融业等行业的资金及人才进入传媒业
	优势		①快速提升实力，迅速抢占市场，全方位优化服务。 ②打造一个完整的价值链
	历史与现状（中国）		①2003 年，“第一财经”成为中国“三跨”媒体的先锋。 ②目前，中国的“三跨”经营尚不成熟，在体制机制上还有较大提升空间

【考点拓展】媒体的所有制形式（见表 15－5）

表 15－5　媒体的所有制形式

所有制形式	基本特点
私营	①独立。 ②以赢利为目的。 ③把发行量、收听率、收视率作为媒体的生命线
公营	①相对独立的管理机构。 ②以视听费作为主要收入。 ③半官方。 ④把观众当作“公民”而非“消费者”

续表

所有制形式	基本特点
国营	①电视台的所有权完全属于国有。除了政府投资外，其他任何部门，无论是国有企业还是私营企业，都不得在电视台投资或参股。 ②电视台是政府的宣传机构，电视台的主要领导人是由政府任命的；电视台的宣传报道方针必须和政府的施政纲领保持一致并经政府的批准。 ③电视台义不容辞地承担着宣传政府的重大理论、方针、政策的职责。在此前提下，要尽量满足观众对信息和娱乐等的需求。 ④电视台享受政府多种优惠，例如政府拨款资助，播发政府广告等

考点四：互联网时代的传媒业营销模式 ★★★★

互联网颠覆性革新了传媒业的营销模式，具体内容见表15－6。

表15－6 互联网时代的传媒业营销模式

营销模式	含义
精准营销	指在精准定位的基础上，依托现代信息技术手段建立个性化的顾客沟通服务体系，实现企业可度量的低成本扩张之路，是一种理想的营销模式。新媒体等个人化媒体带来了媒体的小众化时代，这为精准营销提供了可能性
长尾理论	由美国《连线》杂志主编克里斯·安德森在2004年提出，是研究消费者的个性化需求、处理需求和销量不高的产品的理论。主要内容包括： ①过去，高昂的销售成本导致商家只销售需求高的商品，对销量和需求不高的“冷门”商品不予理会。 ②如今，网络销售导致营销成本降低。一切冷门商品，也可以在网络上成功买卖交易。因此，只要产品的存储和流通的渠道足够大，需求不旺或销量不佳的产品所共同占据的市场份额可以和那些少数热销产品所占据的市场份额相匹敌甚至更大，即众多小市场汇聚成可产生与主流相匹敌的市场能量

【考点拓展】社交媒体精准营销(见表15－7)

表15－7 社交媒体精准营销

要点	具体内容
定义	社交媒体是一种在用户关系的基础上进行信息的分享、传播和获取的综合渠道。社交媒体精准营销则是以用户的需求为出发点和落脚点，为用户量身打造各种营销策略，真正了解和分析用户的真实的行为以及真实需求
优势	包括：①用户高介入度；②受众定位清晰准确；③用户自发分享形成口碑传播；④迎合市场需求趋势

15.2 考研真题与典型题

一、概念题

1. “4C”理论

2. 传媒核心竞争力(复旦大学2013年研)

相关试题：核心竞争力(西南大学2008年研)

3. 媒介公信力(华中师大2015年研;北师2010年研;清华大学2009年研)

4. 精准营销

5. 长尾理论(四川外国语2023年研;暨大2018年研)

二、简答题

1. “受众是上帝”作为当今中国传媒的口号合适吗?为什么?(安徽大学2006年研)

2. 简述打造媒体公信力的关键要素。(中南财大2008年研)

相关试题:简述媒体公信力应包含的基本内容。(电子科大2016年研)

3. 简述频道(频率)的专业化,及目前中国广播电视频道专业化中存在的问题。(电子科大2011年研)

相关试题:

(1)什么是频道专业化,它的特点是什么?(北大2014年研)

(2)频道专业化是什么,谈谈电视频道专业化对于媒介组织经营管理的影响。(华科2016年研)

4. 简述长尾理论的主要内容和应用。(清华大学2013年研)

三、论述题

1. 辨析:对“有效发行”和“有效收视”的过度追求,违背普遍服务和公共利益至上的原则。(武大2016年研)

2. 1996年,中国第一家传媒集团广州日报报业集团成立,开启了中国传媒集团化改革的历程。2014年,国家媒体融合战略提出建立新型主流媒体集团。请对20多年来中国传媒集团化改革历程进行阶段性描述,并分析推动中国传媒集团改革的力量。(中传2018年研)

15.3 考研真题与典型题详解

一、概念题

1. “4C”理论

答:“4C”理论于1990年由美国营销专家劳特鹏提出,即需求(consumer wants and need)、成本(cost)、方便(convenience)和沟通(communication)。具体是指:①瞄准消费者需求——首先要了解、研究、分析消费者的需要与欲求,而不是先考虑企业能生产什么产品。②消费者所愿意支付的成本——首先了解消费者满足需要与欲求愿意付出多少钱(成本),而不是先给产品定价,即向消费者要多少钱。③消费者的便利性——产品应考虑到如何方便消费者使用。④与消费者沟通——以消费者为中心实施营销沟通是十分重要的,通过互动、沟通等方式,将企业内外营销不断进行整合,把顾客和企业双方的利益无形地整合在一起。“4C”理论强调,企业首先应该把追求顾客满意放在第一位,其次是努力降低顾客的购买成本,然后要充分注意到顾客购买过程中的便利性,而不是从企业的角度来决定销售渠道策略,最后还应以消费者为中心实施有效的营销沟通。

2. 传媒核心竞争力(复旦大学2013年研)

相关试题:核心竞争力(西南大学2008年研)

答：传媒核心竞争力是指传媒在长期运作中形成的、内化于组织中的独特的协调和整合能力，它能动态、有效地调动传媒组织所拥有的各种资源和能力并使传媒组织协调运行，从而更好地实现传媒的社会功能、提升受众认知价值，并在此基础上使传媒获取长期竞争优势。或者说，就是传媒以其主体业务为核心形成的能够赢得受众、占领市场、获得最佳社会效益和经济效益，并在众多竞争对手中保持独特优势的资源和能力。例如，中央电视台一套(新闻综合频道)和湖南卫视长期占据着收视率第一、第二的位置绝非偶然。中央一套以精心制作的新闻节目和独家权威的新闻资讯赢得观众，湖南卫视则以精彩的综艺、电视剧红遍全国。传媒的核心竞争力由传媒产品、媒体处理信息的能力和品牌媒体形象三部分组成，其中，传媒产品起到的作用最为关键。媒体处理信息的水平要通过传媒产品去体现，品牌媒体形象也是由一个个具体的传媒产品来组成。传媒核心竞争力的目标指向，是提升受众的认知价值，通过更好地向受众提供新闻产品来获得受众认可，通过受众的认可达到最大传媒效能，通过传媒效能的发挥获取理想的经济效益。

3. 媒介公信力(华中师大2015年研；北师2010年研；清华大学2009年研)

答：参见本章考点难点归纳相关内容。

4. 精准营销

答：精准营销是指在精准定位的基础上，依托现代信息技术手段建立个性化的顾客沟通服务体系，实现企业可度量的低成本扩张之路，是一种理想的营销模式。精准营销有三个层面的含义：①精准的营销思想。营销的终极追求就是无营销的营销，到达终极思想的过渡就是逐步精准。②实施精准的体系保证和手段，且这种手段是可衡量的。③达到低成本、可持续发展的企业目标。

5. 长尾理论(四川外国语2023年研；暨大2018年研)

答：“长尾理论”(The Long Tail)是研究消费者的个性化需求和处理需求和销量不高的产品的理论，由美国《连线》杂志主编克里斯·安德森于2004年提出。其含义是，只要产品的存储和流通的渠道足够大，需求不旺或销量不佳的产品所共同占据的市场份额可以和那些少数热销产品所占据的市场份额相匹敌甚至更大，即众多小市场汇聚可产生与主流相匹敌的市场能量。企业的销售量不在于传统需求曲线上那个代表“畅销商品”的头部，而是那条代表“冷门商品”、经常被人遗忘的长尾(如图15－1)。

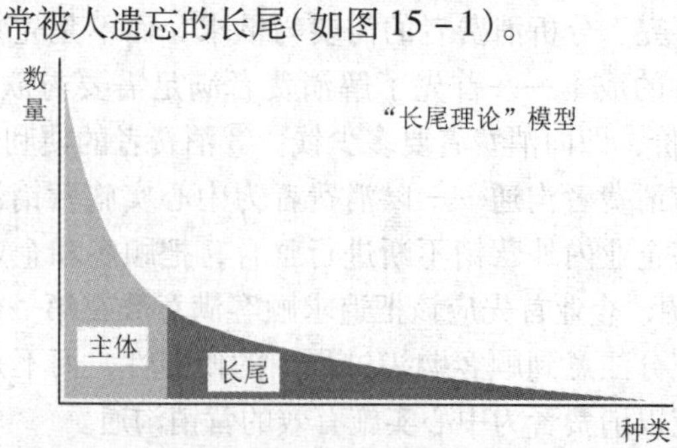

图15－1　长尾理论

二、简答题

1. “受众是上帝”作为当今中国传媒的口号合适吗？为什么？（安徽大学 2006 年研）

答：“受众是上帝”的观点应该辩证地看待。

（1）必须承认，受众对当今中国传媒起着非常重要的作用。1990 年，美国的营销专家劳特鹏提出营销的“4C”理论，即需求（consumer wants and need）、成本（cost）、方便（convenience）、沟通（communication）。通过“4C”理论可以看到，企业整个营销是以消费者为核心的，企业首先应该把追求顾客满意放在第一位，其次是努力降低顾客的购买成本，然后要充分注意到顾客购买过程中的便利性，而不是从企业的角度来决定销售渠道策略，最后还应以消费者为中心实施有效的营销沟通。

无疑，受众是传媒的服务对象，传媒必须赢得受众的青睐。特别是在市场经济条件下，受众的认可和选择，在很大程度上影响着传媒的兴衰。传媒刊播的内容，只有得到受众的喜爱和欢迎，才能赢得较多的订户，从而获得生存与发展，也才能较充分地发挥其宣传效能。从这个意义上讲，传媒的经营管理，都须顾及受众的需求，都须站在受众乐于接受的角度来思考、筹划、运作。过去那种不管受众接受不接受、喜爱不喜爱，搞强行灌输的做法，已远远难以适应争夺受众的新形势了。

（2）但一味地追求“受众是上帝”可能会带来一些不良影响。近年来，“顾客是上帝”之类的提法颇为盛行。或许是受此影响，有的传媒也提出了“受众是上帝”的口号。为了迎合受众，有的传媒主张少讲指导性，多讲趣味性，甚至把“可读性”“趣味性”作为择稿的首选标准，淡化新闻宣传的党性原则，打各类“擦边球”，炒作猎奇揽艳、涉及隐私的“秘闻趣事”，却忽视稿件的真实性、政治倾向和思想意义。其结果，使不少“三无一有”（即无是非观念、无思想意义、无健康情趣、有负面影响）的文稿得以“出笼”。

“上帝”者，主宰和左右一切也。而实际上，受众既是传媒的服务对象，又是传媒的宣传引导对象。倘把受众当作“上帝”，受众就成了左右和摆布传媒的主宰，传媒就得一切都迁就和迎合受众。这显然与传媒所肩负的特殊使命以及必须坚持的党性原则相悖。传媒是党和政府的喉舌，肩负着“以正确的舆论引导人”的重大使命。“政治家办报”乃新闻宣传的一条重要规律。邓小平同志强调：“党报党刊一定要无条件地宣传党的主张。”这是新闻宣传一条不可动摇的党性原则。传媒贯彻这一原则，就要注重所发文稿的思想性亦即政治倾向。

因此，“受众是上帝”作为当今中国传媒的口号并不完全合适，传媒在顾及受众的需求时，决不可一味“软化”“生活化”而最终产生负面影响。从另一层面上说，有的传媒以低俗的东西来迎合受众也是对受众的低估和亵渎，难以获得广大受众的真正认可和持续支持。只有在坚持新闻宣传党性原则的基础上，把思想性和可读性融合起来，以各具特色而又健康向上的内容来争取受众，才是光明的正道。

2. 简述打造媒体公信力的关键要素。（中南财大 2008 年研）

相关试题：简述媒体公信力应包含的基本内容。（电子科大 2016 年研）

答：（1）媒体公信力的含义。

参见本章考点难点归纳相关内容。

（2）媒体公信力的基本内容。

①正确导向。新闻宣传工作肩负着“以正确的舆论引导人”的光荣使命。一个经常发生导向错误的媒体，是不可能有什么公信力的，导向一旦出现严重错误，它的形象不仅大打折扣，而且祸国殃民，甚至危及媒体生命。

②思想高度。导向正确是前提、是根本，思想高度是水平。高度产生影响力，高度决定公信力。思想高度来源于理论高度，没有理论上的高度，就不可能有思想上的高度。

③舆论主调。主调也指主旋律。一个媒体的主旋律突出，它在读者心目中的地位就高，公信力就强。一个媒体能否唱响主旋律，关键看媒体的决策层是否胸中有大局。

④新闻真实。真实是新闻的生命。虚假新闻不仅使媒体失去了信誉，而且给社会舆论造成了混乱，甚至在政治上、经济上、思想上、精神上造成严重的后果。

⑤高雅格调。做人讲人品，办报讲报格。作为媒体，人们把它当作“良师益友”；作为新闻工作者，人们称他为“人类灵魂的工程师”，一些媒体为了追求眼前的经济利益，不惜降低品位，迎合一部分人的低级趣味，以此来换取购买率、收视率。失实不可信，低俗同样不可信。

⑥舆论监督。正确的舆论监督，对于化解矛盾、解决问题、推动工作、维护稳定可以起到很好的帮忙作用，同时也可大大提升媒体的公信力。

⑦情感亲和。情感亲和，实际上讲的是“三贴近”。“三贴近”的功夫在于“贴”，就是要深刻理解权为民所用、情为民所系、利为民所谋的道理，正确反映群众意愿，用真情为受众服务，并善于用群众熟悉的语言和读者喜闻乐见的形式搞好新闻宣传。

⑧品牌特色。各个媒体都很注意打造自己的品牌，形成与众不同的风格和特色，多姿多彩，五光十色。

⑨新闻精品。一个媒体的形象好，公信力强，与多出精品有很大关系。精神产品是文化的重要组成部分，是人们思想观念、社会意识和审美情趣的直接载体和物化形态。新闻精品是一个媒体、一个地方乃至一个国家文化发展水平的标志，代表着先进文化的发展方向。

⑩职业道德。新闻职业道德是新闻工作者在职业生活中应遵循的道德规范和行为准则，其基本内容是敬业奉献、诚实公正、清正廉洁、团结协作、严守法纪。抓好新闻业务建设，解决好业务水平低下的问题。要按照“政治强、业务精、纪律严、作风正”的要求塑造队伍的良好形象，塑造媒体的良好形象，使一度受损的媒体公信力得以恢复和增强。

(3)媒体公信力的提升路径。

①要不断提高媒体的社会责任意识。媒体在报道时，要以及时、公正的态度对社会负责、对公众负责，这种态度就是媒体公信力的来源。媒体要敢于说真话，敢于为公众说话，不回避社会热点话题和公众关心的敏感话题，不仅要报道正面的鼓舞人心的事迹，而且要敢于揭露社会各种丑恶现象。提高媒体的社会责任意识，关键是要提高从业人员素质。

②健全新闻媒体自律机制和他律机制。目前，我国对媒体的诚信监督日益加强。从党和政府角度而言，有国家新闻出版署、工业和信息化部的监管，各级党委宣传部的把关。从媒体而言，大都建立了媒体受众的信息反馈体系等。

③要尊重新闻规律，健全媒体的突发事件信息公开报道机制。政府信息的发布是党的新闻事业的独有新闻资源。要让这种资源最大程度上发挥作用，一方面需要媒体加强主动

性，丰富报道手段，另一方面也需要政府部门予以配合，加大信息公开力度，在重大事件、重要关头及时准确发布信息，防止失语。

3. 简述频道(频率)的专业化，及目前中国广播电视频道专业化中存在的问题。(电子科大2011年研)

相关试题：

(1)频道专业化是什么，谈谈电视频道专业化对于媒介组织经营管理的影响。(华科2016年研)

(2)什么是频道专业化，它的特点是什么？(北大2014年研)

答：(1)中国广播电视频道(频率)的专业化。广播电视频道(频率)专业化，是指广播电视针对特定受众设置特定的频道、频率，是国际广播电视传播业发展的一种明显倾向，电视媒体经营单位根据广播电视市场的内在规模和广播电视观众的特定需求，以一频道(频率)为单位进行内容定位的划分，使其节目内容和频道(频率)风格能较集中地满足某些特定领域受众的需求。从全部是综合频道(频率)发展到将要大量出现的专业频道(频率)，是广播电视业进一步面向市场跨越的一大步。

频道专业化的理论依据是受众分众化(或称小众化)的原理或称市场细分原理。这种提法源于市场营销学。按分众化的说法，在现代社会，由于年龄、性别、职业、区域、受教育程度、收入、社会地位等不同，消费者的需求表现出多样性和差异性的特征，大众社会分化为小众社会，这需要提供能满足不同类型消费者需求甚至个性化需求的节目。电视的频道专业化就是顺应不同受众的不同需求而设置的。

频道专业化，就其本质来说，是一条集约化经营之路。通过内部整合，把相关的节目、人员聚合在一个频道，避免在一个集团(总台)内部相互竞争而浪费资源，同时使相关从业者不断积累专业经验，增长专业知识，把专业节目越做越好，从而使我国的电视节目从单一走向多元——满足不同人群的多样需求。在这个过程中，广播电视节目从雅俗共赏走向雅俗分赏，从综合走向专业，从大众化走向小众化，这不是想当然的自发设计，而是市场经济成熟和技术发展的必然产物。

(2)中国广电频道专业化存在的问题。中国广播电视的频道(频率)专业化虽已历经数年，但起步时间晚，从理念到运作模式还需要进一步改革。以目前情况看，存在的主要问题是：

①频道设置表现出趋同性。频道的资源、设置大体相同，省际卫视与卫视之间、市级与省级间呈现大体相同的特性，缺乏有特色的频道，“影视”“新闻”“经济”“生活”“音乐”“教育”等空泛而笼统的名称循环往复地出现。

②专业频道的影视、综合化倾向。我国的许多专业化频道虽然被冠以专业化的名称，内容则依旧充满了影视和综艺节目的色彩，始终没有彻底摆脱综合化的倾向。除了影视频道和体育频道外，其他频道基本上都依靠电视剧支撑。

③专业频道节目质量偏低，重复率过高。我国地方的很多频道总是循环地播出同一档节目，电视资源匮乏，这种安排会导致专业频道的单调化和薄弱感。

4. 简述长尾理论的主要内容和应用。（清华大学 2013 年研）

答：(1)长尾理论的主要内容。

参见本章概念题第 5 题答案。

(2)长尾理论的应用。

Google 是一个最典型的长尾公司，其成长历程就是把广告商和出版商的长尾商业化的过程。数以百万计的小企业和个人，此前他们从未打广告，或从未大规模地打广告，他们小得让广告商不屑。但 Google 的 Adsense 降低了广告门槛，广告不再高不可攀，它是自助和价廉的。另一方面，对成千上万的 Blog 站点和小规模的商业网站来说，在自己的站点放上广告已成举手之劳。Google 目前有一半的生意来自这些小网站而不是搜索结果中放置的广告。数以百万计的中小企业代表了一个巨大的长尾广告市场。

三、论述题

1. 辨析：对"有效发行"和"有效收视"的过度追求，违背普遍服务和公共利益至上的原则。（武大 2016 年研）

答：传媒对"有效发行"和"有效收视"的重视是传媒市场化转型的结果，而其"过度追求"，确实违背普遍的服务原则和公共效益。

(1)"有效发行"和"有效收视"。"有效发行"和"有效收视"是指在报刊的行销与电视节目播放的过程中，能够有效地扩大市场占有率、阅读率、收视率和影响力，能直接带来广告回报或对广告有吸附力的发行。

大众传媒必须从事经营活动，这是维持传媒组织自身生存和发展的前提。追求发行和收视意味着传媒面对市场，必须把自己的信息产品或服务作为商品销售出去。一方面为传媒组织的活动提供了资金，另一方面促使传媒组织不断提高信息服务的质量。因此，目前传媒对"有效发行"和"有效收视"的重视是传媒市场化转型的结果。

(2)普遍服务和公共利益至上的原则。普遍服务的原则是传媒业公众利益至上理念在经营中的具体体现。普遍服务的基本要义是对任何人都要提供无地域、质量、资费歧视且能够负担得起的服务。不同的国家对普遍服务具体内容的理解不尽相同，但是基本上所有的普遍服务都具有一些共同特征。首先，普遍服务必须是针对所有的(或者绝大部分)用户；其次，普遍服务的价格是可以接受的；最后，普遍服务要有一定的质量保证。

大众传媒除了经营目标，也受公共性和公益性的制约。大众传媒在满足社会普遍的信息需求方面提供的是公共服务，大众传媒的影响力涉及普遍的社会秩序和社会公共生活，所以必须对社会和公众承担相应的义务和责任。媒介应当兼顾经营目标以及普遍服务原则，传媒组织应该把握两者的平衡。

(3)过度追求"有效发行"违背普遍服务和公共利益至上的原则。以普遍服务原则的基本要义来衡量，"有效发行""有效收视"是违背普遍服务和公共利益至上原则的，是指在报刊的行销与电视节目播放的过程中，能够有效地扩大市场占有率、阅读率、收视率和影响力，能直接带来广告回报或对广告有吸附力的发行，而低收入弱势群体因无法带来广告回报，成为"无效发行""无效收视"人群而被忽视。于是，传媒成为"富人媒体"，这严重违背了传媒业普遍服务和公共利益至上的原则，必须杜绝。

同时，由于对“有效发行”和“有效收视”的过度追求，媒介在市场的挤压下可能出现媒介失范问题，个别媒介组织为了追求发行和收视，不惜采用煽情、刺激、炒作的方式招徕读者或观众，未能承担起相应的社会责任。这些对发行和收视过度追求的做法，毫无疑问违背了媒介的普遍服务原则和公共利益至上的理念。

2．1996 年，中国第一家传媒集团广州日报报业集团成立，开启了中国传媒集团化改革的历程。2014 年，国家媒体融合战略提出建立新型主流媒体集团。请对 20 多年来中国传媒集团化改革历程进行阶段性描述，并分析推动中国传媒集团改革的力量。（中传 2018 年研）

答：集团化是指一个企业由于业务的发展或市场扩张或出于竞争的需要，通过新建、资产兼并、股权运作或相关协议等方式，由单一经营方式向群体经营方式转化的过程。随着传媒行业的产业化发展，规模化竞争和发展是一个必然趋势。

（1）中国传媒集团化改革历程。20 世纪 90 年代中后期以来，中国传媒业开始通过资源整合、自身重组和外部扩张的多种形式，向集团化、规模化方向发展，传媒集团成了决定传媒市场格局的主导力量。

①中国传媒集团化改革的试点和观望时期（1996～1998 年）。1996 年 1 月，中国第一个传媒集团——广州日报报业集团成立，中国传媒集团化改革进入一年多的试点和观望时期。广州日报报业集团成立两年后，集团营业总收入从原来的 8 亿元增加到 15 亿元，集团资产和年利润大幅增长。此后，南方日报等已经具备一些优势条件的报社立即积极参与到集团化的进程中来。

②中国传媒集团化改革的高峰期（1998～2002 年）。从 1998 年开始，集团化发展渐入高峰期，到 2001～2002 年期间达到高潮。以报业集团为例，2001 年和 2002 年，两年时间成立了近 20 家报业集团。

除报业之外，广电领域也开始了集团组建道路。1999 年 6 月，第一个广电集团——无锡广电集团成立。2000 年，第一家省级广电集团——湖南广播影视集团成立。随后北京、上海、山东等广播影视集团也相继挂牌成立。成立于 2001 年的中国广播影视集团是中国最大的传媒集团。

③中国传媒集团化改革的成熟发展期（2002～2013 年）。2001 年，中国加入 WTO 使传媒生存环境发生了重要的转变。面对来自国际传媒的挑战，传媒集团化的首要目标就是做大、做强，增强国内传媒的抗风险能力。

截至 2004 年底，我国共组建了 42 家报业集团、17 家广电集团。传媒集团化高峰期的显著特点是：报业集团的发展走向成熟化，一向各自为政的广电行业的集团化也开始在政府引导下蓬勃发展。

因事业性质的广电集团容易与社会上一般的产业集团概念相混淆，在 2004 年全国广播影视工作会议上，国家广电总局要求今后不再批准组建事业性质的广电集团。至此，中国新的广电集团的组建基本停滞。

④国有新媒体集团化发展时期（2013～2017 年）。2013 年起，随着媒体结构的剧烈变革，传统媒体与新兴媒体加速融合，国有新媒体公司开始呈现集团化的发展趋势，在某种程度上标志着国内传媒业进入一个新的发展阶段。

2013 年 3 月，四川新闻网传媒股份有限公司在四川新闻网有限公司基础上整体变更设立，四川省新闻中心通过其全资子公司——四川省新传媒有限公司间接持有该公司60%的股份，实际控制人为四川省委宣传部。此后，国有新媒体集团呈现加速组建的态势，包括由宣传主管部门组建的新媒体集团或者由报业集团或电视台等传统媒体出资组建的新媒体集团。

⑤融媒体集团化发展时期(2018年至今)。2018年，随着互联网的蓬勃发展，在国家政策的支持下，国内媒体逐渐进入媒体融合的关键期。2018年3月，中共中央印发《深化党和国家机构改革方案》，明确：为推动广播电视媒体、新兴媒体融合发展，加快国际传播能力建设，整合中央电视台(中国国际电视台)、中央人民广播电台、中国国际广播电台，组建中央广播电视总台。撤销中央电视台(中国国际电视台)、中央人民广播电台、中国国际广播电台建制。对内保留原呼号，对外统一呼号为“中国之声”。2018年7月，辽宁整合报业传媒集团等17家单位，组建辽宁报刊传媒集团，通过机制改革推动深度融合。2018年8月，大连报业集团、大连广播电视台、大连京剧院等11家单位实现融合，组建大连新闻传媒集团。2018年11月，天津几乎所有的传统媒体将进行整合，成立天津海河传媒中心。至此，省市级层面媒体融合达到了前所未有的高峰。

(2)推动中国传媒集团化改革的力量。传媒集团化不是单纯的市场力量自然形成的成果，也不是行政手段强制推行的产物，而是在产业化和国际化的大背景下，由传媒自身生存发展的内在需要和政府宏观调控的外在要求相结合的产物。

①传媒取向：规模化与市场利润最大化。90年代中期以来的集团化发展主要体现了传媒资本对利润的追逐。中国的传媒资源曾经高度分散，单一媒体过于弱小，资源配置和市场结构均受到了行政级别和行政区划的限制。这些都严重阻碍了传媒进一步发展，使之无法在市场运作中获得最大化利益。而市场经济体制下，传媒产业属性日益彰显，包括卫星、数字化、互联网在内的新媒介技术的发展，加剧了各大媒体间的竞争与较量，不同媒介为积聚资本、壮大实力、扩充影响，在行业内外扩张兼并的市场需求日益强烈，试图通过规模扩张、整合经营实现规模效益。概言之，集团化是一条以质取胜的道路，集团化的最原始目的是追求规模效益，追求资本的增值。通过组建集团，可迅速积累资本、降低成本，发挥资源的最大价值。

②政府取向：有利于传媒发展的制度建构。就媒介制度环境和内部管理机制而言，中国传媒行业一直属于国家所有制，由国家经营和管理。基于宣传管理和意识形态等方面的考虑，今天的中国传媒仍属事业单位性质，即“事业单位企业化管理”。作为中国政府的一种选择，集团化是中国传媒发展过程中的一种制度安排。通过组建传媒集团，政府建立起一套有效的控制约束机制，形成以党报集团和各级广电集团为龙头的多层次发展模式，有利于加强舆论控制，降低管理成本。传媒集团化的发展有利于合理的政府激励机制的建构。

③公共选择：选择基础上的平衡与发展。公共选择是指政府和企业的共同选择达成了“选票最大化”与“利润最大化”的一致，即既符合政府利益也能使企业实现经济效益。在某种程度上，中国传媒集团化就是政府与传媒在各自利益驱动下所作的一种“公共选择”。媒介需要追求利益最大化，实现规模效应，政府则基于对传媒管理和控制的需要，希望对产业化发展之后数量激增的中国传媒实施更有效的管理。

第十六章　新闻媒介的受众

16.1　复习笔记

【知识框架(庖丁解牛)】

- 新闻媒介的受众
  - 受众与受众观
    - 受众的定义
    - 不同的受众观及其内容
      - 受众的定义
      - 不同的受众观及其内容
        - 受众即受教育者
        - 受众即被指挥者
        - 受众即消费者
        - 受众即公民
  - 受众对媒介的作用
    - 决定媒介内容的取舍
    - 决定媒介的风格定位
    - 决定新闻(评论)的意义
    - 决定媒介变革的方向和进程
    - 为媒介提供财富或权力
  - 受众的特点与变化
    - 受众的特点
    - 受众信息需求变化
    - 受众地位中心化
  - 受众细分的方式
  - 受众定位：定义及方式
  - 受众的权利：知情权、表达权、批评建议权、监督权
  - 受众媒体认知的含义、内容及影响

【本章概要(提纲挈领)】

本章主要论述了新闻媒介受众的相关知识。本章考点以概念题以及简答题为主，在学习时，需要掌握受众的定义、受众的特点及变化、受众的定位与权利等内容，并大致了解不同的媒体受众观、传统的“受众观”与新媒体时代的“用户观”之间的异同、受众对媒介的作用、受众媒体认知等内容。

【考点难点归纳(厚积薄发)】

考点一：受众定义与受众观　★★

1. 受众的定义

泛指媒介信息的接受者。在大众传播领域里，受众指大众传播媒介信息的接受者，如：

报纸的读者、广播的听众和电视的观众。

2. 不同的受众观及其内容(见表16－1)

表16－1 不同的受众观及其内容

受众观	具体内容	代表案例
受众即受教育者	①将媒介的内容视作教科书，媒介具有教育引导功能，媒介具有社会"灯塔"的作用，服务于特定的历史时期下特定的社会发展需要 ②注意：教育非其本质属性，其本质属性是社会的耳目，是传递信息的工具	中国近代历史上报刊活动和中国共产党人的新闻实践，改革者和革命者往往侧重于报刊的教育启蒙功能
受众即被指挥者	①将传播的内容视作指示、命令，将新闻工作者视为指挥员。 ②受众被剥夺自尊、自由和权利	如二战期间法西斯主义的新闻理念即体现着此种受众观
受众即消费者	①将媒介视作盈利工具，坚持消费者至上。 ②娱乐化成为商业性媒介的共同趋向；发行量、收视率等数据指标占主导作用	抖音、快手等商业性或具有商业化倾向的媒介
受众即公民	①把受众视作公民，以维护公民权利作为媒介责任和运营基础，是现代民主政治发展和市场经济内在运作机制在媒介观上的折射和反映。 ②在理论上，促进了社会责任论的诞生；在法律上，表现为现代知情权的提出和确认	国有或公营媒介，欧美各国的公共广播电视业

【考点拓展】《报刊的四种理论》

1956年美国新闻学博士威尔伯·施拉姆在《报刊的四种理论》一书中将世界上的报刊理论划分为四种：①集权主义理论，该理论认为报刊的主要目的是维护统治阶级的统治地位，贯彻执行政府的政策，报刊的功能和活动均由政府机构所控制。②自由主义理论，该理论认为报刊是用来适应民主的政治机构和民主生活方式的工具，其作用是报道新闻、提供娱乐材料、服务经济发展、监督政府活动，协助解决社会问题。③社会责任理论，又称新自由主义理论，该理论认为自由是伴随着义务的，大众传播应是自由的，不受限制的，但又应对社会负责，基本上与自由主义理论相同。④苏联的共产主义理论，作者从资产阶级立场出发，认为苏联的传播媒介是党和国家的工具，其报刊是与政府合为一体的，媒介的主要任务是保证社会主义制度的成功。

考点二：受众对媒介的作用(见表16－2) ★★★

表16－2 受众对媒介的作用

作用	要点
决定媒介内容的取舍	新闻媒介内容的最终取舍权在受众，信息的传播必须满足受众实际需要和接受程度
决定媒介的风格定位	读者的文化底蕴、心理定势和阅读习惯决定了报纸风格
决定新闻(评论)的意义	根据英国学者霍尔的观点，有三种"编码—译码"模式(完全接受、对抗解码、协商解码)。在互联网时代，不同的模式会生成不同的意义
决定媒介变革的方向和进程	媒介变革的依据是受众的新需求。受众迫使新闻媒介不断变更，并按照其需要进行变革

续表

作用	要点
为媒介提供财富或权力	①媒介向消费者出售媒介内容产品，向广告商出售特殊商品——受众，从而二次获利。 ②在西方各国，大众传媒号称“第四势力”，其背后的舆论力量代表了一种权力

考点三：受众的特点与变化 ★★★

1. 新闻媒介受众的特征(见表 16－3)

表 16－3　新闻媒介受众的特征

特征	具体内容
广泛性	指受众组合与地域分布上的广泛性，一切社会成员都是新闻媒体现实或潜在的受众
混杂性	新闻媒介的受众在地域分布上，呈现出混杂的样态。同一地区，同一媒介的受众内部又存在着许多明显的个体差异
隐蔽性	对于新闻媒介而言，受众是笼统的、隐蔽的。新闻媒介与分散的受众成员很难进行直接的双向交流，只能依赖受众调查，通过受众反馈把握受众总体特性

2. 受众信息需求变化

(1)受开放交流影响，受众的求知欲更强，求新欲更高，眼界更开阔，对国际新闻的关注度上升。

(2)受经济发展影响，决策主体多元化，受众对于富有参考价值的硬新闻和解释性、指导性能为决策提供参考的信息需求增强。

(3)受社会结构影响，社会群体多元分化，这也引发、带动了受众兴趣和信息需求的多样性。

3. 受众地位中心化

(1)受者中心地位的确立。

20 世纪 90 年代后，中国传媒业开始走向市场，媒体竞争日益激烈，传媒业从传者中心逐渐转向受者中心。新世纪以来，新媒体的快速发展，尤其是自媒体的井喷式发展，促进了受众的主体意识的增强。

(2)受者中心地位确立的表现。

①受者既是信息接收者，也是信息生产者、传播者。自媒体突出的特点是 4A(Anyone、Anywhere、Anytime、Anything)，即任何人在任何地方、任何时间报道任何事情，人人都是记者。

②受众从被动接受信息到按需主动搜索信息。数字化时代，受众使用搜索引擎主动筛选获取信息。

③受众从被传媒指导到传媒被受众指导。受众可以大胆地、自由地对媒体的新闻报道进行评价，从而指导新闻的风格和对事实的报道。

考点四：受众细分的方式（见表 16－4） ★★

表 16－4 受众细分的方式

分类依据	分类内容	
接触的媒介类别	报纸读者、广播听众、电视观众等	
人口统计学原理	男性受众、女性受众、青少年受众、中老年受众等	
接触新闻媒介的频率	稳定受众	指比较习惯地、固定地接触和使用一定媒介的受众，用以衡量媒介传播效果优劣
	不稳定受众	指没有固定习惯接触媒介的受众
受众不同的信息需求	一般受众	剔除人口统计学特性差异和兴趣区别，对于新闻媒介的各种传播内容抱有一致的共同需求
	特殊受众	对某特定信息有兴趣和相应需求
接触新闻媒介的确定性	现实受众	已经确实接触、使用新闻媒介的受众
	潜在受众	有媒介接触能力和可能性，但没接触、使用媒介的受众
新闻媒介明确的传播对象	核心受众	传播内容和风格针对并满足某些相对比较固定、明确的传播对象
	边缘受众	核心受众之外的受众

考点五：受众定位 ★★★★

1. 定义

（1）指确定媒介及其所设栏目的传播对象的过程，解决向谁传播、为谁服务的问题。

（2）主要包括整体受众定位和分设栏目的特定受众定位两部分内容。

（3）受众定位的原则是宽窄适度，范围适中。

2. 受众定位的方式（见表 16－5）

表 16－5 受众定位的方式

定位依据	具体内容
区域定位	某一媒介传播范围一般总是特定的、有限的，需要根据特定地域内核心受众的情况选择内容风格定位，如：《扬子晚报》和《人民日报》的受众差异
职业和身份定位	不同的媒介要注意以不同社会角色和身份的受众作为其核心受众，如各级党报和市民生活类报刊
年龄定位	人在不同的年龄阶段，其理解力不同，其需求偏好也不同，如《青年报》和新闻联播的受众差异
受众文化教育程度定位	一般讲，大型综合性日报内容严肃而有深度，应以受过大专以上教育的受众为主；晚报、都市报面向广大市民，要顾及市民间巨大的文化教育水平差异，起点不宜过高

考点六：受众的权利 ★★★

中共十七大报告中，是中国共产党以最高权威的文件第一次加以确认了公民言论、出版自由有关的权利。党的十九大报告中，习近平总书记指出：“……坚持包容精神，就要保护广大网民依法享有的言论自由，尊重民意、重视民情……让网络成为发扬人民民主、接受人民监督的新渠道。但是，坚持包容精神、保护广大网民的言论自由并不意味着网民可以违法犯规、为所欲为。任何社会和国家都没有绝对的自由，包括言论自由。我国宪法在规定公民享有言论自由的同时，也规定了言论自由的边界。言论自律应该成为网络舆论建设的一条重要价值原则。”受众的权利具体见表16－6。

表16－6　受众的权利

权利	一般内涵	新闻传播领域的内涵
知情权	又称获知权、知晓权、知的权利等，是指公民获取社会公共领域信息以及与本人相关信息的权利，具体可包括政治知情权、司法知情权、社会知情权和个人信息知情权	特指受众通过媒介获取上述信息特别是公共生活信息的权利，是现代媒介的核心问题，也是新闻学研究的核心之一
表达权	又称表达自由，是指“公民通过口头或书面以及特定行为表达自己意见的自由，包括言论自由、著作自由、出版自由、新闻自由、集会自由、结社自由、游行示威自由等”	①新闻媒介的表达自由。 ②受众通过新闻媒介表达自己意见的权利和自由
批评建议权	指公民在政治生活和社会生活中，有权对国家机关和工作人员的缺点、错误提出批评意见。公民也有权向国家机关及其工作人员通过一定形式提出合理建议	①受众通过和借助新闻媒介行使的舆论监督权，这与媒介享有的新闻自由权是重合的，也是公民基本权利的组成部分之一。 ②受众针对新闻媒介的活动所行使的批评建议和监督的权利
监督权	指公民有监督一切行使公共权力人员的权利	

考点七：受众媒体认知的含义、内容和影响（见表16－7）★★

表16－7　受众媒体认知的含义、内容和影响

要点	具体内容	
含义	指受众对媒体的理解认知，对自身与媒体的关系的定位，既可能是显意识层面的认知，也可能是潜意识层面的认知	
内容	①能够意识到媒介产生的正面或负面的影响。 ②能够理解不同媒介的性质及其特点。 ③能够了解、分析、识别媒体的内容，并辨析媒介的基本价值取向。 ④能够独立判断信息真伪和媒介优劣。 ⑤能够理解不同国情和不同语境下媒介内容的生产传播过程	
影响	影响国民素养	美国传播协会指出的，“成为一个有批评意识的、深思熟虑的传播消费者，需要对文字、画像、图示和声音在一起产生的微小和巨大效果都要有所理解”
	影响媒体的改革和发展	受众对自身与媒体的关系的定位直接决定媒体的价值取向、内容、风格选择
	影响国家政策制定	受众对媒介的评估直接引发政府主管部门的反思，关系国家新闻政策的调整

16.2　考研真题与典型题

一、概念题

1. 受众（中南财大2018年研；华南理工2017年研；华中师大2016年研；上海交大2015年研；黑龙江大学2014年研；复旦大学2012年研）

2. 知情权(知晓权)(武汉理工大学2023年研；同济大学2021年研；四川外国语2021年研；中南财大2018年研；武大2016年研；暨大2012年研；电子科大2012年研；西安交大2008年研；北师2008年研；南京师大2008年研)

3. 表达权(复旦大学2013年研)

4. 被遗忘权(复旦大学2023年研；重庆大学2023年研)

二、简答题

1. 用新闻学相关理论解释不同的受众观。(复旦大学2016年研)

2. 如何认识作为“市场”的受众？(中传2018年研；华南理工2014年研；南京理工2010年研；北大2009年研)

3. 简述受众对于新闻媒介的决定性影响表现在哪些方面。(南京师大2009年研；中南财大2009年研；江西师大2009年研)

4. 新闻媒介受众有哪些特征？(西南大学2009年研)

5. 简述当代中国受众的群体信息需求变化状况。(西南大学2017年研；电子科大2014年研)

6. 大众媒介的受众分类。(复旦大学2011年研)

7. 请简述新闻媒介一切功能目标实现的首要前提，以及在核心受众确立过程中主要考虑的四个要素。(华中农大2017年研；电子科大2016年研；西南大学2010年研)

相关题目：在近年来的新闻改革中，媒体越来越重视自己的受众定位，你认为准确进行受众定位的意义何在，媒体应如何明确自己的核心受众？(河北大学2011年研)

8. 请简述受众的几大基本权利。(电子科大2016年研；陕西师大2016年研；华科2014年研；复旦大学2013年研；暨大2013年研；河北大学2011年研)

9. 受众的媒体认知主要包括哪些内容？(复旦大学2016年研)

相关试题：

(1)媒介素养是什么？媒介素养的研究经历了哪几个阶段？新媒体时代下受众应具备哪些媒介素养？(论述题，北邮2021年研)

(2)概论媒介素养的主要内容。(厦门大学2023年研)

10. 简答“受众中心论”的核心意义是什么？(吉林大学2011年研)

三、论述题

1. 经典效果理论研究中，受众如何被理解的？试谈谈泛媒体时代受众角色发生的变化及影响。(上海大学2018年研)

2. 什么是“受众碎片化”？(清华大学2011年研)

16.3 考研真题与典型题详解

一、概念题

1. 受众(中南财大2018年研；华南理工2017年研；华中师大2016年研；上海交大2015年研；黑龙江大学2014年研；复旦大学2012年研)

答：受众，又称受传者，是指信息传播的接受对象。它既包含大众传播中的读者、听众和观众，也包含人际交往中的参与者。在大众传播中，受传者的主要特点有：数量众多、隐匿、分散。传播过程中对受传者的研究主要包括对传播的制约与反馈、受传者的心理构成、不同群体对信息的要求与反应等。

2. 知情权(知晓权)(武汉理工大学 2023 年研；同济大学 2021 年研；四川外国语 2021 年研；中南财大 2018 年研；武大 2016 年研；暨大 2012 年研；电子科大 2012 年研；西安交大 2008 年研；北师 2008 年研；南京师大 2008 年研)

答：知情权，又称"知晓权""知察权"，指民众运用自己所选择的方式(如借助新闻媒体等)了解政府及官员工作情况及其他各种有关社会信息的权利。这是西方新闻界在 20 世纪 20 年代提出的一个新概念，源于早期资产阶级革命时期的"人权"和"自由主义"理论。60 年代后开始被解释为一种广泛的公民权利，并成为西方重要的新闻理论观点之一。该观点认为，民众有权了解政府的工作及各种相关信息，并根据所了解的信息作出判断，进而对政府实行监督，这是公民应当享有的一项基本权利。凡政府或新闻媒介有意封锁和扣压消息，或有意提供与传播虚假的消息，应被认作侵犯此项权利。

3. 表达权(复旦大学 2013 年研)

答：表达权又称表达自由，是指"公民通过口头或书面以及特定行为表达自己意见的自由，包括言论自由、著作自由、出版自由、新闻自由、集会自由、结社自由、游行示威自由等"。在新闻传播领域，主要是指新闻媒介的表达自由和受众通过新闻媒介表达自己意见的权利和自由，对于受众而言，则进一步细化为受众在媒介上的表达权。在任何国家，受众作为公民的表达权既有保障也有限制，任何表达自由必须在法定范围内。

4. 被遗忘权(复旦大学 2023 年研；重庆大学 2023 年研)

答：被遗忘权又称"删除权"或"擦除权"，最早由欧盟在 2012 年出台的《一般数据保护条例》中提出。条例指出：数据信息主体有权要求信息控制者删除相关的个人资料，即"被遗忘的权利"。具体来说，被遗忘权指的数据主体有权被互联网"遗忘"，能够随时终止或者避免自己的个人数据在其他领域被使用、传播或者泄漏，也有权要求数据收集者和平台彻底删除其数据。尽管如此，这项权利也并非绝对的权利，需要在不违背言论自由和公关利益的前提下行使。网络让人们在各大平台留下无数的数字痕迹，强调"被遗忘权"，是为了弥合数据主体与数字控制者之间的不平等，帮助网民逃离网络"全景监狱"。

二、简答题

1. 用新闻学相关理论解释不同的受众观。(复旦大学 2016 年研)

答：主要有以下 4 种受众观：

(1)受众即受教育者。其具体内涵指：

①角色上，在媒介面前，受众是受教育对象；媒介工作者就像学校的教师，将严肃的、正面的知识思想教授给受众。

②功能上，新闻传媒要在特定的历史时期基于特定的社会发展需要发挥教育指导功能。

③性质上，媒介的本质属性是社会的耳目，是社会信息、交流沟通的工具，教育只是其附属功能。因此，从长远和整体来看媒介不能只把受众当作学生。

(2)受众即被指挥者。其具体内涵指：

①角色上，传媒工作者是不见面的指导员甚至司令员，传播的内容就是指示、命令。

②影响后果上，这种观念下，受众被剥夺自尊、自由和权利，不利于媒介的健康发展。

(3)受众即消费者。其具体内涵指：

①角色上，媒介等同于企业，通过争取消费者，执行利润最大化原则争取广告。

②发展特点上，娱乐化成为商业性媒介的共同趋向，发行量、收视率等定量指标成为媒介发展的生命线。

(4)受众即公民。其具体内涵指：

①角色上，受众是公民，维护公民权是媒介责任和运营基础，这一观念是现代民主政治发展和市场经济内在运作机制在媒介观上的折射和反映。在媒介运作模式上，这种受众观最有代表性的体现则是欧美各国的公共广播电视业。

②在法律上，这种受众观则突出表现为现代知情权(知晓权)在观念上的提出和在法律上的确认。

2. 如何认识作为“市场”的受众?(中传2018年研；华南理工2014年研；南京理工2010年研；北大2009年研)

答：作为“市场”的受众是建立在以下几个基本认识的基础之上的：

(1)大众传媒是一种经营组织，必须把自己的信息产品或服务以商品交换的形式在市场上销售出去，要做到这一点，必须使自己的产品或服务具备一定的使用价值和交换价值。

(2)传媒活动既然是市场活动，那么各传媒机构之间必然存在着激烈的竞争关系，而竞争的对象自然是消费者。

(3)“受众即市场”的观点反映了传媒活动的某些特性，如经营性、商品性和竞争性，也能够揭示受众作为消费者的某些行为特点。

(4)同时，这种观点也有其弊端，如：

①将传媒与受众的关系固定为“卖方”和“买方”的关系，将复杂的社会传播关系被简化成了单纯的买卖关系。

②过于重视着眼于受众的购买能力与消费特点相关的人口统计学属性，而不能反映受众内部更深层次的社会关系和意识形态。

③容易把“商品销售量”——收视率或发行量作为判断传媒成功与否的唯一标准，而把公益性和社会效益标准放在次要的位置上。

3. 简述受众对于新闻媒介的决定性影响表现在哪些方面。(南京师大2009年研；中南财大2009年研；江西师大2009年研)

答：受众对于新闻媒介的决定性影响主要表现在五个方面：

(1)决定媒介内容的取舍。新闻媒介内容的最终取舍权在受众，信息的传播必须满足受众实际需要和接受程度。

(2)决定媒介的风格定位。读者的文化底蕴、心理定势和阅读习惯决定了报纸风格。

(3)决定新闻(评论)的意义。根据英国学者霍尔的观点，有三种“编码—译码”模式(完全接受、对抗解码、协商解码)。在互联网时代，不同的模式会生成不同的意义。

(4)决定媒介变革的方向和进程。媒介变革的依据是受众的新需求。受众迫使新闻媒介不断变更，并按照其需要进行变革。

(5)为媒介提供财富或权力。

①媒介向消费者出售媒介内容产品，向广告商出售特殊商品——受众，从而二次获利。

②在西方各国，大众传媒号称“第四势力”，其背后的舆论力量代表了一种权力。

4. 新闻媒介受众有哪些特征？(西南大学2009年研)

答：参见本章考点难点归纳相关内容。

5. 简述当代中国受众的群体信息需求变化状况。(西南大学2017年研；电子科大2014年研)

答：参见本章考点难点归纳相关内容。

6. 大众媒介的受众分类。(复旦大学2011年研)

答：参见本章考点难点归纳相关内容。

7. 请简述新闻媒介一切功能目标实现的首要前提，以及在核心受众确立过程中主要考虑的四个要素。(华中农大2017年研；电子科大2016年研；西南大学2010年研)

相关题目：在近年来的新闻改革中，媒体越来越重视自己的受众定位，你认为准确进行受众定位的意义何在，媒体应如何明确自己的核心受众？(河北大学2011年研)

答：参见本章考点难点归纳相关内容。

8. 请简述受众的几大基本权利。(电子科大2016年研；陕西师大2016年研；华科2014年研；复旦大学2013年研；暨大2013年研；河北大学2011年研)

答：受众在信息传播活动中拥有以下几种权利：

(1)知情权。又称获知权、知晓权、知的权利等，是指公民获取社会公共领域信息以及与本人相关信息的权利，具体可包括政治知情权、司法知情权、社会知情权和个人信息知情权。在新闻传播领域，知情权特指受众通过媒介获取信息的权利。

(2)表达权。又称表达自由，是指公民通过口头或书面以及特定行为表达自己意见的自由，包括言论自由、著作自由、出版自由、新闻自由、集会自由、结社自由、游行示威自由等。在新闻传播领域，表达权主要是指新闻媒介的表达自由和受众通过新闻媒介表达自己意见的权利和自由。

(3)批评建议权和监督权。

①受众通过和借助新闻媒介对政治、经济、文化等各公共领域内的部门和各项活动依法行使批评建议和监督的权利，即受众借助媒介行使的舆论监督权，是公民基本权利的组成部分之一。

②受众针对新闻媒介的活动所行使的批评建议和监督的权利。

9. 受众的媒体认知主要包括哪些内容？(复旦大学2016年研)

相关试题：

(1)媒介素养是什么？媒介素养的研究经历了哪几个阶段？新媒体时代下受众应具备哪

些媒介素养?(论述题，北邮2021年研)

(2)概论媒介素养的主要内容。(厦门大学2023年研)

答: 受众的媒介认知又称媒介素养，指受众对媒体的理解认知，对自身与媒体的关系的定位。可能是显意识的，也可能是潜意识的，而且会随着受众自身变化和媒体变化而改变，包括在人们面对不同媒体中各种信息时所表现出的信息的选择能力、质疑能力、理解能力、评估能力、创造和生产能力以及思辨的反应能力。斯坦利·J. 巴伦在《大众传播概论》中将受众的媒体认知内容分为五方面:

(1)能够意识到媒介产生的正面或负面的影响。

(2)能够理解不同媒介的性质及其特点。

(3)能够了解、分析、识别媒体的内容，并辨析媒介的基本价值取向。

(4)能够独立判断信息真伪和媒介优劣。

(5)能够理解不同国情和不同语境下媒介内容的生产传播过程。

10. 简答"受众中心论"的核心意义是什么?(吉林大学2011年研)

答: 受众中心论又称受众主体论、受众本位论、受众本体论，是指传播活动要以满足受众需要为出发点和落脚点，传播广大受众所喜闻乐见的内容和信息，反映他们的呼声、愿望和要求。受众中心论的核心意义在于:

(1)该理论强调了受众在传播过程中的主导作用，认为大众媒介传播什么、怎么传播都是由受众所决定的。

(2)受众在传播过程中扮演着大众媒介消费者、媒介信息的接收者、传播活动的参与者和传播效果的反馈者四种角色，影响着传播者对传播内容的选择、传播风格的形成、传播策略的制定和媒介形态的确定，在一定程度上也影响着大众传播方针的制定。

三、论述题

1. 经典效果理论研究中，受众如何被理解的?试谈谈泛媒体时代受众角色发生的变化及影响。(上海大学2018年研)

答: (1)经典效果理论研究对受众的理解中，大众传播效果研究一直被"效果导向"主导，传播效果经历了"强—弱—强"的研究模式，大体按照枪弹论、有限效果论、适度效果论到强效果论的理论发展:

①第一阶段研究将受众作为被动的、相互隔离的孤立个体存在。代表性的研究是佩恩基金会的研究，遵循"媒介刺激—受众反应"的线性过程，考察媒介对受众认知、态度、行为等各方面的影响。传播被视为媒介一端对受众一端输送信息、施加影响的过程，媒介只是社会中外在于人的存在，而不再作为人传播和互动的延伸。

②第二阶段的效果研究认识到受众的个体差异，以及因预设立场形成的选择性接触、理解、记忆，考察劝服信息是否会改变受众的态度。代表研究为"火星人入侵地球"、霍夫兰的劝服和"寻找魔力要素"研究等。其中，"火星人入侵地球"研究强调了个体差异对行为选择的影响，对"刺激—反应"模式提出了挑战。霍夫兰的电影实验在对受众的认识上主要集中于个人差异，并且考虑到了"群体"的影响。"寻找魔力要素"研究发现，除了信源特征、讯息的结构和内容起着很大作用外，受众本身的特征也起了至关重要的作用，受众群

体归属感的强弱、个性因素的影响(包括自尊心、攻击性、精神性神经症等)，还有受众参与主动性等都影响了传播效果。

③第三阶段的研究引入人际关系和社会结构的因素，受众存在于社会团体、关系和规范中，考察了受众的人际关系和社会结构如何与媒介效果发生互动。代表研究为《人民的选择》、创新扩散、两级传播和里维尔项目研究等。《人民的选择》一书中提出，个体的社会属性和人际联系是影响大众传播效果的重要因素。创新与扩散研究同时考察了人际传播与大众传播，以及在创新扩散的不同阶段做出决定的不同类型受众。两级传播研究第一次把关注点放在了大众传播过程中社会关系与其作用上。里维尔项目研究发现，任何一种媒介传播信息从媒介流向受众的过程中都经历两个主要阶段。相比于“两级传播”和“意见领袖”，里维尔项目重点把注意力集中在口头传播在人际网络扩散时的信息质量的问题上。

④第四阶段强调受众主动选择信息、使用信息、处理信息和讨论信息等积极行为对大众传播效果的影响，代表研究有“使用与满足”理论、“儿童生活中的电视”研究等。“使用与满足”研究发现，听众不再是被动的、孤立的个体，她们会根据自己的主观需求，主动地选择、使用那些对她们有益的信息。“儿童生活中的电视”研究发现，受众(儿童)的社会分类，如年龄、性别、社会阶层等，影响了他们对电视的使用，从而影响孩子观看电视后的反应；而社会关系则是决定电视对孩子影响的关键性因素，在很多方面社会关系比社会分类更能决定电视对孩子的作用。

上述四阶段，并非彼此替代的关系，每一阶段积累的对于受众的理解和认识实际上都融入到后来的效果研究之中。随着对受众理解和认识的不断加深，对受众多层次、多角度的研究分析，受众的研究空间得到了拓宽和丰富。

(2)信息传播已经进入泛媒体时代，受众角色发生了以下转变：

①角色上，受众角色由“受者为主”变为“传受一体”的双重角色。新媒体技术的交互性与多元性实现了传者与受者之间的双向甚至多向交流。受众不仅可以与大众传媒进行平等的交流，还可以主动地发布信息、随意地使用信息。

②定位上，受众的定位由“受众”向“公众”角色转变。在信息全球化的语境下，“公众人物”的概念得到了延伸。越来越多的普通“受众”正在向“公众”转变，他们的隐私和个人空间暴露在各种媒体上，接受监督、评判与议论。

(3)受众角色变化带来的影响。

①受众关注对象由传统媒介不断转向新媒介。伴随着技术革新，信息全球化加速了新媒体的发展以及媒介的大融合，促使近几年来手机报纸、手机电视、网络电视、网络广播、个人博客、微博等形式的新兴媒体迅速崛起。

②受众接受心理由传统的直接接受信息，向更加综合性、多维化地使用信息转变。传统的受众追求信息的新鲜性、接近性、趣味性、艺术性，以理解、接受信息为主。这些需求在信息全球化语境下并未发生根本改变，但随着媒体融合的推进，信息化时代集图影声文于一体的多媒体综合业务代替了单一的信息内容生产，比如互动视频的出现，VR 新闻的制作。

③受众与媒介的关系转变，促使营销服务从单一线性服务向多重交叉性服务转变。在媒介融合的背景下，媒体无处不在，受众同时扮演着观众、博主、参与者、用户等多重角

色，与媒介高频接触。受众与媒介的关系由传统的单一线性接触转变为多重交叉性接触，“相互交叉、你中有我、我中有你”成为一种新的趋势，比如自媒体up主的出现，同人文创作的潮流等。

④受众视野的全球化、国际化，促使跨界传播的发展。受众的兴趣不再局限于本国、本土，国际化的视野成为一种趋势，跨媒体、跨文化、跨国家、跨语言传播不断发展，比如李子柒在海外的爆红。

2. 什么是“受众碎片化”？（清华大学2011年研）

答：(1)“受众碎片化”的含义。“碎片化”是描述当前中国社会传播语境的一个形象性的说法，它是指完整的东西破成诸多零块。随着社会经济的发展，人们生活水平不断提高，消费选择不断扩大，生活方式及意识形态呈现多样化趋向。传统的社会关系、市场结构及社会观念的整一性瓦解了，代之以一个利益族群和“文化部落”的差异化诉求及社会成分的碎片化分割。具体至受众碎片化，指某一特定媒体所吸纳的受众份额与受众规模逐渐被“稀释”。

(2)“受众碎片化”的原因。

①媒体数量的增多。数字杂志、手机短信、移动电视、网络、桌面视窗、数字电视、数字电影等各种形式的新媒体不断涌现，受众可使用的媒体种类更多，接触也更加便捷。媒介数量的增多主要是由以下两个方面的原因：首先是受众的细分，为了满足不同细分受众市场的需求，因此出现了大量的小众媒体。其次是“注意力就是传播力”理念支撑下的新媒体开发，因为媒介数量的增多，单个媒体覆盖面大大减小，传播营销力大大稀释。

②中国社会的发展，导致的社会分层。不同的媒介接触习惯反映的是不同群族的特点，报纸、电视、广播、杂志、网络分别有其核心受众群体，那么参照整合社会的媒介受众整体，每一种媒介的覆盖受众相当有限。社会阶层的分化，最终导致了大众媒体的衰落和多种媒体的崛起并存，受众出现“碎片化”。

③用户需求的个性化。根据马斯洛需求理论的分析，可以总结出影响网络受众从事各种活动的动力因素包括需要、爱好、动机、兴趣、人生观、价值观等，但最根本的是需要。需要是网络受众心理活动和行为的最基本的、最核心的动因，是网络受众心理活动和行为积极性的源泉。网络媒体受众进行网络活动需要是对生存生理信息的心理需求、对安全信息的心理需求、爱与归属的心理需求、基于认知的心理需求、渴望自尊的心理需求、追求自我实现的心理需求。

(3)“受众碎片化”的影响。

①对社会的潜在影响。网络受众碎片化是一把双刃剑，既能稀释舆论，又能聚合舆论。碎片化一方面改变了以往传统强势媒体一家独大、号令天下的大一统局面；另一方面，它也为公众多渠道、多角度地获取信息提供了可能。以受众需求为导向的碎片化，会导致舆情在网络表达中的“碎片化”，即舆情弱化与加强。网络受众碎片化的最大误区在于认为其必然导致注意力的碎片化。事实证明，注意力在很大程度上只与客体价值有直接联系。显然，越是有传播价值的事件越会吸引更多的注意力，就会形成更大范围内的社会舆论，反之也成立。

②对媒体生存与扩张的潜在影响。网络媒体受众碎片对媒体的生存与扩张产生了潜在

的影响，致使媒体业务内容与服务形式发生了变革，网络媒体由 Web2.0 向 Web3.0 转型。Web2.0 是依据六度分隔、Xml、Ajax 等新理论和技术实现的互联网新一代模式。Web3.0 以个性化、小众需求为主要特征，将彻底改变人们的互联网应用习惯。

③对网络广告经营的影响。网络媒体受众碎片化使网络广告从大众化走向分众甚至小众化，精准的小众营销更加受到企业的青睐，催生了较多新颖的网络广告表现形式，而且还对网络广告的创意、策划、设计、制作、投放、效果监测及广告业务的经营与管理等整个流程产生了巨大影响。

第十七章　新闻生产和新闻选择

17.1　复习笔记

【知识框架(庖丁解牛)】

- 新闻生产和新闻选择
  - 决定新闻生产的因素
    - 新闻生产的定义
    - 决定因素
      - 新闻语境
      - 新闻场域
      - 新媒体因素
  - 新闻生产的场域及关系
    - 政府、社会和媒体
    - 资本、公众与媒体
    - 政府、媒体与记者编辑
  - 新闻选择的含义
  - 新闻价值与新闻的价值
  - 决定新闻选择的关键是判断力

【本章概要(提纲挈领)】

本章主要论述了新闻生产和新闻选择的相关知识。本章考点以名词解释和简答题为主，在学习时，需要着重对新闻生产的定义与决定因素、新闻选择的关键、新闻价值与新闻的价值的辨析等内容加以把握，并大致了解新闻生产的场域及关系、新媒体对新闻生产的影响和改变、不同媒体在新闻选择标准上的差异等内容。

【考点难点归纳(厚积薄发)】

考点一：决定新闻生产的因素(见表 17－1)　★★★

表 17－1　决定新闻生产的因素

要点	内容		
定义	新闻生产即新闻制造，是指在不损害公众利益的前提下，有计划、有组织地策划具有新闻价值的事件和活动。大致过程包括发现新闻线索、采访当事人、撰稿成文		
决定因素	新闻语境	专业标准(新闻选择的标准)	新闻定义、新闻价值、宣传价值、新闻法
		法规	新闻传播主体选择的新闻事实、确定的报道内容必须是法律规范允许传播的内容、报道的事实
		形势	国内外形势的变化也会影响新闻选取的方向

续表

<table>
<tr><th>要点</th><th colspan="3">内容</th></tr>
<tr><td rowspan="4">决定因素</td><td rowspan="3">新闻场域</td><td>决策者</td><td>多方面的决策，包括中央决定、主管部门的决定、新闻从业者直接领导的决定等</td></tr>
<tr><td>市场</td><td>广告商和用户需求。受众影响新闻内容的取舍和媒介的定位</td></tr>
<tr><td>媒体的定位</td><td>媒体自身追求的新闻理念以及面向的群体也会影响新闻选择</td></tr>
<tr><td>新媒体因素</td><td colspan="2">①出现越来越多的用户生产内容（UGC）。新闻不再只是大众传媒的专属，媒介权利开始从专业媒体转移到受众个人。
②改变了传媒的业态，传统的纸媒体和广电媒体市场份额开始萎缩，促使传统媒体谋求转型，纷纷向全媒体转型发展。
③颠覆了传统媒体的新闻生产方式和新闻消费模式。新闻生产从专业化走向社会化，生产力量从媒体组织内发散至组织外，加快了传统媒体的生产流程创新</td></tr>
</table>

考点二：新闻生产的场域及关系（见表17－2） ★★

表17－2 新闻生产的场域及关系

三组关系	内容
政府、社会与媒体	①党和政府出台的各种政策从大局出发，并不能保证所有人受益。 ②利益受损的群体“不平则鸣”，要求公开表达意见以维护利益。 ③媒体需要在体现国家的一元意志和表达多元意见之中保持平衡
资本、公众与传媒	①媒体自负盈亏。通过吸引受众来吸引广告商以获取利润。媒体通过受众吸引广告商。受众数量质量以报纸发行量、广播电视的收听率、收视率来衡量。 ②“二次买卖”理论：把内容卖给受众，把受众卖给广告商
政府、传媒与记者编辑	记者编辑是新闻产品的最后完成者，有其自身的意志和追求。但记者编辑在新闻生产过程中面临来自政府具体部门、编辑部领导、社会关系的各种压力。在中国的新闻体制下，媒体归政府管理，记者又归其所属的媒体管理，为了自身目标利益，势必形成三方博弈

【考点拓展】场域理论（field theory）

新闻生产的场域是指在新闻生产过程中，新闻生产者与社会方方面面的客观关系。法国社会学家皮埃尔·布尔迪厄提出了场域理论，给研究新闻生产提供了一种全新范式。1996年，布尔迪厄的《关于电视》一书出版，他正式提出“新闻场域”这一概念。他认为，社会是由相互关联而各自独立的地域构成，新闻场域可以被理解为文化生产的一个亚区域，与其他场域一样，是由不同位置形成的开放性的关系网络，权力关系是决定人们行动的基础。

考点三：新闻选择的含义（见表17－3） ★★★

表17－3 新闻选择的含义

要点	内容
广义	①对新闻传播者或把关人的选择。 ②新闻机构通过传播者对新闻事实的选择。 ③受众对新闻产品的选择

续表

要点	内容
狭义	狭义的新闻选择指新闻传播者对新闻事实的选择。对现实生活中发生的事实加以鉴别选出值得新闻媒介传播的事实。狭义的新闻选择仅仅是对事实进行选择。这是新闻选择的中心环节
采访、写作、编辑和新闻选择之间的关系	①新闻采访是不断筛选事实的过程，记录采访对象的叙述中具有新闻价值的信息。 ②新闻写作是重新挑选并组织、描述事实的过程，对于采访的内容，需经过一番梳理，不能"有闻必录"。 ③新闻编辑是再次挑选、审视事实的过程。需在综合判断稿件事实和写作技巧的基础上取舍新闻

【考点拓展】新闻把关人

美国社会心理学家卢因于《生态心理学》(1943)和《群体生活的渠道》(1947)中提出。把关指传播者对信息的筛选与过滤，把关人指对信息进行过滤和加工的人或组织，控制了信息的流量和流向，产生受众的拟态环境，可以减少信息冗余或信息丢失。

1950年怀特将它引入新闻研究，明确提出了新闻传播过程中的"把关"机制。后来麦克内利、巴斯等又进行了发展和完善。把关人既可以是个人(记者、编辑)，也可以是媒介组织或其他利益、权力机构。

新媒体时代技术把关越来越多，网络中也呈延迟把关和软把关的倾向。认识把关过程有助于提升受众媒介素养。意见领袖是把关人的一种。

考点四：新闻价值与新闻的价值 ★★★★

1. 新闻价值(见表17-4)

表17-4 新闻价值

要点		具体内容
概念		新闻价值指的是事实中包含的能够引起社会各种人共同兴趣的素质，是选择新闻事实的标准
五个"性"	时新性	新闻是新近发生的事实报道，因此一需要时间上新近，二需要是新鲜的事实。新闻价值与事件发生时间的长短呈反向变动
	重要性	新近或正在发生的事件和现象能否成为真正的新闻事实，最关键的一条是要看该事件或现象的重要程度。包括事实影响人的多少、事实对人和社会影响时间的长短、事实影响空间范围的大小等
	接近性	核心是指新闻事实与传播主体特别是收受主体的各种"距离"关系。包括近地性和心理接近性
	显著性	在选取新闻报道对象时，具有名声上显著性的人物、地点、组织等，受到的关注更多
	趣味性	新闻所具有的陶冶情操、使受众共情的要素

【考点拓展】新闻价值的新发展

①时新性向即时性转变。新媒体时代技术的发展极大地降低了获取新闻的时间成本，大众对于尽快获取最新事件的需求也越发紧迫，新闻报道的时效性逐渐压缩，向新闻即时性转变。

②重要性向实用性转变。受众的主体地位提升，新闻的个性化、分众化水平也不断提升，针对不同的受众群体提供直击痛点和需求的服务和新闻产品才能保证新闻价值。

③接近性向亲近性转变。地理位置上的限制逐渐被打破，新闻接近性的深化发展对新闻产品服务受众、与受众沟通交流提出了新的挑战。

④显著性向泛在性转变。在新媒介时代下，任何人、任何事都有成为热点的可能，一旦事件进入互联网引起网民的关注，草根或是明星都可能成为热点新闻。

⑤趣味性向娱乐化转变。新媒体时代，新闻出现的“标题党”“娱乐化”“煽情化”现象是我们必须面对的现实问题。

2. 新闻的价值(见表17－5)

表17－5　新闻的价值

要点	具体内容	
概念辨析	新闻价值(news value)	①新闻价值指的是事实中包含的能够引起社会各种人共同兴趣的素质。 ②关乎媒体播放和传播的效果(阅读率、收听收视率、点击率等)，进而影响媒体的传播力，也与利润收益息息相关
	新闻的价值(value of news)	①又称作新闻的社会价值，是新闻对社会的长远、深层次影响，即社会效果。 ②会在影响受众(用户)的认知、态度和行为的基础上，进而影响到宏观的范畴(政治、经济、社会、文化、国际关系)，关乎媒体的影响力
新闻的价值与新闻价值的关系	两者之间既有相互激励促进的作用，也相互制衡。 ①新闻价值是产生新闻的价值的前提，新闻价值高，传播效果越好，覆盖面更广，新闻的价值也随之成正比提升。 ②新闻的价值制约着新闻价值的运用，新闻的价值有正面负面之分，同时影响力也区分大小，因此在赋予新闻相应的新闻价值时也需要预测可能获得的新闻的价值	

考点五：决定新闻选择的关键是判断力(见表17－6)　★★★

表17－6　决定新闻选择的关键是判断力

要点	具体内容
对事实真假的判断	社交媒体的发展导致信息呈指数级增长，因而需要新闻工作者在海量庞杂的信息中辨别新闻事实真伪，其中在获取数据时需要“不轻信”
对新闻是否违反国家法规和社会道德的判断	①新闻传播需要保证不违反国家法律法规，不侵害公民隐私等权利。 ②关注社会道德与人文关怀，谨慎处理伦理与道德问题，不触碰道德底线
对新闻价值大小的判断	不盲目跟风，一味地追逐热点，应深挖公众需求与痛点，承担新闻工作者“为公共利益”服务的责任
对新闻影响力的判断	①社会功能层面：正面影响与负面影响； ②效度层面：包括强效果与弱效果； ③影响面层面：覆盖面大小，覆盖的利益群体； ④时间维度：包括直接即时的短期影响和潜移默化的延迟性影响； ⑤空间维度：国内外，中央或者地方； ⑥界别维度：涉及政治、经济、社会、文化以及其他领域； ⑦层次：包括宏观层面与微观层面的反响； ⑧受众面角度：精英群体还是一般大众

17.2 考研真题与典型题

一、概念题

1. 新闻生产(川大 2016 年研)

2. 场域理论(华中师大 2018 年研)

3. 新闻生产的场域(浙传 2021 年研；中央民族大学 2020 年研；复旦大学 2016 年研)

4. 新闻选择(中传 2016 年研；南大 2016 年研；复旦大学 2015 年研；重庆大学 2013 年研；华南理工 2012 年研；山西大学 2011 年研；华中农大 2009 年研)

5. 新闻价值(北工商 2021 年研；中传 2018 年研；川大 2018 年研；云南大学 2018 年研；西南大学 2018 年研；武大 2017 年研；复旦大学 2017 年研；湘潭大学 2017 年研；青岛大学 2017 年研；兰州大学 2016 年研；上海交大 2015 年研；上海大学 2015 年研；电子科大 2015 年研；人大 2014 年研；南大 2014 年研；厦大 2011 年研；南开大学 2010 年研)

6. 宣传价值(湖南大学 2016 年研；中南财大 2010 年研)

二、简答题

1. 新闻生产中的影响因素有哪些？(清华大学 2015 年研)

相关试题：新闻生产过程会受到哪些因素的影响，这些因素的影响作用有何差别？(中国青年政治学院 2014 年研)

2. 为什么说新闻学是一门选择事实的艺术？(西安交大 2008 年研)

3. 如何理解“新闻是选择的结果”？在新闻选择的过程中，主要考虑哪些因素？(中山大学 2018 年研)

相关试题：

(1)如何理解新闻选择对新闻工作的意义。(复旦大学 2009 年研)

(2)新闻选择的标准有哪些？(电子科大 2011 年研)

(3)简述新闻选择的意义和主要标准。(暨大 2013 年研)

(4)新闻选择的依据，请结合实际谈谈你的看法。(论述题，上海财大 2013 年研)

4. 新闻价值的定义和要素。(复旦大学 2016 年研)

相关试题：

(1)新闻价值的内涵是什么？(华中农大 2010 年研)

(2)结合具体的新闻报道实例，论述新闻价值的素质要素。(论述题，中南财大 2010 年研)

(3)简述新闻价值的构成因素。(电子科大 2012 年研)

(4)简述新闻价值的五要素。(川大 2014 年研；中南财大 2010 年研)

(5)简述新闻价值的要素，并结合具体案例对其中的一个或两个要素进行分析。(中山大学 2015 年研)

(6)怎样理解新闻价值要素“重要性”？请结合具体实例分析。(论述题，中山大学 2015 年研)

(7)简述构成新闻价值的要素。(云南大学 2021 年研；广西大学 2018 年研)

5. 新闻价值的多重解释(至少写出两种经典解释)。(上海大学 2017 年研)

相关试题：现在学界对新闻价值的观点有哪些？说说你对新闻价值的理解。(论述题，人大 2016 年研)

6. 新闻价值和新闻政策的关系。(复旦大学 2014 年研；上海财大 2013 年研)

7. 用媒介生态结构论谈谈现今新闻选择标准和方式的新变化。(人大 2014 年研)

三、论述题

1. 用场域视角论述新闻生产。(湖南大学 2017 年研)

2. 新媒体对新闻价值的影响。(电子科大 2014 年研)

17.3 考研真题与典型题详解

一、概念题

1. 新闻生产(川大 2016 年研)

答：新闻生产是指在不损害公众利益的前提下，有计划、有组织地策划具有新闻价值的事件，举办具有新闻价值的活动。一个新闻的生产过程大致是记者发现新闻线索，前往现场采访或者远程联系当事人，然后撰稿成文或编辑播出。

2. 场域理论(华中师大 2018 年研)

答：场域理论是社会学的主要理论之一，是关于人类行为的一种概念模式，它起源于19 世纪中叶的物理学概念，提出者是库尔特·考夫卡等。总体而言，场域是指人的每一个行动均被行动所发生的场域所影响；这种场域并非单指物理环境，也包括他人的行为以及与此相连的许多因素。一般认为，场域理论是皮埃尔·布尔迪厄的基本理论，在其社会学思想体系中占有最重要的地位。他将一个场域定义为位置间客观关系的一个网络或一个形构，这些位置是经过客观限定的。布尔迪厄研究了许多场域，如美学场域、法律场域、宗教场域、政治场域、文化场域、教育场域，每个场域都以一个市场为纽带，将场域中象征性商品的生产者和消费者联结起来。

3. 新闻生产的场域(浙传 2021 年研；中央民族大学 2020 年研；复旦大学 2016 年研)

答：新闻生产的场域是指在新闻生产过程中，新闻生产者与社会方方面面的客观关系。法国社会学家皮埃尔·布尔迪厄提出了场域理论(field theory)，给研究新闻生产提供了一种全新范式。1996 年，布尔迪厄的《关于电视》一书出版，他正式提出“新闻场域”这一概念。他认为，社会是由相互关联而各自独立的地域构成，新闻场域可以理解为文化生产的一个亚区域，与其他场域一样，是由不同位置形成的开放性的关系网络，权力关系是决定人们行动的基础。

4. 新闻选择(中传 2016 年研；南大 2016 年研；复旦大学 2015 年研；重庆大学 2013 年研；华南理工 2012 年研；山西大学 2011 年研；华中农大 2009 年研)

答：新闻选择是对现实生活中发生的事实加以鉴别，选出新闻媒介值得传播的事实。

新闻选择仅仅是对事实的选择。新闻选择的三环节——采访、写作、编辑，都与新闻选择密不可分。新闻采访是不断挑选事实的过程；新闻写作是重新挑选事实的过程；新闻编辑是再一次挑选、审视事实的过程。新闻选择有四大标准：①新闻定义，即必须是新近发生或正在发生的事实；②新闻价值，包括时新性、重要性、显著性、接近性、趣味性；③宣传价值，包括一致性、针对性、典型性、时宜性、普遍性；④新闻法规，新闻的选择必须将危害国家或者人民的利益的新闻拦截，不许公开传播。

5．新闻价值（北工商2021年研；中传2018年研；川大2018年研；云南大学2018年研；西南大学2018年研；武大2017年研；复旦大学2017年研；湘潭大学2017年研；青岛大学2017年研；兰州大学2016年研；上海交大2015年研；上海大学2015年研；电子科大2015年研；人大2014年研；南大2014年研；厦大2011年研；南开大学2010年研）

答：新闻价值是选择和衡量事实是否值得报道的标准。传受双方的共同认可，是新闻价值理念得以产生的一个前提。具有新闻价值的标准一般包括：发生概率小的事实；事实的影响力很大、影响面很广且立即产生影响的事实；对于解惑具有重大帮助的事实；与读者心理接近的事实（共同兴趣、地理接近、性别、年龄、社会地位、经济收入等等的接近）；发生在名人、名地点的事实；带有冲突情节的事实；具有人情味的事实等。

6．宣传价值（湖南大学2016年研；中南财大2010年研）

答：宣传价值是鉴别和确定宣传内容符合宣传目的、从而产生宣传效果的要素。宣传材料越符合宣传目的，越能够产生预期的效果，也就越具有宣传价值。一般而言，宣传价值的素质包含一致性、针对性、普遍性、典型性和时宜性五个方面，合称宣传价值"五性"。宣传价值的结构具有两个层次：①宣传符合宣传者的目的。宣传者总是把符合自己观点的材料和宣传品视作是有价值的，这是宣传的利己价值，也是宣传的直接价值。②宣传要反映社会发展规律和广大群众的需要，代表广大群众利益。宣传内容能被广大群众接受，是产生良好宣传效果的基础。这是宣传的根本价值。

二、简答题

1．新闻生产中的影响因素有哪些？（清华大学2015年研）

相关试题：新闻生产过程会受到哪些因素的影响，这些因素的影响作用有何差别？（中国青年政治学院2014年研）

答：参见本章考点难点归纳相关内容。

2．为什么说新闻学是一门选择事实的艺术？（西安交大2008年研）

答：新闻选择是对现实生活中发生的事实加以鉴别，选出新闻媒介值得传播的事实。新闻选择仅仅是对事实的选择，这是由新闻选择的必要性和新闻选择与整个新闻生产过程中的密切联系决定的。

（1）从广义上讲，新闻选择包含三层意思：

①对新闻传播者或把关人的选择。

②新闻机构通过传播者对新闻事实的选择。

③受众对新闻产品的选择。

(2)狭义的新闻选择指新闻传播者对新闻事实的选择。对现实生活中发生的事实加以鉴别选出值得新闻媒介传播的事实。狭义的新闻选择仅仅是对事实进行选择。这是新闻选择的中心环节。

(3)采访、写作、编辑和新闻选择的关系：

①新闻采访是不断挑选、筛选事实的过程，记录采访对象的叙述中具有新闻价值的信息。

②新闻写作是组织、描述事实，对于采访的内容，要作一番梳理，不能"有闻必录"。

③新闻编辑是再一次挑选、审视事实的过程。

3. 如何理解"新闻是选择的结果"？在新闻选择的过程中，主要考虑哪些因素？(中山大学2018年研)

相关试题：

(1)如何理解新闻选择对新闻工作的意义。(复旦大学2009年研)

(2)新闻选择的标准有哪些？(电子科大2011年研)

(3)简述新闻选择的意义和主要标准。(暨大2013年研)

(4)新闻选择的依据，请结合实际谈谈你的看法。(论述题，上海财大2013年研)

答：(1)新闻是选择的结果。新闻选择是对现实生活中发生的事实加以鉴别，选出新闻媒介值得传播的事实。新闻选择仅仅是对事实的选择，这是由新闻选择的必要性和新闻选择与整个新闻生产过程中的密切联系决定的。

①新闻选择的必要性。

a. 选择系统的自我维护机制。新闻传播本身是一个循环往复的信息流程，也是一项较复杂的系统工程。需要根据信息反馈来调整传播内容、传播方式、调节人们的认知与行为的社会活动。

b. 不同的新闻事件时刻都在发生，但媒介每天发布的新闻内容是有限的，容纳不下所有的新闻，因此还需要对发生的事实进行选择。

c. 从整个社会来看，新闻工作者是社会的把关人，报纸、广播、电视、互联网是人们了解世界的四大窗口。1950年，怀特明确提出了新闻传播过程中的"把关"机制。把关人既可以是个人(记者、编辑)，也可以是媒介组织或其他利益、权力机构。

②新闻选择与新闻生产过程中的密切联系。新闻选择是指对现实生活中发生的事实加以鉴别，选出新闻媒介值得传播的事实。新闻媒介不是留声机，不可能"有闻必录"。采访、写作、编辑是新闻业务的三个主要环节，它们都与新闻选择有密切关系，可以视为发现、筛选和精选新闻事实的三个步骤。

(2)新闻选择的过程需要考虑的因素。新闻选择的过程中，主要应考虑因素包括规律性标准、规范性标准及其他标准，具体参见本章考点难点归纳相关内容。

4. 新闻价值的定义和要素。(复旦大学2016年研)

相关试题：

(1)新闻价值的内涵是什么？(华中农大2010年研)

(2)结合具体的新闻报道实例，论述新闻价值的素质要素。(论述题，中南财大2010年研)

(3)简述新闻价值的构成因素。(电子科大2012年研)

(4)简述新闻价值的五要素。(川大2014年研；中南财大2010年研)

(5)简述新闻价值的要素，并结合具体案例对其中的一个或两个要素进行分析。(中山大学2015年研)

(6)怎样理解新闻价值要素“重要性”？请结合具体实例分析。(论述题，中山大学2015年研)

(7)简述构成新闻价值的要素。(云南大学2021年研；广西大学2018年研)

答：(1)新闻价值的定义。

新闻价值是选择和衡量事实是否值得报道的标准。发生概率小的事实；事实的影响力很大、影响面很广且立即产生影响的事实；对于解惑具有重大帮助的事实；与读者心理接近的事实(共同兴趣、地理接近、性别、年龄、社会地位、经济收入等等的接近)；发生在名人、名地点的事实；带有冲突情节的事实；具有人情味的事实等具有新闻价值。传受双方的共同认可，是新闻价值理念得以产生的一个前提。

(2)新闻价值的要素。

①时新性。时新性包含两方面的基本意思：一是指客观事实发生的时间性，二是指在时间性基础上事实内容的新鲜性。

②重要性。新近或正在发生的事件和现象能否成为真正的新闻事实，最关键的一条是要看该事件或现象的重要程度。包括事实影响人的多少、事实对人和社会影响时间的长短、事实影响空间范围的大小等。

③接近性。核心是指新闻事实与传播主体特别是收受主体的各种“距离”关系。包括地理上接近和心理上接近。

④显著性。一个事实的知名度或显要性是由构成这个事实的各种要素的知名度和显要性决定的、表现的。包括人物、时间、空间等的显著性。

⑤趣味性。新闻事实应该能够激发人们关注它的好奇心和兴趣，能够引起人们的关注或注意。

5. 新闻价值的多重解释(至少写出两种经典解释)。(上海大学2017年研)

相关试题：现在学界对新闻价值的观点有哪些？说说你对新闻价值的理解。(论述题，人大2016年研)

答：新闻价值是选择和衡量事实是否值得报道的标准。发生概率小的事实；事实的影响力很大、影响面很广且立即产生影响的事实；对于解惑具有重大帮助的事实；与读者心理接近的事实(共同兴趣、地理接近、性别、年龄、社会地位、经济收入等等的接近)；发生在名人、名地点的事实；带有冲突情节的事实；具有人情味的事实等具有新闻价值。传受双方的共同认可，是新闻价值理念得以产生的一个前提。

(1)尺度性新闻价值要素的一般理解。尺度性新闻价值是从新闻工作者的角度来解释新闻价值，认为新闻价值是选择新闻和衡量新闻的标准。尺度性新闻价值的衡量标准参见本章简答题第4题答案。

(2)新闻的功能性价值构成。这是从受众的角度来理解新闻影响力的一种说法，认为新闻价值是报道所发挥的作用和社会影响。它主要强调新闻价值的以下功能：

①传播信息、社会瞭望的基本功能。新闻报道是新闻的一种载体，首要功能就是传播信息，把世界最新鲜的面貌展示给受众，同时也起到瞭望社会的作用，观察社会最新变化，发现社会发展过程中的问题。这也是一切新闻事业最基本的功能。

②引导舆论、凝聚社群的导向作用。新闻传播的广泛性和大面积的覆盖性，使它与舆论的关系密切。无论是代表舆论、反映舆论还是制造舆论，新闻媒介都是舆论最好的载体，新闻都具有指导舆论的功效。而新闻对于舆论的引导和反应，归根结底都是为了能够凝聚一定社会群体，实现一定的政治或者经济目标。

③传授知识、提高文化素养的连带功能。由于传播内容、传播范围和传播受众的广泛，新闻媒介在文化教育方面也可以发挥一定的作用。新闻报道本身就蕴含着丰富的知识成分，另外，它通过设置专门的教育栏目传授专业知识，这种教育具有广泛性、长期性、形象性、随机性的特点。当然，它的教育效果往往只能在潜移默化中见效。

④提供娱乐、服务大众的一般功能。这里所说的服务功能，主要指满足人们日常生活需要，如气象、医疗、家政等方面的信息，也包括纯粹娱乐性的新闻，满足人们不同层次上的需要。

(3)事实本身所具有的素质。这种说法认为新闻价值是新闻事实和材料本身具有的特殊素质与各种素质的总和。具体包括以下观点：

①新闻价值是构成新闻的事实和材料本身具有的能满足社会对新闻需要的素质。

②新闻价值是新近发生的事实的一种社会属性，是这个事实能给社会公众带来的新鲜信息的分量。

③新闻价值是事实本身所包含的引起社会大众共同兴趣的素质。

6. 新闻价值和新闻政策的关系。(复旦大学2014年研；上海财大2013年研)

答：(1)新闻价值的含义。新闻价值是选择和衡量事实是否值得报道的标准。发生概率小的事实；事实的影响力很大、影响面很广且立即产生影响的事实；对于解惑具有重大帮助的事实；与读者心理接近的事实(共同兴趣、地理接近、性别、年龄、社会地位、经济收入等等的接近)；发生在名人、名地点的事实；带有冲突情节的事实；具有人情味的事实等具有新闻价值。传受双方的共同认可，是新闻价值理念得以产生的一个前提。

(2)新闻政策的含义。新闻政策是指关于新闻报道政策界限的规定。具体包括：能报道什么，不能报道什么，着重报道什么，一般报道什么，以及报道中应该注意些什么等。中国的新闻报道政策是以正面报道为主，符合“三贴近”原则：贴近实际，贴近生活，贴近群众。

(3)新闻价值和新闻政策之间是对立统一的关系，具体表现如下：

①统一关系：两者都是新闻选择的标准。新闻选择是对现实生活中发生的事实加以鉴别，选出新闻媒介值得传播的事实。新闻选择仅仅是对事实的选择。新闻选择的三环节——采访、写作、编辑，都与新闻选择密不可分。新闻采访是不断挑选事实的过程；新闻写作是重新挑选事实的过程；新闻编辑是再一次挑选、审视事实的过程。其中，新闻价值是新闻选择的规律性标准，新闻政策是新闻选择的规范性标准，两者结合在一起，共同发挥选择新闻的作用。

②对立关系：两者可能相互压制对方作为新闻选择标准功能的实现。新闻价值理论从

新闻的本质指导新闻的传播，具有科学和公认的标准，对新闻选择有着重要意义，是新闻职业工作进行新闻选择的首要标准。但是新闻政策则是新闻事件——无论其具有多大的新闻价值——能否通过审查而进入传播程序的先决条件。

另一方面，尽管新闻政策结合行政权力，从宣传效果的角度决定新闻传播与否，但它却遭到了具有职业新闻理念的新闻工作者的抵制和反抗，他们将新闻价值的有无作为新闻选择的更高标准，认为一个新闻机构在进行新闻选择的时候，根据新闻的规律，应该把新闻价值放在优先的位置来考虑，因为只有这样才能把广大受众吸引过来，也只有拥有了自己的受众，新闻机构才能有生存的基础。

7．用媒介生态结构论谈谈现今新闻选择标准和方式的新变化。（人大 2014 年研）

答：由于媒体竞争加剧、广告市场变化、媒介技术革新以及读者心理变化等一系列深层原因，新闻市场正面临复杂的结构性变化，传统的新闻生产模式受到新的媒介生态的极大冲击。

（1）新的媒介生态正在产生。

①媒介格局方面。当前媒介生态的格局变化剧烈，如新旧媒介之间的融合、受众注意力的转移、广告投放所选媒体侧重点的改变等。随着媒介技术的不断创新，新兴媒体近年来势不可挡地快速发展和变化。网络媒体日趋普及，正成为名副其实的第五媒体，越来越被用户所认同和喜爱，数字多媒体的特性呈现得愈发清晰。新的媒体技术随着网络技术的发展应运而生，大数据技术加快了数据采集、分析和存储的速度和广度，物联网扩展了新闻采集的范围，LBS 技术使得地理信息加入新闻信息的范畴。从媒介生态链来看，这些新兴媒介及技术正不断改变着传统新闻的选择方式和选择标准。

②新媒体影响方面。新媒体彻底改变了人们的生活。它传播速度快，时效性显著，互动性更强，传播成本和门槛较低，受众既是传播者也可以是生产者。这吸引了绝大部分有传播需求、新闻需求的受众。

③传受关系方面。微博、微信的裂变式传播、强弱关系的互换，使得这些新媒体不再有传者和受者的界限，每个人都是传者，每个人都能做新闻，“人人即媒体”。以自己的微博、微信为平台的自媒体传播不受制于传统媒体的新闻选择标准，随时随地想说什么就可以通过网络平台发布出来。

④社会整体结构方面。随着我国由传统社会向现代社会的转型，经济结构和社会结构都发生了巨大变化，权力和权利格局、利益关系和人际关系发生了深刻调整，人们的思想观念呈现出独立性、多样性、多变性的多元化特征，新问题、新矛盾此起彼伏，层出不穷。在这种新情况下，社会生活中的不可知因素、不确定因素、不稳定感、不安全感、不适应性增多。人们迫切需要从媒体的新闻报道中获得较多的与自身利益息息相关的信息，了解外部世界的真实情况和环境的变化，相应地调整自己的决策和策略，以更好地生存和发展。这些社会结构的变迁也在改变着受众的新闻选择标准和选择方式。

（2）新闻选择标准的新特点。

新闻借助于新媒体技术在传播观念，传播方式和交流互动等方面发生了新的变化，新闻价值要素也同样呈现出一些新的特征。

①新闻实时化。在传统媒体语境下，新闻记者所采写的稿件，要经过编辑、社长、台

长的层层审核，此外技术的限制，印刷媒体的工序，节目编排的特定程序，更使得新闻的时效性大打折扣。然而，新媒体语境下，借助于先进的媒体技术，可以实现新闻周期的实时化，较之于前者，省去其中若干的步骤，新闻周期被缩短，新闻的即时性得到提高。

②表达个性化。报刊自由主义理论认为：报刊应当成为“观点的公开市场”，在此市场中，人们可以自由公开地发表意见，好的思想会得到承认，而劣的思想会失去作用。人们可以借助新媒体技术，将自己的观点传达给公众，而这些个性化的观点丰富了新闻内容及观点的表达，引起全社会的讨论，使传受双方的选择性与被选择性能够得到充分发挥。

③传播形式多样化。传统语境下的新闻形式相对单调，报纸新闻只能借助于文字、图片符号进行表达，广播新闻依赖于声音符号，电视新闻也仅仅靠图像和声音符号进行传播。如今，借助于多媒体技术，网络新闻囊括了所有传统媒体的特点，集声音、图像、文字、视频符号于一身，新闻表现形式出现多样化的特征。更重要的是，新媒体语境下的传播形式，呈现出互动性，改变了以往新闻自上而下的“精英新闻”特性，大大提高了新闻的趣味性、新闻深度和参与度。

④话题性新闻增强。话题新闻，从本质上讲，在一定程度上反映了社会矛盾，表现出受众对事实、真相的渴求，是受众对内心愿望的表达。因此话题新闻能够引起广泛的关注，通过两种声音的表达，引发受众的思考，引导受众做出正确的价值判断。另一方面，由于新闻媒体行业的竞争日趋激烈，新闻机构为了提高竞争力，将新闻整合为一个话题，进行连续深入的专题报道，以此提高竞争力。

(3)新闻选择方式的新特点。

①现代信息技术的飞速发展，改变了信息资源传播和接受分封而治的状态。大数据技术的运用、自媒体的繁荣、物联网技术的兴起、LBS 技术的来临、媒介融合的不可逆转等新要素，不但改变着新闻采编工作的内外环境，为其创造更大的发展空间，同时也改变着新闻选择的方式——互动化、自动化、智能化、快速化。新闻工作人员要正视这一发展形势，努力适应新的要求，为广大受众提供更高质量、更加丰富的新闻信息。

②受众生产内容(UGC)成为新闻选择的重要来源，新闻选择方式不再由传播主体独自决定，互动式新闻选择方式这一新特点越来越明显。大数据技术、物联网技术使得新闻选择的范围扩大、深度加深，以往被忽视的琐细信息在大数据技术下成为新闻选择的重要资源。新闻选择方式的自动化、智能化、快速化是以往所不具有的。

③如今的时代已经被称为“大数据”时代。“大数据”(Big Data)这一概念，首先指信息或数据量的巨大。数据的单位，已经从 G 和 T 发展到 P、E、Z、Y 等计量单位。大数据技术进一步提高了受众反馈的价值。对于媒体内容的受众反馈，在很多时候，也是以大规模数据的形式体现的。对于这些数据的挖掘，可以使受众的意见、态度得到更充分的呈现，也可以使这些反馈的价值得到更好的发挥与利用。自动化搜索受众的反馈、智能化分析存储，成为新闻信息选择方式的新特点。

三、论述题

1. 用场域视角论述新闻生产。(湖南大学 2017 年研)

答：(1)新闻生产和新闻场域。

①新闻生产是指在不损害公众利益的前提下，有计划、有组织地策划具有新闻价值的事件，举办具有新闻价值的活动。一个新闻的生产过程大致是记者发现新闻线索，前往现场采访或者远程联系当事人，然后撰稿成文或编辑播出。

②法国社会学家皮埃尔·布尔迪厄提出了场域理论(field theory)，给研究新闻生产提供了一种全新范式。1996年，布尔迪厄的《关于电视》一书出版，他正式提出“新闻场域”这一概念。他认为，社会是由相互关联而各自独立的地域构成，新闻场域可以被理解为文化生产的一个亚区域，与其他场域一样，是由不同位置形成的开放性的关系网络，权力关系是决定人们行动的基础。

(2)场域视角下的新闻生产。从场域的角度进行思考就是从关系的角度进行思考。有三组关系在媒体日常的新闻生产中产生决定性影响：政府、社会与媒体；资本、公众与传媒；政府、传媒与记者编辑。

①具有双重性质的新闻事业。我国新闻事业需遵循党性原则，宣传党的方针政策是中国媒体尤其是主流媒体的重要任务。但与此同时，中国社会的多元利益格局已经形成，如何在体现国家的一元意志和表达多元意见之中保持平衡，是新闻媒体面对的问题。按照传媒与生俱来的公共性要求，传媒必须承担起社会责任，满足公众的知情权，但为了取悦受众、获取利润，往往又要有所牺牲，收视率、销售量是一个隐匿的上帝，新闻本身就会不可避免地做出一些妥协。如何在这种双重性质下取得平衡是考验每一家媒体的难题。

②多方夹击下的新闻生产者。新闻工作者在新闻生产过程中面对来自方方面面的压力。除了来自政府部门的压力、来自编辑部领导的压力等组织压力之外，还存在非组织的社会关系压力。这些压力都在向记者编辑进行施压和诱惑，也就时时刻刻考验记者编辑的意志。政府管着媒体，媒体管着记者编辑，政府、媒体和记者编辑形成三方博弈。

③多重选择下的新闻作品。大众传媒的新闻信息生产与传播并不具有纯粹的客观中立性，而是依据传媒的方针立场和价值标准进行有目的的取舍和加工，其中的把关过程是一个复杂的过程，是一个多环节、有组织的过程。这个过程中虽然也有个人活动，但在内部控制机制下，个人因素的作用有限，并受到媒体的经营目标、受众需求以及社会文化等多种因素制约。总体来说，新闻产品是传媒组织的立场和方针的体现。

总之，布尔迪厄曾说，一个场就是一个有结构的社会空间，一个实力场有统治者和被统治者，有在此空间起作用的恒定、持久的不平等的关系，同时也是一个为改变或保存这一实力场而进行斗争的战场。新闻生产的过程就是在多方势力平衡下变化的一个过程。

2. 新媒体对新闻价值的影响。(电子科大2014年研)

答：(1)新闻价值的定义及要素。

①新闻价值的定义。新闻价值是选择和衡量事实的是否值得报道的标准。发生概率小的事实；事实的影响力很大、影响面很广且立即产生影响的事实；对于解惑具有重大帮助的事实；与读者心理接近的事实(共同兴趣、地理接近、性别、年龄、社会地位、经济收入等等的接近)；发生在名人、名地点的事实；带有冲突情节的事实；具有人情味的事实等具有新闻价值。传受双方的共同认可，是新闻价值理念得以产生的一个前提。

②新闻价值的要素。新闻价值是新闻事实本身包含的满足社会需求的素质的总和。传统新闻价值理论认为这些素质包括以下几方面的特性：

a. 时新性。事件是新近发生的而且是社会大众所不知道的，即时间近、内容新。

b. 重要性。事件要与当前社会生活以及广大群众的切身利益有密切关系。

c. 接近性。包括地理上接近和心理上接近。

d. 显著性。名人、胜地和著名团体、单位的动态往往为世人所瞩目。

e. 趣味性。事件要富有人情味和高尚的生活情趣。

对于任何一个事件，只要具备时新性再加上上述其他任何一性，就有成为新闻的可能，就可供新闻单位选用。事件所具有的以上素质越多，其新闻价值就越高，越能引起人们的兴趣。

(2)新媒体对新闻价值的影响。

参见本章简答题第7题答案。

第十八章　新闻报道的基本原则、专业要求和基本体裁

18.1　复习笔记

【知识框架(庖丁解牛)】

- 新闻报道的基本原则、专业要求和基本体裁
  - 基本原则
    - 内涵
    - 违背原则的表现
  - 新闻报道的专业要求
    - 总体要求
    - 单篇新闻报道的要求
    - 叙事语言要求
  - 新闻报道的构成要素
    - 报道
    - 分析
    - 判断
  - 不同媒介的新闻体裁
    - 报纸
    - 电台
    - 电视台
    - 互联网平台等新媒体
  - 新媒体新闻的特征
    - 基本特征
    - 新闻生产
    - 受众(用户)
    - 表达方式
    - 产品呈现
    - 传受关系
    - 内容信息

【本章概要(提纲挈领)】

本章主要论述了新闻报道的相关知识。本章考点以概念题、简答题以及论述题为主，在学习时，需要着重对新闻报道的基本原则、新闻报道的专业要求、不同媒体的新闻体裁等内容加以把握，并大致了解新闻报道的构成要素、新媒体新闻的特征等内容。

【考点难点归纳(厚积薄发)】

考点一：新闻报道的基本原则(见表18－1)　★★★★

表 18－1　新闻报道的基本原则

类别	具体内容
内涵	新闻报道的基本原则是以人民为中心，维护公众利益
违背原则的表现	违背新闻基本原则的报道是低俗化的、浅表化的、碎片化的。在西方国家最主要表现为受资本的压力和胁迫，硬新闻不断减少，新闻公关化严重。在中国集中表现在新闻报道的“3X”主义（星、腥、性），新闻以影星、明星为主角，以血腥味为诉求，以两性关系为聚焦点，甚至制造假新闻，以此来哗众取宠，党性原则被商业原则取代，以人民为中心被以营利为中心取代

【考点拓展】尼尔·波兹曼

尼尔·波兹曼是美国著名传播学学者、媒介环境学的创始人，代表作品有《娱乐至死》和《童年的消逝》。他曾在1998年的媒介环境学学会成立大会上发表题为《媒介环境学的人文关怀》的报告。报告对新闻报道提出了四点要求：①要有助于理性精神的应用和发展；②要推动民主的发展；③要为人们提供更多有意义的信息；④要提高公众的道义感和向善的能力。在《娱乐至死》一书中，作者点出了媒介文化过度依赖娱乐的必然后果是，人类主动沦为娱乐的附庸，最终成为娱乐至死的物种。

考点二：新闻报道的专业要求 ★★★★

1. 总体要求（见表 18－2）

表 18－2　总体要求

要求	地位	具体内容
真实、真相、真理	新闻报道在反映客观世界中逐步递进的要求	新闻必须真实，新闻报道必须揭示事件的真相，从而反映真理，即世界万物变化、发展的规律
公开、公平、公正	新闻报道对公众的基本态度	新闻需要依法公开信息，尊重公众的知情权，保证公众公平地获取信息、平等地表达自己的意见，避免“信息特权”的出现。新闻报道要做到客观公正，就是新闻报道的客观公正要求，不能带有歧视和偏见
速度、广度、深度	对新闻报道时空层面的要求	新闻有时效性，要尽量保证第一时间报道新闻事实，在新闻报道面上，要尽可能覆盖与大众相关的内容，深入调查，揭示事件背后的复杂关系

2. 单篇新闻报道的要求（见表 18－3）

表 18－3　单篇新闻报道的要求

要求	具体内容
真实	真实性是新闻的最基本要求
全面	要清楚呈现新闻要素、要件，不得遗漏、故意隐瞒信息，特别是要注意呈现关键性细节
客观	应使用中性语言，不偏不倚，尽量在新闻中消除个人的主观倾向
公正	要以尊重、平等的态度对待报道对象并表述新闻观点

3. 叙事语言要求

（1）在叙事上要求：开门见山，直截了当，一般遵循先果后因，先事后人，先近后远，先事后理，先具象后抽象，先个别后一般的基本逻辑顺序。

(2)在语言上要求：准确、简洁、明快，用词力求精准，不可含糊。

考点三：新闻报道的构成(见表18-4) ★★

表18-4 新闻报道的构成

构成要素	具体内容
报道	报道是对可查证的事实的客观陈述。例如，新闻中公开的统计数据、采访对象的发言、荣誉称号的获得
分析	分析是对事件起因、经过、结果所作的解释以及对未来所作的预测。分析的依据是事实，即新闻中的背景材料，分析也是用一个事实解释另一个事实的过程。例如，对事故原因的分析查证、对行业发展态势的分析
判断	判断是对事件是非利弊、得失善恶、荣辱褒贬所作的结论，有明确的价值取向。例如，对工作成果的评价、对人物的评判等

考点四：不同媒体的新闻体裁 ★★★★

1. 报纸

(1)倒金字塔结构。叙述顺序上，不按照故事先后顺序铺陈，而是按照事情的轻重缓急或读者感兴趣的程度为顺序进行叙述，是消息(短讯)的典型写作结构。内容上，该体裁要求记者以中立的立场报道新闻，把事实与意见分开。

(2)解释性新闻。重点解读事件的原因和意义，其核心是以大量背景材料揭示事件背后的复杂关系，时间上，贯穿古今的因果顺序，用历史解释现在，用现在预测未来。空间上，贯穿宏观政策变化与微观的新闻事实。西方报业以解释性新闻为主，被誉为20世纪新闻界的最大创新。

2. 电台

(1)短平快新闻。又称“一句话”新闻，主要特点是语言浅显、篇幅简短。

(2)现场播报。即记者亲临现场与新闻事件的发生同步播报。

3. 电视台

(1)主持人节目。由电视画面呈现主持人播报，主持人通过串词切入新闻画面，同时，主持人以画外音的形式介绍解释新闻。

(2)现场直播。主要应用于体育赛事、庆典活动、自然灾害等现场突发性事件。

4. 互联网平台等新媒体(见表18-5)

表18-5 互联网平台等新媒体

要点	具体内容
互联网短消息	主要呈现形式是“图片+文字”，是互联网新闻最基础的表现形式，其要件是：稿件来源、正文、链接、背景、网络跟帖
短视频	短视频的特点是短小精悍，一般视频平均时长大约为60秒，个别重大突发性事件时间会较长，其类型有短视频有用户生产内容(UGC)、专业机构生产内容(PGC)以及用户与专业机构合作生产内容(UGC+PGC)三种

续表

要点	具体内容	
数据新闻与可视化表达	数据新闻的特点是用数据和图表的呈现形式达到新闻的广度和深度，通过公开数据来源、公开数据采集方法、采集时间帮助受众判断新闻的可信度与权威性	
网络直播新闻	网络直播新闻的主要形式是实时视频流，其特点是灵活性强，受时间、地点限制弱，镜头运用以一镜到底为主，现场感强	
VR 新闻与 AR 新闻	概述	VR 新闻是重在给人们更加身临其境的实景体验；AR 新闻则重在给人们多场景叠加的新闻体验。而受众参与也从原先的“看新闻”转向“沉浸新闻”
	特征	①个性化叙事，打破了传统媒介主导下的“线性叙事”逻辑，用户可以自由选择叙事顺序。②场景化互动，使受众化被动为主动，用户需要在新闻场景当中，才能参与新闻叙事，建构新闻故事

考点五：新媒体新闻的特征 ★★★

相较于传统媒介，新媒体的特征呈现出前所未有的丰富特征和内涵，具体见表 18－6。

表 18－6　新媒体新闻的特征

概述	具体内容
基本	新媒体新闻的特征主要表现在媒介内容的数字化、传受多方的交互性和信息传递与保存的超时空三个方面
新闻生产	互联网技术的普及使得每个网民可以在公开平台发声，因此新闻生产从单一的专业化生产转变为泛社会化生产。这大大丰富了新闻信息的来源渠道和新闻内容，但同时也可能导致新闻信息鱼龙混杂，良莠不齐
受众或用户	互联网新闻的传播受众定位是多样化的，无论大众传播、小众化传播还是个性化定制的传播都可以在互联网平台上得到实现。这一特征使得新闻信息平台呈现出百花齐放的繁荣景象，如人民日报、新闻联播等传统的大众传播平台在互联网平台上继续发展，如懂球帝、CSDN 社区等小众化的传播平台也在互联网平台上日益壮大，用户在观看新闻式的订阅、取消和算法的推荐又共同促进了个性化定制传播的成型
表达方式	新媒体的数字化，促进了媒介融合的发展，在近年来日渐形成以视频为主的融媒体传播形式。从抖音到 B 站，有的用户自我生产原创视频，有的用户利用剪辑技术对现有的视频进行二次创作，视频正在成为互联网传播的主要表达方式
产品呈现	传统媒体内容一经印刷、广播后就不可更改，是固态的，新媒体内容产品正突破了这一特点，日益液化，随着事件的发展而动态变化。评论区的跟帖可能会转移新闻的焦点、平台的可编辑性使得对已发布信息的修改成为可能
传受关系	互联网传播打破了传者与受者之间的隔阂，双向甚至多向交流成为可能。传者和受者之间是互动的，是彼此兼容的，一个互联网信息的传播者可能同时也是互联网信息的接收者
内容信息	由于互联网阅读的时间是随时性的，阅读的地点是随地的，因此其内容信息越来越碎片化、浅表化。这一方面增加受众接受的信息量，另一方面也抑制了受众深度思考、批判反思的能力，对受众的媒介素养提出了更高的要求

18.2 考研真题与典型题

一、概念题

1. 新闻客观性(上海大学2013年研；湖南大学2010年研；厦门大学2007年研；人大2005年研；中传2005年研)

2. 公平原则(北大2006年研)

3. 倒金字塔结构(兰州大学2021年研)

二、简答题

1. 简述新闻选择的角度。(南昌大学2020年研)

2. 坚持党性原则对社会主义新闻事业有什么意义?

3. 党性原则的基本要求是什么?

4. 新闻传播必须客观的原因有哪些?

5. 简述及时原则的内涵。

三、论述题

1. 新闻传播公正性有哪几方面的要求?(厦门大学2007年研)

2. 试述新闻客观性原则产生的历史背景及其演变。(北大2012年研)

相关试题：简述新闻客观性原则(原理)。(北大2010年研；中国青年政治学院2009年研)

3. 以网络推手为例，论述新闻炒作的表现，成因和危害，并谈谈如何整顿。(复旦大学2018年研)

4. 什么是媒介融合?媒介融合视域下对记者有哪些新要求?(北外2021年研；河北大学2015年研)

5. 请分析媒介融合对媒介内容生产的影响。(黑龙江大学2014年研)

相关试题：试述媒介融合对新闻行业的影响。(北邮2021年研)

18.3 考研真题与典型题详解

一、概念题

1. 新闻客观性(上海大学2013年研；湖南大学2010年研；厦门大学2007年研；人大2005年研；中传2005年研)

答：新闻客观性是新闻报道的基本特征之一，指新闻报道必须以客观实际为本源，按照事物的本来面貌来反映事物。它是新闻传播关系赖以建立的基本条件，也是影响新闻媒介信誉的重要因素。它有两层意思：①内容必须真实，即新闻报道所描述的对象必须具有客观实在性，不能无中生有、凭空捏造；②表述必须客观，报道者一般不宜直接在新闻中站出来发言，而主要是“用事实说话”，即寓情寓理于事实的筛选、内容的编排、版(画)面的处理之中。客观性不是客观主义，它对于新闻事实的见解，主要通过客观的叙述形式，凭借事实本身的逻辑表现出来。

2. 公平原则(北大 2006 年研)

答：公平原则又称“平等原则”，是指新闻传播的公正性，即新闻媒介为争议双方提供平等利用媒介的机会。公正性也包括传播者对新闻事实持不偏不倚的中立立场。公平原则的含义：传播工作者负有社会责任与职业道义，保障公民享有平等地从媒介获得信息，发表意见，进行申辩和反对他人观点的权利与机会，传播工作者不享有传播自己个人意见与片面事实，并以个人意见与片面事实压制他人意见与其他事实公开传播的特权与自由。

3. 倒金字塔结构(兰州大学 2021 年研)

答：参见本章考点难点归纳相关内容。

二、简答题

1. 简述新闻选择的角度。(南昌大学 2020 年研)

答：新闻选择是指对现实生活中发生的事实加以鉴别，选出新闻媒介值得传播的事实。新闻选择通常表现为对稿件的选择，其实质是对新闻事实的选择。

新闻选择对新闻工作意义重大，它是新闻传播的前提条件和基础环节，也是决定整个传播过程能否达到预期目标的决定因素和关键环节。可以表现为如下几个方面：

(1)在新闻采访方面，新闻采访就是不断挑选事实的过程。记者根据新闻价值、自身媒体的定位或版面(时段)需要对已发现的新闻进行取舍和安排，筛选出值得传播的内容，即进行新闻选择。

(2)在新闻写作方面，新闻写作是重新挑选事实的过程。筛选过的采访内容经过作者再一次筛选后用文字表达出来，即再一次进行新闻选择。

(3)在新闻编辑方面，新闻编辑是又一次挑选、审视事实的过程，编辑对初步完成的稿件进行选择、修改等等，都是新闻选择的过程。

新闻是对新近发生或正在发生事实的报道，由此新闻选择贯穿于报道过程即采访、写作、编辑中，基于新闻价值和新闻政策标准，针对事实进行选择。

2. 坚持党性原则对社会主义新闻事业有什么意义？

答：新闻工作的党性原则是一定政党的政治主张、思想意识和组织原则在新闻活动中的体现，党性是阶级性的集中表现。在我国社会主义制度下，党性原则是指导新闻工作的根本原则。坚持党性原则对社会主义新闻事业有重要意义，具体包括以下方面：

(1)坚持党性原则是使党的新闻事业永不变质的保证。党的新闻事业是党的喉舌，如果没有党性原则，各家新闻机构自定方针，自搞宣传内容，新闻工作者按个人的意志行动，各唱各的调、各吹各的号，那不可能成为党的喉舌，党的新闻事业的性质则也改变。

(2)坚持党性原则才能使党的新闻事业保持正确的政治方向和立场。党的新闻工作必须依靠党性来把握方向，完成任务。只有按照党性原则，新闻工作才有坚定不移的政治方向，才能在纷繁复杂的社会现象中把握事物的本质，分清是非，才会有正确的立场。

(3)坚持党性原则才能充分发挥党的新闻事业的积极作用。任何政党报纸的兴衰荣辱总和政党的命运紧紧相连，我党的新闻事业的威信，首先来自党中央和中央人民政府的威信，来自党的新闻部门忠实地传播中央的声音。只有紧紧地依靠党的领导，只有依靠党性原则，才能充分发挥党的新闻事业应有的积极作用。

(4)坚持党性原则才能划清无产阶级新闻事业和资产阶级新闻事业的界限。党性原则是无产阶级新闻事业区别于一切资产阶级新闻事业的根本特征。在学习资产阶级先进的传播技巧、传播理念和经营方法的同时，划清无产阶级新闻事业和资产阶级新闻事业界线的最主要标准就是党性原则，防止、抵制资产阶级腐朽没落思想的最锐利的武器也是党性原则。

(5)坚持党性原则才能推动、指导我国各项改革沿着健康道路发展。我国正处于历史性的转变时期，各行各业在改革时都出现许多新情况、新问题。新闻事业要反映和推动这场伟大的改革，新闻工作者更需要增强党性，和中央保持政治上的一致。同时，随着新闻事业自身的变革，新闻队伍新老交替，新一代新闻工作者要符合党和人民的需要，须加强党性。

总之，坚持这一原则，对保证中国共产党对新闻事业的领导，对保证新闻事业的社会主义政治方向，衡量新闻工作的宣传效果、检验新闻工作是否符合党和人民的要求，有着十分重要的意义。

3. 党性原则的基本要求是什么？

答：党性原则的基本要求主要包括如下方面：

(1)在思想上，要宣传党的理论基础和思想体系，以马克思主义作为新闻宣传的指针。无产阶级政党的指导思想是马克思主义，党领导的新闻事业的指导思想也应该是马克思主义。在新闻宣传实践中，能否真正坚持以马克思主义为指针，是衡量新闻事业有无党性或党性强否的一个重要标准。

坚持马克思主义的指导方针，具体到新闻工作的实践中，要从如下几方面着手：

①要密切结合实际，完整地、准确地、生动地宣传马克思主义的基本原理和基本观点。简单而言，是要下功夫搞好理论宣传，力求理论联系实际，深入浅出，明白晓畅，解决问题。

②要以马克思主义的立场、观点和方法，对各种新闻事实进行正确地分析、解释、报道和评论，向群众进行具体生动的辩证唯物主义教育和社会主义、共产主义思想教育。

③要树立“政治家办报”的信念和大局意识，提高政治鉴别力，坚持正确舆论导向，弘扬社会主义核心价值观。

(2)在政治上，正确、全面、生动地宣传党的纲领路线和方针政策。社会主义新闻事业的党性原则在政治上的要求，是正确、全面、生动地向群众宣传党的纲领路线、方针政策，使党的政策变为亿万群众的自觉行动。在新闻工作实践中贯彻这一要求应做到以下方面：

①宣传党的路线、方针、政策必须准确、鲜明、生动。新闻宣传的内容应当正确地体现党中央路线、方针、政策的原则，宣传各项具体政策应当和党的基本政策一致；在重大的理论问题和政策性问题上，报纸、广播、电视必须旗帜鲜明地宣传党中央的思想和观点；宣传党的路线、方针、政策应当是生动的，采取群众喜闻乐见的形式，使党的路线、方针、政策深入人心。

②明确党的总路线、总政策和具体路线、具体政策的关系。政策是马克思列宁主义理论与具体实践的结合，是党在一定时期内指导群众的实际行动纲领。新闻工作正确宣传党的政策，就要从理论和实践的结合上解释清楚党制定政策的由来和依据，把握党的路线和

政策的精神实质，这样才不至于把谬误当成真理宣扬，把正确的政策当成错误的东西否定。

③善于把党的政策变为群众的自觉行动。新闻工作者在进行政策宣传时要密切结合实际，结合群众的切身利益，针对群众的思想和要求，使群众能够根据自身的政治经验和经济利益来认识党的政策和主张的正确性。随着群众实践的进展，政策宣传也步步深入，这样才能正确发挥政策对实际工作的指导作用。

④全面地宣传党的路线、方针、政策，防止片面性。宣传政策必须全面。党的路线、方针、政策是完整的，不能只宣传一面，不宣传另一面。

⑤实事求是地反映群众的呼声、意见和要求，在实践中检验党的政策。党不只是通过报纸、广播、电视等新闻工具教育群众，同时也通过它们向群众学习，接受群众的建议、批评和监督。

(3)在组织上，要服从党的领导，遵守党的组织原则和宣传工作纪律。

①坚持党对新闻事业的领导，是无产阶级新闻工作的基本原则。

②我国无产阶级报刊始终自觉地把自己作为党手中的舆论工具，党也不断地加强对报刊工作的领导，为此作出一系列的决定。

③在我国社会主义制度下，所有的新闻事业都必须接受党的领导。

4. 新闻传播必须客观的原因有哪些?

答: 新闻传播必须客观是指新闻的客观性，即新闻按照事物的本来面目如实报道的特性。新闻传播的客观性有以下几方面的原因:

(1)新闻报道的是新近发生的事实。事实可以是丰富多彩、多种多样的，但它们都是客观实在物，都是人们可以感知的，因而报道者必须使自己的新闻报道做到完全客观使之同事实完全一致。

(2)只有客观传播的新闻，才有力量。人们对新闻传播有兴趣，表示关注，主要由于他们期望通过阅听新闻之后，能及时了解各种信息，并使自己能够适应这种变化而求得更好的生存与发展环境。如果所阅听的新闻是不客观的，同事实的原貌不一致，不仅达不到原本的目的，还可能因受到误导而遭受损失。这样，受传者不仅对这类新闻会失去兴趣，对传播这类新闻的媒介的可靠性也会产生怀疑。

(3)为通过客观报道而显示的新闻倾向性易于与乐于被受传者接受，从而实现传播者的功利目的。把所欲传播的主张与观点，隐匿于事实的客观叙述之中，效果也许就不一样，受传者在接受事实的信息之后不知不觉地受到潜移默化。所以新闻传播应尽量做到客观，确保客观。

(4)客观地报道新闻，是新闻传播工作者的一项基本功，是新闻记者成熟与老练的标志之一。经过专业训练的新闻传播工作者，都会自觉地去追求新闻传播的客观性，努力掌握客观报道的手法。

5. 简述及时原则的内涵。

答: 及时原则是新闻传播的时间原则，是通过对时间的把握来获取良好新闻传播效果的原则。及时是新闻传播最突出的方法原则之一。及时的含义具体表现在以下几个方面:

(1)及时最基本、最重要的含义就是“快”，就是要在第一时间内将新闻事实信息反映出来，传播出去。从新闻传播的总体要求上说，对新闻事实的再现越及时越好。及时的程度是以新闻事实的发生、发现到传播实现间的时距来衡量的，因此从新闻事实发生、发现到得到反映报道的“时距”越短就越及时。

(2)在“快”的原则下，及时的时间效果还可能通过时机、时宜的方式来实现。及时并不是绝对地越快越好，还有“时机”“时宜”问题，这也是及时原则不可少的重要内涵。时机、时宜的本质在于通过对报道时间的把握，求得传播者预期的传播效果。既讲快速、又讲效果是及时传播原则需要把握的又一基本精神。

(3)及时原则是新闻传播在时间性上的总要求。如上所说，及时的核心精神就是一个“快”字，但这种快既有历史的差异性，又有不同地域、领域在信息地位上的差异性。从历史的发展过程来看，新闻传播的速度越来越快，以致达到了实时传播的状态；从信息地位来看，越是处于信息中心地位的地方和领域，其新闻传播的速度就越快。

三、论述题

1. 新闻传播公正性有哪几方面的要求？（厦门大学2007年研）

答：新闻传播的公正性是指新闻媒介为争议双方提供平等利用媒介的机会，所以公正性又称“公平原则”或“平等原则”；公正性还包括传播者对新闻事实所持的不偏不倚的中立立场。新闻传播公正性的含义，十分简单和明确，主要包括这样三方面的要求：

(1)新闻传播者不以一己之立场，片面地报道事实与提供只是自己赞成的一方面的意见，压制、不报道或歪曲报道另一方面的事实或自己反对的一方的意见。

(2)新闻传播者不以一己之立场，选择、报道与评价、解释事实，并通过这种选择与解释误导受众，造成对部分不同意见者的压力和伤害。

(3)新闻传播者不以一己之立场，剥夺部分人利用媒介传播自己赞同的立场与意见的权利和机会，使媒介的性质，由“社会公器”蜕变为“个人私器”。

如果换一种正面的叙述，新闻传播公正性的科学含义，主要包括：传播者负有社会责任和职业道义，保障公民享有平等的从媒介获得资讯、发表意见、进行申辩和反对他人观点的权利和机会，传播工作者不享有传播自己个人意见与片面事实，并以个人意见与片面事实压制他人意见与其他事实公开传播的特权与自由。

2. 试述新闻客观性原则产生的历史背景及其演变。（北大2012年研）

相关试题：简述新闻客观性原则(原理)。（北大2010年研；中国青年政治学院2009年研）

答：新闻客观性原则，是指传播主体在报道自身之外的对象时，不能用自己的意识、意志、情感等改变对象的本来面目，即不改变对象自身的内容。其产生的历史背景及演变如下：

(1)客观原则是新闻传播业伴随着社会政治、经济、文化、科学等同步发展的产物。

①在自由主义经济条件下的物质生产方式要求新闻实现市场化运作，为满足大部分人的信息需求，必然要有客观报道的形式。

②该原则的出现，也受到当时科学中的经验主义和文学中的现实主义的影响。他们深信自己应当写真，在报道中侧重事实，剔除所有偏见、个人色彩和风格，去如实地报道新闻。

(2)客观原则的产生与发展“还有一个哲学基础”。

①新闻的客观性原则植根于人的精神交往需要和人的社会性道德意识。同时也植根于人的理性精神和求真意识。

②新闻的客观性原则更是自由主义报刊理论的必然产物。自由主义报刊理论强调，新闻报道的目的不是向公众提供某种必须遵循的意见，而是客观反映现实，它把客观地向公众提供事实作为新闻报道的最高标准和新闻从业人员的职业道德标准。

(3)便士报是客观原则发育的肥沃土壤。便士报中的新闻都是对事实的陈述，最终便士报取得了胜利。这不仅标志着报纸由“言论纸”过渡到“新闻纸”，告别了政党报纸的“黑暗时代”，更意味着客观性成了新闻界人人必须遵行的法则。

(4)通讯社特别是美联社的诞生与发展，是客观报道原则得以确立的重要动力。

①通讯社强化了新闻的商品性。通讯社为将自己采集的新闻供给持有不同立场、不同办报方针的报纸，只能提供客观的事实信息。

②1900 年美联社改组，将“报道事实，而不报道意见”作为宗旨，这是西方国家第一次正式把客观性定为新闻传播原则，也标志着“客观性”作为一个重要新闻观念的问世。

③1923 年美国《新闻规约》对客观原则的确认，是客观报道原则确立的最终标志。

(5)到 20 世纪 30 年代，客观已成为新闻界常见的说法。

3. 以网络推手为例，论述新闻炒作的表现，成因和危害，并谈谈如何整顿。(复旦 2018 年研)

答：以网络推手为例新闻炒作的表现，成因和危害以及整顿的具体内容如下：

(1)网络推手和新闻炒作。

网络推手是指借助网络媒介进行策划、实施并推动特定对象，使之产生影响力和知名度的人，对象包括：企业、品牌、事件以及个人。网络推手实质，是“网络策划师”，是指懂得网络推广并能应用的人，其推广的对象包括企业、产品和人。

新闻炒作在新闻发生和传播过程中，新闻提供者或新闻传播者有意识地介入其中，引导、强化部分新闻要素，以达到吸引受众注意、获取直接或间接商业利益的一种新闻运作手段。它的基本特点是预谋性、轰动性和商业化。网络推手所做的工作其实是网络时代新闻炒作的重要表现。

(2)网络推手进行新闻炒作的主要表现。

①在内容上，主要是选取那些容易吸引人注意力的对象，对目标事件进行加工式引导，力求轰动。由于互联网上每种信息源的权威性和可辨性极其复杂，网民甄别和辨识的难度加大，“网络推手”则加以利用进行恶意炒作。这种无序加剧了网络的混乱，热点事件变成了网络暴力后的人为操纵。一些“毫无主见”的网民则会受“群体压力”的影响而表现出跟风从众的特征。

②在形式上，着意夸大事物的某些方面，将目标转移式放大，力求达到哗众取宠的效果。“网络推手”大肆从事目标事件信息的转帖和扩散，使得网络的声音被无限放大，网络言论空间迅速扩张，从 BBS 转帖、博客转载到 Email 传输，目标事件的信息得到了充分广泛的传播。而在这个过程中，目标事件信息通过差序流动被主流化，网络点击率骤然提升，极易形成焦点事件。

③在报道手法上，往往采用煽情手法，强调煽情性、故事性，对网民情绪进行非理性刺激。通常情况下，能够引起网民关注的热点正是社会矛盾的焦点，它的形成具有深刻的社会发展逻辑和价值诉求。“网络推手”将目标事件与热点议题相关联，以激起公众和网民心中的非理性情绪。

(3)网络推手进行新闻炒作的成因。

①法律监管的缺失。虽然我国已制定和颁布了多个治理网络违法犯罪的法律法规，但这些立法基本上仍局限于计算机信息安全，对网络信息操控的违法犯罪规制不多。

②经济利益的驱使。追求高额经济利益，是网络推手的原始驱动力。因为网络资源廉价，可利用其获取高额的商业回报，这让越来越多的人和企业想在这里淘金，连专业的论坛，也逐渐将盈利模式转移到这些方面。

③特殊的社会心理环境。中国处在经济社会转型期，这个特殊的社会心理环境，也是网络推手活跃的原因。当下中国，社会变迁带来人心浮躁，跟风追逐新潮，人人都怕落后于别人，传播学的“螺旋效应”极易发生。

(4)网络推手进行新闻炒作的危害。

①误导舆论，危害网络环境，不利于社会主义精神文明建设。网络推手推动下的新闻炒作，往往把焦点放在“星”“腥”“性”的要素上面，对受众，尤其是青少年的环境认知造成一种污染，不利于社会主义精神文明建设。

②通过人为制造的网络热点事件，扭曲网络舆论，让网民在不知不觉中充当其炒作的“托儿”或者“打手”，愚弄广大网民的同情心、正义感。为了“吸引眼球”“搏出位”，故意采用反社会、反主流、谩骂侮辱、黄色下流等方式来制作和传播信息，严重误导广大网民的价值观和审美观。

③协助客户企业肆意攻击、抹黑竞争对手，助长企业间的不正当竞争，破坏诚信经营的大环境。败坏商业竞争氛围，可能会使某个行业、民族品牌的声誉遭到严重侵害，在广大消费者中造成极度安全缺失感。

④破坏社会诚信，颠覆真正的网络民意，让人们对网络信息难辨真伪，使网络信息可信度降低。

(5)对新闻炒作的整顿。

①作为一种新兴的媒体，互联网管理中还存在很多空白，这才给网络推手留下了活动的空间，借助这个强大的传播平台，牟取不法利益。遏制和打击网络推手，可以借鉴一些来自传统媒体的经验。传统媒体的社会责任感和运作的规范，几乎没有给网络推手留下活动的空间。这种社会责任感和运作规范不是在一天之内形成的。

②遏制和打击网络推手，就要加强对网站的管理。对于那些罔顾新闻道德、纵容网络推手，为网络推手的活动提供温床的网站，要进行严肃的处理。对于一些易于被网络推手所利用的网络传播形式，要及时进行研究，加强监管。

③推行自律专员工作机制，实现网站自律和社会监督的良好结合。网站作为网络精神食粮的提供者，更应该加强行业自律，主动行动起来，与网络推手划清界限，禁止网络推手渗透到网络编辑、论坛版主等岗位上来。互联网行业要进一步增强社会责任，提升整体素质，认真清理网上各类违法和不良信息，规范网络传播秩序和网络公关行为，构建规范

有序、文明诚信的网络环境。

4. 什么是媒介融合？媒介融合视域下对记者有哪些新要求？（北外2021年研；河北大学2015年研）

答： 媒介融合是指各种媒介呈现多功能一体化的趋势。现代媒介融合的过程中报刊、广播电视、互联网所依赖的技术越来越趋同，以信息技术为中介，以卫星、电缆、计算机技术等为传输手段，数字技术改变了获得信息的时间、空间及成本，各种信息在同一个平台上得到了整合，不同形式的媒介彼此之间的互换性与互联性得到了加强，媒介一体化的趋势日趋明显。

(1)媒介融合对新闻写作的积极影响。

①全民记者的出现丰富了新闻写作的视角。新媒体技术使得个人信息发布平台种类越来越多元化、功能越来越强大。博客、微博、微信等新媒体形式，大大扩展了普通人的表达渠道，而且很多博客、微博的内容也成为重要的新闻来源，甚至成功地为传统媒体设置热门话题。从新闻写作的角度看，新闻写作的主体已经不仅仅是从事新闻工作的记者，这个范围扩展到每一个公民。

②新媒体平台的应用拓宽了新闻线索渠道。在新媒体技术的引领下，各式各样的新媒体平台成为一个蕴含着众多新闻线索的资源库，记者可以通过这个宝库获取优质的新闻线索。从这个意义上说，记者获得新闻线索的渠道和方式都得到良好的改善，新闻线索呈现多样化的特征。

③新闻语言更加生动活泼。新媒体语言包括旧词新意类、符号语言、谐音词。新媒体语言，因其传神性和新颖性大大丰富和拓宽了语言表现空间，显得机智俏皮，具有丰富的韵致，能营造出幽默愉悦的表达效果，因此被报纸、广播等传统媒体吸收并广泛应用，大大增强了新闻作品的趣味性，也使新闻写作更加形象传神，更容易为年轻的读者所接受。

(2)媒介融合对新闻写作品质提出更高要求。

①加快新闻写作速度。新媒体时代，信息传播和信息接收的效度不断提高，记者可以利用新媒体平台快速发稿，受众也可以利用新媒体平台随时随地接收信息。在新媒体时代，传受双方真正实现了"零时差"的信息交流。这就要求记者在新闻写作的过程中拥有更加敏感的写作意识，进而提高写作速度，做到在最短的时间内将最真实、最准确、最全面的意思传递给受众。

②保证新闻的有效信息量。在传播媒体时代，新闻报道空话、套话过多，饱受诟病。受众之所以厌烦，其根本原因在于套话、空话过多的新闻报道无法提供足够的信息量来满足受众需求。随着人们生活节奏的不断加快，人们需要在短时间内从新闻媒体上获得足够量的信息以应对环境的变化和满足自身发展的需求。新闻报道要做到尽量短小精悍且信息量巨大，在最小的篇幅范围内提供最多的信息。这样才能有效地抓住受众。

③严守新闻真实性底线。真实是新闻的生命。这一亘古不变的道理在新媒体时代依然适用。在新媒体时代，受众可以直接接触到海量的信息，受众的信息素养不断提高。在传统媒体时代，"我说你听"的这种单向传播模式早已一去不复返。如果某个媒体在新媒体平台上传播了虚假新闻，那么很有可能在很短的时间内就会被受众识破，且大范围地传播开来。这对新闻媒体的公信力是一个巨大的打击。

④在可读性上下功夫。新媒体时代从某种意义上说是一个"注意力"竞争的时代，如何能将受众的注意力吸引到新闻报道中来，是每一家新闻媒体都应该关注的问题。现代人生活节奏快、生活压力大，这种生存特征使得当代受众更喜欢接受一些趣味性强的新闻报道。记者在进行新闻写作时，要善于运用精炼、准确、形象的语言进行叙述，借此来抓住受众。

5. 请分析媒介融合对媒介内容生产的影响。（黑龙江大学 2014 年研）

相关试题：试述媒介融合对新闻行业的影响。（北邮 2021 年研）

答：(1) 媒介融合的定义。"媒介融合"最早由美国马萨诸塞州理工大学教授伊契尔·索勒·普尔提出，原意是指各种媒介呈现多功能一体化的趋势。其概念包括狭义和广义两种，狭义的概念是指将不同的媒介形态"融合"在一起，产生"质变"，形成一种新的媒介形态，如电子杂志、博客新闻等；而广义的"媒介融合"则包括一切媒介及其有关要素的结合、汇聚甚至融合，不仅包括媒介形态的融合，还包括媒介功能、传播手段、所有权、组织结构等要素的融合。

换言之，"媒介融合"是信息传输通道的多元化下的新作业模式，是把报纸、电视台、电台等传统媒体，与互联网、手机、手持智能终端等新兴媒体传播通道有效结合起来，资源共享，集中处理，衍生出不同形式的信息产品，然后通过不同的平台传播给受众。媒介融合是信息时代背景下一种媒介发展的理念，是在互联网迅猛发展基础上的传统媒体的有机整合。

(2) 媒介融合对媒介内容生产的影响。

①内容生产的主体更加多元化。媒介内容的生产者已经不仅仅局限于传统媒体，每一位技术赋权的公民都可以参与新闻生产的过程。因此，主体更加多元化，这一方面有利于媒介内容的丰富化，另一方面也可能导致辨别信息成本的增高。

②信息呈现方式的多媒体化、可视化。媒介技术的发展带动信息接收终端不断进化，终端的智能化使得信息的呈现方式发生变化，其交互性、可视化、多媒体的趋势日趋明显。比如移动阅读的手机，现在不仅有文、图、音视频呈现信息，还有动画、全景图片、H5 页面、虚拟现实等技术的运用。

③媒介工作者工作方式的转变。目前的媒介技术已经可以做到随时随地接收信息，人们对信息的时效性要求提高，因此信息采集发布需要做到全天候；同时，在繁杂的信息世界里，人们对优质内容的需求更大，内容生产者需要增强策划能力和材料整合能力，这些都对内容生产者的工作方式造成了影响。

④媒介内容更加贴合用户。新媒介技术提高了受众的反馈性，使媒体在生产内容时能够更加了解受众需求，实现精准推送，拉近了媒介与受众之间的距离。媒介融合时代的信息产品在内容上表现出明显的交互性、针对性和个性化特征。

⑤内容生产寻求多方合作。新媒体时代，全球联系日益紧密。在各个媒体的新闻生产过程中，可以通过互联网寻求多方合作，新闻生产不再是独立一家的专属责任，而形成了众包新闻、众筹新闻等新的新闻生产方式。

⑥内容形态更为多元化。伴随着以大数据为代表的新媒介技术的发展，媒体生产的内容形态更为多元。例如，媒介融合时代的新闻产品，就出现了传感新闻、机器人新闻、大数据新闻、预测性新闻等新的新闻形态。

第十九章　新闻工作者的修养

19.1　复习笔记

【知识框架(庖丁解牛)】

- 新闻工作者的修养
  - 新闻专业主义
    - 定义
    - 发展历程
    - 新闻专业理念的压力来源
    - 职业道德准则、职业修养与新闻专业主义的关系
  - 新闻工作者的职业道德
    - 定义
    - 基本内容：职业理念、职业态度、职业纪律、职业责任
    - 新闻评议会
  - 中国新闻工作者的基本素养
    - 政治思想和道德素养
    - 工作态度和工作作风
    - 熟练的新闻实务能力

【本章概要(提纲挈领)】

本章主要论述了新闻工作者修养的相关知识。本章考点以概念题、简答题以及论述题为主，在学习时，需要着重对新闻专业主义、新闻工作者的职业道德、中国新闻工作者的基本素养内容加以把握，并大致了解新闻评议会、新版《中国新闻工作者职业道德准则》等内容。

【考点难点归纳(厚积薄发)】

考点一：新闻专业主义(见表19－1)　★★★

表19－1　新闻专业主义

<table>
<tr><th>要点</th><th colspan="2">具体内容</th></tr>
<tr><td>定义</td><td colspan="2">新闻专业主义，又称新闻专业理念，是美国新闻业对媒体的要求，是新闻职业精神的核心所在，其内涵是：服务公众、承担社会责任、真实、全面、客观、公正</td></tr>
<tr><td rowspan="3">发展历程</td><td>初步形成</td><td>美国的扒粪运动促进了新闻专业主义的形成</td></tr>
<tr><td>完成专业化</td><td>从新闻理论研究角度，1908年密苏里新闻学院成立；从新闻行业自律角度，1922年《报业信条》问世，二者共同标志着新闻专业化的完成</td></tr>
<tr><td>正式提出</td><td>二战后，《一个自由而负责的新闻界》一文中正式提出倡导，新闻媒介要专业化</td></tr>
</table>

续表

要点	具体内容	
新闻专业理念的压力来源	政治压力	如在第二次伊拉克战争中，反战言论被压制，再如美国大选中，新闻出现的精英化倾向
	市场压力	如硬新闻的减少，新闻和广告的混淆，都是将把媒体纯粹作为赢利工具的体现
职业道德准则、职业修养与新闻专业主义的关系	新闻专业主义在外化上，表现为新闻从业人员的职业道德准则；新闻专业主义在内化上，表现为新闻从业人员的职业修养	

考点二：新闻工作者的职业道德 ★★★

1. 定义

新闻职业道德是新闻工作者为了进行行业自律，自立的行为准则，它通过行业内部的自我约束和新闻工作者个人的自觉来规范新闻工作者的行为。

2. 新闻职业道德的基本内容(见表19－2)

表19－2 新闻职业道德的基本内容

基本内容	具体要求
职业理念	主要涉及新闻工作的宗旨和“为什么”“为谁”从事新闻工作。《中国新闻工作者职业道德准则》的第一条即全心全意为人民服务，要求新闻工作者要坚持以人民为中心的工作导向，保持人民情怀，及时回应人民群众的关切和期待，畅通人民群众表达意见的渠道。加强和改进舆论监督，激浊扬清、针砭时弊，坚持科学监督、准确监督、依法监督、建设性监督
职业态度	主要要求新闻工作者必须以严肃、严谨、认真、踏实的态度报道新闻。《中国新闻工作者职业道德准则》的第四条发扬优良作风中指出，新闻工作者要坚持走基层、转作风、改文风，练就过硬脚力、眼力、脑力、笔力
职业纪律	国际新闻记者联合会通过的《记者行为原则宣言》指出，记者必须遵守两条纪律：“只用公平的方法获得新闻、照片和资料”；“对秘密获得的新闻来源，将保守职业秘密”。《中国新闻工作者职业道德准则》中要求新闻工作者遵守宪法和法律法规，维护司法尊严，尊重和保护版权，进行新闻采访时要出示合法有效的新闻记者证
职业责任	确保新闻的真实、全面、客观、公正是新闻工作者的基本职业责任。《中国新闻工作者职业道德准则》的第三条指出，要坚持新闻真实性原则，尊重伦理道德，坚持网上网下“一个标准、一把尺子、一条底线”统一导向要求、管理要求。作为专业的新闻从业人员或媒体，应该担当起职业责任，不仅自己不信谣、不传谣，还要努力查证新闻真相，揭穿虚假新闻

3. 新闻评议会

(1)基本职能：保证新闻职业道德准则的执行，对媒体的表现进行评议，对一些违反职业道德的案件做出不具有法律效力的裁决，一般不受理违法案件。

(2)英国的报业总评议：世界上最早成立、影响最大的组织之一。

【考点拓展】新版《中国新闻工作者职业道德准则》

2019年12月15日，最新修订的《中国新闻工作者职业道德准则》(第四次修订)正式发布，共7条31款，距上次修订已过去10年。此次修订突出了新闻工作者在意识形态领域的重要作用，并根据媒介技术的发展、社会形势的变化、国际环境的变化加入新的要求。

考点三：中国新闻工作者的基本素养(见表 19－3)　★★★

表 19－3　中国新闻工作者的基本素养

要点	具体内容
政治思想和道德素养	①坚持马克思主义新闻观，强化党性，学好马克思，用好马克思，在错综复杂的局面中坚持正确的政治方向。 ②熟悉、理解党的方针政策和法律法规。 ③有不断学习、学习再学习的动力
工作态度和工作作风	①高度的工作责任心、严肃认真的工作态度和工作作风，将新闻工作作为自己为之奋斗的事业而奋斗终生。 ②练就过硬脚力、眼力、脑力、笔力
熟练的新闻实务能力	①要有敏锐的嗅觉和快速应变能力，通过稍纵即逝的新闻线索发掘新闻价值，并分辨真伪。 ②要努力成为全能记者，提高媒介素养，能熟练运用多种技术工具，还能够熟练地掌握一门外语。 ③要有团队合作精神，能与不同专业不同技术领域的人开展合作，并在其中不断学习

19.2　考研真题与典型题

一、概念题

1. 新闻专业理念(复旦大学 2011 年研)

2. 新闻专业主义(professionalism)(北京大学 2023 年研；兰州大学 2023 年研；川大 2018 年研；南京师大 2018 年研；华东师大 2018 年研；广西大学 2018 年研；中传 2017 年研；中山大学 2016 年研；上海交大 2015 年研；电子科大 2015 年研；厦大 2014 年研)

3. 新闻职业道德(浙江工业大学 2023 年研；中传 2018 年研；中山大学 2017 年研)

相关试题：新闻道德(华中师大 2014 年研；中传 2013 年研)

二、简答题

1. 简述新闻专业理念。(华中师大 2016 年研)

相关试题：简述有关新闻专业主义理念的代表性观点。(电子科大 2013 年研)

2. 简述新闻专业主义。(复旦大学 2018 年研；上海大学 2018 年研)

相关试题：

(1)新闻专业主义的内涵是什么？(人大 2012 年研)

(2)谈谈你对新闻专业主义的理解。(暨大 2012 年研)

(3)什么是新闻专业主义？(华南理工 2014 年研)

(4)简述新闻专业主义的特点。(广西大学 2018 年研)

3. 请简述新闻专业主义的起源、内涵以及你的评价。(华中农大 2015 年研)

4. 新闻工作者的职业道德包括哪些方面？(中南财大 2007 年研)

相关试题：何谓新闻职业道德？如何理解我国新闻从业者遵守新闻职业道德的必要性？(复旦大学 2015 年研)

5. 如何认识新闻专业主义与新闻职业道德之间的关系?(山东大学2016年研)

6. 简述中国新闻工作者职业道德准则的基本内容。(电子科大2014年研)

相关试题:新闻职业道德的基本原则和规范。(上海大学2015年研)

7. 请试述新闻从业人员应具备哪些专业素养。(电子科大2012年研)

8. 为什么说新闻敏感是新闻工作者应具备的基本职业素养?(山东大学2017年研)

相关试题:新闻敏感(名词解释,厦门大学2023年研;西安外国语2021年研)

三、论述题

1. 请简述新闻专业主义的含义和原则,并分析新媒体环境下新闻专业主义面临的挑战和机遇。(华南理工2016年研)

相关试题:

(1)谈谈新媒体环境下的新闻专业主义。(武大2016年研)

(2)论述什么是新闻专业主义,新媒体环境下新闻专业主义的内容与解释是否发生改变?(厦大2017年研)

(3)什么是新闻专业主义?你认为它现在面临什么样的困境?你认为其中哪些部分是需要坚持的、哪些又是需要改变的?(南大2017年研)

(4)新的媒介环境下,新闻专业主义面临哪些挑战,如何应对?(浙大2017年研)

(5)解析新闻专业主义。(复旦大学2018年研)

2. "5·12汶川地震"已过去一年多,但此次地震中中国传媒的表现令人耳目一新。请结合地震中传媒的表现,谈一谈传媒如何在灾难新闻报道中很好地体现新闻专业主义理念。(中国青年政治学院2010年研)

3. "自律的新闻工作者,才是能够自由的新闻工作者。"试述你对这句话的理解。(人大2015年研)

4. 论述数字传媒语境下,新闻工作者的修养、素质和责任。(上海大学2017年研)

5. 结合当代案例,谈谈媒介伦理问题。(武大2015年研)

相关试题:媒体追利而违背伦理的表现。(中传2015年研)

19.3 考研真题与典型题详解

一、概念题

1. 新闻专业理念(复旦大学2011年研)

答:新闻专业理念,是指新闻媒介必须以服务大众为宗旨,新闻工作必须遵循真实、全面、客观、公正的原则。新闻专业理念是确保新闻发挥积极社会功能的保障,也是新闻职业精神的核心所在。它是资产阶级新闻学的重要概念,也是西方新闻工作者恪守的最主要的新闻职业规范。

2. 新闻专业主义(professionalism)(北京大学2023年研;兰州大学2023年研;川大2018年研;南京师大2018年研;华东师大2018年研;广西大学2018年研;中传2017年研;中山大学2016年研;上海交大2015年研;电子科大2015年研;厦大2014年研)

答：新闻专业主义(professionalism)是指新闻工作的职业精神、职业原则和专业要求的总和，包括职业理想、职业标准和正当的业务手段，它以履行媒体的圣洁使命为目标。新闻专业主义是美国政党报纸解体后，大众化报纸兴起时，在新闻业中发展起来的"公共服务"信念，构成"改良时代行政理性主义和专业中立主义总趋势的一个部分"。新闻专业主义的目标是服务于全体人民，而不是某一利益团体，更不是媒体本身。它最突出的特点，是对新闻客观性的信念，相信可以摆脱党派和团体的立场准确地报道事实。

3. 新闻职业道德(浙江工业大学 2023 年研；中传 2018 年研；中山大学 2017 年研)

相关试题：新闻道德(华中师大 2014 年研；中传 2013 年研)

答：新闻职业道德是指新闻工作者自立的行为准则。与新闻法规是一种他律不同，它是一种自律(行业的自我约束，个人的自我约束)，主要以行业内部的相互监督、个人的自觉来抵御社会上的种种诱惑，防范不良行为，并借助于舆论力量促使新闻工作者自觉地遵守。其内容主要包括职业理念、职业态度、职业纪律、职业责任等四个基本方面。

二、简答题

1. 简述新闻专业理念。(华中师大 2016 年研)

相关试题：简述有关新闻专业主义理念的代表性观点。(电子科大 2013 年研)

答：(1)新闻专业理念的含义。新闻专业理念指新闻媒介必须以服务大众为宗旨，新闻工作必须遵循真实、全面、客观、公正的原则。新闻专业理念主要包含真实性与客观性两大原则。新闻的真实性原则要求细节真实、关系真实以及逻辑真实。新闻的客观性原则包括内容和形式两个方面：就内容而言要求新闻事实必须是客观存在的事物或客观上正在发生与发展的事实；就形式而言要求使用客观叙述手段，运用事实自身的逻辑力量，寓褒贬于客观叙述之中。

(2)新闻专业理念的发展。新闻专业理念出现在 19 世纪 90 年代的美国，为了对抗商业主义对报业的侵蚀而产生。新闻专业主义的根本理念是客观、公正报道事实的职业准则，基本的专业伦理原则是以公众知情权为法理依据，以服务大众作为其合理化基础，追求符合社会整体利益的责任意识和道德精神，抛弃煽情主义、黄色新闻和政党话语，倡导客观性原则。美国有关新闻专业主义的实践包括创办专业期刊、专业协会、专业教育，以此普及新闻专业知识，灌输服务公众和新闻自律的观点。

目前，新闻专业理念受到来自政治和市场的双重压力。针对这一现状，各国记者协会都制定了新闻从业人员的职业道德准则，通过行业自律，来坚守新闻专业主义。

2. 简述新闻专业主义。(复旦大学 2018 年研；上海大学 2018 年研)

相关试题：

(1)新闻专业主义的内涵是什么？(人大 2012 年研)

(2)谈谈你对新闻专业主义的理解。(暨大 2012 年研)

(3)什么是新闻专业主义？(华南理工 2014 年研)

(4)简述新闻专业主义的特点。(广西大学 2018 年研)

答：新闻专业主义(professionalism)，是新闻工作的职业精神、职业原则和专业要求的总和，包括职业理想、职业标准和正当的业务手段，它以履行媒体的圣洁使命为目标。新闻专业主义是美国政党报纸解体后，大众化报纸兴起时，在新闻业中发展起来的“公共服务”信念，构成“改良时代行政理性主义和专业中立主义总趋势的一个部分”。新闻专业主义的目标是服务于全体人民，而不是某一利益团体，更不是媒体本身。它最突出的特点，是对新闻客观性的信念，相信可以摆脱党派和团体的立场准确地报道事实。

新闻专业主义这一概念涵盖的内容可以概括为以下几条：

(1)专业(行业)意识：监测社会环境的责任意识。

(2)职业规范意识和评价标准。对新闻专业行为的评价标准应该是客观的，可以测量的。

(3)新闻从业人员具备专业知识、技能和传媒的专业培训机制。新闻从业人员要具备比一般人多得多的知识储备，具备跟得上科技发展的操作技能。每一个传媒单位应该有一套专业的培训制度，不断地进行知识更新。这三个方面都是衡量一个媒体、一个行业是否专业的标准。

(4)严格、客观的专业资格的认可制度。形式上，我国的传媒都有专业资格的认可程序，助理记者、记者、主任记者、高级记者，编辑有职称，初级、中级、副高、正高。但在专业资格认可的过程中，行政力量的影响很大，专业标准很难把握。

(5)专业内部的自律。自律本身要专业、有一套制度保证自律的执行。自律的对立面是他律，如果新闻业不能通过组织或行业规范指导约束自身行为，就会被行政力量介入，因此自律对于新闻业的自由发展非常重要。

(6)专业精神的范例。专业主义倡导的专业精神范例不是组织的产物，而是自发产生的，它应该存在于每位新闻传播从业人员的心中，不是外在的东西。

此外，要求新闻从业人员形成专业意识，需要形成这种意识的条件，与责任、权利、利益相统一，准确落实，使传媒业各种职能或身份的人员充分到位，编辑部门和经营部门分开等。

3. 请简述新闻专业主义的起源、内涵以及你的评价。(华中农大 2015 年研)

答：(1)新闻专业主义的起源。新闻专业主义起源于 19 世纪末 20 世纪初普利策的某些新闻思想，以 1911 年威廉博士制定的《记者守则》为标志，形成了新闻专业理念的基本框架。

19 世纪 30 年代后，大众化报纸在美国迅速发展。以地方新闻、社会新闻为主要内容的大众化报纸迎合了受众渴望接近性、趣味性新闻的需求，给读者焕然一新的感觉。但 19 世纪末报业市场激烈的竞争，以及大众化报业对利润的追求，使煽情性、刺激性新闻屡现报端，甚至导致黄色新闻泛滥。1896 年，阿道夫·奥克斯购买《纽约时报》，为报纸提出“高尚的新闻政策”“独立公正的评论”和“正确详尽的新闻资料”三大目标，与刺激性的黄色新闻相对抗。从此新闻发生了很大的变化。

1904 年，普利策提出，商业主义在报业经营中具有合法的地位，但它仅限于经理部。报业必须具有能力，大公无私，训练有素，深知公理并有维护公理的勇气，才能保障社会道德。塑造国家前途之权，就掌握在未来新闻记者的手中。

1908 年，著名新闻学者瓦尔特·威廉博士建立了密苏里大学新闻学院，该学院以提高新闻道德、培养报业专业人才为宗旨。他在1911年制定的《记者守则》中提出“我确信报业是职业”的观点，这是新闻专业主义的最初内容和基本理念。

1913年，约瑟夫·普利策之子、时任《纽约世界报》总裁拉尔夫·普利策设立了“准确性办公室”。他补充了新闻专业主义的两个目标：报道事实，事实必须准确。拉尔夫选择艾塞克·D. 怀特主持准确性办公室的工作，初步提出了新闻专业主义的标准。

总之，新闻专业主义是美国政党报纸解体后，大众化报纸兴起时，在新闻业中发展起来的“公共服务”信念，构成“改良时代行政理性主义和专业中立主义总趋势的一个部分”。

(2)新闻专业主义的内涵。参见本章简答题第2题答案。

(3)对新闻专业主义的评价。新闻专业主义对于新闻业有重要的价值：新闻专业主义要求媒体积极发挥信息功能与监督功能，承担起“守望者”的角色；提倡新闻专业主义，对于推动媒体贯彻新闻的真实、客观、公正、全面与平衡原则，引导记者反映社会真相，揭示社会发展趋势具有重要的作用；虽然不受控制的媒体是不存在的，但是提倡新闻专业主义可以帮助媒体提高认识，注意划清与政治集团、经济集团错误控制的界限，警惕被邪恶力量所利用。

但由于新闻职业的专业化过程尚未完成，新闻专业主义还不能称得上严格意义上的专业主义，而是存在种种局限性：新闻记者们不愿指责违反专业标准的同行，职业协会经常会形成封闭式的团体；新闻媒介的专业标准可能过度抽象和模糊，难以被贯彻执行；新闻媒介的专业化不包括专业训练和专业执照标准；媒介从业者对自己的工作拥有较少的独立控制权；违反新闻媒介的专业标准很少有立即可见的后果。

4. 新闻工作者的职业道德包括哪些方面？(中南财大2007年研)

相关试题：何谓新闻职业道德？如何理解我国新闻从业者遵守新闻职业道德的必要性？(复旦大学2015年研)

答：(1)新闻职业道德包括职业理念、职业态度、职业纪律、职业责任四个基本方面，其具体阐述参见本章考点难点归纳相关内容。

(2)我国新闻从业者遵守新闻职业道德的必要性主要体现在：

①新闻职业道德在新闻传播活动中起到了调节作用。新闻职业道德是调节新闻工作者职业行为准则的总和，因此，调节就是它的基本职能。

②新闻职业道德对社会道德有重大的影响作用，新闻事业的主要部分是新闻工作者利用传播媒介所进行的新闻传播活动。

③新闻道德对新闻工作者的职业行为起指向作用。新闻工作者在职业活动中具有一定的职业技能和高度的社会责任感以及对现实生活的感悟力，是其成为新闻队伍中的优秀分子和成功者的基本素质和必备条件。

④新闻职业道德对新闻工作者具有自我调节作用。自我调节是指新闻职业道德不仅能够对社会和他人产生作用，还能够反过来影响新闻工作者自己，以提高自我心理调适的能力和水平。

5. 如何认识新闻专业主义与新闻职业道德之间的关系？(山东大学2016年研)

答：(1)新闻专业主义，是指新闻工作的职业精神、职业原则和专业要求的总和，包括职业理想、职业标准和正当的业务手段，它以履行媒体的圣洁使命为目标。新闻专业主义是美国政党报纸解体后，大众化报纸兴起时，在新闻业中发展起来的“公共服务”信念，构成“改良时代行政理性主义和专业中立主义总趋势的一个部分”。新闻专业主义的目标是服务于全体人民，而不是某一利益团体，更不是媒体本身。它最突出的特点是对新闻客观性的信念——相信新闻媒体可以摆脱党派和团体的立场准确地报道事实。

(2)新闻职业道德，又称新闻道德，是指新闻工作者自立的行为准则。与新闻法规是一种他律不同，新闻道德是一种自律(行业或个人的自我约束)，主要以行业内部的相互监督、个人的自觉来抵御社会上种种诱惑，防范不良行为，并借助于舆论力量促使新闻工作者自觉地遵守。其内容主要包括职业理念、职业态度、职业纪律、职业责任四个基本方面。其内容和形式最终取决于社会存在，取决于社会的物质生活条件。较之于其他职业道德，新闻道德具有更为鲜明的阶级性和更为强烈的政治色彩，是对新闻传播活动的一种特殊的调节规范体系。

(3)二者之间的关系。新闻专业主义和新闻职业道德是一种相互影响和相互作用的关系，这种关系不是恒定不变的，而是一种动态平衡。主要表现为以下几个方面：

①二者在概念所包含的维度上有相似之处。新闻专业主义中的社会功能、新闻从业者的使命和社会责任对应着新闻职业道德中的职业职责和职业权利。同时，新闻职业道德中的职业利益与新闻专业主义中的行为准则密切相关，新闻从业者只有在满足一定行为准则的条件下，才能够获得其相应的职业利益。

②二者在观察问题角度和外延意义上的侧重点不同。新闻专业主义是从职业视角来考量新闻从业过程中的一些指导原则；而新闻职业道德是从内在的和外在规范或调整的角度来研究新闻从业者在新闻报道活动中所应遵从的规范，前者是业务性和实践性的，后者是规范性和约束性的。

③二者在不同时期具有不同的关系。在新闻专业主义形成的过程中，新闻职业道德是一个必要条件，随着新闻职业道德的不断完善，新闻专业主义也不断精细化和科学化。不同国家、不同意识形态、不同社会制度的职业道德体系不同，并且随着时代和社会的发展变迁而不断变化，对新闻专业主义的追求和衡量标准也不断变化。

6. 简述中国新闻工作者职业道德准则的基本内容。(电子科大2014年研)

相关试题：新闻职业道德的基本原则和规范。(上海大学2015年研)

答：新闻职业道德是新闻工作者在长期的职业实践中形成的调整和处理新闻机构内外相互关系的行为规范或准则。中国新闻工作者职业道德准则的基本内容是：

(1)全心全意为人民服务。要忠于党、忠于祖国、忠于人民，把体现党的主张与反映人民心声统一起来，把坚持正确导向与通达社情民意统一起来，把坚持正面宣传为主与加强和改进舆论监督统一起来，发挥党和政府联系人民群众的桥梁纽带作用。

(2)坚持正确舆论导向。要坚持团结稳定鼓劲、正面宣传为主，唱响主旋律，不断巩固和壮大积极健康向上的舆论。

(3)坚持新闻真实性原则。要把真实作为新闻的生命，坚持深入调查研究，报道做到真实、准确、全面、客观。

(4)发扬优良作风。要树立正确的世界观、人生观、价值观，加强品德修养，提高综合素质，抵制不良风气，接受社会监督。

(5)坚持改革创新。要遵循新闻传播规律，提高舆论引导能力，创新观念、创新内容、创新形式、创新方法、创新手段，做到体现时代性、把握规律性、富于创造性。

(6)遵纪守法。要增强法制观念，遵守宪法和法律法规，遵守党的新闻工作纪律，维护国家利益和安全，保守国家秘密。

(7)促进国际新闻同行的交流与合作。要努力培养世界眼光和国际视野，积极搭建中国与世界交流沟通的桥梁。

7. 请试述新闻从业人员应具备哪些专业素养。(电子科大 2012 年研)

答：新闻从业人员的专业素养是指新闻从业人员从事新闻传播活动所应当具备的素质和修养，这是其从事新闻传播工作，承担好自身的职业角色的基本保证。具体而言，新闻从业人员应具备以下素养：

(1)政治思想和道德素养。

①坚持马克思主义新闻观，强化党性，学好马克思，用好马克思，在错综复杂的局面中坚持正确的政治方向。

②熟悉、理解党的方针政策和法律法规。

③有不断学习、学习再学习的动力。

④要有正确的道德伦理观念，以尊重、平等的态度对待每一个新闻对象。

(2)工作态度和工作作风。

①高度的工作责任心、严肃认真的工作态度和工作作风，将新闻工作作为自己为之奋斗的事业而奋斗终生。

②练就过硬脚力、眼力、脑力、笔力。

(3)熟练的新闻实务能力。

①要有敏锐的嗅觉和快速应变能力，通过稍纵即逝的新闻线索发掘新闻价值，并分辨真伪。

②要努力成为全能记者，提高媒介素养，能熟练运用多种技术工具，还能够熟练地掌握一门外语。

③要有团队合作精神，能与不同专业不同技术领域的人开展合作，并在其中不断学习。

8. 为什么说新闻敏感是新闻工作者应具备的基本职业素养？(山东大学 2017 年研)

相关试题：新闻敏感(名词解释，厦门大学 2023 年研；西安外国语 2021 年研)

答：(1)新闻敏感，是指新闻工作者及时识别新闻价值的能力，即新闻工作者的感官对新闻人物、新闻事件、新闻事实所蕴含的新闻价值的敏锐感知能力。这是新闻工作者必备的能力，是一种职业敏感，是长期从事新闻实践的经验和结晶。新闻工作者能不能在纷纭繁杂、浩如烟海的新闻事实中，及时发现并敏锐分辨有价值的新闻事实，其直接着力点靠新闻敏感。西方新闻界通常称新闻敏感为新闻嗅觉，或称“新闻鼻”“新闻眼”。

(2)新闻敏感是新闻工作者应具备的基本职业素养。

①新闻敏感性强的记者，能够很快地辨识何种新闻读者会感兴趣，并善于以读者喜闻乐见的方式把它表达出来；能够很快辨识本身虽不重要、却能引出其他重要新闻线索的信

息；能够辨识在一条新闻的许多材料中何者最为重要；能够将手头消息的某些部分，变换角度，改写成更有新闻价值的报道。

②新闻敏感性强的记者在新闻写作过程中能够对事实材料不断进行分析与综合。分析是指善于把事实整体的各个特征、各个方面分解出来；更为高级的分析称为抽象，即能够抽出事物的本质属性。综合是指善于把事实的各个特征、各个方面联系与结合起来思考；更为高级的综合称为概括，即能够将事物的本质属性联系起来，并推广到同一类事物上去。分析与综合在新闻写作的思维过程中是反复不断进行的。但与其他文字写作的概括与抽象思维不同，新闻写作要有从复杂的事物中迅速而准确地“拎出新闻”的功夫，即在选择事实时“直取要害”，在揭示深度上“直取内核”，而这也是新闻敏感的应有之义。

因此，新闻敏感是新闻工作者必须具备的素质之一，是新闻工作者长期从事新闻实践活动练就的能力和经验，是一种新闻职业的敏感性，是一种顿悟式的思维活动，是新闻工作者政治水平、理论水平和业务能力的综合表现。

三、论述题

1. 请简述新闻专业主义的含义和原则，并分析新媒体环境下新闻专业主义面临的挑战和机遇。（华南理工2016年研）

相关试题：

(1)谈谈新媒体环境下的新闻专业主义。（武大2016年研）

(2)论述什么是新闻专业主义，新媒体环境下新闻专业主义的内容与解释是否发生改变？（厦大2017年研）

(3)什么是新闻专业主义？你认为它现在面临什么样的困境？你认为其中哪些部分是需要坚持的、哪些又是需要改变的？（南大2017年研）

(4)新的媒介环境下，新闻专业主义面临哪些挑战，如何应对？（浙大2017年研）

(5)解析新闻专业主义。（复旦大学2018年研）

答：(1)新闻专业主义的含义。

参见本章概念题第2题答案。

(2)新闻专业主义的原则。

①新闻业是一种独立的职业，媒体中立的立场、客观的报道是保障新闻独立的切实措施。

②媒体是一种公共信托，是大众的信托人，要树立为公众服务的理念。

③媒体要传播真实、真相和真理。

④对读者的忠实，是一切媒体名副其实的基础，贿赂别人或受人贿赂，都是对受众的背叛。

(3)新媒体环境下新闻专业主义面临的挑战。

①由于公民记者的参与，新闻报道中出现大量不专业、不合格的信息。公民记者不同于专业培训的新闻工作者，缺乏新闻专业主义在道德层面和能力层面的双重要求。公民记者对于新闻职业操守和道德的认知，以及对新闻传播的认知、思考和报道事件的方法、能力都与职业记者有较大的差距。这导致了公民新闻的质量没有保证。

②把关人角色的缺位。新媒体时代，传统媒体所扮演的把关人角色随着传播者门槛的降低和传播者的增多而逐渐淡化。很多信息已经不需要经过专业新闻从业人员的过滤和选择，可以直接传递给受众。把关人角色的缺失，使得信息在传播过程中数量激增的同时质量骤减，互联网上传播的任何一条消息都有可能遭到主观意识的折射和歪曲。

③非理性化舆论倾向的不确定性增加。以传者为主的新闻生产格局向以受众为主的生产格局转型，商业主义的势头又悄然升起。在受众为王的时代里，网民情绪化、个人化的倾向值得关注和警惕，更要谨防网络舆论引起的媒介审判的危害。

④利益集团信息垄断的可能性增加。新媒体时代是基于技术发展的，如果谁掌握了新技术门户的入口，就意味着对信息传播具有垄断。一旦控制着网络传播入口的重要门户网站丧失了新闻专业主义操守，和一些利益集团联合起来垄断信息，操纵传播，就有可能带来难以想象的信息控制和垄断，造成空前的危害。

(4)新媒体环境下新闻专业主义面临的机遇。

①公民记者的出现使得新闻信息更接近事实真相。公民记者来自社会各个阶层，对他们而言，新闻就是生活。他们通常都是用生活中的“第一手资料”传播信息，尤其是在某些突发性事件发生后，专业记者拿到第一手资料的可能性非常小，而广大公民记者的出现弥补了这一空缺。同时，因为公民记者并没有顶着记者光环，在某种意义下，他们对于事实的报道反而少了一些顾虑和禁忌，少了一些干扰和诱惑。某些情况下，他们比职业记者更有可能接近事实的真相。从这个角度出发，公民记者与职业记者互为补充，相互促进，将触角最大程度地伸向社会的各个角落，共同挖掘真相，行使正义。

②报道客观性增强。新媒体时代全方位、多渠道、低门槛等信息传播特点，直接使得信息的传播者增多，同时导致了信息量的增加，报道视角相应增多。被报道的事实会通过各个角度得到全面完整地呈现，真理往往就在反复地争论和探讨中脱颖而出。从这个意义上讲，客观报道的可能性增大，受众可以不必被一种声音所蒙蔽，可以通过在海量信息中甄别判断，找到真相。

③保障公众的知晓权。互联网技术的快速发展使得新闻媒介的双向传播模式成为可能，受众在传播过程中的参与性得到了最大程度的尊重和拓展，甚至，他们可以直接介入新闻信息的传播过程，影响和改变传者的行为。因此，公众的知情权更具有保障，落实为公众服务的目标看起来更加具有可行性。

④新闻媒介的独立和自由成为可能。新媒体时代“单对单”“多对多”“单对多”等多种信息传播方式并存的局面，使得人人都有可能向公众发布信息。科学技术的进步和突破一定程度上弱化了传媒界的两大干扰力量——政治因素和经济因素的影响。纷繁复杂的信息发布渠道和来源，使得任一利益集团试图控制传媒的难度增大。从这一意义上讲，新闻专业主义提倡的“独立性、自由性”在新媒体时代能够获得更大的发展空间。

2. “5·12汶川地震”已过去一年多，但此次地震中中国传媒的表现令人耳目一新。请结合地震中传媒的表现，谈一谈传媒如何在灾难新闻报道中很好地体现新闻专业主义理念。(中国青年政治学院2010年研)

答：新闻专业主义(professionalism)是资产阶级新闻学的重要概念，也是西方新闻工作者恪守的最主要的新闻职业规范。新闻专业主义核心的理念，一是客观性新闻学，一是新闻媒介和新闻工作者的独立地位和独特作用。

灾难报道，从最直接的含义来说，就是报道发生的灾难。灾难一发生，新闻人的敏感和热情就会立即被调动起来，从而使他们最快地奔向第一现场。2008 年 5 月 12 日，四川发生大地震之后，中央电视台首度 24 小时滚动直播，各家中外媒体各显神通，第一时间传递灾情和救援情况，使灾难报道终于拨云见日，得到全社会的全面认识。

在我国，灾难报道经历了明显的发展变化过程，处于变化中的中国传媒，要在灾难新闻报道中更好地体现新闻专业主义理念，还需要注意以下方面：

(1)新闻从业者需认识到，灾难报道是一项专业新闻技术，是新闻实务操作里面一个特殊的分支。

灾难报道是一项技术工作，并不是只要有新闻热情就可以完成。它的复杂性在各种报道之中，几乎首屈一指，它要求记者既要有专业的科学知识、灾难常识和救援知识，还要有对人性、人心的洞察和了解，其难度不亚于记者公认的最高追求——战地报道。

灾难报道至少包含以下要素：政治环境、社会环境、事实、相关人士(受害者、救援者)、科学因素、心理因素。这对记者的综合素质要求极高。一个优秀的灾难报道记者，必须熟悉政策环境、社会总体环境和当地社会环境，能迅速了解事实真相，具备科学理论基础，拥有健全的身心健康，同时还有恰当的交流沟通方式。

所以，灾难报道是新闻专业主义的一个重要领域，灾难报道必须是具有科学精神的报道。这方面必须由有识之士和专业人士进行长期的研究和探讨。

(2)在解决了技术范畴的问题之后，新闻从业者对灾难报道仍然有重大的认识问题需要厘清。

面对巨大的灾难，记者这个社会角色被赋予的功能就是第一时间传递信息，通报灾情，引起全社会的高度关注，并唤起社会的凝聚力。这是媒体社会责任的重要体现。

很多记者，甚至是进行一线报道的记者，有时仍然对大灾难降临之后的新闻报道的作用心存疑虑。他们在现场经受着作为自然人和新闻人的巨大伦理冲击：从自然人的角度出发，他们认为自己应该去救人，救出一个是一个，而不是试图以旁观者的姿态，用笔和镜头记录。很多记者在这种巨大的冲击面前丧失了内心的平静，感到沮丧、无力或者动摇，还有的记者为此产生了严重的心理问题。

总之，灾难报道在中国经历了一个特殊的发展过程，目前中国媒体的灾难报道还处在起步阶段。20 世纪 50 ~ 80 年代间，大量的灾难报道被处理成政治报道，更多的被处理为社会新闻报道。而纪实文学《唐山大地震》、关于大兴安岭火灾的“红黑绿咏叹调”系列报道、1998 年的抗洪报道、2003 年的非典报道、2008 年初的雪灾报道以及年中的汶川地震报道，是从 20 世纪 80 年代中期以来，中国灾难报道发展的一个个里程碑。它们都是在极端困难的条件下操作的，并都引起了巨大的社会反响，在帮助国家战胜灾难的同时，也极大地促进了中国灾难报道的发展。

3. “自律的新闻工作者，才是能够自由的新闻工作者。”试述你对这句话的理解。(人大 2015 年研)

答：新闻自由是指公民拥有出版权、采访权、发布权。新闻自律是指新闻传播者的职业道德自律，是新闻传播者在道德上所进行的自我约束，其目的是防止滥用新闻权利，对社会和民众尽责。在新闻传播活动中，新闻自律是新闻传播者的一种自我行为控制。

(1)新闻自律和新闻自由的概念。

①新闻自律的目的是防止新闻工作者滥用新闻自由，实质是对新闻自由的一种保护。保护新闻自由是现代国家最大、最主要的一条新闻法规。正因为有新闻自由，才需要有防止滥用新闻自由的规定；防止滥用新闻自由，一定意义上也是保护真正的新闻自由。

②新闻自由是一种权利，新闻自由权属于人民所有。在现代社会，公众深深依赖着新闻媒介。为了避免新闻工作者歪曲事实真相，误导受众，侵犯受众知晓权、名誉权和隐私权等，新闻工作者必须自律。

(2)对新闻自由和新闻自律关系的理解。

①新闻自由具有政治性，政治制度决定新闻自由。我国的新闻工作者必须遵循党性原则，以党和国家的利益为重，注重社会效益大于注重经济效益。因此，新闻工作者要获得充分的新闻自由，首先要承认其政治性，并严格自律。

②新闻自由具有相对性，它是一定范围、一定限度内的自由。任何自由都是有界限的，没有绝对的自由、没有纯粹的民主，自由不是为所欲为、不是无政府主义。优良的界限必须反映公民的统一意志，并以国家意志的外化形式——法律规定下来。因此，法律就是自由的界限。新闻工作者的新闻自律还体现在新闻自由在法律的界限以内。

③新闻传播者是新闻信息活动中最活跃、最重要的因素。他们肩负着重要的社会责任，要对国家、民族、社会和每个民众负责。没有崇高的社会责任感，没有很好的新闻自律，他们就难以完成社会和民众赋予的使命。新闻传播者需要拥有广泛的新闻自由，但同时，也只有忠诚于自己的职业，履行自己的社会义务，严格自律，才有资格享受新闻自由。

④从根本上而言，自律才是自由的保障，只有新闻工作者进行自律，才能实现新闻自由的夙愿。在当下传媒业迅猛发展的社会中，传媒行为对社会生活的干预程度和范围越来越深入和广泛，传媒人员若滥用传媒权利，必会因损害他人权益而引发诸多矛盾和冲突。因此，新闻工作者在采访报道过程中应该更加重视自律。只有自身自觉遵守职业道德规范，将新闻素养内化成新闻工作者的内在准则，才能在遵守法律法规的基础上获得更多更大的自由和操作空间而不受太多行政束缚和干预，才能拥有更加独立自由的话语权。

综上所述，虽然新闻自律条目众多，但新闻工作者以此为报道准则并不是自缚手脚的表现，而是借自律提高专业水平，维护新闻伦理，并赢得受众的信赖与尊重，从而使新闻自由得到保障。

4. 论述数字传媒语境下，新闻工作者的修养、素质和责任。(上海大学2017年研)

答：与传统媒体语境相比，数字传媒语境下的新闻报道呈现出传播速度更快、时间更自由、空间更广阔以及传播的交互性和方式多样性等新特征，也因此对新闻工作者提出了新的要求。

(1)数字传媒语境下新闻工作者的修养。新闻传播者的修养是指新闻传播者为了工作需要，经过长期的锻炼和培养，在思想理论、道德品质和知识技能等方面所达到的一定水平，包括理论修养、知识修养、道德规范。

①理论修养。我国的新闻工作是党和人民的耳目喉舌，这一点无论在什么媒体语境下都不会改变。新闻传播者应该具备马克思主义新闻传播理论的功底，坚持辩证唯物主义和

历史唯物主义的立场观点和方法，坚持理论联系实际，坚持实事求是，坚持实践是检验真理的唯一标准。在数字传媒语境下，新闻工作者应积极利用新媒体的传播优势在新闻岗位上宣传真理，捍卫真理，在为维护党和人民利益忘我奋斗的同时热爱党和人民，热爱党和人民的新闻事业。

②知识修养。新闻传播者应该具备能够在实践中运用自如的基础知识，也必须具备与工作有关的各个学科的基础知识。在数字化媒体时代，信息不再稀缺，真正稀缺的是真知灼见，这就要求新闻工作者要具备宽广的知识面和一定的专业知识，不断加强自身的理论水平和写作功底，提高采写编评方面的专业技能，增强自身新闻敏感，写出更有意义、更有价值的新闻作品。

③道德规范。新闻传播者的道德规范是指在特定社会历史条件下，通过各种形式的教育和社会舆论的力量逐渐形成的，调整新闻传播者之间以及新闻传播者和社会之间关系的行为准则的总称。数字化媒介语境对过去的职业道德规范有了更高的要求：在日益激烈的竞争和越来越丰厚的诱惑中，新闻工作者应该坚守住底线，坚持为人民服务的职业理念和严谨踏实的职业态度。遵守职业道德，拒绝各种形式的有偿新闻；承担职业责任，确保新闻的真实、全面、客观、公正。

(2)数字传媒语境下新闻工作者的素质。新闻传播者的素质是新闻传播者在从事新闻实践的过程中，为了完成或实现自身的目标或任务，所应该掌握和具有的某些特点、专长和能力，包括政治素质和业务素质。

①政治素质。政治素质是新闻传播者的基本素质，是指新闻传播者在大量错综复杂的客观事物面前所具有的坚定的政治立场和鲜明的政治倾向性。具体表现为：积极坚持和宣传四项基本原则，自觉在政治上和党中央保持一致，在原则问题上立场坚定，态度鲜明；对人民有极大热忱，敢于为人民利益赴汤蹈火，不为个人利益动摇政治信念；有坚持真理、为真理献身的精神，无论什么情况敢于讲真话讲真理，不唯上、不唯权，只唯实；深入群众，和人民同呼吸共命运齐爱憎，不做生活旁观者。新闻工作者的政治素质是在任何时代都必备的。在数字媒体语境下，信息的全球化和多元化大大丰富了人们的视野，也带来了一些新的新闻观念和实践，但新闻工作者的政治理论修养不容忽视。

②业务素质。业务素质是新闻传播者的重要素质，主要表现为出色的社会活动能力，社会调查研究的基本功——观察、分析、判断、写作，较强的新闻敏感和出色的文字表达能力，以及驾驭现代采编工具的能力。在数字化媒体时代，新闻工作者应努力培养自己成为全能型记者，一专多能，积极学习掌握新媒体技术手段和方法。与此同时，数字化媒体也特别需要专家型记者，在人人都是传播者的时代，新闻报道质量参差不齐，人们期待专业的新闻工作者对海量信息做出正确的解读，有深刻的分析和独到的见解。

(3)数字传媒语境下新闻工作者的责任。新闻舆论工作者的社会责任，是指从事新闻职业活动的人员对其职业行为所产生的社会作用和社会意义所应承担的责任。社会责任是构成新闻传播活动的基础，它是新闻工作者基于一定的政治立场、思想意识、价值观念和业务水平，在内心信念和道德责任感的驱使下，自觉履行的对事实、受众和社会应尽的职责和使命，也是社会对新闻工作者提出的最基本的道德要求。

新闻是人类社会一种特殊的认识与反映形式，它在促进社会的有序发展、推动社会的全面进步方面发挥着巨大的作用。而新闻工作者在新闻信息的传播活动中始终居于主体地位，担当了传播学中所称的“把关人”角色，掌握着信息发布和传播的选择权。因此，不管处于什么时代，新闻工作者都要时刻牢记新闻工作的社会责任，要保持政治上的清醒和坚定，一切从大局出发，严格把关，严守纪律，积极满足受众的信息需求和文化需求，做好舆论监督，正确引导舆论。

而在数字传媒语境下，新闻工作者的社会责任的操作内涵更为丰富，突出的两点如：新闻工作者应当尽量完整地报道新闻，避免过于碎片化的传播，不能为迎合互联网的快餐化消费而跟风凑热闹，不能忽视新闻报道的整体性和全面性；新闻工作者应当提升沟通表达的能力，避免因新闻报道失实、遣词造句不当等引发群众负面情绪，甚至引发网络舆论暴力。

5. 结合当代案例，谈谈媒介伦理问题。（武大 2015 年研）

相关试题：媒体追利而违背伦理的表现。（中传 2015 年研）

答：（1）媒介伦理的含义。媒介伦理是指新闻媒体在新闻业务中涉及职业道德、业务规范和社会责任的伦理问题。媒介违背伦理的现象被称为伦理失范。我国“事业性质、企业管理”的媒介性质导致媒介追求社会效益和经济效益的双重任务。

（2）互联网时代，媒介伦理失范现象十分突出，主要表现在以下几个方面：

①虚假信息泛滥，扭曲客观事实新闻报道。当下互联网自媒体平台生产的信息内容丰富，用户规模庞大，交互性强。有些自媒体用户为了寻求刺激，制造话题来吸引受众的关注，煽动受众情绪，形成舆论风波。

②低俗信息充斥眼球。互联网是一个开放的共享平台，网民素质参差不齐，有的人为了吸引受众的视线，发布色情低俗的内容，最具有代表性的是低俗网红为赚取流量在法律的边缘试探，直播贩卖低俗、色情的内容，广泛传播谣言和低俗信息，长此以往会影响人们的道德观念和心理健康。

③网络暴力盛行，人肉搜索侵犯隐私。信息社会的高速发展使得大量的私人话题涌入公共领域。互联网的隐匿性为网络民意的表达提供了安全生长的空间。其中最典型的是语言暴力和人肉搜索，利用网络，参与人数量庞大，通过人工搜索曝光当事人的个人隐私，对其进行言论骚扰。最典型的有“德阳女医生自杀”以及轰动海内外的“韩国女星崔雪莉自杀”事件，当事人不堪人肉搜索和网络暴力而自杀。

④网络侵权问题激增，版权意识薄弱。用户在浏览网站、微博、微信公众号等平台时，发现有意思、具有新闻价值的信息时，未经原作者授权或不标明来源，对他人作品随意进行转载发布，据为己有。除转载他人文章外，“洗稿”也是自媒体传播中最常见的一种侵权行为，把别人的文章拿来，用自己的言语整合包装成自己写的文章。例如“甘柴劣火”洗稿风波等。

（3）媒介伦理失范的原因。

①在信息社会，人与人之间面对面的交流大大减少，取而代之的是间接的、非面对面的，甚至是匿名的交往模式。在 Web2.0 时代，人人都可以是信息的提供者，人人都可以是媒体，增加了新闻控制的难度和虚假新闻、侵犯隐私等媒介伦理失范事件发生的几率。

②现阶段我国新闻伦理制度不健全，并滞后于市场经济的发展。传统的新闻伦理制度

受到市场经济和外来文化的冲击而被解构，适应新形势发展要求的、新的、为社会所普遍认同的新闻伦理制度尚未建立，导致一系列新闻伦理问题从转型期出现的伦理制度的断裂中产生。

③我国新闻体制的转型不是在市场经济磨合中的自然转型，而是一种行政性的强制转型。新闻媒体的双重属性相互矛盾，造成产业属性宰制工具属性、经济利益宰制新闻活动的局面。在传媒市场化的经营中，新闻媒体的产业属性决定了它在市场利益的驱使下去谋求自身资本的储备，实现资本与“知”本的相互转换，拓展市场竞争空间。作为党和政府的喉舌，决定了它在追求经济效益的同时也必须承担相应的社会责任，但是在激烈的市场竞争压力之下，新闻媒体在操作方法、经营理念、运营模式以及编辑方针等方面都不同程度地表现出商业化的市场取向。

(4)治理媒介伦理失范的建议。媒介伦理失范是多方面的原因造成的，因此媒介伦理失范的治理是一项系统工程，它必然涉及政府、社会、媒体以及个人等多方面的努力与合作。只有形成一个良好的媒介道德环境，才能从根本上解决这一问题。

①矫正新闻工作者伦理观念，提高从业人员职业道德素养。新闻工作者之所以会出现新闻伦理观念的偏差，主要是因为自身知识水平的不足以及在工作中缺乏正确的道德引导，而这一点又与新闻工作者的道德素养及受教育程度密切相关。新闻工作者不仅是教育者，而且是受教育者，其自身的伦理道德水平直接关系到整个新闻行业的道德水平的发展。对新闻工作者的伦理道德教育应主要包括三方面：

a. 要培养和提高新闻工作者对新闻职业道德的认识。

b. 要陶冶新闻工作者的职业道德情感。

c. 要锻炼新闻工作者的职业道德意志。

②严格新闻媒体审查程序，加强政府与社会的道德监督。治理新闻媒体伦理失范现象最直接最迅速的途径就是严格新闻发布的伦理审查程序，并加强相应的政府和社会的道德监督。

a. 新闻伦理审查程序是对新闻发布的直接道德监管，需要认真对待。通过对虚假和缺乏社会责任的新闻进行伦理审查，可以让这些新闻无法进入发布渠道。即一方面，要通过国家法律法规的建立健全、行政规章的严格执行等，从外部来加以约束，增强他律；另一方面，媒体把关也应与时俱进，营造积极有利的媒介环境。

b. 新闻媒体必须接受人民的道德监督，媒介自律要与群众监督相结合。在我国，新闻媒体自身掌握着舆论监督的武器，除了法律和规章制度之外缺乏对媒体的社会监督，广大公众要主动承担起监督媒体的义务，对有偿新闻和虚假报道等违反媒介伦理的行为进行举报，并不断提高自身的媒介素养与审美意识，自觉抵制低俗、庸俗之风。

③媒介组织要加强制度建设，完善激励约束机制，倡导正确的伦理文化，切实提高从业者素养。媒介组织激励机制的不健全与追求效益最大化发生冲突时必然导致媒介伦理失范，因此要建立有效的激励机制保障媒体从业者的基本利益，将媒体的营利行为引向合理合法的途径。同时，媒体也要自律，不断提高自身的社会公德意识和责任感，并以此来规避媒介伦理失范事件的发生。

第二十章　中国的新闻改革

20.1　复习笔记

【知识框架(庖丁解牛)】

- 中国的新闻改革
  - 百年党史上的四次新闻改革
    - 党报与党组织的关系
    - 党报与公众的关系
    - 媒体与市场的关系
    - 媒体与技术的关系
  - 2G到5G的技术变革
    - 2G时代(1994~2007年)
    - 3G时代(2008~2012年)
    - 4G时代(2013~2018年)
    - 5G时代(2019年至今)
  - 新闻学科建设
    - 中国新闻传播学学科建设历程
    - "小新闻"到"大传播"的含义和途径
  - 中国新闻传播业的新生态、新业态
    - 以混合所有制为标志的传媒新体制基本成型
    - 以互联网为中心的传播新格局形成
    - "制播分离"新模式出现，传统新闻媒体面临新风险
    - 多生产主体、多媒介渠道、融合新闻重塑新闻生产和传播生态

【本章概要(提纲挈领)】

本章主要论述了中国新闻改革的相关知识。本章考点以简答题和论述题为主，在学习时，需要了解百年党史上四次新闻改革，同时着重把握2G到5G的技术变迁，以及如今中国新闻传播业焕发出的新的活力，展现出的新生态、新业态，并大致了解中国新闻学科建设的相关内容。

【考点难点归纳(厚积薄发)】

考点一：百年党史上的四次新闻改革　★★★★

1．第一次变革：党报与党组织关系(见表20－1)

表 20－1　第一次变革：党报与党组织关系

要点		具体内容
标志		1942 年，中国共产党在全党范围内进行了整风运动，中共中央机关报延安《解放日报》进行改版
核心议题		解决党报与党组织的关系问题
改前存在的问题		①党性不强，脱离实际，脱离群众。 ②过量刊登国外消息，脱离党的中心工作，忽视国内和根据地报道，对整风运动宣传不足
主要内容	党性原则	改革强调党性原则的重要性。党性原则是党的新闻工作的重要指导方针和根本原则： ①党性原则是党的新闻事业永不变质的保证，使党的新闻事业保持坚定不移的政治方向和立场。 ②党性原则可以推动和指导我国的各项改革，强化党报的政治性和引导性
	耳目喉舌	①党报为党和政府发声，紧密配合党的政策方针进行宣传，成为沟通群众的桥梁。 ②《解放日报》版面格局大改，重新重视国内及根据地新闻，一版关注边区新闻，以要闻为主；二版为国内消息；三版为国际版；四版设副刊
	制度层面	党性原则制度化、规范化、完整化
	组织关系	增强了党性与组织性，加强党的领导，实行全党办报，党报与党组织是统一的
意义		①重新确立了党报的四项品质，即所谓“党性、群众性、战斗性和组织性”，确立“全党办报、群众办报”的方针。 ②奠定了我国无产阶级新闻学的理论基础，丰富和发展了马克思列宁主义的新闻理论，本次改革对之后的改革具有借鉴意义

2. 第二次变革：党报与公众的关系（见表 20－2）

表 20－2　第二次变革：党报与公众的关系

要点	具体内容
标志	1956 年《人民日报》率先改版，7 月 1 日社论《致读者》正式宣布改版
核心议题	关注媒体与公众的关系
背景	①社会主义改造基本完成后，新闻工作落后于现实的矛盾更加明显。 ②办报理念僵化。最根本的问题是教条主义、党八股、照搬苏联模式、新闻宣传公式化
《人民日报》1956 年改版	①核心理念：以“读者需求”为主。 ②具体实践： a. 扩大报道范围，由 4 版增至 8 版。 b. 开展自由讨论，加强与读者联系，全编辑部动手处理读者来信，接收批评稿件，内容体裁更加丰富。 c. 文风改进，短小精悍，生动活泼，力求言之有物、言之成章、言之成理
影响	①掀起了巨大的新闻工作改革浪潮，中央各地报纸、通讯社、广播电台先后进行了改革，带动并促进全国新闻工作的改革。 ②新闻报道数量增多，题材广泛，注意到民生等方面，文风言论明显改进，与读者的联系加强

续表

要点	具体内容	
20世纪80年代的新闻改革阶段	第一阶段（1979至1982年）	完成新闻界的“拨乱反正”，尊重新闻规律，提倡“短快新”，肯定新闻事业的“耳目喉舌”作用
	第二阶段（1983至1986年）	新闻界引入“信息”概念，媒介结构与内容发生变化，新闻报道形式多元化，新闻和宣传的论证达成共识
	第三阶段（1987至1989年上半年）	强调媒体要发挥舆论监督的职能

3. 第三次变革：媒体与市场的关系(见表20－3)

表20－3　第三次变革：媒体与市场的关系

要点	具体内容	
核心议题	媒体与市场的关系问题	
背景	①1992年中共十四大召开，确立了我国要建立社会主义市场经济的新体制。 ②新的时代课题出现：新闻媒体的市场化运作问题	
“双重属性”说	新闻媒介既是形而上的上层建筑又是形而下的信息产业。 ①新闻媒介生产精神产品，和立法、司法、行政机构一样，同属于上层建筑。 ②新闻作品在流通的过程中，又是一种商品，具有商品属性。新闻媒介实行“独立核算、自负盈亏、照章纳税”的企业化管理形式，所以新闻媒介又具有一般行业的属性	
意义	“事业性质，企业管理”是上述双重属性在我国新闻事业的外在表现形式。 ①新闻媒介在政治上必须恪守党性原则，坚持党性原则，要求新闻媒介生产的精神产品必须坚持正确的政治方向，以正确的舆论引导人。 ②在经济上按社会主义市场经济的规则运行，也需要加强新闻事业的经营管理	
影响	受众层面	受众的主体地位不断提升，其注意力成为媒体需要留存的重要资源，受众互动性、参与感和话语权不断提升
	媒体层面	内容质量提升，产品形式多元化，满足受众需求，同时传播力、影响力有所提升，与受众的沟通更加频繁

4. 第四次变革：媒体与技术的关系(见表20－4)

表20－4　第四次变革：媒体与技术的关系

要点	具体内容
核心议题	互联网技术变革引发的治理挑战问题
背景	政治生态和舆论环境变化。传播权力下放、传播主体泛化和传播渠道多元打破了以往自上而下的传播结构，舆论场较以往更加复杂莫测，引导和治理难度加大，主流意识形态主导权受多元思想文化冲击

续表

要点	具体内容	
新生态	资本构成	新闻媒介多元化发展，混合所有制的传媒新格局已悄然形成，民营资本焕发生机与活力，国有资本的垄断地位不再
	传播格局	传播新格局基本成型，互联网传播渠道多元化，新媒体大放异彩，传统媒体收缩受阻，社会影响力不可同日而语，大众媒体亟须转型
	新闻生产和传播形态	多元主体分散传播权力，多元渠道削弱主导地位，平台型媒体借势发展
目标	打造新型主流媒体，提高新闻舆论的"四力"，建设"四全媒体"	
意义	①党领导下多主体参与的舆论治理新格局逐渐形成。 ②媒体形成三足鼎立的格局。党的媒体、民营机构媒体和自媒体并行发展，其中党媒是社会舆论的引领者	

【考点拓展】新闻舆论引导的"四力"

新闻舆论的"四力"，即传播力、引导力、影响力、公信力。

①传播力是"四力"的基础。

传播力依赖于新闻与新闻舆论是否能顺利地触达受众，传播过程中应尽可能减少渠道堵塞，覆盖目标受众的同时重视分众传播，内容质量上也需要精益求精。

②引导力是"四力"的核心。

新闻舆论的引导力是在媒体参与公众舆论引导的过程中体现出来的，要始终坚持以正确的舆论引导人。

③新闻舆论的影响力形成有赖于传播力。

新闻舆论的影响力影响受众对信息的获取、判断和态度，与传播力的好坏息息相关。

④公信力是新闻媒体安身立命的基础。

一方面，公信力是传播力、引导力和影响力的先决条件，公信力高的媒体传播效果会更好；另一方面，优秀的传播力、引导力和影响力也会积累成为媒体的公信力。

在媒体格局、舆论生态、受众对象、传播技术发生深刻变化的新媒体时代，主流媒体应握紧"四力"，及时更新观念、改进技术、创新体制、加强传播手段建设，着力打造一批形态多样、手段先进、具有强大竞争力的新型主流媒体，抢占媒体深度融合发展的"制高点"，创新新媒体业态，打造融合生态。

考点二：从 2G 到 5G：技术驱动下的中国传媒业变革 ★★★★★

1. 2G 时代（1994～2007 年）（见表 20－5）

表 20－5 2G 时代（1994～2007 年）

要点	具体内容
标志	1994 年 4 月 20 日，互联网进入中国，中国开通 64K 国际专线，与国际互联网接轨
技术变革	采用数字信号传输，使多媒体传播成为可能
局限	①使用网络的成本较高，受众以精英为主。 ②存在技术限制，2G 窄带数据传播速度慢，服务种类较为单一
意义	①渠道拓展：中央级与地方级互联网媒体发展，民营门户网站欣欣向荣。 ②技术赋能：技术提供平台和新的场域，丰富信源和新闻传播渠道。 ③制度边界：传统媒体的新闻采编权使其拥有支配地位，并借势发展革新

2. 3G时代(2008~2012年)(见表20-6)

表20-6 3G时代(2008~2012年)

要点	具体内容
技术变革	①特征：速度快、效率高、信号稳定、成本低、安全性高。 ②多媒体化：能够处理图像、音乐、视频等媒体形式。 ③受众增加：成本降低，门槛降低，覆盖面扩大，网民数量增加，不局限于精英群体
影响	①传播权力下放： a. 网民群体扩大，拥有了发声的权利，在互联网舆论场上占据一席之地。 b. 新闻媒体结合多渠道多平台，采用“全媒体”方式发布新闻。 ②受众地位提升： a. 抢先入驻微博平台。平台入驻机构数量大幅增长，覆盖范围扩大。 b. 展开“走转改”活动，生产人民群众喜闻乐见的优质新闻作品

【考点拓展】“走转改”

“走转改”，即“走基层、转作风、改文风”。2011年8月，由中宣部联合中央外宣办、国家广电总局等部门提出，着重回答了如何尊重和遵循新闻传播规律这一重大的根本性问题。马克思主义新闻观认为新闻必须遵循的基本原则是要坚持新闻的真实性。“走转改”要求新闻工作者深入基层、从群众中来到群众中去，是对马克思主义新闻观的继承和延续。同时，“走转改”与“三贴近”原则一脉相承，是“三贴近”原则的延伸。它们都要求新闻工作者立足于基层和群众。新闻工作者应以“走转改”活动为契机和根本，从而在奉献人民、奉献时代中大有作为，使新闻真正成为百姓的代言、公众的福音。

3. 4G时代(2013~2018年)(见表20-7)

表20-7 4G时代(2013~2018年)

要点		具体内容
技术变革		①图片传输速度更快，质量更高、更清晰，媒体呈现视频化、场景化趋势，兼容性也更高。 ②用户上网速度更快，达100Mbps，快捷下载带来更佳的通信体验，用户对流量成本提出更高要求
业态变化		①“弱关系”连接的微博被以“强关系”连接的微信取代。 ②内容形式视频化，内容生产者的结构发生变化。 ③“媒体融合”成为传统主流媒体的发展方向，追求打造拥有传播力、引导力、影响力和公信力的新型主流媒体
发展趋势	平台	①重点平台：微信、微博和客户端，多渠道覆盖受众。 ②垂直生产：项目制、栏目化的管理方式。 ③中央厨房：“一次采集、多种生成、多元传播”，整合传播资源
	移动化	①利用已有资源自主开发短视频品牌，增强自身竞争力。 ②官方媒体如央视新闻等纷纷上线短视频内容。 ③体制内外传媒公司合作建立全新视频生产主体。 ④围绕技术应用、资本引入、平台合作入驻等方式提升质量、传播力和影响力
	传播格局	中央级头部媒体、民营媒体和自媒体三足鼎立

【考点拓展】平台型媒体

平台型媒体(Platisher)是指既拥有媒体机构的专业权威性,又拥有"面向用户平台"所特有开放性的数字内容实体。此概念最早在2014年在美国学者乔纳森·格里克发表的《平台型媒体的崛起》一文中提出,Platisher一词由Platform(平台商)和Publisher(出版商)组合而成。这种媒体不仅靠自己的实力做好内容和传播,更着眼于打造良性的平台。平台提供相应的规则和服务,提供平衡的力量,并且所有内容均为内容提供者和服务提供者开放,无论机构或是个人,都能通过平台型媒体发挥各自的价值,以一种"开源""协同"的方式打破单一的内容生产的基本逻辑。常见的平台型媒体有微信公众号、头条号、人民号等。

4. 5G时代(2019年至今)(见表20-8)

表20-8 5G时代(2019年至今)

要点		具体内容
阶段		智能化时代到来,5G将传媒业带入物体媒介化、平台媒介化、人工智能发展的新阶段
技术变革		①5G技术的优势在于高速率、大连接、低时延、宽领域、多层次、高安全。 ②智能化和场景化的理念深入发展,人工智能、云计算、大数据、VR/AR技术与日常生活工作的诸多场景结合,展现其智能性和实用性
主要内容	智能化与场景化	①智能化:得益于新技术的发展,技术参与到新闻传播中,人工智能具备优秀的自主学习能力和反馈优化能力,能够提高新闻生产的效率和自动化水平。 ②场景化:重塑用户的在场感和参与感,提供"具身传播"的可能性,现实与虚拟交织,肉身与数字化身相融,带来游戏化的使用体验和沉浸式的情感共鸣
	生态性平台	①背景:随着人工智能的规模化落地,5G技术的普及发展,媒体需要在新环境中构建生态性平台。 ②目标:促进媒介深度融合,努力打造"四全媒体"。 ③建设方法: a. 联合重组:中央级和地方级的媒体整合重组,优化整合资源,强强联合。 b. 垂直整合:地方广电等县级融媒以"媒体云"和地方整合两种形式进行资源整合。 c. 平台嵌套:党媒与民营媒体通过平台嵌套的方式互相发挥长处,实现资源互通

【考点拓展】"四全媒体"

(1)全程媒体:从"片断截取"到"全程跟进"。

技术发展为新闻媒体全程跟进新闻提供了可能性,新闻内容呈"直播"状态,最大限度地实现新闻与现场的同步。在时空维度上做到"全程跟进",是对以往片段式截取新闻报道的一种创新。

(2)全息媒体:从"物理区隔"到"沉浸融合"。

全息媒体能够在媒介技术的尺度上破除物理世界与赛博空间的隔阂,通过VR、AR等技术手段,为受众还原物理世界的原本形态,塑造沉浸式的"在场感"。

(3)全员媒体:从"单向主导"到"全民参与"。

全员媒体意味着信息生产的参与者不再局限于专业的新闻工作者,受众参与信息内容生产已经成为常态化机制,融入到社会的各个领域和阶层。

(4)全效媒体:从"动机为上"到"全效关切"。

全效媒体要求传输效率、传播效果、传媒效能三位一体,关注传播效果,优化传播渠道,提升传播效率。

考点三：新闻学科建设：从“小新闻”到“大传播”　★★★★★

“小新闻”，是指以采写编评为主的新闻业务和媒体内部业务的新闻教学。

“大传播”，是指新闻学视野从媒体内部突破到受众身上，关注效果。在大众互动和沟通中寻找更为广阔的信息传播，探索社会、国家、全球之间的关系。

1. 中国新闻传播学学科建设历程(见表20－9)

表20－9　中国新闻传播学学科建设历程

要点	具体内容
承认学科规定性：“小新闻”框架的确立	20世纪80年代后，新闻界拨乱反正重新定位新闻业的发展，引入信息概念强化媒介功能，新闻媒介的重大变化进一步拓宽新闻学领域。中国新闻改革坚持“一个中心、两个基本点”，党性原则就此确立
新闻学走向大众传播学：突破“小新闻”框架	中共十四大正式确立了建立社会主义市场经济体制的目标带动媒介的市场经济开发，新闻媒介功能的转化使媒介改变内部结构。报刊被列入第三产业后，赋予新闻业上层建筑和信息产业的双重属性。媒介从不局限于党报发展方向，多元化的报纸结构产生多元化功能，突破“小新闻”的框架后将重心向社会其他领域的结构性关系突破
走向“大传播”：新传播革命重构学科格局	进入新世纪之后，互联网与媒介融合成为大趋势，媒体技术、互联终端和大数据等新技术开始对传媒业生产关系进行颠覆。移动技术和新媒体渗透到社会各个角落，在国家战略、世界格局的层面上打开新闻传播新的研究大门

2. “小新闻”到“大传播”的含义和途径(见表20－10)

表20－10　“小新闻”到“大传播”的含义和途径

要点		具体内容
含义	新闻学研究超越媒体内部，面向整个社会	①在科研上，应在沟通交流层面上研究信息传播与社会治理、国家治理、全球治理的大问题。 ②在学生培养上，不应将培养目标、就业方向局限在媒体，特别是传统媒体，而是根据社会的需要，主动调整培养方案等，突破“小新闻”和大众传播的教学框架，面向整个社会，培养能够从事诸如健康传播等工作的各种人才
	超越单一学科，实现跨学科的融合	新媒体环境下诞生诸多交叉学科门类，各类传播现象和传媒形态在不断拓展学术研究的外延，新闻传播学研究的格局在不断扩大。新闻传播学逐渐与其他社会科学学科产生融合，甚至与一些自然科学学科实现联通
途径	①在新媒体环境中充分发挥创新意识。帮助学科建设树立开放意识，以开阔的学术视野进行多学科、多专业、多取向的学科研究。 ②以新媒体时代的开创勇气和研究方法，探索“大”问题，重新开辟新闻传播学研究的新课题，开拓学科的新领域。 ③新闻传播学应建构新知识结构，招纳新型研究人才	

【考点拓展】新闻传播学跨界融合的路径

①强化意识导向。媒体融合发展是新闻传播业一篇跨时代的大文章，作为20世纪80年代全球进入信息革命时代催生的产物，延及至今已成为我国全面深化改革的必然要求。以此为依托，高校新闻传播学科也被要求必须以高度的政治自觉与学术自觉，对业界或社会新的伟大实践及其相关运行规律予以系统观照和真切把握，及时探索并逐步完善一整套具有主体性和原创性的教学体系及人才培养方案。

②完善课程体系。新闻传播学科的专业大致可分为新闻传播、视听传播、网络传播、文化传播和影视广告(品牌传播)这五大系列。数字化、网络化时代，需求分析、内容生产和精准分发都不再是传统的新闻传播学能够解决的问题。新锐知识下沉与新课空白填补还要借助相关外部力量，以学科的开放性与融通性，主动接纳业界及渗透其中的知识链、产业链的提携。

③丰富师资人才。打造新文科，依循“定水准、设要求，师资队伍知行合一”的标准，要力求师资学历专业结构合理、队伍学界业界有机混搭(新闻与传播师资的来源各有偏重)、梯队格局齐备完善，要求师资理论学养深厚、专业能力不断提升、前沿视野迅速拓展、学术领军人物成形冒头。面对学科课程设置日益“理工化”“技术化”“智能化”，融媒体实验中心与产学研基地相继成为标配的大趋势，双师型与复合型的师资人才渴求不断增加。要逐步健全本科高校的人才评价体系，以适应文理相交、科际融合、应用见长的学科师资配备。

考点四：中国新闻传媒业的新生态、新业态(见表20－11) ★★★★★

表20－11 中国新闻传媒业的新生态、新业态

要点	具体内容
以混合所有制为标志的传媒新体制基本成型	党媒坚定发挥党的喉舌的作用，根本上归属于国家所有，但互联网新媒体都属于民营资本所有。在多种政策的支持下，国营媒体和民营媒体实现新的合作
以互联网为中心的新媒体传播新格局形成	互联网媒体在表现形式和受众范围上更加具有吸引性，相比之下传统媒体更加式微。在新老媒体共同组成的传媒格局中新媒体优势明显
“制播分离”新模式与“内容提供商”的风险	“制播分离”将新闻内容的生产和分发渠道分离，表现在以下两个方面： ①社交媒体成为新闻中转枢纽，聚集着大批意见领袖。 ②新闻资讯平台采用针对用户个性化需求采用“算法分发”精准推送，塑造出互联网媒体发展新格局
多生产主体、多媒介渠道、融合新闻重塑新闻生产和传播生态	①机构生成内容＋用户生成内容融合的新闻生产模式成为互联网新闻的主流。 ②用户信息接收能力超越新闻信息的媒介边界，社交媒体有望替代传统媒体的新闻影响力。 ③图像、视频新闻形式在融合新闻产品中脱颖而出，成为新闻生产和传播主流
媒介内容	①严肃的高级媒介。以刊登硬新闻和评论为主。 ②大众化的通俗媒介。以刊登娱乐、服务新闻为主，有许多黄色新闻的“黄色小报”

20.2 考研真题与典型题

一、概念题

1. 新闻舆论四力(厦门大学2023年研)
2. 中央厨房(郑州大学2023年研；复旦大学2021年研；西南大学2020年研)
3. 新型主流媒体(华中师大2023年研；社科院2023年研)

4. 制播分离、编营分离

5. 新闻事业双重属性(重庆师范大学2023年研；上财2022年研；南理工2014年研；华东师大2014年研)

二、简答题

1. 谈谈1956年新闻改革的过程和意义。(山东大学2023年研)

2. 简述延安《解放日报》改版的原因、成效。(兰州大学2023年研)

3. 场景传播的特点。(中国政法大学2023年研)

三、论述题

1. 5G技术对新闻传播业的影响。(中山大学2023年研)

2. 论述智能传播技术对新闻伦理有何影响，如何应对?(华侨大学2023年研)

3. 谈谈“机器人聊天新闻”体现的新变化，背后反映了什么新理念变化?(中央民大2023年研)

20.3　考研真题与典型题详解

一、概念题

1. 新闻舆论四力(厦门大学2023年研)

答：参见本章考点难点归纳的相关内容。

2. 中央厨房(郑州大学2023年研；复旦大学2021年研；西南大学2020年研)

答：“中央厨房”是传统媒体进行深度媒体融合、资源整合的一种机制，是指“新旧融合，一次采集，多元生成，多元发布”，即记者把采集到的所有数据都放在内部网络平台上，各家媒体依据总编室的调度，依据各自特点和需要，生成不同形态的新闻作品来发布。这样可以避免各家媒体到现场一哄而上抢新闻，大大节省了人力成本，同时，各家媒体可以依照各家特点分工协作来报道。“中央厨房”这一概念源于连锁餐饮业，是企业集中采购，集约化生产成品或半成品的场所。传媒业引入这个概念，是希望借助数字化、智能化的技术平台，实现新闻产品集约化生产和传播，整合资源，节约成本，提升生产效率，同时在内容传播过程中统一价值观，形成合力，增强媒体的舆论引导能力。

3. 新型主流媒体(华中师大2023年研；社科院2023年研)

答：新型主流媒体是新型媒体的主流化或主流媒体的新型化，是指一批形态多样、技术先进、综合竞争力强，拥有强大实力和传播力、公信力、影响力的媒体集团。这是当前对传媒转型的最顶层设计，也是传媒转型的最终目标和诉求，“新型主流媒体”的核心功能是要提升主流媒体在网络空间的舆论引导功能。中央提出媒体融合的战略目标，正是为了推动传统媒体掌握网络舆论空间的主导权，并能在网络空间中继续发挥主流媒体引导社会舆论的功能。要具备这样的功能，必然要求主流媒体集团能够构建起一个运行在互联网上、与公众及社会各界具有广泛连接的媒体平台，聚集起海量用户，并建立用户黏性。

4. 制播分离、编营分离

答：制播分离是指在电视节目的生产、流通与播出的过程中，节目的生产制作与节目的播出分别由不同的单位负责的管理制度。制播分离改变了电视节目生产效果：①一定程度上保证节目生产的可持续性，增强受众黏性。②帮助提高节目制作效率，降低运营成本。③以期凝聚多方力量，拓展节目制作渠道。在实现制播分离上要积极发掘政策红利，对外借鉴经验，学会统筹兼顾。编营分离是媒体中内容编辑权和出版经营权之间相互分离，要在新闻实践过程中保证新闻编辑制作的独立性，不受经济利益干扰，从而达到新闻专业主义所要求的新闻客观性的一种制度化形式，是新闻业追求新闻客观与承担社会责任的重要体现。实施制播分离、编营分离帮助媒体集中精力制作新闻节目；最大化利用社会资源，吸纳优秀人才，结合企业经营实现真正产业化。

5. 新闻事业双重属性（重庆师范大学 2023 年研；上财 2022 年研；南理工 2014 年研；华东师大 2014 年研）

答：参见本章考点难点归纳的相关内容。

二、简答题

1. 谈谈 1956 年新闻改革的过程和意义。（山东大学 2023 年研）

答：参见本章考点难点归纳的相关内容。

2. 简述延安《解放日报》改版的原因、成效。（兰州大学 2023 年研）

答：参见本章考点难点归纳的相关内容。

3. 场景传播的特点。（中国政法大学 2023 年研）

答：场景（Context）概念衍生于语言学研究中的语境或情境，在传播学中被定义为“人与周围景物的关系总和”。场景传播研究的重要分支是以斯考伯和伊斯莱尔为代表的技术派，认为场景传播依托移动设备、社交媒体、大数据、传感器与定位系统等“场景五力”，实现个性传播与精准服务。场景传播主要有以下特点：

（1）交互性。交互性是指可调动人的情绪，指引个人热衷投身于某项行动和吸引众人汇聚到具有共同价值认知的文化社群的特质。当下，沉浸体验的交互性尤为典型，主要表现于数字化多媒体、即兴表演与随境游戏、社交化社群三个维度。在交互性艺术作品中，观众被赋予更大的主导权和掌控权、更能够意识到自己的存在。

（2）开放性。场景传播往往会使观众沉浸在某一场景之中，若是按传统线性逻辑有序发展的叙事方式，则将会把观众拉回现实、保持清醒理性而无法真正入戏。而开放性则为场景传播提供了多种可能，无论是情节演绎还是情感投射，都更加强调观众如何参与故事叙述的再呈现，甚至是再创造。

（3）全境性。“媒介即信息”，将传播场景视作特殊的传播媒介，内容信息将得以自然呈现与深刻表达。细致入微的场景、令人难忘的背景音乐、真实梦幻的设计，都将共同营造全新的空间，带来全境性的沉浸体验。

（4）在地化。随着技术的发展，智能内容生产的自动化、算法推荐的精准化、媒介符号的个性化都为“在地化”传播创造条件。互联网时代，网络虚拟世界并非处于无历史和无地点的状态，相反，它仍然连接着线下空间和地理位置，这就使得传播在地化成为现实。

(5)融合化。随着信息传播媒介的深度融合，“场景”在信息传播中的价值愈加重要，与传统传播形式相比，场景式表达则旨在以信息为基础，依托多元动态化传播媒介，通过提炼新闻核心要点，搭建更容易产生情感共鸣的沉浸式场域。

三、论述题

1. 5G 技术对新闻传播业的影响。（中山大学 2023 年研）

答：(1)5G 通信技术对新闻传播业的正面影响。

①拓宽了媒介信息边界。在 5G 通信技术快速发展的过程中，新闻传播的范围不断扩张，新闻媒体也逐渐表现出多样化发展的特点。因为 5G 通信技术具备传播速度快以及网络容量大的优势，使得新闻传播向着多元化媒体合作和互动的方向发展，推动整个新闻传播事业的快速稳定发展。

②提高了传播时效。5G 通信技术具备低时延的特点，能够确保新闻传播的效率性与及时性，基本可以实现实时传播新闻内容，也为全天候直播提供了技术支撑。

③新型技术的应用。先进技术的出现会促进相关行业的进步。所以 5G 通信技术的出现与发展也会为新闻传播带来新的机遇，使其有了新的发展方向。而且在 5G 通信技术的支撑下，AR、VR 及物联网等技术也能够为新闻传播提供良好的技术保障。

④场景应用丰富。5G 通信技术使得新闻受众获得的新闻内容与形式更加丰富，通常新闻受众倾向于快捷的新闻服务，希望快速获得自身需要的、感兴趣的新闻内容。5G 通信技术和移动终端达成高效的互联之后，新闻拥有了更加多样的传播方式与途径。

(2)5G 通信技术对新闻传播的负面影响。

①加剧技术狂欢对人的异化。在网络信息技术与 AI 技术快速发展的过程中，机器人与无人机也逐渐运用于新闻传播领域。5G 通信技术的逐渐成熟，让新闻数据信息的获取、整合以及传播等环节变得更加高效、智能。虽然这大大提升了新闻传播的时效性，但是过度的智能化也可能让新闻工作者产生过度依赖技术的情况，导致其职业素质与专业能力逐步退化。

②引发新闻工作者的职业焦虑。5G 通信技术拥有高速率以及低时延等优势，可以进一步简化新闻传播流程，并且提升传播效率，承担了很多原本新闻编辑的工作，这对新闻工作者的职业发展产生一定威胁，可能让新闻工作者产生焦虑情绪，甚至还可能会提升新闻工作者的失业率。

③侵犯隐私、传播虚假信息等情况更严重。在 5G 通信技术快速发展的过程中，原本以传播者为中心的新闻传播模式出现很大变化，新闻受众参与新闻传播活动的主动性大大提升。大部分新闻受众并不具备专业素质，所以在生产新闻信息的时候可能带有一些非理性的内容，进而很可能生产出失之偏颇或者虚假的新闻内容。

④受众被困于“信息茧房”。当前的各类网络信息平台能够基于用户特点与偏好，根据用户个性化需求向其推送感兴趣的新闻内容，使受众的思想认知被禁锢，容易产生群体极化现象，进而使受众的社会黏性有所弱化。

2．论述智能传播技术对新闻伦理有何影响，如何应对？（华侨大学2023年研）

答：技术的颠覆往往引发伦理的共振。当下，随着5G、人工智能、大数据等技术的迅猛发展，传播格局发生了巨大的变化，随之而来的是传统技术视域下的新闻伦理受到了极大的冲击。在智能传播技术作用下，新闻伦理在技术、参与、营销等层面受到了冲击。

（1）技术伦理层面。

①数据不全。大数据并不等于全数据。数据不全主要源自数据储存和采集两个方面：一是缺乏超级数据中心；二是数据基础设施分布不均衡，智能技术掌握水平参差，从而导致信息贫困地区和人群相关数据采集困难，从而影响数据的完整性。

②数据偏见。新闻领域的数据偏见主要源自三个方面。一是公民新闻引发了新闻信源变革，未经甄别的新闻信源导致了数据偏见；二是带有既往新闻生产者主观选择、判断、评价等倾向性的数据成为元数据，导致数据偏见；三是技术开发者的既定价值倾向、模块关注、技术开发造成的数据偏见。

③算法暗箱。这种算法暗箱源自以下两个原因：一是技术本身局限，技术处理的中间环节不为人所知。“重相关而轻因果”的技术缺陷使得人工智能技术在新闻生产和推送过程中，无法承担起相应的新闻伦理重任。二是利益关联。与外显、即时的商业逐利相比，隐性、累积的数据才是更诱人、更持续的资源。贯穿于新闻采编、生产、推送、跟踪、反馈全过程的资本，使用传媒技巧来驾驭大众。

（2）参与伦理层面。

①技术红利与“人工愚蠢”。人工智能是人类智慧的产物、象征甚至本身即是无限的可能，但也正因如此，人们更容易自我陶醉在人类智慧的自满中，享受着人工智能的技术红利，却自觉或不自觉地让渡自己学习的权利、选择的权利甚至是隐私的权利，对“人智”的萎缩与萎靡浑然不知甚至视而不见。

②立场选择和观点表达。技术推动之下，立场频繁地与观点分离，迫切地想站在观点之前。首先，受众在参与新闻时表现得不够理性。其次是以点击率为导向的新闻生产和推送，一方面导致了新闻同质化严重，留给新闻受众的空间只有立场选择而无须观点表达；另一方面导致了“信息茧房”效应，新闻受众只熟悉自己订阅的内容和感兴趣的领域，对其他领域的新闻，似乎都只剩下表明立场站队的兴趣。长此以往，新闻作为“社会瞭望者”的功能将无从谈起，将直接沦为少数超级资本控制的工具和多数人暴力宣泄的情绪出口。

（3）营销伦理层面。

①注意力干预。某种意义上，人工智能时代新闻生产是以受众为中心的，惯用精准推送，强调“客户为本”和“流量为王”，为资本渗透留下缝隙。在资本干预下，注意力逐步货币化，认知逐渐权力化。

②信息扶贫与公平正义。弱信息接收者对人工智能时代信息的认知、使用、控制明显不足，新闻采编、跟进、推送过程中越来越昂贵的成本使得新闻生产商对信息贫困人群兴趣不大，广告商更对该群体可能产生的经济效益信心不足而不愿精准服务，信息弱势群体由“信息贫困”趋向“新闻沙漠”。

（4）应对措施。

智能技术的发展对新闻伦理带来的影响是不可避免的，要想更好地解决这一变化带来的问题，就需要各个主体积极去应对。

①新闻媒体。实现新闻伦理平衡，新闻媒体一方面要尊重人工智能时代新闻传播的特点，适应“受众中心制”的新闻生产与营销；另一方面也要有新闻独立，引领舆论的主体自觉与责任担当。

②技术提供者。针对技术伦理失衡，建立一个超级强大的数据中心，甄别新闻信源并提升数据自身的权威性、公正性、合法性，以及厘清并合理公开数据编辑、标注，处理背后的利益关联和价值取向，便显得至关重要。

③新闻受众。要实现这种平衡，一是要做好享受人工智能技术红利与避免“人工愚蠢”之间的平衡，二是要做好立场选择和观点表达之间的平衡。除此之外，首先要提高自己的新闻素养，要提升新闻受众的“人智”，避免“人工愚蠢”。人工智能不能代替人类认知，更不能取代人类的智慧、情感和创造力。

④重塑格局。一是重塑人工智能时代的新闻采编、生产、推送过程中的新闻伦理，增加深度报道和品牌建设，减少新闻同质化，为受众表达观点提供空间；二是重塑新闻受众，包括自下而上的新闻受众参与习惯、参与技巧、参与伦理的重塑，也包括自上而下的新闻受众分级管理，比如按照年龄进行分级；三是智媒生态的重塑，比如确立新闻分级，包括新闻生产分级和新闻受众的分级，又如新闻监管，包括受众表达和新闻生产等。

3. 谈谈“机器人聊天新闻”体现的新变化，背后反映了什么新理念变化？（中央民大2023年研）

答：人工智能(AI)技术在过去几十年间经历了高速发展，在自然语言处理、机器学习、大数据等方面取得了颠覆性的变革。作为AI技术应用的主要分支，聊天机器人经历了从“概念化”到“实体化”再到“商用化”的演进历程。根据其不同功能大致可以分为以下三种类型：客户服务型聊天机器人、个人助理型聊天机器人、内容生产型聊天机器人。如BBC Corona Bot，就属于内容生产型聊天机器人，通过用户的简单指令、与用户进行问答。“机器人聊天新闻”的出现不仅仅只是技术发展的必然，更存在一些深层理念的变化。

(1)聊天即对话：新媒介形式下衍生的新习惯。

新闻聊天机器人的核心特征是将新闻改编成适于聊天的方式讲述出来，其采取的策略包括分段讲述、口语化表达、设置悬念与配合图片和表情等，以给用户一种和朋友聊天的感觉，在满足用户信息需求的同时兼顾交流氛围与心理需求。对话式的新闻话语在潜移默化地改变新闻的阅读逻辑，用户由新闻的接收者转变为对话的参与者。

(2)减法思维：注意力竞争下的精准分发。

普通的新闻客户端界面底部分栏繁多，每个栏目下设二级菜单，增加浏览的路径。一些繁琐的栏目和弹窗，更带来使用上的负担，无形中提升了使用成本，却降低了使用体验。但是，新闻聊天机器人的应用程序通常具有清爽便利的操作界面。目前，大多数新闻聊天机器人都选择用“减法思维”架构界面。依托于社交平台的聊天机器人，就如同我们和朋友之间的聊天界面一样，界面最底部仅保留输入框，随时可开启一场对话。甚至一些简约的客户端无须输入，只需要在机器人给出的几个选项中做选择就能开启聊天。因此，一个好的平台应做到既能快速吸引用户的注意力，又提升新闻分发效率。

(3)工具性VS人性：机器对人需求的把握。

“工具性”很长时间以来都是学者们理解技术的一种思路。这种思路将机器与人的关系视为主客体的二元对立关系：人为了达到目的使用机器，机器处于被动地位。聊天机器人在功能上趋向于契合乃至迎合最基础的人性需求，实则是在尝试超脱“工具性”而模拟“人性”，接近于保罗·莱文森所说的“人性化媒介”。尤其是对有价值、便利、优选的追求，更是反映了“人性化”追求。

(4)传播逻辑：信息之外的情感补偿。

随着技术向更高级转变，人们更需要创造高情感的环境，进行高技术硬性与高情感软性的平衡。“机器人聊天新闻”能在人机交互中为人带来情感体验，提供情感服务，进行情感补偿。与传统媒体发布消除人们对不确定性的新闻报道不同，聊天机器人除了提供用户想要了解的信息还能够根据用户的语言情感，通过情感计算和人工智能算法来生成情感回应。

综上所述，“机器人聊天新闻”的变化主要在于机器对人的模仿，包括模仿人类的对话方式和交流习惯，从而实现拟人化的交流。其背后隐藏着一种新的理念，即新闻的转向——对话新闻。“对话新闻学”是学者 Oren Soffer 在 2009 年提出的，其最早明确将“对话”作为“客观”的对应的理念提出来，我国学者将其阐释为：“新闻媒体和记者应当是某个特定政治和社会群体的一分子，而不是所谓‘局外人’，新闻文本是一个具有多重意义的、开放性的、蕴含多种阐释可能性的‘话语建构’，新闻报道的首要功能是在政治和社会领域内引发建设性的‘公共对话’。”